序言

全　国　政　协　常委
中国煤炭工业协会　会长　王显政

2011年是实施“十二五”规划的第一年，也是煤炭工业发展进程中不平凡的一年。在国家一系列促进煤炭工业健康发展政策措施的推动下，煤炭工业取得了长足的发展和进步，产量、产值大幅增长，结构调整取得进展，运行质量提高，科技创新能力增强，安全生产状况好转，职工生活质量、生活水平提高，行业发展的科学化水平明显提升。全国煤炭产量达到35.2亿吨，净进口煤炭1.68亿吨，全国煤炭采选业固定资产投资累计完成4 897亿元，7家大型企业集团煤炭产量超亿吨，煤矿百万吨死亡率下降到0.564，实现了“十二五”良好开局。

立足“十二五”，展望今后更长一个时期，煤炭仍然是我国的主体能源和基础产业。全行业要认真贯彻落实党的十八大精神，加快转变发展方式，推进煤炭生产和消费方式变革，全面提升煤炭工业发展的科学化水平；建设大型煤炭基地，培育大型煤炭企业集团；推进煤炭科技进步，提高自主创新能力；建设大型现代化煤矿和安全高效矿井，淘汰落后产能；推行绿色开采，建设生态文明矿山；强化安全生产，提高职业健康水平；推进煤炭市场化改革，提高对外开放水平；建设和谐矿区，提高职工生活质量；构建资源利用率高、安全有保障、经济效益好、环境污染少、健康可持续发展的新型煤炭工业体系。

中国煤炭工业协会作为全国性行业组织，始终坚持为企业、为行业、为政府、为社会服务的宗旨，充分发挥联系政府、服务企业的桥梁和纽带作用，致力于推进科技进步，加强行业自律，反映企业诉求，促进行业改革发展，得到了政府的认可、企业的信赖和社会的支持。在新的历史起点上，我们将继续以构建中国特色一流行业协会为目标，加强自身建设，切实履行职责，积极反映诉求，推进科技进步，提高服务质量，为推进煤炭工业健康可持续发展做出积极努力。

《2011中国煤炭工业发展研究报告》作为中国煤炭工业协会的品牌项目，以翔实的数据、严谨的语言、宽广的视角，系统回顾了2011年煤炭工业改革发展成绩，全面分析了“十二五”时期及中长期煤炭工业发展形势。报告从现实出发，突出了煤炭行业发展的年度特点，以煤炭相关产业“十二五”规划解读为重点，充分体现了对行业发展的战略性思考，具有权威性和可读性。希望该书的出版，能够为行业内外提供一份重要的参考资料。

二零一二年十一月八日

2011 中国煤炭工业发展研究报告

ANNUAL REPORT ON COAL INDUSTRY IN CHINA 2011

中国煤炭工业协会◎编

中国经济出版社
CHINA ECONOMIC PUBLISHING HOUSE
北 京

图书在版编目（CIP）数据

2011中国煤炭工业发展研究报告/中国煤炭工业协会编.
北京：中国经济出版社，2012.11
ISBN 978-7-5136-1942-4
Ⅰ.①2… Ⅱ.①中… Ⅲ.①煤炭工业—工业发展—研究报告—中国—2011 Ⅳ.①F426.21
中国版本图书馆CIP数据核字（2012）第229664号

责任编辑　张　户
责任审读　霍宏涛
责任印制　张江虹
封面设计　华子图文

出版发行　中国经济出版社
印 刷 者　北京市京津彩印有限公司
经 销 者　各地新华书店
开　　本　710mm×1000mm　1/16
印　　张　23
字　　数　360千字
版　　次　2012年11月第1版
印　　次　2012年11月第1次
书　　号　ISBN 978-7-5136-1942-4/F·9497
定　　价　128.00元

中国经济出版社 **网址** www.economyph.com **社址** 北京市西城区百万庄北街3号 **邮编** 100037
本版图书如存在印装质量问题，请与本社发行中心联系调换（联系电话：010-68319116）

编委会

编委会主任　王显政

编委会成员　梁嘉琨　路耀华　赵岸青　王广德　姜智敏

孙之鹏　杨化彭

编写组组长　姜智敏

编写组副组长　张　宏

编写组成员　刘　峰　王虹桥　解宏绪　王战军　郭　黎

陈养才　孙晓玉　李德东

主要执笔人　李宏军　孙春升　康淑云　邹　琳　郭中华

刘玉朋　高　峰　孙　政　程　蕾　郭建利

史越瑶　俞　佳　卢晓燕

目·录 CONTENTS

第一篇 发展篇

第二篇　战略篇

第三篇　探索篇

2011

Annual Report on Coal Industry in China 2011

中国煤炭工业发展研究报告

第一篇 发展篇

第1章 2011年国民经济发展概况

1.1 国民经济

2011年,面对复杂多变的国际政治经济环境和艰巨繁重的国内改革发展任务,全国各族人民在党中央、国务院的正确领导下,同心同德,团结奋进,坚持以科学发展为主题,以加快转变经济发展方式为主线,全面贯彻落实加强和改善宏观调控的各项政策措施,国民经济保持平稳较快发展,各项社会事业取得新的进步,实现了"十二五"规划的良好开局。

1.1.1 综合国力再上新台阶

国民经济继续保持平稳较快增长。2011年,全年实现国内生产总值471 564亿元,比上年增长9.2%。经济总量继续保持世界第二位。2011年,面对复杂多变的国际国内政治经济形势,党中央、国务院果断决策,坚持综合施策,合理运用货币政策工具,调节货币信贷增速,大力发展生产,保障供给,搞活流通,加强监管。一方面坚持宏观调控的基本取向不变,保持宏观经济政策基本稳定,继续控制通货膨胀;另一方面适时适度预调微调,加强信贷政策与产业政策的协调配合,加大结构性减税力度,重点支持实体经济特别是小微企业,重点支持民生工程特别是保障性安居工程,重点保证国家重大在建、续建项目的资金需要,有针对性地解决经济运行中的突出矛盾,赢得了改革开放和社会主义现代化建设的重大成就。

人均国内生产总值再创新高。2011年,我国人均国民生产总值达

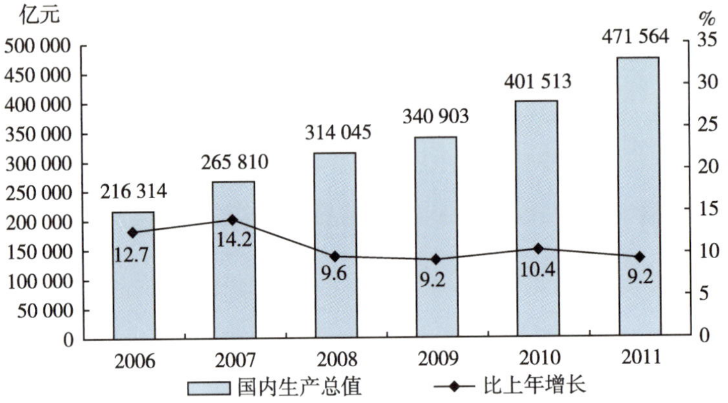

图 1－1　2006—2011 年中国国内生产总值及其增长速度

34 999. 37 元，扣除价格因素，同比增长 17. 93%。

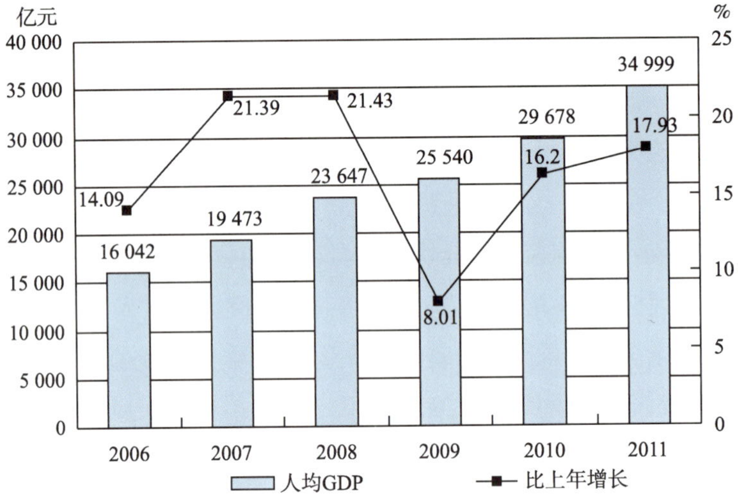

图 1－2　2006—2011 年中国人均国民生产总值变化

财政实力显著增强。2011 年我国财政收入继续大幅增长，并首次突破 10 万亿元，达到 103 740 亿元，同比增加 20 639 亿元，增长 24. 8%；其中税收收入 89 720 亿元，同比增加 16 510 亿元，增长 22. 6%。

我国外汇储备再创新高。自 2009 年突破 2 万亿美元后，2011 年突破

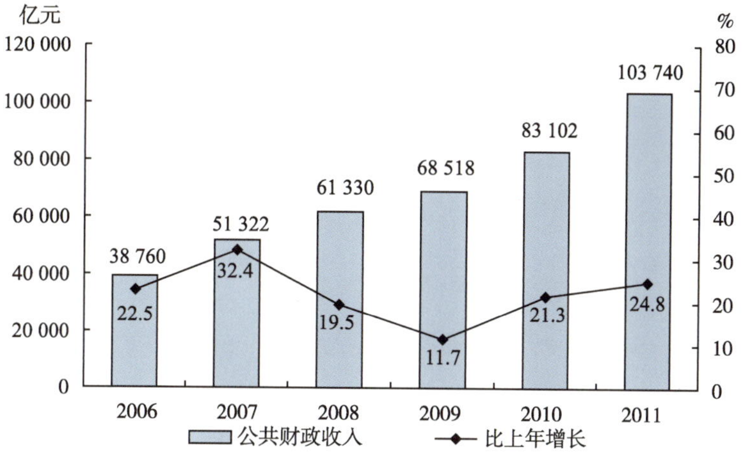

图 1－3　2006—2011 年中国财政收入及增长速度

3 万亿美元，达到 31 811 亿美元，同比增加 3 338 亿美元。

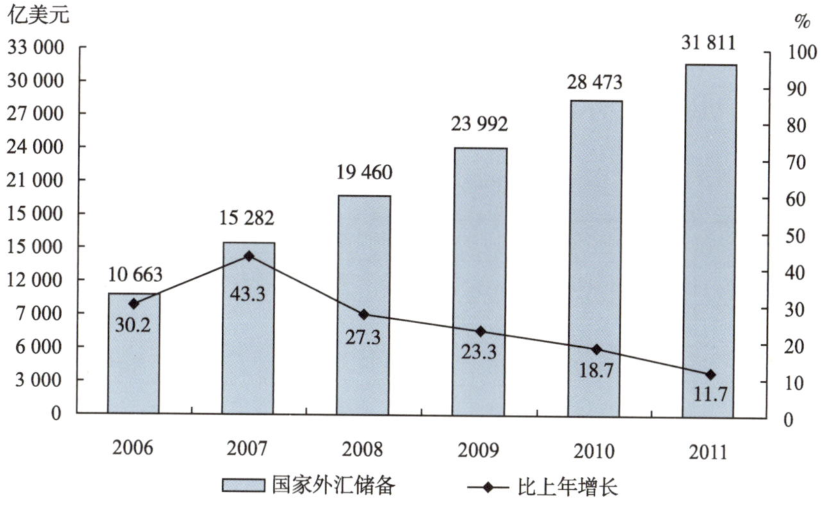

图 1－4　2006—2011 年国家外汇储备及其增长速度

1.1.2　结构调整取得新进展

内需对经济增长的拉动作用进一步增强。在“十一五”国内需求对经济增长贡献率大幅提高的基础上，2011 年，内需对经济增长的贡献率继续增长，达到 105.8%。

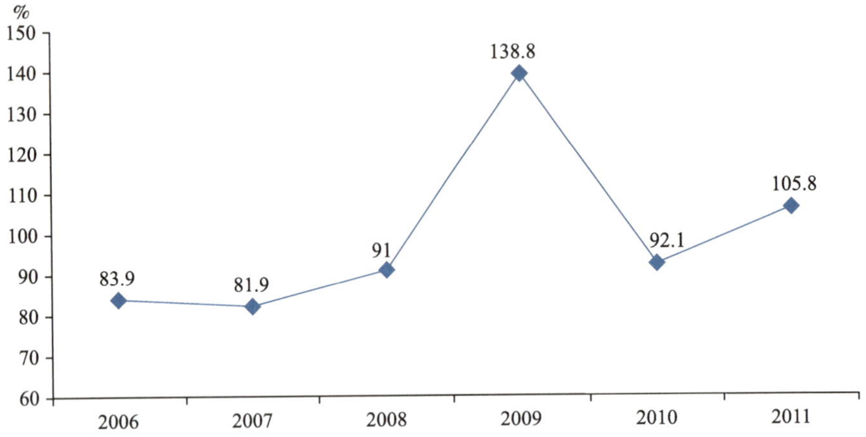

图 1－5　2006—2011 年国内需求对经济增长的贡献率变化

产业结构进一步改善。2011 年，第一产业增加值 47 712 亿元，同比增长 4.5%，占国内生产总值的比重为 10.1%；第二产业增加值 220 592 亿元，同比增长 10.6%，比重为 46.8%；第三产业增加值 203 260 亿元，同比增长 8.9%，比重为 43.1%。

表 1－1　2006—2011 年我国产业结构

年份	第一产业(%)	第二产业(%)	第三产业(%)
2006	11.1	48.0	40.9
2007	10.8	47.3	41.9
2008	10.7	47.5	41.8
2009	10.3	46.3	43.4
2010	10.1	46.8	43.1
2011	10.1	46.8	43.1

城镇化水平快速提升。2011 年，我国城镇人口为 69 079 万人，占总人口比重首次超过 50%，达到 51.3%。

区域发展协调性进一步增强。2011 年，我国中西部地区的工业和投资增速均快于东部地区，其中，东部地区投资 130 319 亿元，比上年增长 20.1%；中部地区投资 70 783 亿元，增长 27.5%；西部地区投资 71 849 亿元，增长28.7%；东北地区投资32 687亿元，增长30.4%。中、西部地区规模以上工业增速分别快于东部6.5和5.2个百分点；固定资产投资（不含农户）增速分别快于东部7.5和7.9个百分点。

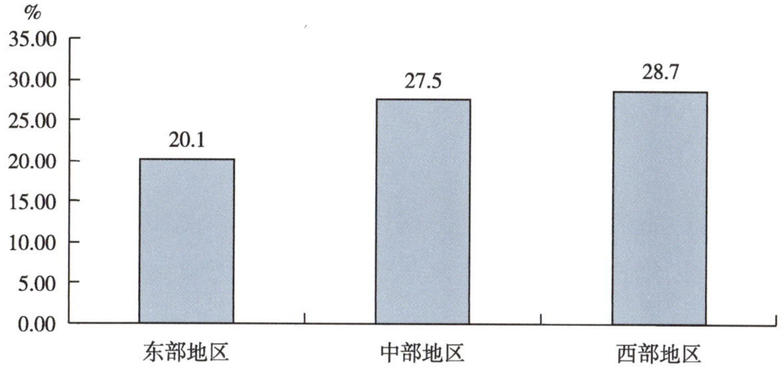

图1-6　2011年中国各地区投资增长情况

1.1.3　基础产业稳步发展

粮食等农产品再获丰收。2011年，全国粮食产量57 121万吨，比上年增加2 473万吨，同比增产4.5%。其中，夏粮产量12 627万吨，增产2.5%；早稻产量3 276万吨，增产4.5%；秋粮产量41 218万吨，增产5.1%。

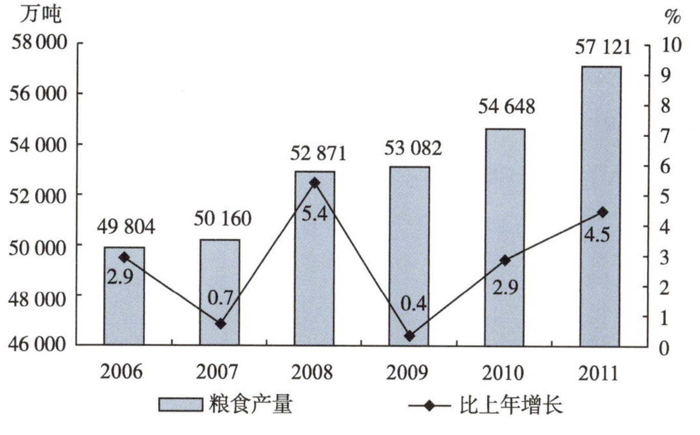

图1-7　2006—2011年中国粮食产量及增速

全年棉花产量660万吨，同比增产10.7%。油料产量3 279万吨，增产1.5%。糖料产量12 520万吨，增产4.3%。烤烟产量287万吨，增产5.1%。茶叶产量162万吨，增产9.9%。

全年肉类总产量7 957万吨，同比增长0.4%。其中，猪肉产量5 053万吨，下降0.4%；牛肉产量648万吨，下降0.9%；羊肉产量393万吨，下降1.4%。年末生猪存栏46 767万头，增长0.7%；生猪出栏66 170万头，下降0.8%。禽蛋产量2 811万吨，增长1.8%。牛奶产量3656万吨，增长2.2%。

全年水产品产量5 600万吨，同比增长4.2%。其中，养殖水产品产量4 026万吨，增长5.2%；捕捞水产品产量1 574万吨，增长1.9%。

交通建设事业取得新进展。2011年新建铁路投产里程2 167公里。其中：高速铁路1 421公里；增建铁路复线投产里程1 889公里；电气化铁路投产里程3 398公里；新建公路55 285公里，其中：高速公路9 124公里；港口万吨级码头泊位新增吞吐能力26 639万吨。

邮电通信事业快速发展。2011年共完成邮电业务总量13 379亿元，同比增长16.5%。其中，邮政业务总量1 608亿元，增长25.0%；电信业务总量11 772亿元，增长15.5%。全年局用交换机容量减少3 070万门，总容量43 467万门；新增移动电话交换机容量20 406万户，达到170 691万户。年末固定电话用户28 512万户。其中，城市电话用户19 110万户，农村电话用户9 402万户。新增移动电话用户12 725万户，年末达到98 625万户，其中3G移动电话用户12 842万户。年末全国固定及移动电话用户总数达到127 137万户，同比增加11 802万户。电话普及率达到94.9部/百人。互联网上网人数5.13亿人，互联网普及率达到38.3%。

1.1.4 对外开放取得新成就

进出口贸易规模进一步扩大。2011年货物进出口总额36 21亿美元，比上年增长22.5%。其中，出口18 986亿美元，增长20.3%；进口17 435亿美元，增长24.9%。

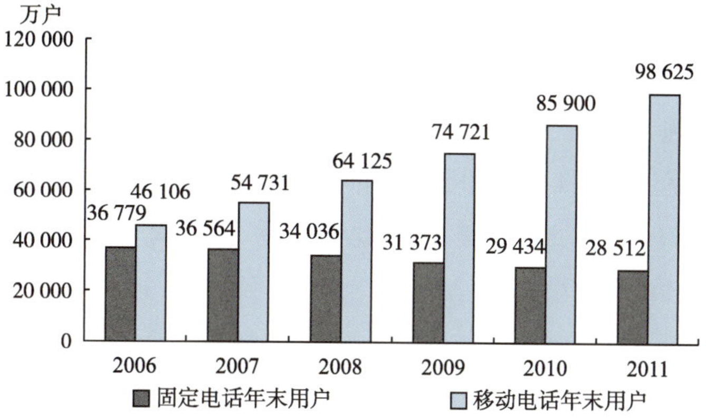

图 1－8　2006—2011 年末中国电话用户数

表 1－2　2011 年中国对主要国家和地区货物进出口额及其增长速度

单位：亿美元

国家和地区	出口额	比上年增长(%)	进口额	比上年增长(%)
欧　盟	3 560	14.4	2 112	25.4
美　国	3 245	14.5	1 222	19.6
中国香港	2 680	22.8	155	26.4
东　盟	1 701	23.1	1 928	24.6
日　本	1 483	22.5	1 946	10.1
韩　国	829	20.6	1 627	17.6
印　度	505	23.5	234	12.1
俄罗斯	389	31.4	403	55.6
中国台湾	351	18.3	1249	7.9

进出口商品结构进一步优化。2011 年我国出口差额(出口减进口)1 551 亿美元，同比减少 264 亿美元。煤炭出口量继续下降，机电产品、高新技术产品出口额持续增长；2011 年，煤炭出口量为 1 466 万吨，同比减少 23%；钢材出口量为 4 888 万吨，同比增加 14.9%。机电产品出口额为 10 856 亿美元，同比增长 16.3%；高新技术产品出口额为 5 488 亿美元，同比增长 11.5%；谷物等粮油产品进口量同比有所减少，铁矿砂及其精矿等原材料和原油等国内紧缺商品的进口量持续增加。2011 年，谷物及

谷物粉进口量为545万吨，同比减少4.6%；进口大豆5 264万吨，同比减少3.9%；食用植物油进口657万吨，同比减少4.4%；进口铁矿砂及其精矿68 608万吨，同比增加10.9%；煤炭、原油、成品油进口量分别为18 240万吨、25 378万吨、4 060万吨，分别同比增长10.8%，6.0%，10.1%。机电产品进口额为7 533亿美元，同比增长14.1%；高新技术产品进口额4 630亿美元，同比增长12.2%。

利用外资规模继续扩大。2011年，非金融领域新批外商直接投资企业27 712家，同比增长1.1%。实际使用外商直接投资金额1 160亿美元，增长9.7%。

对外投资继续增长。2011年，非金融类对外直接投资额601亿美元，同比增长1.8%。全年对外承包工程业务完成营业额1 034亿美元，同比增长12.2%；对外劳务合作派出各类劳务人员45.2万人，增加4.1万人。

1.1.5 人民生活水平稳步提高

就业规模进一步扩大。2011年末，全国就业人员76 420万人，其中城镇就业人员35 914万人。全年城镇新增就业1 221万人。年末城镇登记失业率为4.1%，与上年末持平。全年农民工总量为25 278万人，比上年增长4.4%，其中，外出农民工15 863万人，增长3.4%；本地农民工9 415万人，增长5.9%。

城乡居民收入进一步增长。2011年，农村居民人均纯收入6 977元，比上年增长17.9%，扣除价格因素，实际增长11.4%；农村居民人均纯收入中位数为6 194元，增长19.1%。城镇居民人均可支配收入21 810元，比上年增长14.1%，扣除价格因素，实际增长8.4%；城镇居民人均可支配收入中位数为19 118元，增长13.5%。

城乡居民生活水平进一步改善。2011年，社会消费品零售总额181 226亿元，比上年名义增长17.1%（扣除价格因素实际增长11.6%）。其中，限额以上企业（单位）消费品零售额84 609亿元，比上年增长22.9%。按经营单位所在地分，城镇消费品零售额156 908亿元，比上年增长 17.2%；乡村消费品零售额 24 318 亿元，比上年增长 16.7%。其中，农村居民食品消费支出占消费总支出的比重为 40.4%，城镇为 36.3%。按消费形态分，餐饮收入 20 543 亿元，比上年增长 16.9%；商品零售 160 683 亿元，比上年增长 17.2%。在商品零售中，限额以上企业（单位）商品零售额78 164 亿元，增长 23.2%。其中，汽车类增长 14.6%，增速比上年回落 20.2 个百分点；家具类增长 32.8%，比上年回落 4.4 个百分点；家用电器和音像器材类增长 21.6%，比上年回落 6.1 个百分点。

社会保障体系日臻完善。截至 2011 年底，全国参加城镇职工基本养老保险人数 28 392 万人，比上年末增加 2 685 万人。其中，参保职工 21 574 万人，参保离退休人员 6 819 万人。参加城镇基本医疗保险的人数 47 291 万人，增加 4 028 万人。其中，参加城镇职工基本医疗保险人数 25 226 万人，参加城镇居民基本医疗保险人数 22 066 万人。参加城镇基本医疗保险的农民工 4 641 万人，增加 58 万人。参加失业保险的人数 14 317 万人，增加 941 万人。参加工伤保险的人数 17 689 万人，增加 1 528 万人，其中参加工伤保险的农民工 6 837 万人，增加 537 万人。参加生育保险的人数 13 880 万人，增加 1 544 万人。截至 2011 年末，全国领取失业保险金人数为 197 万人，按照新标准农村扶贫对象为 12 238 万人。2011 年全年新开工建设城镇保障性安居工程住房 1 043 万套（户），基本建成城镇保障性安居工程住房 432 万套。

1.1.6 经济社会更加协调

教育事业进一步发展。2011 年，全国研究生教育招生 56.0 万人，在学研究生 164.6 万人，毕业生 43.0 万人。普通高等教育本专科招生 681.5 万人，在校生 2 308.5 万人，毕业生 608.2 万人。各类中等职业教育招生 808.9 万人，在校生 2 196.6 万人，毕业生 662.7 万人。全国普通高中招生 850.8 万人，在校生 2 454.8 万人，毕业生 787.7 万人。全国初中招生 1 634.7 万人，在校生 5 066.8 万人，毕业生 1 736.7 万人。普通小学招生 1 736.8 万人，在校生 9 926.4 万人，毕业生 1 662.8 万人。特殊教育招生 6.4 万人，在校生 39.9 万人，毕业生 4.4 万人。幼儿园在园幼儿

3 424.4 万人。

科技事业取得新进步。2011 年,全国研究与试验发展(R&D)经费支出 8 610 亿元,同比增长 21.9%,占国内生产总值的 1.83%,其中基础研究经费 396 亿元。全年国家安排了 952 项科技支撑计划课题,524 项“863”计划课题。累计建设国家工程研究中心 130 个,国家工程实验室 119 个。累计建设国家地方联合工程研究中心 101 个,国家地方联合工程实验室 116 个。国家认定企业技术中心达到 793 家。省级企业技术中心达到 6 824 家。实施新兴产业创投计划,累计支持设立 61 家创业投资企业,投资创业企业 108 家。全年受理境内外专利申请 163.3 万件,其中境内申请 147.9 万件,占 90.5%。受理境内外发明专利申请 52.6 万件,其中境内申请 40.4 万件,占 76.7%。全年授予专利权 96.1 万件,其中境内授权 86.4 万件,占 89.9%。授予发明专利权 17.2 万件,其中境内授权 10.6 万件,占 61.5%。截至 2011 年底,有效专利 27 万件,其中境内有效专利 220.2 万件,占 80.4%;有效发明专利 69.7 万件,其中境内有效发明专利 31.8 万件,占 45.7%。全年共签订技术合同 25.6 万项,技术合同成交金额 4 763.6 亿元,比上年增长 21.9%。全年成功发射卫星 19 次。“天宫一号”目标飞行器和“神舟八号”飞船成功发射并实现空中交会对接。载人深潜器“蛟龙”号成功完成 5 000 米海试。

2011 年末,全国共有产品检测实验室 25 报 669 个,其中国家检测中心 476 个。全国现有产品质量、体系认证机构 174 个,已累计完成对 83 549 个企业的产品认证。全国共有法定计量技术机构 3 740 个,全年强制检定计量器具 6 179 万台(件)。全年制定、修订国家标准 1 993 项,其中新制定 1 559 项。全年中央气象台和省级气象台共发布气象预警信号 4 034 次,警报 4 337 次。全国共有地震台站 1 480 个,地震监测台网 32 个。全国共有海洋观测站 74 个。测绘地理信息部门公开出版地图 2 103 种。

公共卫生事业稳步发展。2011 年末,全国共有医疗卫生机构 953 432 个,其中医院 21 638 个,乡镇卫生院 37 374 个,社区卫生服务中心

（站）32 812 个，诊所（卫生所、医务室）177 754 个，村卫生室 659 596 个，疾病预防控制中心 3 499 个，卫生监督所（中心）3 005 个。卫生技术人员 620 万人，其中执业医师和执业助理医师 251 万人，注册护士 224 万人。医疗卫生机构床位 515 万张，其中医院 368 万张，乡镇卫生院 103 万张。

文化事业进一步发展。2011 年末，全国文化系统共有艺术表演团体 2 481 个，博物馆 2 571 个，全国共有公共图书馆 2 925 个，文化馆 3 276 个。广播电台 197 座，电视台 213 座，广播电视台 2 153 座，教育电视台 44 个。有线电视用户 20 152 万户，有线数字电视用户 11 455 万户。广播节目综合人口覆盖率为 97.1%；电视节目综合人口覆盖率为 97.8%。全年生产电视剧 469 部 14 939 集，动画电视 261 444 分钟。全年生产故事影片 558 部，科教、纪录、动画和特种影片 131 部。出版各类报纸 467 亿份，各类期刊 33 亿册，图书 77 亿册（张）。年末全国共有档案馆 4 107 个，已开放各类档案 10 376 万卷（件）。

1.1.7 环境质量进一步改善

环境质量持续好转。截至 2011 年底，七大水系的 398 个水质监测断面中，Ⅰ~Ⅲ类水质断面比例占 56.3%，比上年提高 0.3 个百分点；劣五类水质断面比例占 15.3%，下降 2.0 个百分点。七大水系水质总体上保持稳定。

在近岸海域 301 个海水水质监测点中，达到国家一、二类海水水质标准的监测点占 62.8%，三类海水占 12.0%，四类、劣四类海水占 25.2%。

在监测的 330 个城市中，有 293 个城市空气质量达到二级以上（含二级）标准，占监测城市数的 88.8%；有 33 个城市为三级，占 10.0%；有 4 个城市为劣三级，占 1.2%。在监测的 316 个城市中，城市区域声环境质量好的城市占 5.1%，较好的占 72.8%，轻度污染的占 21.5%，中度污染的占 0.6%。

污水处理能力不断加强。2011 年末城市污水处理厂日处理能力达 11 255 万立方米，比上年末增长 7.8%；城市污水处理率达到 82.6%，提高 0.3 个百分点。集中供热面积 45.6 亿平方米，增长 4.6%。建成区绿地率达到 34.7%，提高 0.2 个百分点。

1.2 能源工业

1.2.1 能源发展综述

2011 年，我国能源生产总量为 31.8 亿吨标准煤，人均能源生产量为 2.37 吨标准煤。其中原煤、原油、天然气和水电、核电、风电生产总量分别占当年能源生产总量的 77.5%、9.2%、4.3%、9.0%。在主要能源生产结构中，煤炭产量 35.2 亿吨，比上年增长 8.64%；原油生产量为 2.04 亿吨，比上年增长 0.49%；天然气产量为 1 030.6 亿立方米，比上年增长 6.51%；发电量 47 001 亿千瓦时，比上年增长 11.73%。能源生产弹性系数为 0.76，比上年降低 0.02 个百分点。

与 2006 年相比较，2011 年，煤炭在我国一次能源生产总量中比重下降了 0.3 个百分点，石油比重下降了 2.1 个百分点，天然气比重上升了 0.9 个百分点，水电、核电及风电比重上升了 1.5 个百分点。

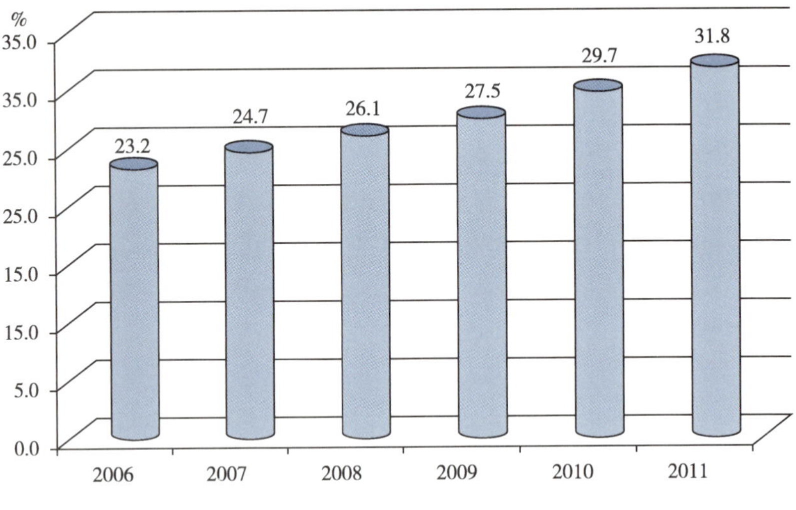

图 1－9　2006—2011 年中国能源生产总量（单位：亿吨）

2011 年，我国能源消费总量为 34.8 亿吨标准煤，人均能源消费量为

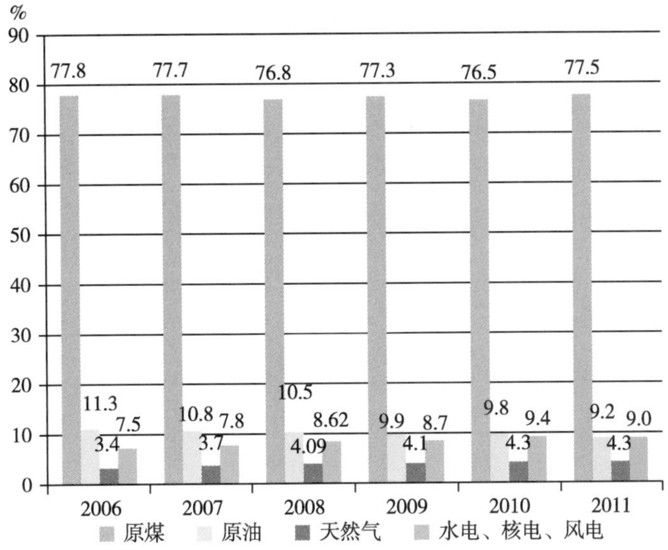

图 1－10　2006—2011 年中国一次能源生产结构

2.59 吨标准煤。其中,煤炭、石油、天然气和水电、核电、风电消费总量分别占当年能源消费总量的 68.8%、18.1%、5.0%、8.1%。煤炭消费 34.2 亿吨,比上年增长 9.62%;石油消费 4.4 亿吨,同比增长 2.33%;天然气消费 1 300.0 亿立方米,同比增长 20.93%;电力消费 46 928.0 亿千瓦时,同比增长 11.91%。能源消费弹性系数为 0.76,同比增加 0.18 个百分点。

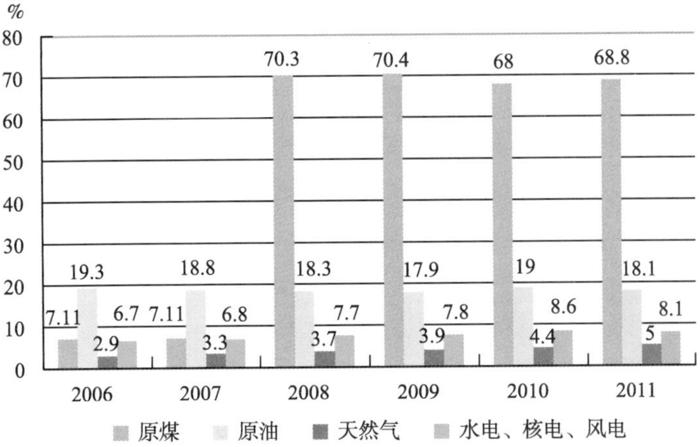

图 1－11　2006—2011 年中国一次能源消费构成

与2006年相比较,2011年,在我国一次能源消费总量中,煤炭比重下降了2.3个百分点,石油比重下降了1.2个百分点,天然气比重上升了2.1个百分点,水电、核电及风电比重上升了1.4个百分点。

1.2.2 石油天然气发展

2006—2011年间,我国原油产量基本保持稳定增长,仅2008年受国际金融危机影响出现减产。2011年,国内原油产量20 400万吨,尽管同比增速趋缓,但供需总体保持平衡,较2006年增产1 923万吨,增长10.4%。2011年,国内累计加工原油4.48亿吨,同比增长4.9%,其中,生产汽油8 141万吨,同比增长6.1%;生产柴油1.67亿吨,同比增长5.4%;生产煤油1 879万吨,同比增长10.1%。成品油生产总量合计达到2.66亿吨,同比增长6.7%,与国内原油产量增速相比,高出6.4个百分点。

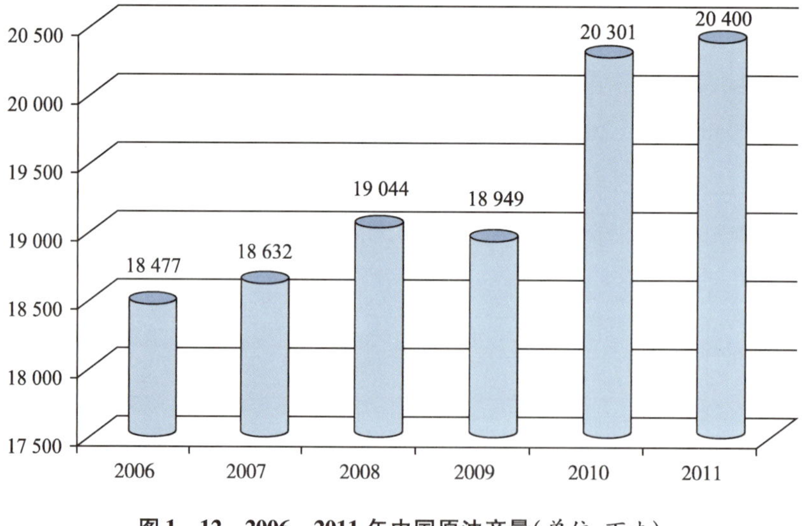

图1-12 2006—2011年中国原油产量(单位:万吨)

2006—2011年,我国原油进口量持续扩大,2011年较2006年增加9985万吨,增长51.32%;出口量2006—2010年持续增长,由2 626.2万吨增加到4 079万吨,2011年快速回落到2 822万吨。

2006—2011年,我国石油消费量持续增长,由3.5亿吨增加到4.4亿

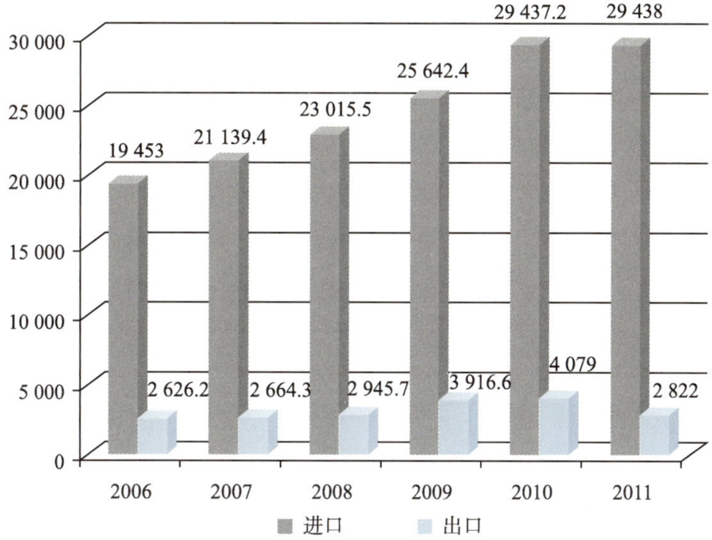

图 1－13　2006—2011 年中国原油进出口（单位：万吨）

吨，增加 0.9 亿吨，增长 25.7%。

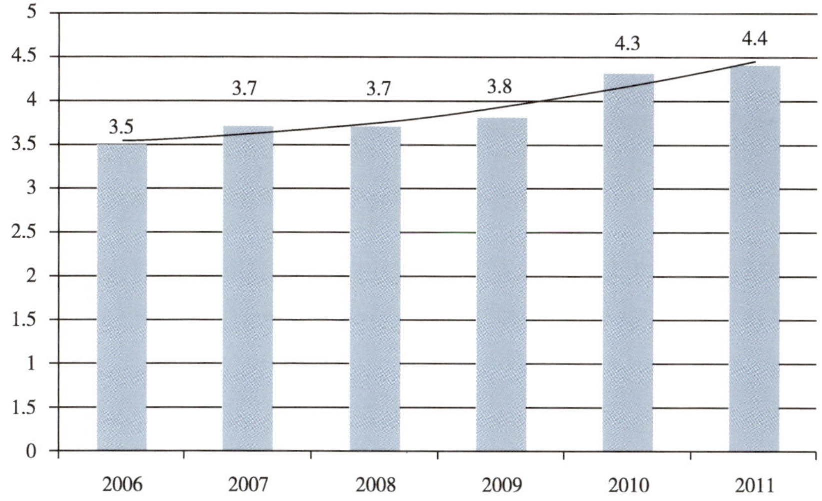

图 1－14　2006—2011 年中国石油消费量（单位：亿吨）

近年来，随着国内能源结构调整步伐的进一步加快，我国天然气生产持续高速发展，天然气产量迅速增加，进口量大幅增长。据国家统计局数据显示,2011 年,我国天然气产量首次突破千亿立方米大关,达到 1 025.3 亿立方米,与 10 年前相比增长 3.6 倍,年均增速达到 14%,增速在国内化石与非化石能源中遥遥领先。全年进口天然气 310 亿立方米,同比增长 82.3%。随着西藏拉萨首个天然气站的建成投产,我国天然气消费领域已经覆盖到了全国所有省会城市,用气人口已经达到 1.7 亿,首次超过液化石油气使用人口。10 年间,中国天然气产量全球排名提升 9 位,位列世界第 7 位。中国在世界能源市场上的角色随之发生重大转变,成为天然气生产大国和消费大国。

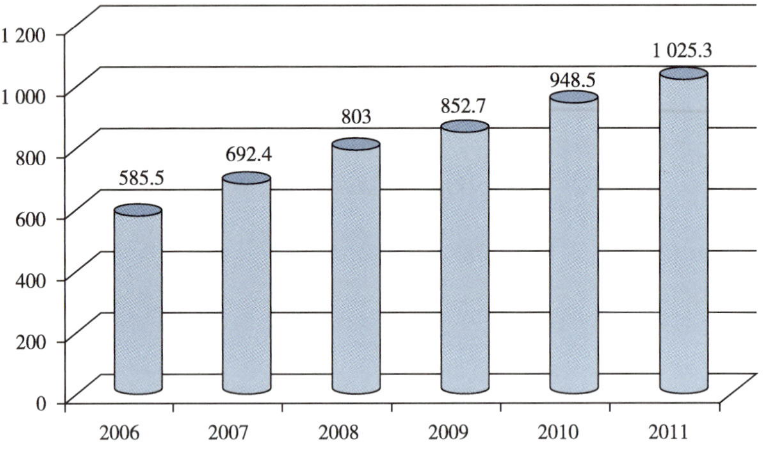

图 1－15　2006—2011 年中国天然气产量(单位:亿立方米)

国内天然气市场进一步扩大,消费快速增加,继续保持两位数增长态势,天然气表观消费量达到了创纪录的 1 300 亿立方米,同比增长 20.6%;进口量超过了 300 亿立方米,同比增长 82%,在国内一次能源消费结构中的比重提升到 4.8%。天然气消费量由 10 年前的全球排名第 20 位,上升到世界第 4 位。

2011 年,国内天然气管道建设迅速推进,液化天然气接收站建设快速上马,天然气进口能力大幅提升,天然气对外依存度由上年的 15.9% 提高到 23.8%,资源供应量增加近 20%,天然气保供能力显著增强,产销总体平衡,满足国内日益快速增长的天然气消费需求。

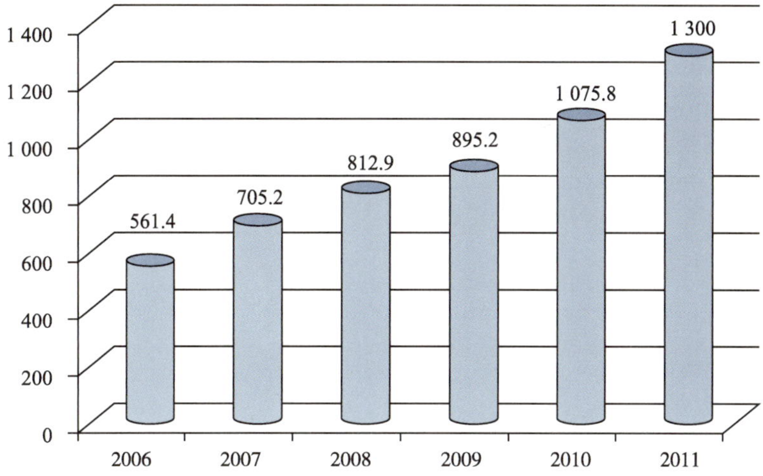

图 1-16　2006—2011 年中国天然气消费量（单位：亿立方米）

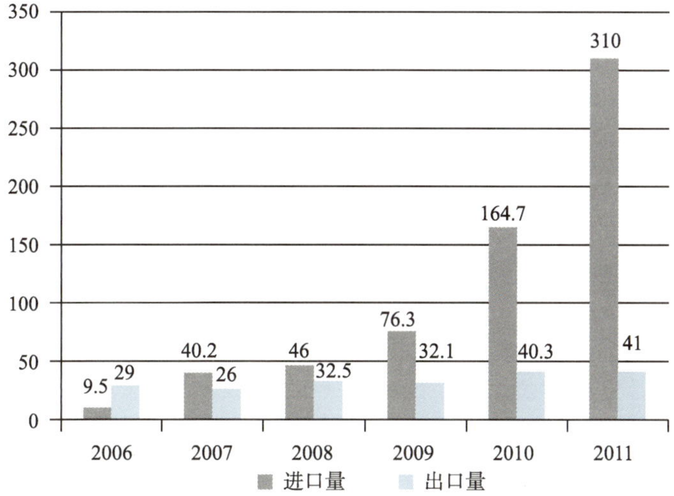

图 1-17　2006—2011 年中国天然气进出口量（单位：亿立方米）

1.2.3　电力产业发展

2011 年全国全社会用电量 4.69 万亿千瓦时，比上年增长 11.7%，消费需求依然旺盛。全国基建新增发电生产能力 9 041 万千瓦/年，连续 6 年增量超过 9 000 万千瓦。2011 年底全国全口径发电设备容量近 10.56 亿千瓦，比上年增长 9.2%；电网 220 千伏及以上输电线路回路长度、公用变设备容量分别为48.0万千米、22.0亿千伏安，分别比上年增长7.9%和10.5%，全国电力供应和配置能力进一步增强。

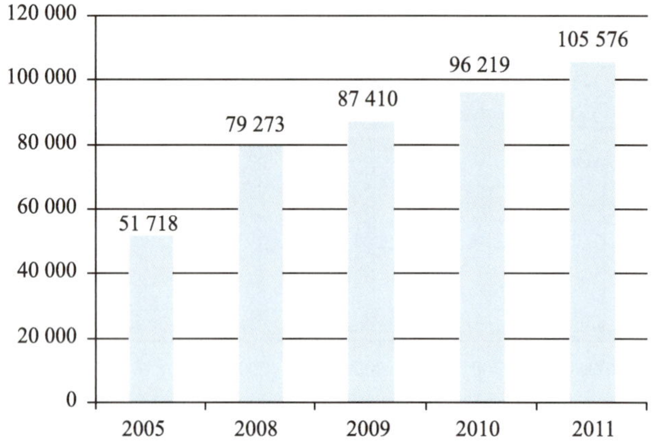

图1－18　2005—2011年中国发电装机总容量（单位：万千瓦）

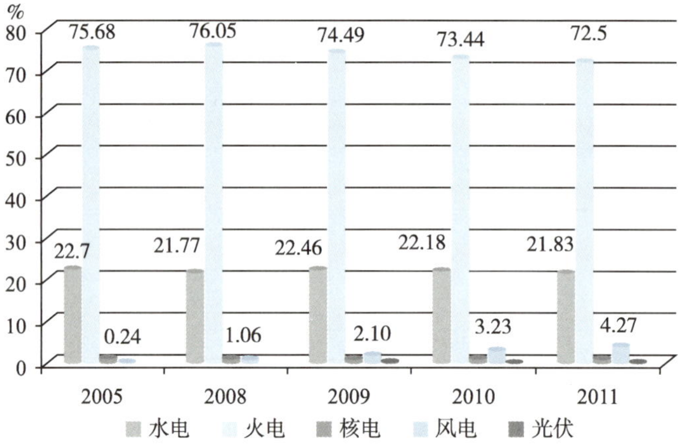

图1－19　2005—2011年中国各种类型发电装机容量比重

2011年，全国发电设备平均利用小时达到4 731小时，比上年提高81小时，为2008年以来的最高水平。其中全国水电设备平均利用小时3 028小时，比上年下降376小时，为1979年以来的最低水平。绝大部分水电生产大省的水电设备利用小时均比上年有所减少。全国火电设备平均利用小时5 294小时，比上年提高264小时，为2008年以来的最高水平。核电7 772小时，比上年降低69小时。

2011年,全国6 000千瓦及以上机组全年供电煤耗330克/千瓦时,比上年同期降低3克/千瓦时。全国发电厂用电率5.44%,比上年下降0.09个百分点。

2011年,全国电力工程建设完成投资7 393亿元,与上年基本持平。其中,电源、电网工程建设分别完成投资3 712亿元和3 682亿元,分别比上年下降6.5%和增长6.8%,电网投资占电力投资的比重比上年提高3.3个百分点。

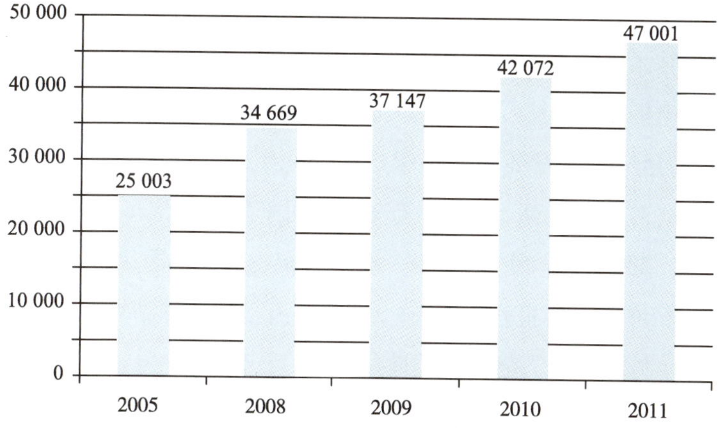

图1-20 2005—2011年中国发电量(单位:亿千瓦时)

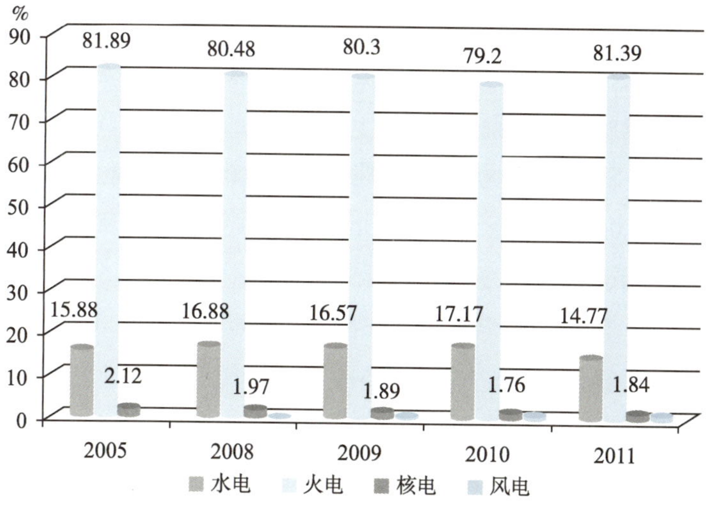

图1-21 2005—2011年中国各种类型发电量占比

1.2.4 新能源发展

新能源指刚开始开发利用或正在积极研究,有待推广的能源。主要包括再生能源、核能,也包括化石能源比如煤清洁高效利用。我国可再生能源发展较快,但相对规模仍较小。为满足我国对清洁能源的需求,应大力发展煤基多联产。煤基多联产是以煤、渣油或石油焦为原料,气化后生成粗合成气,再经净化,将其用来实现电、化、热、气的联产,即在发电的同时,联产包括液体燃料在内的多种高附加值的化工产品、城市煤气等。其中清洁煤发电技术被称为整体煤气化联合循环(简称 IGCC)发电,是洁净的煤气化技术与高效的联合循环技术的结合。但是在我国具体条件下,纯用于发电的 IGCC 发展前景不大,它的优势和单位投资的增加不相匹配。因而,最应重点发展的是多联产。煤化工产品中的甲醇和二甲醚可以分别替代汽油和柴油,制备的氢气可以用于氢燃料汽车等。

风能。2011 年作为"十二五"规划开局之年,我国风能发展稳中求进。当年新增风电装机容量 1 763 万千瓦,占当年全球新增风电装机总容量的 43%,继续保持了全球领先地位。

2011 年全球新增装机容量风电机组制造企业排名前 10 位中,我国企业占据 4 席。2011 年,中国有 12 家企业的风电设备产品进入国际市场,有 5 家企业在国外开发风电场。

在产业获得增长的同时,我国风电技术也取得了明显进步。目前,我国陆地风电场的主流机型已经从"十一五"初的百千瓦级风电机组转向 1.5 兆瓦至 2.5 兆瓦风电机组,3.0 兆瓦级风电机组已批量生产,5 兆瓦和 6 兆瓦的风电机组也已经下线装机运行。在大型化风电机组研发、生产和应用方面,我国正在迎头赶上国际先进水平。

太阳能。我国 2011 年新增太阳能发电装机容量约 220 万千瓦,当年新增量位居世界第 3 位,占全球太阳能发电新增装机的 7% 左右。

生物质能。2011 年,我国国家层面对生物质能产业给予高度重视,出台了一系列鼓励政策。2011 年 6 月 30 日,财政部、国家税务总局联合发布通知,划定了废弃动植物油生产纯生物柴油免征消费税的适用范围,详细列出四种免征消费税的生物柴油原料。10月初，财政部下发《关于开展第一批绿色低碳重点小城镇试点示范工作的通知》，并配有《推广应用可再生能源和新能源专项实施方案》。同时，《全国林业生物质能源发展规划（2011—2020年）》通过专家评审。

在鼓励政策不断出台的同时，我国生物质能产业也获得了新的发展：2011年10月18日，由广东省粤电集团投资建设的目前世界上单机容量及总装机容量最大的生物质发电厂正式投入商业运营。10月28日，中国国际航空公司使用现役波音747—400型客机加载由中国石油与霍尼韦尔旗下UOP公司合作生产的航空生物燃料，在首都国际机场执行了首次验证飞行，并取得成功。

1.3 煤炭工业

煤炭供应能力增强。2011年，煤炭采选业固定资产投资总额4 897亿元，同比增长25.9%。全国原煤产量达35.2亿吨，同比增加2.8亿吨，增长8.7%。全国铁路发运煤炭22.1亿吨，同比增长10.49%；主要港口煤炭中转量6.5亿吨，同比增长17.5%，有力地保障了国家经济和社会发展的需求。

科技创新水平不断提高。2011年，全行业国家级企业技术中心达到19个，共有11项成果获国家科技进步奖和国家技术发明奖，一些影响煤炭开发的重大科学问题得到解决。神华百万吨煤炭直接液化和60万吨煤制烯烃工程转入商业化运行，煤矿充填开采、井下地热利用等矿区环境治理技术取得进展；煤矿年产600万吨工作面成套装备研制成功，年产1 000万吨工作面综采成套装备工业化试验稳步推进，煤矿装备国产化水平不断提高。

产业结构调整步伐加快。2011年，全国关闭不符合安全生产条件煤矿407处、淘汰落后产能近2 463亿吨/年，年产30万吨以下的小煤矿在全国总产量中的比重下降到20%。大型现代化煤矿建设步伐加快，千万吨级现代化煤矿达到40个，生产能力5.5亿吨，安全高效煤矿达到377个，产量占到总产量的1/3。大型煤炭企业集团取得新进展，河北、山西、内蒙古等13个产煤省（区）煤矿企业兼并重组进入实施阶段，北京等5省（市）小煤矿已基本退出，全国产量超千万吨的煤炭企业55家、产量25.4亿吨，在全国总产量中的比重达到72%，提高了9个百分点，其中年产5 000万吨以上的煤炭企业17家，产量已占全国总产量的50%，提高了6个百分点。大型煤炭基地建设成效显著，全国14个大型煤炭基地总产量达到32亿吨，占全国总产量的比重达到90%以上。以煤为基础企业多元发展格局初具规模，煤电一体化发展进程加快，新型煤化工产业逐渐兴起，多数大型煤炭企业非煤产业产值已超过50%以上。

企业竞争能力快速提升。2011年，煤炭企业竞争能力又有一个新的提高，企业资产总额不断增加，销售收入快速增长，经济实力增强，效益大幅度增加。全年全行业资产总额3.76万亿元，同比增长26.9%；主营业务收入3.26万亿元，同比增长37.83%；补贴后利润总额4 341.73亿元，同比增长33.39%，在39个工业行业中位居第2位，其中90家大型煤炭企业利润约2 030亿元，同比增长21.16%。

煤矿安全保障能力进一步增强。截至2011年底，全国煤矿累计提取安全生产费用2 475亿元（自2004年国家实施煤矿安全生产费用提取政策以来）。2011年，安排煤矿安全技术改造投入139.58亿元。全国较大事故同比减少25起、死亡人数减少105人，分别下降21.7%和20.3%；重特大事故同比减少3起、死亡人数减少182人，分别下降12.5%和34.2%；全国煤炭百万吨死亡率0.564，同比下降24.7%；死亡人数1 973人，同比下降18.9%，首次降到2 000人以下。

循环经济发展取得新进展。绿色开采、生态矿山建设成效显著，一些煤矿推广地热利用和充填开采技术实现了产煤不烧煤，解放了大量资源，减少了固体废弃物排放。河北、山东、河南、安徽等省煤矿企业应用充填开采技术，2011年，采出“三下”压煤1 000多万吨，充填煤矸石1 300多万吨，减少矸石占地30多公顷，直接和间接经济效益接近100亿元。煤炭入选能力大幅度提高,2011 年新增洗选能力 1.5 亿吨,原煤入洗率提高到52%。2011 年,全国煤矸石电厂装机容量 2 780 万千瓦,同比增加 280 万千瓦,增长 10%。2011 年,煤层气与瓦斯抽采量 115 亿立方米,利用量 53 亿立方米,同比分别增加 36.7% 和 51.4%。

对外开放迈出新步伐。充分利用“两个市场、两种资源”的理念逐步形成。煤炭进口快速增长,全年进口煤炭 1.82 亿吨,成为全球最大的煤炭进口国;煤炭净进口 1.68 亿吨,同比增长 13.7%。企业“走出去”步伐加快。煤炭企业积极参与澳大利亚、蒙古、印度尼西亚等国家的资源开发,兖矿集团在澳大利亚的权益煤产量已近2 000 万吨/年;中俄煤炭领域合作全面实施,全年进口俄罗斯煤炭超过1 000 万吨。煤矿机械装备出口与外包服务发展迅速,我国煤机术装备出口不断增加,取得了良好的信誉。

和谐矿区建设步伐加快。煤炭产业与区域经济统筹发展形成行业共识,企业社会责任逐步落实,职工收入不断增加,矿区环境得到较大改善。2011 年全行业职工年平均收入 5.4 万元,同比增长 22%。棚户区改造稳步推进,矿工居住条件得到显著改善;职工劳动保护开始得到加强,矿区生态环境治理力度加大。

煤炭在全球一次能源结构中的比重增加。30 年来,在新能源和可再生能源不断发展的进程中,煤炭在一次能源结构中的比重仍持续增加。在世界能源消费结构中,原油消费比重由 1990 年的 38.83% 下降到 2010 年的 33.56%,天然气由 21.82% 略有增加到 23.81%,煤炭由 27.38% 提高到 29.63%,核能由 5.59% 下降到 5.22%,水电由 6.03% 略有增加到 6.46%,可再生能源由 0.35% 增加到 1.32%,增加了近 4 倍。

在已探明的世界化石能源储量中,煤炭占 54.65%,远高于油气。预计在今后相当长的一段时间内,随着石油资源的分布不平衡和洁净煤技术发展,储量丰富的煤炭仍将是人类生产生活中无法替代的重要能源品种之一。

煤炭仍然是我国的主体能源。2011 年,我国一次能源生产总量 31.8

亿吨标准煤、消费总量34.8亿吨标准煤。其中,煤炭产量35.2亿吨,占77.8%,消费量35.4亿吨,占68.7%;原油产量2.04亿吨,占9.2%,消费量4.6亿吨,占18.1%;天然气产量1 030.3亿立方米,占4.2%,消费量1 318亿立方米,占5.2%。水电、风电、核电等可再生能源2.78亿吨标准煤,分别占能源生产和消费总量的8.8%和8.0%,短期内大幅增加可再生能源的比重,还有较大难度。从煤炭资源保障能力看,我国煤炭资源总量丰富,探明储量占一次能源总量的94%,是我国优势的能源资源。从煤炭生产供应能力看,全国煤炭生产能力实现了持续快速增长。

进入21世纪以来,特别是"十一五"以来,在国家促进煤炭工业健康可持续发展相关政策的引导下,煤炭工业在保障国家经济社会发展对煤炭需求的同时,发展思路、发展理念发生了较大变化,取得了巨大成就。但也面临着制约煤炭工业健康可持续发展的诸多矛盾和问题。

煤炭资源保障程度低,资源供应面临潜在风险。我国大型整装煤田主要集中在晋陕蒙宁和新疆地区,其他大部分产煤地区资源赋存条件较差。煤炭资源开发越来越向晋陕蒙宁等西部地区集中,煤炭调出区与主要消费区的距离增加。原来一些煤炭调出省逐渐转为煤炭调入省,全国煤炭安全稳定供应保障的难度加大。特别是要关注进入"十三五"以后,全国煤炭需求量在40亿吨以上再逐年增长,在这种情况下的煤炭资源保障问题。

矿井数量多,产业布局趋同,非煤产值效益低,结构调整面临挑战。我国小型煤矿数量多,生产集中度低。目前全国30万吨以下的小型煤矿有1.2万多处,占全国煤矿总数的80%以上。开采深度增加,煤炭生产风险增加。目前全国已经有千米深井39处,最深的达到1 450米。煤矿深部开采面临冲击地压、地热、高承压水、瓦斯等自然灾害与职业健康问题。在煤化工产业发展进程中,也存在"逢煤必化"、"以煤养化"、重复建设、产能过剩的问题。

煤炭生产消费持续大幅增长,环境问题凸显,生态环境约束强化。截至2011年底,全国煤矿采空区土地塌陷累计达100万公顷左右,每年新增采空区6万公顷左右;煤矸石堆积占用大量土地,并造成严重土壤污染;二氧化硫、氮氧化物和有害重金属排放不断增加,酸雨面积达120万平方公里。由于我国煤炭消费的持续快速增长,温室气体排放居高不下,面临着更加严峻的国际社会舆论压力。

发展理念亟待更新,企业内部风险管理亟待加强。煤炭行业虽然实现了连续多年的快速发展,取得了辉煌成绩,但按转变经济发展方式要求还有大量工作要做;实现煤炭工业由数量速度型向质量效益型转变的任务还很艰巨;落实科教兴煤战略,提升煤炭工业发展的科学化水平还有较大差距;加强人才培养、建设和谐矿区任重而道远。

第 2 章　煤炭生产

2.1　全国煤炭生产概况

2011 年,我国原煤产量完成 35.2 亿吨,同比增加 2.8 亿吨,增长 8.7%,比 2010 年增幅回落 0.39 个百分点。其中,大型煤炭企业原煤产量完成 22 亿吨,同比增加 2.4 亿吨,增长 12.2%;大型煤炭企业洗精煤产量完成 5.1 亿吨,同比增加 0.5 亿吨,增长 11%。

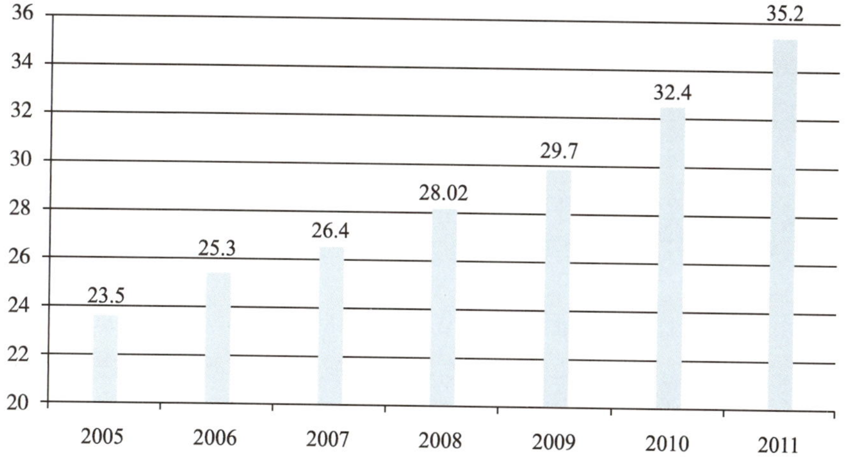

图 2-1　2005—2011 年全国煤炭产量(单位:亿吨)

煤炭生产重心继续向西部转移。2011 年,西部地区煤炭生产总量 20.2 亿吨,同比增加 2.7 亿吨,占全国煤炭总产量的 57.5%,同比提高了

3 个百分点。

在全国 26 个主要产煤省区中，产量上升的有 20 个，其中，内蒙古产量增加 1.96 亿多吨，同比增长 25.12%；山西省增加 1.3 亿多吨，同比增长 17.71%；陕西省增加 0.56 亿多吨，同比增长 15.47%；新疆维吾尔自治区增加 0.20 亿多吨，同比增长 20.17%。

全国亿吨级的产煤省达到 8 个，原煤产量达到 30 亿吨，占全国煤炭产量的 85.2%，同比增加 5 个百分点。

表 2－1　2011 年中国亿吨级产煤省区产量表

地区＼指标	本年累计（万吨）	去年同期（万吨）	增加（＋，－）	增减（%）
山西	87 232.42	74 105.51	13 126.91	17.71
内蒙古	97 925.55	78 267.68	19 657.87	25.12
安徽	13 685.54	13 149.45	536.09	4.08
山东	15 345.68	14 892.08	453.60	3.05
河南	18 731.68	18 207.90	523.78	2.88
贵州	15 600.97	15 954.02	－353.05	－2.21
陕西	41 712.55	36 124.66	5 587.89	15.47
新疆	12 174.18	10 130.68	2 043.50	20.17

2.2　生产布局

我国煤炭生产按区域可划分为东部、中部和西部地区。受我国煤炭资源开发现状影响和煤炭生产开发规划引导，2011 年我国东部地区煤炭产量基本保持稳定，中部地区增幅明显，西部地区继续保持大幅增长态势。

2.2.1　东部地区

东部产煤省市（北京、河北、辽宁、吉林、黑龙江、江苏、浙江、福建和山东）是我国煤炭资源开发较早地区，随着开采强度的增加，矿区资源逐渐枯竭,煤炭产量比重逐渐下降。2011 年,东部地区煤炭产量占全国总产量的 12.9%,同比下降 1.2 个百分点。山东、河北、黑龙江、辽宁是东部地区的主要产煤省,煤炭产量占东部地区总产量的 81.3%。其中,山东省煤炭产量 1.54 亿吨。

表 2-2 2006—2011 年中国东部地区 5 000 万吨级以上省(区)煤炭产量及比重变化

	年份	2006	2007	2008	2009	2010	2011
河北	产量(万吨)	8 364.7	8 662.9	8 145.4	8 585.3	10 199.0	9 297.0
	比重(%)	17.1	18.0	17.1	17.3	20.5	18.7
辽宁	产量(万吨)	7 367.2	6 349.0	6 495.1	6 624.1	5 718.0	7 094.0
	比重(%)	15.1	13.1	13.6	13.3	11.5	11.9
黑龙江	产量(万吨)	10 282.4	10 065.1	9 760.1	9 900.5	9 707.0	9 819.8
	比重(%)	21.1	20.9	20.5	19.9	19.5	19.8
山东	产量(万吨)	14 069.5	14 518.3	13 742.5	14 377.7	14 892.0	15 334.4
	比重(%)	28.8	30.1	28.9	29.0	30.0	30.9

山东省煤炭资源比较丰富,探明煤炭资源储量 256.1 亿吨,其中 97.5% 的煤炭资源分布在鲁西地区,主要集中在鲁西南、鲁中和胶济铁路沿线和济南以西的黄河两岸。煤种以气煤为主,其次为气肥煤、1/3 焦煤、肥煤、褐煤、长焰煤、无烟煤和瘦煤。

2011 年,山东省开始实施煤炭资源保护性开采的战略,严格控制煤矿产量,查处超强度、超定员、超能力生产行为,努力实现合理、均衡、有序生产。同时,山东省属煤炭企业积极开发省外资源,2011 年省外(国外)煤炭产量约 4 000 万吨。为保证省内煤炭供应,2011 年从省外调入煤炭约 2 亿吨。针对山东省煤炭资源埋藏深、“三下”压煤多等情况,加大压煤村庄搬迁力度,积极推进煤矿绿色开采,取得显著效果。2011 年,搬迁村庄 14 个,搬迁村民 4 850 户、16 560 人,解放煤炭可采储量 6 600 万吨。

2.2.2 中部地区

中部产煤六省(山西、安徽、江西、河南、湖北、湖南)煤炭产量在全国煤炭产量中所占比重基本稳定。2011 年,中部地区煤炭产量占全国的 34.3%,同比下降 0.1 个百分点,其中山西省煤炭产量 8.72 亿吨、安徽省煤炭产量 1.3 亿吨,河南省煤炭产量 1.87 亿吨。

表 2-3　2006—2011 年中国东部地区 5 000 万吨级以上各省煤炭产量及比重变化

	年份	2006	2007	2008	2009	2010	2011
山西	产量(万吨)	58 141.9	63 020.9	64 501.3	61 534.9	74 096.0	87 232.4
	比重(%)	60.7	61.9	59.7	56.4	64.1	66.2
安徽	产量(万吨)	8 331.9	9 265.7	11 649.5	12 848.6	13 145.0	13 685.5
	比重(%)	8.7	9.1	10.8	11.8	11.4	10.4
河南	产量(万吨)	19 532.2	19 287.2	21 305.7	23 037.9	17 909.0	18 731.7
	比重(%)	20.4	18.9	19.7	21.1	15.5	14.2

(1)山西省。煤炭资源丰富,煤质优良。探明煤炭储量 2 661.8 亿吨。煤种齐全,包括气煤、肥煤、焦煤、瘦煤、无烟煤、贫煤、长焰煤、弱粘结煤和褐煤。

2011 年,山西省煤炭资源整合矿井陆续投入生产,矿井总数由 2 600 座减少到 1 053 座,30 万吨以下的小煤矿全部被淘汰,保留矿井中达到 90 万吨以上的占 70%,全省煤矿年平均规模达到了 120 万吨以上,比 2005 年的 16.8 万吨提高了 6 倍多。通过煤炭资源整合和企业兼并重组,山西省境内有 3 家亿吨级的特大型煤炭集团,分别为大同煤矿集团、山西焦煤集团和中煤平朔煤业有限责任公司;3 个 5 000 万吨级的大型煤炭企业集团,分别为阳泉煤业集团、潞安集团、晋城无烟煤集团。

2011 年,山西省矿井建设规模、投资强度达到历史最高时期,建设和新开工的各类煤矿项目达到 600 多个,设计产能 6 亿多吨,完成投资 750 亿元,约占山西省全年计划投资总额的 10%。2011 年,全省有 100 座新建、整合改造矿井投产,产能约 1 亿吨。

(2)河南省。煤炭资源探明储量约 284.5 亿吨。煤种主要包括焦煤、

1/3 焦煤、气煤、肥煤、瘦煤、无烟煤、贫煤和长焰煤。

2011 年,河南省煤炭资源整合初见成效,煤炭产量呈现回升趋势,全省煤炭产量 1.87 亿吨,同比增长 2.9%。煤炭企业数量由 530 家减少到 30 家,矿井数量由 797 处减少到 574 处,煤矿单井平均规模由 27 万吨/年提高到 39 万吨/年。

(3)安徽省。煤炭资源探明储量约 228.7 亿吨。淮南基地煤种以气煤和 1/3 焦煤为主,淮北基地以焦煤、肥煤和瘦煤为主。2011 年,全省煤炭产量 1.37 亿吨,同比增长 4.2%,其中商品煤产量 1.2 亿吨,全年消费量 1.28 亿吨,煤炭净调入 800 万吨,首次成为煤炭净调入省。

2.2.3 西部地区

西部产煤省区(包括内蒙古自治区、新疆维吾尔自治区、宁夏回族自治区、陕西省、甘肃省、青海省、贵州省、云南省、广西壮族自治区、四川省和重庆市)逐步成为我国煤炭资源开发的重点地区,2011 年西部地区煤炭产量占全国的52.7%,同比上升了1.3 个百分点。其中,内蒙古自治区煤炭产量 9.79 亿吨,陕西煤炭产量 4.17 亿吨,贵州煤炭产量 1.56 亿吨,新疆煤炭产量 1.2 亿吨。

表 2-4 2006—2011 年中国西部地区亿吨级以上各省煤炭产量及比重变化

	年份	2006	2007	2008	2009	2010	2011
内蒙古	产量(万吨)	29 759.6	35 437.9	50 222.8	60 280.0	78 665.0	97 926.0
	比重(%)	15.1	16.7	20.7	26.3	32.5	52.7
陕西	产量(万吨)	18 262.0	20 353.5	24 162.8	29 819.9	35 641.0	41 713.0
	比重(%)	9.3	10.1	11.4	13.0	15.7	22.5
贵州	产量(万吨)	11 816.6	10 864.2	11 319.5	13 690.7	15 950.0	15 600.9
	比重(%)	6.0	5.4	5.3	6.0	6.2	8.4
新疆	产量(万吨)	4 316.8	4 915.5	6 735.9	8 739.8	10 131.0	12 174.0
	比重(%)	2.2	2.5	3.2	3.8	4.1	6.5

(1)内蒙古自治区。煤炭资源探明储量约 7 703 亿吨。煤种以褐煤、

长焰煤为主，部分矿区赋存有炼焦用煤。2011 年，内蒙古煤炭产量为 9.79 亿吨，同比增长 25.12%，居全国首位，占全国煤炭总产量的 27.8%，其中鄂尔多斯市原煤产量 5.88 亿吨，同比增长 31.5%。2011 年内蒙古自治区启动新一轮的煤炭企业兼并重组工作，计划于 2013 年结束。

（2）陕西省。煤炭资源探明储量约 1 684 亿吨。煤种主要包括不黏煤、长焰煤、气煤、肥煤、贫煤以及贫瘦煤。2011 年，原煤产量 4.17 亿吨，同比增长 15.47%。其中，榆林和彬长矿区煤炭产量占全省 80% 以上，榆林市煤炭产量达 3.1 亿吨，占全省产量的 74.3%。2011 年，全省新投产矿井 57 对，能力 4 937 万吨/年；在建矿井 302 对，能力 30 498 万吨/年。

（3）新疆维吾尔自治区。煤炭资源探明储量约 2 500 亿吨，煤炭资源储量仅次于山西和内蒙古，位居全国第三位。新疆大型煤炭基地规划已获批准，新疆基地主要包括准东、哈密、伊犁和库拜等四大煤田。2011 年，全区煤炭产量 1.2 亿吨，同比增长 20.17%。

近年来，国内大型企业纷纷进入新疆开发煤炭资源。初步统计，参与新疆煤炭、煤电、煤化工发展的企业达到 104 家，规划煤化工项目 66 个，计划总投资达 8 000 亿元以上。

（4）贵州省。煤炭资源探明储量约 500 亿吨。煤种主要包括无烟煤、炼焦煤等。贵州是我国西南部地区最大的产煤省区。2011 年，贵州省煤炭产量为 1.56 亿吨，同比下降 350 万吨。2011 年 5 月贵州省正式启动煤矿企业兼并重组工作。按照国家相关部门的要求和贵州省统一安排，先后出台了 50 多个行政规章和规范性文件，截至 2011 年底，除个别煤层较薄地区外，全部关闭年设计生产能力 9 万吨以下的小煤矿。通过煤矿企业兼并重组，贵州省减少了小煤矿数量，扩大了企业规模，提高了煤矿安全生产的整体水平，确保了煤矿工人的生命安全。

2.3　产业结构调整

2011 年，随着煤炭企业兼并重组工作逐步深入，全国年产量超千万吨的煤炭企业已达55家,年产量25.4亿吨,占全国总产量的72%,同比增长9个百分点,其中年产5 000万吨以上的煤炭企业17家,占全国总产量的50%,同比增长6个百分点。

2.3.1 煤炭生产集中度

2011年,我国亿吨级煤炭企业有神华集团、中煤集团、大同煤矿集团公司、山西焦煤集团、山东能源集团、冀中能源集团、陕西煤业化工集团7家企业,煤炭产量11.1亿吨,同比增加6.4个百分点。2011年,神华集团煤炭产销量超过4亿吨,同比增加5 012.9万吨,产销量继续保持世界第一;山东能源集团、冀中能源集团煤炭产量增加量分别为1 700.9万吨、3 156.9万吨,分别增长了18.6%和44.1%。

表2-5 2011年亿吨级煤炭企业一览表

序号	单位名称	产量(万吨)	同比增加量(万吨)	增长率(%)
1	神华集团	40 707.9	5 012.9	14.0
2	中煤集团	16 357.2	987.2	6.4
3	大同煤矿集团	11 536.7	1 418.5	14.0
4	山西焦煤集团	11 006.4	877.4	8.7
5	山东能源集团	10 821.0	1 700.9	18.6
6	冀中能源集团	10 315.0	3 156.9	44.1
7	陕西省煤业集团	10 186.0	147.0	1.5

2011年,我国年产量5 000万~10 000万吨的煤炭企业有河南煤业化工集团等10家,煤炭产量6.6亿吨 ,同比增加8 543.1万吨。其中,内蒙古伊泰集团、中电投蒙东能源集团、河南煤业化工集团、兖矿集团、开滦集团同比增长量分别为2 027万吨、1 216.0万吨、1 082.0万吨、1 057.5万吨和971.7万吨。

表2-6 2011年5 000万~10 000万吨级一览表

序号	单位名称	产量(万吨)	同比增加量(万吨)	增长率(%)
1	河南煤业化工集团	8 483.2	1 082.0	14.6

续表

序号	单位名称	产量(万吨)	同比增加量(万吨)	增长率(%)
2	潞安矿业集团	7 718.2	620.0	8.7
3	兖矿集团	7 078.5	1 100.5	18.4
4	开滦集团	7 058.8	971.7	16.0
5	淮南矿业集团	6 751.3	132.2	2.0
6	阳泉煤业集团	6 612.2	512.2	8.4
7	内蒙古伊泰集团	6 027.0	2 027.0	50.7
8	中电投蒙东能源集团	5 740.0	1 216.0	26.9
9	龙煤矿业集团	5 267.0	225.0	4.5
10	晋城无烟煤集团	5 253.5	656.5	14.3

2011 年,我国年产量 3 000 万 ~5 000 万吨的煤炭企业有中国平煤神马能源化工集团等 7 家,煤炭产量 2.59 亿吨,同比减少 4 907.1 万吨。其中,产量增幅超过 10% 的为山西煤炭运销集团、淮北矿业集团、吉林省煤业集团和平庄煤业集团,同比增长量分别为 1 037.05 万吨、311.6 万吨、410 万吨和 1 108 万吨。

表 2-7 3 000 万 ~5 000 万吨级煤炭企业一览表

序号	单位名称	产量(万吨)	同比增加量(万吨)	增长率(%)
1	中国平煤神马能源化工集团	4 756.60	-216.40	-4.4
2	山西煤炭运销集团	3 837.05	1 037.05	37.0
3	平庄煤业集团公司	3 776.00	1 108.00	41.5
4	伊东煤炭集团	3 520.00	—	—
5	淮北矿业集团公司	3 372.70	311.60	10.2
6	义马煤业集团公司	3 361.70	242.00	7.8
7	吉林煤业集团	3 218.00	410.00	14.6

2.3.2 兼并重组进展

2011 年,各地煤炭企业兼并重组工作迈上新台阶。兼并重组方式除大型煤炭企业兼并中小煤炭企业外,还出现了以产权为纽带、以股份制为主要合作形式的煤炭企业与电力、冶金、化工等行业企业的新型兼并重组方式。

2011 年 5 月，四川省政府与神华集团在成都签署战略合作框架协议。根据协议，双方将建立长期战略合作伙伴关系，省政府支持神华集团参与四川的能源建设，在川规划建设大型燃煤火电厂，并积极推进四川应急储煤基地建设；支持神华集团参与四川能源领域的重组工作。2011 年 9 月，神华集团与川投集团合资成立神华巴蜀电力有限责任公司，神华集团控股 51%，川投占 49% 股份。

2011 年 7 月神华集团与安徽省能源集团有限公司签署协议，出资 2 550 万元与皖能集团合资成立神皖能源有限责任公司，神华集团控股 51%，皖能集团占 49% 股份。

2011 年 3 月，由枣庄矿业集团、淄博矿业集团、新汶矿业集团、龙口矿业集团、肥城矿业集团和临沂矿业集团 6 家煤炭企业组建的山东能源集团有限公司正式挂牌成立，煤炭生产规模达到亿吨级。

第3章　煤炭消费

3.1　煤炭消费总体概况

3.1.1　消费总量

2011年,我国煤炭消费总量为35.4亿吨,同比增长8.9%。其中,煤炭消费地主要集中在华东、华北、中南和西北四个区域,华东地区消费总量10.3亿吨,占总消费量的82%,华北地区消费总量10.2亿吨,中南地区消费总量5.6亿吨,西北地区消费总量3.6亿吨。

我国亿吨以上的煤炭消费大省包括河北、山西、内蒙古、辽宁、江苏、山东、安徽、浙江、河南、广东、贵州和陕西,其中消费量列居全国前三位的为内蒙古、江苏和山西。

3.1.2　消费布局

由于受到煤炭资源禀赋差异、经济发展情况等多方面因素影响,我国煤炭生产和消费布局呈逆向分布。煤炭省际调运规模较大,基本呈现"北煤南运"、"西煤东运"格局。2011年全国各省区煤炭调出量为18.2亿吨,调入量为18.1亿吨。从净调出量看,我国共有10个净调出省区,1 000万吨以上净调出省区为内蒙古、山西、贵州、云南、陕西、青海、宁夏、新疆,其中,内蒙古净调出量为6.29亿吨,山西净调出量为4.66亿吨,陕西净调出量为2.65亿吨,贵州净调出量为2 645万吨,云南净调出量为1 497万吨,宁夏净调出量为2 682万吨,新疆净调出量为1 764万吨,青海净调出量为1 088万吨。

表3－1　2011年全国净调量排名前十省区调入调出表　单位：万吨

序号	省区	净调量(＋,－)	调出量(＋)	调入量(－)
1	内蒙古	62 866.21	63 603.47	737.26
2	山　西	46 632.74	55 567.16	8 934.42
3	江　苏	－28 330.60	547.07	28 877.67
4	陕　西	26 477.09	27 407.89	—
5	河　北	－21 369.09	2 507.07	23 876.17
6	山　东	－14 850.20	2 698.94	17 549.14
7	浙　江	－14 588.95	—	14 588.95
8	广　东	－13 480.14	—	—
9	辽　宁	－9 711.77	163.64	9 875.41
10	湖　北	－7 761.29	—	7 761.29

我国多数省份均有煤炭调入，主要净调入省区为华北地区的河北、天津和北京；东北地区的辽宁和吉林；华东地区的江苏、浙江、福建、山东、上海和江西；中南地区的广东、河南、湖北、湖南和广西；西南地区的四川；西北地区的甘肃。2011年我国煤炭调入量最大省份为江苏，调入量为2.83亿吨，其次为河北与山东，分别为2.14亿吨和1.49亿吨。

华东地区经济发达，是我国主要煤炭消费地区，其中江苏煤炭消费量为3.01亿吨，山东煤炭消费量为2.94亿吨，浙江煤炭消费量为1.46亿吨，安徽煤炭消费量为1.08亿吨。2011年，华东地区净调入量为6.96亿吨。

华北地区是我国第二大煤炭消费区域，其中河北消费量为2.92亿吨，山西消费量为2.95亿吨，内蒙古消费量为3.5亿吨。华北地区中北京、天津、河北均为煤炭净调入。2011年，华北地区净调入量为8亿吨。

中南部地区的主要煤炭消费省区为河南、广东、湖南和湖北，河南消费量为1.98亿吨，广东消费量为1.35亿吨，湖南消费量为9 505万吨、湖北消费量为9 284万吨。2011年，中南部地区净调入量为2.93亿吨。

西北地区煤炭主要消费省区为陕西和新疆，陕西煤炭消费量为1.38亿吨，新疆煤炭消费量为9 816万吨。2011年，西北地区煤炭净调出量为

3.05 亿吨。

3.2 主要耗煤行业消费分析

2011 年我国主要耗煤行业产品产量均呈上升趋势，火电发电量为 38 253 亿千瓦时，同比增长 14.8%；粗钢产量 6.83 亿吨，同比增长 7.3%；水泥产量 20.9 亿吨，同比增长 10.8%。主要耗煤产业产品产量的增长带动了煤炭消费量，2011 年四大行业耗煤量呈上升趋势。

3.2.1 电力行业煤炭消费

2011 年，我国全社会用电量 46 928 亿千瓦时，同比增长 11.7%，与 2010 年增长率相比降低了 3.06 个百分点。

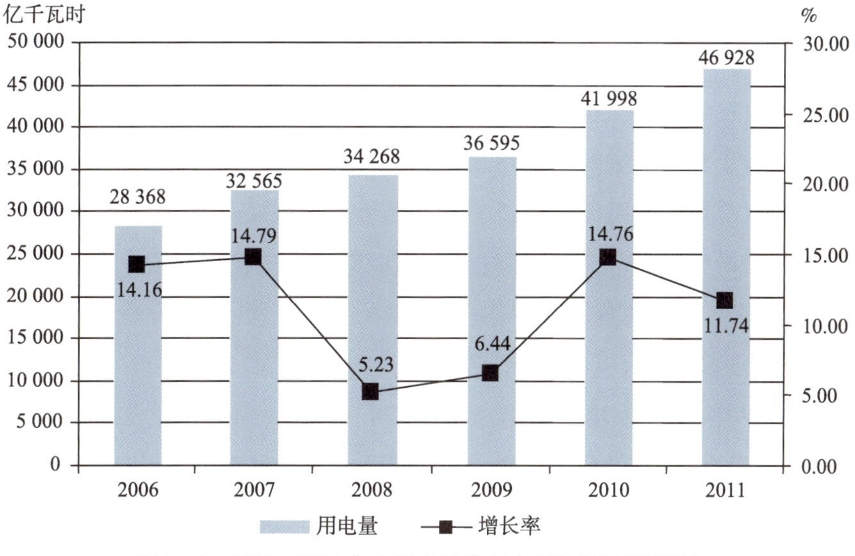

图 3-1 2005—2011 年中国全社会用电量及年增长率情况

数据来源：中国电力联合会

2011 年 1—12 月的全社会用电量同比增长率也呈现放缓的趋势，上半年用电量的平均增长率为 12.18%，下半年的平均增长率为 11.06%。

2011 年，全国全口径发电量 47 001 亿千瓦时，同比增长 11.7%。其中，火电发电量 38 253 亿千瓦时，同比增长 14.8%；水电发电量为 6 940

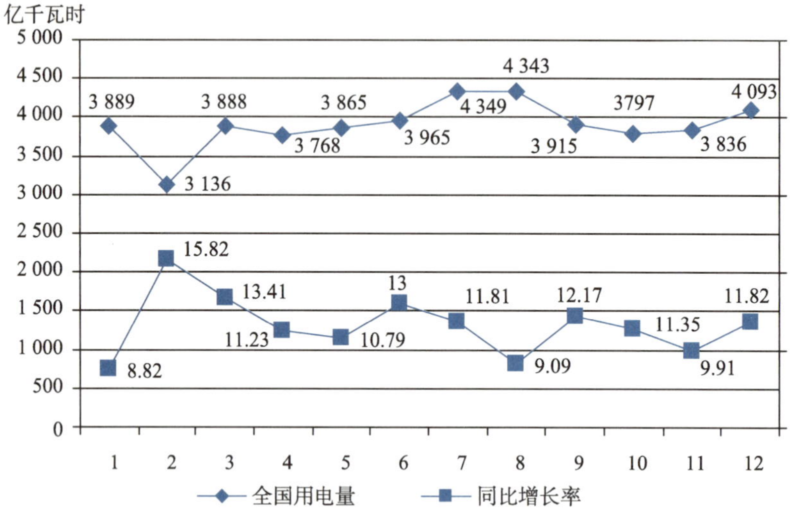

图 3－2　2011 年 1—12 月中国全社会用电量及同比增长率

千瓦时，同比下降 3.9%；核电发电量为 864 千瓦时，同比增长 16.9%。从全年的发电总量和火电发电量增长上看，1—3 月火电发电的同比增长率明显低于发电总量的同比增长率；4 月起火电发电的同比增长率开始接近发电总量的同比增长率；5 月火电发电同比增长率继续走高；9 月达到全年的最高点 19.5%，与该月发电总量 11.5% 的同比增长率相比高出 8 个百分点；10—12 月，随着发电总量增长率的走缓，火电发电量同比增长率开始迅速回落，但仍然高于发电总量的同比增长率。

2011 年，全国发电设备容量 105 576 万千瓦，同比增长 9.25%。其中，水电 23 051 万千瓦，火电 76 546 万千瓦（含煤电 70 667 万千瓦），并网太阳能发电达到 214 万千瓦。全国基建新增发电设备容量超过 9 000 万千瓦，其中，火电 5 886 万千瓦，水电 1 225 万千瓦，核电、并网风电和太阳能发电新增合计 1 928 万千瓦。火电新增规模下降，占全年发电新增设备容量 65.1%。截至 2011 年底，火电类型发电装机容量占总发电装机容量的 72.5%，同比下降 0.93 个百分点。

2011 年我国发电量增加，尤其是火电发电量的增加促进了煤炭消费。2011 年电力行业共耗煤 19.58 亿千瓦时，同比增长 11.4%，增速提高 2.43

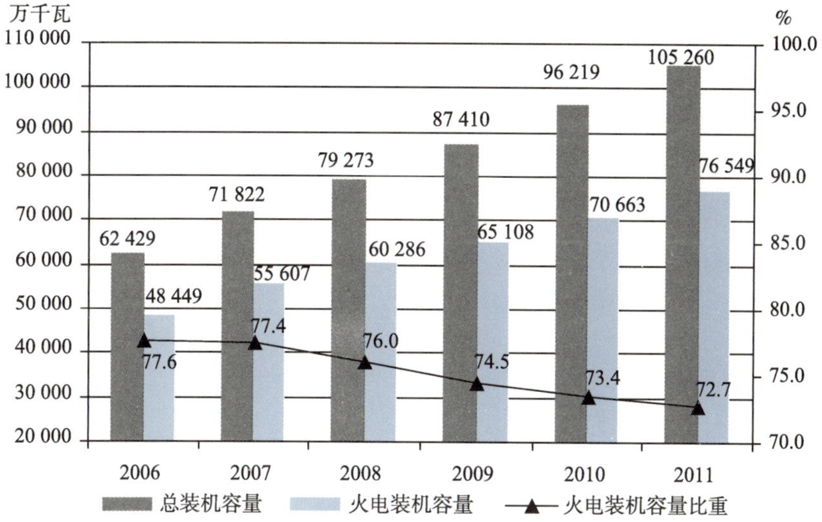

图 3－3　2006—2011 年中国发电设备容量及同比增长率

个百分点。我国火电发电装备技术水平进一步提高，节能减排取得新进展，供电标准煤耗下降。2011 年，我国火电发电新增设备容量5 886 万千瓦，同比增长 7.69%，火电设备容量增长速度低于火力发电量增长速度，火电设备平均利用小时 5 294 小时，比上年提高 264 小时，达到 2008 年以来的最高

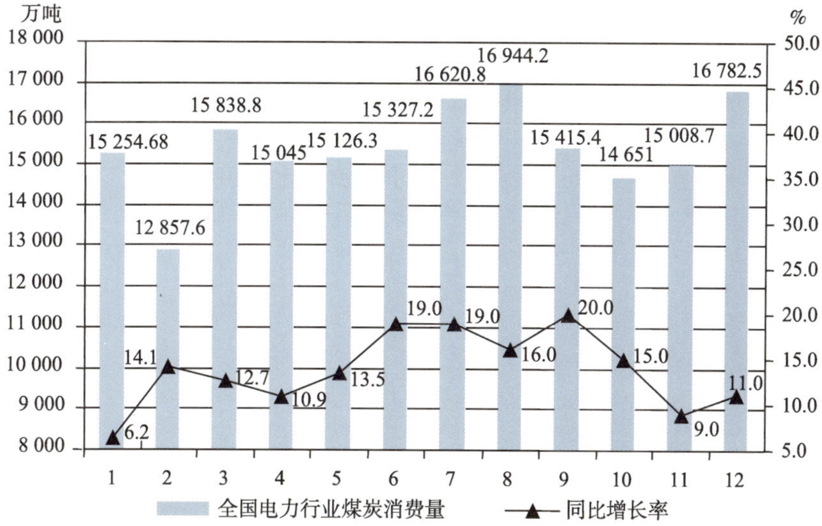

图 3－4　2011 年 1—12 月中国电力行业煤炭消费量及同比增长率

水平。新技术和节能措施的使用明显减少单位发电的煤耗水平,2011 年,全国6 000 千瓦及以上机组全年供电煤耗330 克/千瓦时,比上年下降3 克/千瓦时,线路损失率6.31%,比上年下降0.22 个百分点。

3.2.2 冶金行业煤炭消费

2011 年我国粗钢产量继续保持增长,但增速放缓,产量达到6.84 亿吨,同比增加5575.9 万吨,同比增长7.3%,连续16 年居世界第一。2011 年,我国钢铁行业产量上半年相对平稳,累计产钢3.5 亿吨,同比增长9.6%,下半年持续回落,在9 月快速下滑,11 月达到低谷,同比增长率几乎为零,12 月产量略有提高。

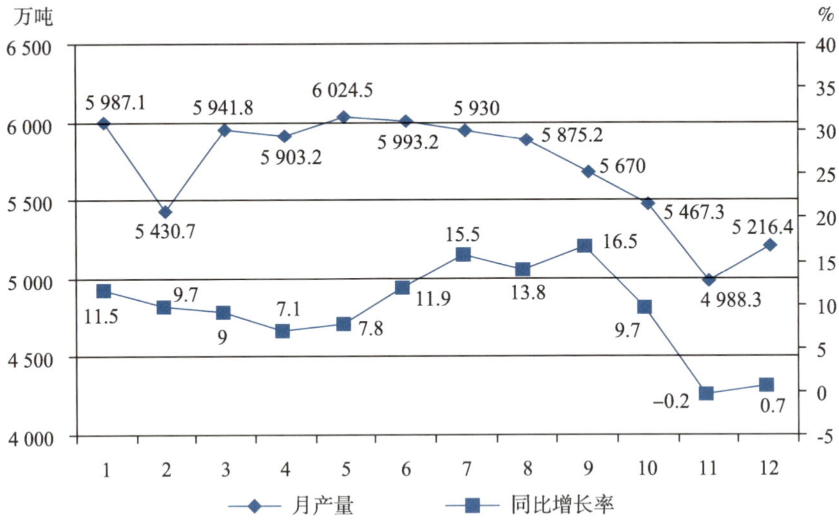

图3-5　2011 年1—12 月中国粗钢产量及同比增长率

2011 年,我国淘汰落后炼铁产能3 135 万吨,淘汰炼钢产能2 797 万吨,分别占“十二五”规划的41.8%和69.9%,淘汰落后产能工作取得了巨大成绩。

2011 年,我国钢铁行业的兼并重组、产业布局的调整工作继续开展,大型钢铁产业基地建设取得了一定的成效,重点统计单位钢产量达到5.9 亿吨,占全国年产量的86.32%,同比提高0.12 个百分点。2011 年,钢铁行业以节能减排、提高资源利用率为目的,加快提高高炉喷煤比和球团矿使用比例，加大废钢回收和综合利用，降低铁钢比，努力降低焦化、烧结、高炉、转炉、电炉、轧钢等工序的能耗水平，按全国重点钢铁企业计算，全年吨钢综合能耗为601.7千克标准煤/吨，同比下降了0.82%。

钢铁行业也是我国主要的耗煤行业，2011年，我国钢铁行业消费煤炭5.77亿吨，同比增长6.8%，仍然保持较快速度增长。随着我国2011年下半年钢铁产量的快速下降和同比增速的放缓，煤炭消费增长率也有所下降，在11月份煤炭消费量与2010年同期基本持平，全年同比增长率相比2010年的9.36%下降了0.95个百分点。

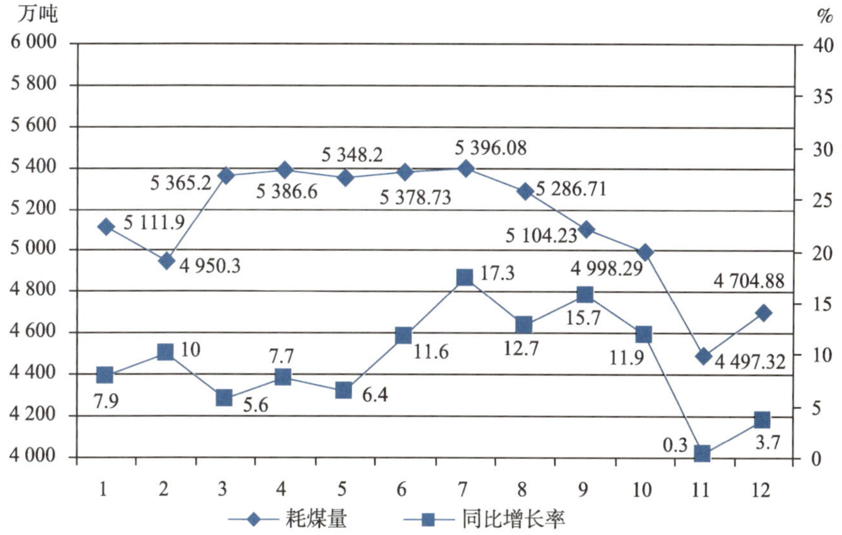

图3-6 2011年1—12月中国钢铁行业煤炭消费量及同比增长率

3.2.3 建材行业煤炭消费

2011年，我国水泥产量20.9亿吨，同比增长10.8%。水泥产量的增长主要是受固定资产投资拉动影响，2011年我国固定资产投资（不含农户）301 933亿元，同比增长23.8%，扣除固定资产投资价格上涨因素，实际增长16.1%，固定资产投资的增加导致水泥产量有所增长。虽然2011年全年水泥产量有所提高，但单月产量波动较大，上半年我国水泥行业快速发展，3月份同比增速达到全年最高值，为29.8%，6月份产量达到全年最高值，为 1.98 亿吨；受国家的房地产调控政策影响，水泥市场需求在下半年增速逐渐下降，尤其在第 4 季度，达到近年来的最低值。

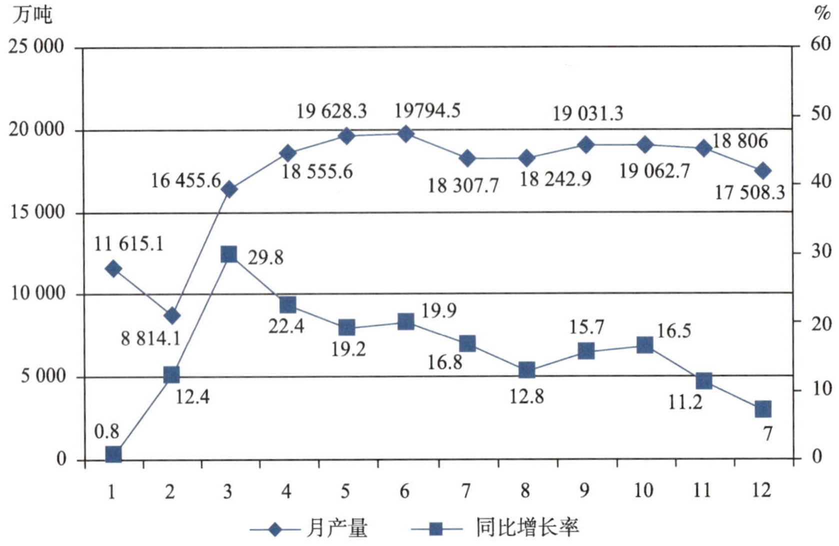

图 3－7　2011 年 1—12 月中国水泥产量及同比增长率

2011 年，以中国建材、海螺水泥、华润水泥和台泥国际为代表，我国水泥行业加快了并购的步伐。中国建材集团组建了西南水泥，收购水泥产能 4 080 万吨；海螺水泥自建和收购的在建产能为 2 900 万吨，其中 2011 年收购产能为 1 100 万吨；华润水泥收购产能为 1 894 万吨；台泥国际收购产能为 600 万吨。

2011 年，新型干法生产线 65% 以上配套建成余热发电装置。水泥窑脱硝技术开始在生产线试验示范，利用水泥窑无害化最终协同处置城市生活垃圾、污泥和固体废弃物的示范线陆续投入试运行。脱硫石膏、窑炉飞灰无害化吸纳利用日趋成熟。由于国家施行了水泥行业准入和节能减排政策，淘汰直径 3.0 米及以下的水泥机械化立窑和直径 3.0 米以下球磨机（西部省份的边远地区除外）、平拉工艺平板玻璃生产线（含格法）等落后工艺设备，对综合能耗不达标的水泥熟料生产线、水泥粉磨站以及普通浮法玻璃生产线进行技术改造，对技术改造仍不能达标的，限期关停。

2011 年,全国水泥行业综合能耗大幅下降,部分地区吨水泥综合能耗下降 10% 以上,水泥的节能减排工作取得成效。

我国建材行业煤炭消费量增长较快,但增长趋势在下半年有所放缓。2011 年,建材行业消费煤炭 5.16 亿吨,同比增长 8.9%,仍然保持较快增长速度。水泥是我国建材行业的主要耗煤产业,随着水泥产量的快速增长,煤炭消费也快速增加,3 月份同比增长率达到全年最高值 29.8%,3—6 月的平均同比增长率为 22.85%。下半年,随着全国水泥产量月同比增长率的逐渐放缓,水泥行业的煤炭消费在 7—12 月的平均同比增长率下降到了 13.5%,12 月份的同比增长率为下半年的最低值,仅为 7%。

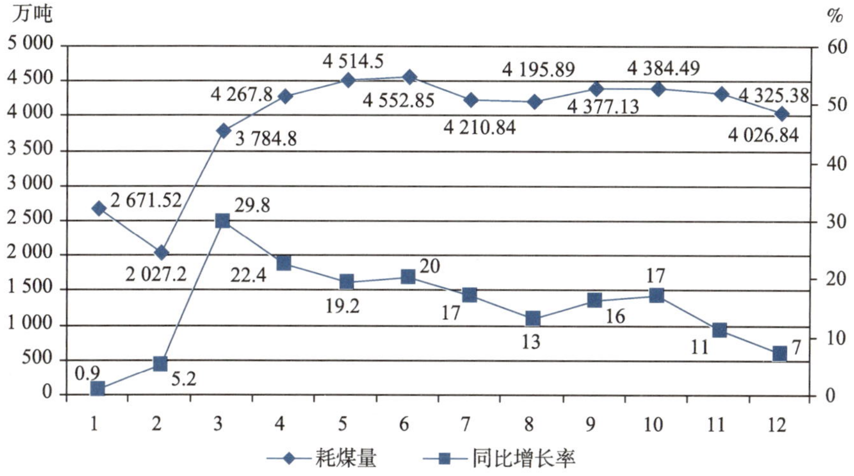

图 3-8 2011 年 1—12 月中国水泥行业煤炭消费量及同比增长率

3.2.4 化工行业煤炭消费

2011 年石油和化工行业实现快速平稳增长,据《中国石油和化学工业 2011 年经济运行和 2012 年预测报告》显示,2011 年全年石油和化工行业总产值将突破 11 万亿元,达到 11.2 万亿元,同比增长 31%。全行业经济增长的结构进一步优化,效益进一步改善,运行质量进一步提高,其中 2011 年前 10 个月化工行业利润总额达到 3 209 亿元,同比增长 44.4%,表现最为突出。

2011 年全年化工行业快速发展，主要产品产量增幅较大，增加值同比增长 14.8%，增速同比减缓 1 个百分点。主要产品中，乙烯产量 1 528 万吨，增长 7.4%。初级形态的塑料产量 4 798 万吨，增长 9.3%；合成橡胶产量 349 万吨，增长 13.1%；合成纤维产量 3 096 万吨，增长 13.9%。烧碱产量 2 466 万吨，增长 15.2%。纯碱产量 2 303 万吨，增长 13.4%。化肥产量 6 027 万吨，增长 12.1%；其中，氮肥、磷肥、钾肥产量分别增长 8.6%、24.3% 和 10.8%。农药产量 265 万吨，增长 21.4%。橡胶轮胎外胎产量 83 209 万条，增长 8.5%。电石产量 1 738 万吨，增长 22.3%。

2011 年，国内煤化工市场需求相对稳定，各项主要产品产量均有不同程度的增长，传统煤化工产品产量稳中有升。2011 年我国传统煤化工的主要产品化肥、合成氨、甲醇全年累计生产 6 027.2 万吨、5 068.7 万吨、2 226.9 万吨，同比增长率分别为 12.1%、6.0%、36.3%。化肥和合成氨的生产在年初受到下游市场需求不旺及部分地区电力紧缺的影响，产量增长较缓；3、5、6 月份市场运行情况较好，产量增长较为迅速；从 7 月开始随着市场需求开始回落，产量略有回落。受到甲醇制烯烃、二甲醚、醋酸、甲醛等甲醇下游产品产量增长较快的影响，2011 年甲醇市场需求有所回升，促使甲醇产量增长较快，全年月平均产量达到 185.58 万吨，但全国甲醇产能依旧呈现整体相对过剩状态。

2011 年，我国新型煤化工产业示范项目取得了显著的成效，煤制油和煤制烯烃的工业化示范已经完成，煤制合成天然气和煤制乙二醇也处于积极发展中。新型煤化工已经成为我国未来油气资源补充的重要选择之一。中国神华煤制油化工有限公司鄂尔多斯煤制油分公司采用直接液化工艺的煤制油示范装置取得成功；潞安集团、内蒙古伊泰间接液化示范装置运行稳定；陕西未来能源化工有限公司 100 万吨/年煤间接液化制油工业示范项目开工建设。神华包头煤化工有限公司 60 万吨/年甲醇制烯烃示范工程正式商业化生产；神华宁煤集团 50 万吨/年甲醇制丙烯示范工程投产运营；中国石化参股的中天合创在鄂尔多斯建设 360 万吨/年甲醇制 130 万吨/年烯烃项目；在煤制天然气方面，我国有 4 个煤制合成天

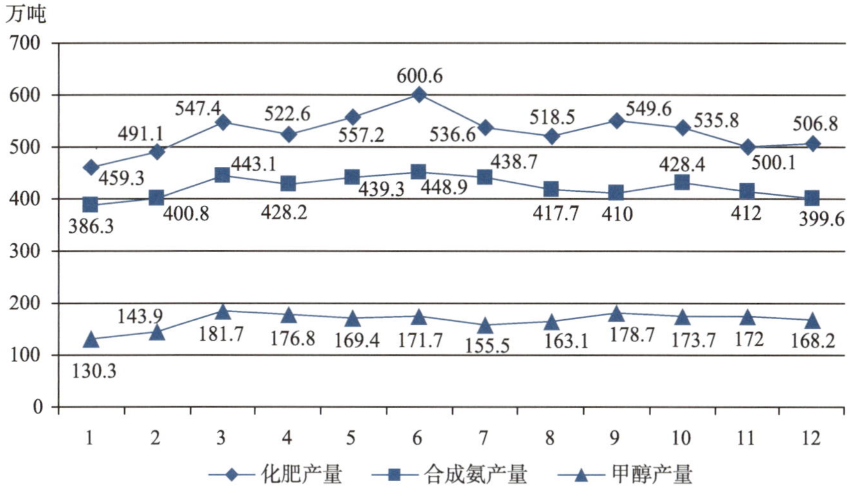

图 3－9　2011 年 1—12 月中国化肥、合成氨、甲醇产量情况

然气项目进入施工阶段；中国石化 1 000 吨/年合成气制乙二醇中试装置建设成功，上海焦化有限公司 5 000 吨/年煤制乙二醇中试项目开工建设，内蒙古通辽金煤化工有限公司对 20 万吨/年煤制乙二醇项目进行了技术改造。虽然新型煤化工产业蓬勃发展，但是在环境污染、能耗、水耗等方面还面临着诸多挑战。2011 年，国家相继发布了《关于进一步规范煤化工产业有序发展的通知》、《鼓励进口技术和产品目录（2011 年版）》，对新上煤化工项目标准做出了限制并鼓励煤化工的技术升级；正在审核《"十二五"煤化工示范项目技术规范》，包含了规范项目能效和资源目标，对纳入"十二五"示范的煤间接液化、煤制天然气、煤经甲醇制烯烃、煤制合成氨、煤制乙二醇、低品质煤提质等六大领域示范项目的能源转化效率、综合能耗、吨产品新鲜水用量加以规定。我国煤化工产业进入了适度有序的发展期，新型煤化工技术研发和工程示范成为这一时期的显著标志。

石油和化工行业中化肥制造业和煤化工产业是主要的煤炭消费产业。2011 年全国化肥的产量达 6 027 万吨，同比增长 12. 1%。其中，氮肥的产量为 4 178. 99 万吨，占总产量的 69. 34%；磷肥的产量为 1 462. 4 万吨，占总产量的 24. 26%；钾肥的产量为 385. 6 万吨，占总产量的 6. 4%。合成氨 2011

年的产量为 5 068.9 万吨,同比增长 6%。精甲醇产量为 2 226.9 万吨,同比增长 36%。化肥产量和煤化工产品产量的增加在一定程度上带动了煤炭的消费。2011 年,化工行业煤炭消费为 1.6 亿吨,同比增长 13.5%。

总的来看,与以往年份相比,2011 年电力、冶金、建材和化工四大行业的煤炭消费量依然保持稳定上升趋势。

2011 年,电力、冶金、建材、化工行业中电力行业耗煤量居于首位,其次是冶金行业和建材行业,最后为化工行业。

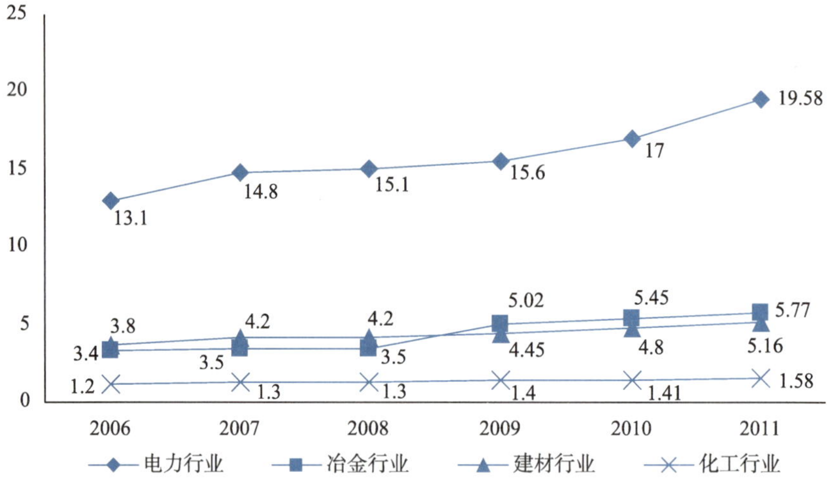

图 3-10　2006—2011 年四大行业耗煤量变化(单位:亿吨)

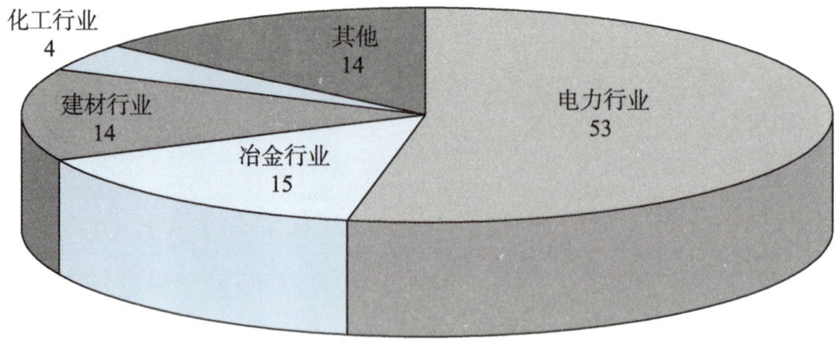

图 3-11　2011 年中国分行业煤炭消耗比例图(%)

第4章 煤炭科技

2011年,我国煤炭行业深入推进"科教兴煤"战略,自主创新能力稳步提高,科技支撑作用明显增强,以企业为主体、市场为导向、产学研相结合的科技创新体系进一步完善,科技创新成果非常显著,标准制修订工作有序进行,知识产权保护稳步推进。2011年,全行业共有11项科技成果获国家科技进步奖,国家级企业技术中心达到19个,一些对煤炭开采与转化影响显著的科技攻关获得重大突破。

4.1 科技创新成果

4.1.1 基础理论研究

2011年,中煤能源集团与中国煤炭科工集团达成科技创新战略联盟。中煤能源集团与中煤科工集团共同出资设立研究基金,开展煤炭领域重大基础理论和应用技术研究,双方还将重点依托中煤能源集团在内蒙古、陕西的亿吨级现代化煤炭基地建设项目,联合开展涵盖绿色采矿与矿区生态建设、资源综合利用与循环经济等领域的重大技术攻关、新技术集成应用和工程示范,形成具有自主知识产权的核心技术、技术规范和标准。两大集团的强强联合对于煤炭全行业科技水平的提升将起到巨大的引领和示范作用。

2011年12月,科技部国际合作项目、中科院山西煤炭化学所负责研究"褐煤高效清洁利用关键基础理论与技术"通过验收。该项目形成了利用循环流化床锅炉或气化炉热灰为固体热载体的褐煤热解技术,以及

DMM(聚甲氧基甲缩醛)的高选择性合成技术及双功能催化体系,取得了甲醇直接气相氧化制醋酸酯、甲醇制丙烯"烃池"机理的认识、新型催化剂研发、高效 CO_2 低温吸脱附材料等基础理论及关键技术突破和创新,项目的实施拓宽了科技合作渠道,提升了我国在褐煤利用领域的国际影响力。

4.1.2 重点科技攻关

1. 煤炭高效开采技术和成套装备

建成了世界上最大的井工煤矿。2011 年 9 月,神华布尔台井工煤矿及选煤厂通过国家能源局竣工验收。布尔台煤矿建设规模为生产原煤 2 000 万吨/年,配套建设洗选能力 3 100 万吨/年的选煤厂,全矿井服务年限 71 年,其生产能力、主运输系统能力和煤炭洗选加工能力居世界第一。布尔台煤矿采用斜井、平硐综合开拓方式,采用长壁式综合机械化采煤法,一次采全高采煤工艺。在该项目的设计过程中,中国煤炭科工集团武汉设计院共获得各类奖项 10 项,创中国企业新纪录 5 项,为我国千万吨级大型煤矿的设计和建设积累了宝贵的经验。

极薄煤层综采自动化技术研究与应用。2011 年,冀中能源峰峰集团、天择公司、浙江大学三方联合研发的综采数字化无人工作面控制系统、视频摄像仪防尘装置等三项薄煤综采技术获得国家专利证书,该技术具有采煤远程集中控制、智能化操作、支架自动移架、采煤记忆截割等功能,实现了综采工作面自动化、无人化开采,对提高开采效率和资源利用率具有重要意义。天择公司与哈尔滨煤研所、冀中能源峰峰集团联合研发的国内首台 300B 薄煤采煤机,是我国功率较大的液压无链牵引双滚筒采煤机,通过技术改造,装煤效果增加到 85% 以上,实现了手动和无线遥控两种控制方式。

露天绿色采矿工艺。2011 年,中煤集团与英国英迈特(MMD)集团、中国矿业大学在中煤集团平朔公司东露天矿,合作开发"单斗挖掘机—移动式破碎站—带式输送机—排土机"半连续开采工艺。该开采工艺是目前世界上露天采矿业最为先进的采矿技术之一,使用移动式破碎站代替传统的矿用卡车，全部动力驱动为电，不仅能节约能源、减少污染，而且大大提高了工效，降低了开采成本。这对我国露天采矿业向低碳、节能、绿色、环保开采迈进具有里程碑意义，是我国露天采矿工艺的又一次技术革新。

生态脆弱区保水位采煤技术。“鄂尔多斯盆地生态脆弱区煤炭开采与生态环境保护关键技术”首次提出了生态脆弱区“保水位采煤”的新理念，揭示了煤水地质特征及组合类型，研发了固液耦合模拟实验装置和导水裂隙带高度实测新技术，编制了我国第一幅采煤方法规划图，发明了保水采煤新技术，系统解决了高效高回收率采煤与生态环境保护并重的技术难题，推广应用取得巨大经济、环境效益。该技术划分了基于生态水位保护的开采条件分区，提出了适用于不同地质条件的采煤方法；促进了我国西北大型煤炭基地建设的健康发展。

大柳塔千万吨矿井建设技术。大柳塔煤矿以安全高产高效矿井建设的新理念、新思路，通过引进、集成国际先进开采技术装备和自主创新的辅助运输无轨胶轮化、综采工作面设备辅巷多通道快速搬家等先进工艺技术，形成了大柳塔煤矿 1 000 万吨、2 000 万吨矿井建设模式。在过去几年中，大柳塔千万吨矿井建设技术迅速得到推广应用，在神东先后建成 10 座 1 000 万吨、2 000 万吨级特大型现代化煤矿，形成了世界最大的千万吨矿井群。神东的千万吨矿井建设模式，改变了世界井工煤矿的设计、建设理念与模式，推动了我国其他矿区千万吨矿井的建设，对我国大型煤炭基地建设产生了重要影响。

世界最大成套综采输送设备。2011 年，我国宁夏天地奔牛实业集团有限公司生产的年产 1 200 万吨以上的煤炭成套综采输送设备成功下线。这套煤炭综采设备主要由刮板输送机、刮板转载机、轮式破碎机以及皮带机自移机尾组成，具有 3 个“世界最高”水平：一次采全高 7 米达到世界最高水平，具备开采 6 米以上厚煤层的技术工艺和装备水平；输送机槽宽 1 400 毫米为世界最宽，具备年产原煤 1 500 万吨的能力；整套设备年产量为世界最高，可实现年生产原煤 1 200 万吨。这套设备的研制成功标志着我国千万吨级超重型煤炭成套综采装备的国产化水平进一步提高，已达到国际先进水平。

世界最大吨级的矿用自卸车。2011年,世界最大吨级的矿用自卸车在湖南湘潭成功生产,填补了我国400吨级非公路电动轮自卸车制造的空白。中冶京诚(湘潭)重工设备有限公司由此成为全球第三家生产此规格矿用自卸车的公司。该车设计最高车速为每小时64公里,具有容积大、负载重、自重轻等特点,可用于露天矿产和特大工程土石方的运输,从而可帮助大型露天煤矿企业提高采矿生产率,降低运输成本。

2. 煤矿安全生产保障技术

"陷落柱"垂向构造的预测评价理论和核心技术。冀中能源集团从"陷落柱"发育特征、形成机理和破坏模式等三个方面开展研究,首次提出了岩溶发育程度、地质构造、地下水径流和力学条件4大类11项的"陷落柱"预测评价指标体系,能有效对矿井实施准确空间定位和预先治理。冀中能源集团还自主研发了井下瞬变电磁长距离探测技术,使测距由不足100米提高到250米以上,准确率由49.5%左右提高到81.5%以上。该成果已经在河北、河南和山东等30多个矿区推广应用,安全开采近亿吨受水害严重威胁的煤炭资源。

瓦斯治理与利用成套技术。我国国家瓦斯治理工程中心与淮南矿业集团的联合研发团队已初步形成自主创新的瓦斯治理与利用成套技术,在煤矿瓦斯治理、保障我国煤矿安全水平方面发挥了积极作用。通过使用瓦斯治理技术,2010年安徽省煤炭产量达到1.31亿吨,瓦斯抽采量和利用量分别比2005年增长1.3倍和2.3倍,但瓦斯超限次数比2005年的633次下降97%,瓦斯事故死亡人数由2005年的8人减少到2010年的2人。目前这些技术正在全国推广,但其适用性还要进一步研究。

井下紧急避险系统。2011年,我国井下紧急避险系统的研发取得了很多的成果,其中避难硐室被认为是成本低、效果好的紧急避难设施。中煤集团所属中煤电气公司自主研发的可容纳100人的永久避难硐室载人试验成功,其有效使用面积168平方米,硐室内与煤矿井下监测监控、人员定位、压风自救、供水施救、通信联络等五大系统连接,备有直通地面的钻孔，形成了避难硐室完整的生命保障系统。湘煤集团红卫矿业公司坦家冲煤矿建成湖南首个煤矿井下避灾硐室，能够维持20个避灾人员安全生存96小时。

煤矿安全生产综合监测系统。2011年，西安邮电学院成功研制了"基于安全隔离的煤矿安全生产多业务远程综合监测系统"，该系统综合运用计算机网络、数据库、通信、自动控制和数据中间件等技术开发的多功能、系统化管理软件，对井下甲烷、一氧化碳、风速、温度、风门控制、设备开停情况进行实时监测，通过数据、语音、视频、手机短信等方式，将井下情况同步报送给矿井安全管理人员，使他们随时掌握煤矿井下每个工作面的安全状况。该项成果有效提升了煤矿工业控制网络与信息网络互联的可靠性，保证了现有煤矿井下监测监控系统数据接入的安全性。

3. 煤炭加工转换与洁净煤技术

新汶地下煤气化项目。2011年，山东新汶矿业集团"鄂庄煤矿煤炭地下气化技术工业性试验"通过国家发改委验收。鄂庄矿煤炭地下气化站在深入开展各项技术创新研究的基础上，取得了5项国家专利技术，日产煤气5万立方米，煤气热值稳定在1 500～2 000大卡之间，实现了煤炭地下气化煤气烧制陶瓷的工业性应用。新汶矿业的煤炭地下气化项目通过开展基础性和技术性研究以及实地试验，取得了重要的科技成果和技术参数，为推进我国煤炭地下气化研究做出了重大贡献。

内蒙古锡林郭勒盟大型褐煤低温热解清洁生产技术。2011年，该项目进入建设实施阶段，这是我国第一套新型褐煤低温热解清洁生产工业化装置，实现褐煤的高效、合理、清洁转化。该项目计划用5～8年的时间逐步扩大生产规模，尽早达到年加工600万吨到3 000万吨褐煤生产能力。该项目是2011年内蒙古锡林郭勒盟开工建设的重大项目之一，开辟了褐煤煤炭加工转化利用的一条新途径，也对进一步推动地方经济结构优化升级、延伸产业链条、提高资源综合开发利用水平具有重要意义。

燃煤电厂烟气脱硫脱硝脱汞关键技术研究与工程示范项目。该项目是由中电投远达环保工程有限公司联合重庆大学等单位承担的国家科技支撑计划项目，开发出了具有自主知识产权的燃煤电厂双相整流烟气脱硫、两级式烟气脱硝、烟气脱汞关键技术与装备，改写了我国燃煤电厂环保技术过于依赖国外技术的历史，提高了燃煤电厂环保技术的国产化水平和产业化能力。该项目先后获得专利71项，其中发明专利39项，主持和参与编制国家、行业、企业标准共10项。

4.1.3 示范工程

(1)神华百万吨级煤直接液化关键技术及示范项目。该项目是由神华集团作为主要承担单位，与煤科总院、中国石化工程公司等单位合作，经过近十年研制完成的国家重大能源战略项目。该项目成功研发了"神华煤直接液化工艺"和"煤直接液化高效催化剂"等核心工艺技术，并成功完成百万吨级工业示范，形成了具有自主知识产权的、世界领先水平的煤直接液化成套工艺技术。2011年1月示范工程进入商业化运行，各项操作参数达到设计要求，装置生产运行安全稳定，上半年连续运行时间已超过3 700小时，生产油品46.7万吨，实现赢利3.47亿元，实现利税8亿元。

(2)神华包头60万吨煤制烯烃工业示范工程。该项目是世界首套以煤为原料，通过煤气化制甲醇、甲醇转化制烯烃、烯烃聚合工艺路线生产聚烯烃塑料的特大型煤化工项目。其核心的甲醇制烯烃装置采用中国自主知识产权DMTO(甲醇制低碳烯烃)工艺技术。该项目自2011年1月入商业化运行，期间全厂各个主要生产装置一直在85%以上的高负荷下运行，上半年累计生产甲醇89.15万吨、聚烯烃产品27.304万吨(其中聚乙烯13.599万吨、聚丙烯13.613万吨)，副产品混合碳四4.6万吨、混合碳五1.8万吨、硫磺0.53万吨，累计实现销售收入31亿元；累计实现利润8.75亿元。

(3)煤炭间接液化工业化示范项目。内蒙古伊泰集团16万吨/年煤制油项目是我国首创具有完全自主知识产权的煤制油工业化示范项目，截至2011年5月中旬，该项目累计运行13 316小时(554天)，生产各类油品17.8万吨，其中从2010年5月25日至2011年5月15日，已连续在90%～110%负荷之间运行了8 520小时。山西潞安矿业集团21万吨/年煤制油示范项目是我国煤间接液化自主技术产业化的第一个项目,全系统处于连续稳定运行状态。

(4)冀中能源绿色开采生态矿山建设研究与工程示范。冀中能源把生态矿山技术创新集成并嵌入生产过程中,使得矿山在设计和生产过程中就形成生态矿山运行机制,每年可以实现减排二氧化碳 144 万吨,消灭矸石 180 万吨,日处理污水 16 万立方米以上,年节电 1 865 万千瓦时。冀中能源股份公司邢东矿通过矸石回填、煤仓封闭运输、除噪除尘设备改造、污水处理系统改进等一系列科技创新项目的实施,建成了闻名全国的"矸石不升井、产煤不见煤、矿区无噪音、污水不外排、矿内建花园"的"花园式矿井"。

(5)煤矿区煤层气立体抽采关键技术与产业化示范。晋城煤业集团经过不懈地努力,自主研发了"井上下联合抽采技术",使煤层气抽采效率提高 4 倍以上,该技术的推广和利用很大程度地提高了晋煤集团煤层气抽采和利用量。2011 年,晋城煤业集团实现煤层气抽采量 20.42 亿立方米,利用量接 13.06 亿立方米,分别约占全国总量的 20%、28.92%。其中,地面抽采量 12.61 亿立方米,约占全国的 61%,连续 5 年保持全国第一。

(6)薄煤层自动化无人工作面开采示范项目。2011 年,中煤装备公司实施的"薄煤层自动化工作面成套设备与技术项目"完成研制,目前正处在工业性试验阶段。这套设备在采煤机定位和工况监测技术、采煤机记忆截割技术、薄顶梁大缸径高端支架设计制造技术、薄煤层刮板机工况监测技术等关键技术方面取得了突破,可以实现薄煤层无人开采或少人开采,有力提高了我国薄煤层滚筒采煤机的自动化开采水平。中煤装备公司还率先在国内研发出自主知识产权的薄煤层自动化强力刨煤机成套设备,打破了国外企业对薄煤层自动化刨煤机的垄断。

4.1.4 煤炭科技创新主要奖项

国家科技进步奖。2011 年,我国国家科技进步奖共评出获奖项目 219 项,其中特等奖 1 项、一等奖 10 项、二等奖 208 项;涉煤奖项共 11 项,全部为二等奖,包括油气工程 1 项、土木建筑 1 项、安全生产 4 项、循环经济与节能减排1项、资源调查与矿山工程4项。

表4-1　2011年煤炭行业获得的国家科技进步奖

序号	获奖项目名称	主要完成单位	主要完成人
1	中国中高煤阶煤层气地质理论、关键技术与工业化应用	中国石油天然气股份有限公司勘探开发研究院,中国石油天然气股份有限公司华北油田分公司,煤炭科学研究总院西安研究院,中国矿业大学(北京),中联煤层气国家工程研究中心有限责任公司,中国矿业大学,北京师范大学	宋岩,赵贤正,张新民,柳少波,彭苏萍,张群,秦勇,胡爱梅,秦义,陶明信
2	大型及复杂水下隧道结构分析理论与设计关键技术	西南交通大学,中铁第四勘察设计院集团有限公司,中煤国际工程集团重庆设计研究院,中铁十四局集团有限公司,重庆市排水有限公司,成都金隧自动化工程有限责任公司,成都市嘉洲新型防水材料有限公司	何川,肖明清,郭信君,王明年,杨其新,张志强,晏启祥,韩向阳,封坤,万祥富
3	高瓦斯突出煤层群保护层开采与地面钻井抽采卸压瓦斯关键技术	神华宁夏煤业集团有限责任公司,中国矿业大学	严永胜,周福宝,李玉民,张占国,关清安,刘应科,冯茂龙,马灵军,刘明星,胡胜勇
4	煤矿区煤层气立体抽采关键技术与产业化示范	山西晋城无烟煤矿业集团有限责任公司,中煤科工集团西安研究院,中国石油大学(北京),中国矿业大学,华晋焦煤有限责任公司	武华太,贺天才,李国彪,朱晓明,张群,张遂安,秦勇,都新建,王保玉,李国富
5	我国东部煤矿深井巷道松软围岩失稳安全控制关键技术与应用	安徽理工大学,山东科技大学,淮南矿业(集团)有限责任公司,新汶矿业集团有限责任公司,徐州矿务集团有限公司	谢广祥,孔祥喜,谭云亮,常聚才,孙春江,王磊,牛多龙,杨科,赵干,宁建国
6	中国煤矿瓦斯地质规律与应用研究	河南理工大学,河南省煤层气开发利用有限公司,中国平煤神马能源化工集团有限责任公司,河南煤业化工集团有限责任公司,北京大学,郑州煤炭工业(集团)有限责任公司,安徽省皖北煤电集团有限责任公司	张子敏,高建良,张玉贵,姜光杰,魏国营,张明杰,卫修君,马耕,毛善君,吴玉华
7	化工废气超重力净化技术的研发与工业应用	中北大学,天脊煤化工集团股份有限公司,甘肃银光化学工业集团有限公司	刘有智,祁贵生,焦纬洲,栗秀萍,袁志国,申红艳,荆宏健,郭建民,张路遥,王建伟

续表

序号	获奖项目名称	主要完成单位	主要完成人
8	煤矿井下地质力学原位快速测试及围岩控制技术	天地科技股份有限公司,中国煤炭科工集团有限公司,中国矿业大学,中国地震局地壳应力研究所,山西潞安矿业(集团)有限责任公司,山西晋城无烟煤矿业集团有限责任公司,山西汾西矿业(集团)有限责任公司	康红普,李晋平,翟红,柏建彪,林健,谢富仁,申宝宏,郝海金,张晓,吴拥政
9	华北型煤田隐伏含水陷落柱预探评价与快速治理理论及关键技术	冀中能源股份有限公司,中国矿业大学(北京),中国煤炭科工集团西安研究院,华北科技学院	刘建功,武强,赵庆彪,白忠胜,南生辉,吴红林,李建民,尹尚先,杜丙申,白书民
10	鄂尔多斯盆地生态脆弱区煤炭开采与生态环境保护关键技术	西安科技大学,陕西省地质调查院,长安大学,中国矿业大学,中国煤炭地质总局,陕西汇森煤业开发有限责任公司,榆林市榆阳区煤炭局	王双明,范立民,黄庆享,王文科,王佟,石平五,侯恩科,王建利,马立强,王怀贤
11	综放开采顶煤放出理论与厚煤层开采围岩控制技术及应用	中国矿业大学(北京),山西潞安矿业(集团)有限责任公司,淮北矿业(集团)有限责任公司,中煤平朔煤业有限责任公司,大同煤矿集团有限责任公司,山西晋城无烟煤矿业集团有限责任公司	王家臣,陈忠辉,贾双春,冯学武,张国建,于斌,张勇,杨建立,潘卫东,杨胜利

煤炭工业协会科技进步奖。2011 年度中国煤炭工业协会科学技术奖评选活动共收到申报项目 563 项,共评出获奖项目 241 项,其中特等奖 3 项,一等奖 23 项,二等奖 84 项,三等奖 131 项。这次评选结果包括获奖单位 545 个,获奖人员 2 628 人次。

表 4－2　2011 年中国煤炭工业协会科学技术奖特等奖

序号	获奖项目名称	主要完成单位	主要完成人
1	百万吨级煤直接液化关键技术与示范	神华集团有限责任公司,煤炭科学研究总院,中国石化工程建设公司	张玉卓,舒歌平,吴秀章,张继明,刘家明,梁仕普,陆正平,史士东,李克健,李文博,杨占军,赵振秋,王鹤鸣,张传江,范传宏,张兆孔,万国杰,彭晓春,谢舜敏,孙华山,陈茂山

续表

序号	获奖项目名称	主要完成单位	主要完成人
2	冀中能源绿色开采生态矿山建设研究与工程示范	冀中能源集团有限责任公司，中国矿业大学（北京）	刘建功，赵庆彪，刘峰，祁泽民，陈亚杰，丁日佳，张党育，毕锦明，赵鹏飞，吴红林，高会春，陈宇，张瑞，刘连伏，单福友，信春华，郝素利，孙春东，魏景生，杜丙申，郝宝生
3	"一扩成井"快速钻井法凿井关键技术及装备研究	淮北矿业（集团）有限责任公司，北京中煤矿山工程有限公司，安徽省皖北煤电集团有限责任公司，华煤建设特殊工程技术有限公司，中煤特殊凿井（集团）公司，北京科技大学，安徽理工大，淮北矿业（集团）工程建设有限责任公司	陈远坤，刘志强，王新，程真富，李文增，纪洪广，周兴旺，王从平，周卫金，王强，孙建荣，陈发祥，廖卫勇，蔡鑫，武士杰，刘汉喜，孟益平，曹新宇，张宏涛，荣传新，史基盛

表 4－3　2011 年中国煤炭工业协会科学技术奖一等奖

序号	获奖项目名称	主要完成单位	主要完成人
1	基于 GIS 的煤矿生产技术管理信息系统的研究与应用	北京大学，北京龙软科技发展有限公司，山西潞安环保能源开发股份有限公司，山西焦煤集团公司，郑州煤业工业（集团）有限责任公司，沈阳煤业集团有限公司，西山煤电（集团）有限责任公司，龙口矿业集团有限公司，神华神东煤炭集团有限公司，中国矿业大学	毛善君，任永智，李晋平，金智新，翟华，尹璟友，解奕炜，常颖，杨俊哲，李梅，范世民，游浩，詹鸣，魏刚，王振荣，李平，高井祥
2	大埋深复杂水文地质条件工作面防治水技术研究	焦作煤业（集团）新乡能源有限公司，中国矿业大学（北京），焦作煤业集团赵固（新乡）能源有限责任公司，河南理工大学	盛天宝，贾明魁，许延春，王家臣，陈新明，白云来，李振华，魏世义，贾安立，张四辈，张红芒，陈舰艇，李永杰，刘民东，杨胜利，张明建，张博然
3	西北侏罗纪煤炭资源形成条件及资源评价	中国煤炭地质总局，中国矿业大学（北京），西安科技大学，新疆维吾尔自治区煤田地质局，中国煤炭地质总局青海煤炭地质局，宁夏回族自治区煤田地质局，河北工程大学	王佟，邵龙义，徐水师，赵克荣，孙升林，夏玉成，曹代勇，刘占勇，王俊民，孙玉壮，刘天绩，吴明俊李新安，鲁静，王庆伟，王文龙，许莉

续表

序号	获奖项目名称	主要完成单位	主要完成人
4	大倾角煤层地震成像、煤厚预测及陷落柱探测研究	中国矿业大学(北京),淮北矿业股份有限公司	彭苏萍,李伟,葛春贵,杜文凤,范景坤,师素珍,王琦,周学斌,崔晓芹,龚世龙,张丽红,邹冠贵,何登科,袁莉,陈凤英,李姗姗
5	晋城矿区大采高强烈动压与破碎围岩巷道支护技术	山西晋城无烟煤矿业集团有限责任公司,天地科技股份有限公司	赵建国,李鸿双,康红普,王平虎,宋斌,薛军正,徐玉胜,王江峰,翟慧兵,郭相平,赵建民,秦天太,张占杰,王文明,郜建明,吴光亮,张文根
6	地应力异常区域上山群蠕变围岩控制技术研究	山西潞安环保能源开发股份有限公司常村煤矿,天地科技股份有限公司	王观昌,吴拥政,张国庆,韩强,佐江宏,唐军华,申长吉,吴建星,李鑫,王卫军,李洪涛,李广兴,何杰,褚晓威,聂晓飞,范洪斌,史沁斌
7	急倾斜厚煤层综采技术研究	安徽理工大学,淮南矿业(集团)有限责任公司	唐永志,孟祥瑞,郑群,费维柱,高召宁,王向前,赵光明,贾维志,王长久,郭敬中
8	大倾角难采煤层综放开采关键装备技术研究与应用	山东科技大学,山东天晟煤矿装备有限公司,淄博矿业集团公司葛亭煤矿	曾庆良,张鑫,万丽荣,刘志海,王成龙,王亮,曹连民,牛敬业,李来源,岳永强,叶铁丽,钟佩思
9	矿用主斜井大型重载带式输送机及高压变频长距离传输关键技术研究	大同煤矿集团有限责任公司,同煤国电同忻煤矿有限公司,煤炭科学研究总院上海分院,中国矿业大学(北京)	吴兴利,张炳福,靳建顺,张有喜,李俊成,霍利杰,谭栋才,刘铭,王琦,王冬波,翟宇,周建峰,史志,荣和芳,宋银林,刘大同,聂仕义
10	电气化铁路影响下的煤矿高压电网电能质量研究与治理	山西晋城无烟煤矿业集团有限责任公司,中国矿业大学,徐州和纬信电科技有限公司	罗琦,曹建平,刘建华,史旺节,付峻青,董新伟,吕向阳,张栋梁,都志立,李晓波,李新强,吴跃红,李国欣,袁鹏生,邢敏
11	矿用无线通信与人员定位管理系统	中煤科工集团重庆研究院	樊荣,鲁远祥,汤朝明,黄强,孙维,郭海军,方崇全,刘亚辉,谭凯,邓杰,许金,张翼,梁强,明勇,黄友胜

续表

序号	获奖项目名称	主要完成单位	主要完成人
12	超大功率矿用主通风机及高压变频控制技术研究与应用	山西潞安环保能源开发股份有限公司,北京环能兴业科技开发有限公司,山西省运城安瑞节能风机有限公司,航空工业沈阳发动机研究所风机厂,山西防爆电机(集团)有限公司,山西潞安环保能源开发股份有限公司常村煤矿,山西潞安环保能源开发股份有限公司五阳煤矿	李晋平,孙玉福,白宏峰,王克智,盛团秀,谭鹏辉,靳志强,王韬,孙金亮,窦孟华,荀洪菲,杨刚,常青,卫晓斌,郭建民,陈振宇,杨枢林
13	煤矿井下多功能网络融合技术的研究与应用	开滦(集团)有限责任公司,北京中矿信电科技股份有限公司	何晓群,刘向昕,何凤有,王满福,张长江,高志安,朱永平,韩建国,刘建军,韩振兴,沈欣,沈凤光,王吴宜,李中珠,韩雅楠,沈方舟,丁波
14	煤矿通风瓦斯面域化实时监测预警与综合防御系统	山西焦煤集团有限责任公司,西山煤电(集团)有限责任公司,沈阳新元信息与测控技术有限公司,山西焦煤西山煤电集团公司屯兰煤矿,辽宁工程技术大学	金智新,游浩,侯水云,马平,杨彦群,李志强,焦治平,王继仁,田晓平,武青林,戴永禄,王永文,秦斌青,张国玉,杨晓红,王龙海,穆佳梁
15	煤与瓦斯突出综合预警技术及系统	煤炭科学研究总院重庆研究院	胡千庭,赵旭生,孙东玲,文光才,康建宁,刘程,李明建,韩文骥,张庆华,崔俊飞,刁勇,杨守国,董国伟,宁小亮,谈国文,杨义辉,李向东
16	窑街矿区 CO_2 赋存机理与区域性防突关键技术研究	窑街煤电集团有限公司,中国矿业大学	王更雨,程远平,王粪明,张相成,李伟,田靖安,温克珩,袁崇亮,吴冬梅,杨云峰,罗万忠,唐生福,蒲明泉,张吉福,王君得
17	深井高瓦斯低透气性煤层揭煤防治瓦斯灾害成套技术与工程应用	淮南矿业(集团)有限责任公司,安徽理工大学,淮北矿业股份有限公司,煤炭工业合肥设计研究院	刘泽功,方良才,李平,刘健,蔡峰,柏发松,童碧,陈建,李伟,陈家祥,沐俊卫,闫红新,黄文尧,李朝,张必广

续表

序号	获奖项目名称	主要完成单位	主要完成人
18	大同矿区侏罗系近距离多层采空区下防灭火安全开采理论与技术	辽宁工程技术大学,大同煤矿集团有限责任公司,中国煤炭科工集团常州自动化研究院	王继仁,于斌,邓存宝,吴永平,杨智文,孟凡龙,王立兵,赵君,张勇,剧通达,张海清,杨发长,匡铁军,刘敬,郑玉斌,翟茂斌,郝朝瑜
19	松软突出煤层中风压空气钻进技术与装备的研究和应用	中煤科工集团西安研究院,淮南矿业(集团)有限责任公司,淮北矿业(集团)有限责任公司,通化矿业(集团)有限责任公司	殷新胜,李伟,李平,张群,王毅,葛春贵,陈功胜,王升宇,姚宁平,姚克,陈家祥,陈建,张宏钧,叶根飞,冀前辉,龚城,张彬
20	兖州矿区地质动力区划与矿震活动规律研究及应用	兖矿集团有限公司,中国矿业大学,辽宁工程技术大学,兖州煤业股份有限公司	黄福昌,倪兴华,窦林名,王富奇,李伟,陈学华,曹安业,李仲辉,章定强,曲延伦,巩思园,骆念海,贺虎,李峰,唐子波,李付臣,牟宗龙
21	基于城乡统筹的徐州矿区塌陷地生态修复集成技术与规划研究	中国矿业大学,徐州市规划局,徐州矿务集团有限公司	吕恒林,周宣东,蔡冬林,王林秀,周敏,张绍良,常江,王继华,刘平,檀通淮,侯湖平,夏青,冯姗姗,黄建恩,陈更,孙秀梅,董书忠
22	超静定结构大型振动筛研制	中国矿业大学	赵跃民,张成勇,刘初升,陈增强,段晨龙,李惠彬,骆振福,贺孝梅,赵啦啦,梁春成,邢洪波
23	主动预防性安全管理体系的建立与应用研究	河南煤业化工集团有限责任公司,中国矿业大学(北京)	陈雪枫,张树良,傅贵,陈祥恩,薛志俊,唐远游,马耕,罗传龙,武风林,樊运晓,巩春生,井健,王华辉,刘德明,姜伟

能源科学技术进步奖。2011 年 8 月 29 日,国家能源局公示了 2010 年度国家能源科学技术进步奖终审评审结果,共 260 个项目获奖,一等奖 21 项,二等奖 81 项,三等奖 158;其中涉煤项目有 37 个,一等奖项目4 个、二等奖项目 11 个、三等奖项目 22 个。

表 4－4　国家能源局 2010 年度国家能源科学技术进步奖(煤炭领域)

序号	获奖项目名称
1	沁南煤层气开发利用高技术产业化示范工程技术研发
2	复杂松软突出煤层保护层开采时空演化及瓦斯抽采技术研究
3	露井联采下千万吨井工矿安全高效生产关键技术研究与应用
4	高温浆态床煤制油关键技术研发及工业示范应用
5	基于微地震监测技术的特厚煤层综放面围岩运动规律研究
6	胡家河矿井 560 米深厚软岩全深冻结凿井技术攻关与快速施工
7	大屯矿区深部开采工程关键技术及应用研究
8	难选煤高效分选工艺及装备的研究
9	高效工业煤粉锅炉系统及关键技术
10	4 米大采高综放工作面支护设备配套与工艺研究
11	薄基岩突水威胁煤层围岩破坏规律与开采技术研究
12	深部开采主要水害问题研究方法与工程应用
13	华亭矿特厚煤层覆岩煤柱型强矿压防治研究
14	利用高铝粉煤灰生产氧化铝联产活性硅酸钙关键技术开发与工业试验
15	MG900/2210－WD 型交流电牵引采煤机
16	大倾角煤与瓦斯突出薄煤层综合机械化开采技术研究
17	首批煤炭国家规划矿区资源评价
18	沁水盆地樊庄区块煤层气开发配套技术
19	水力掏槽防治瓦斯突出机理及应用
20	山西省沁水县端氏煤层气开发示范工程
21	黄陵矿区复杂地质条件下厚煤层综采技术研究及设备研制
22	油页岩流态化干馏炼油技术研究
23	沙曲矿突出煤层实施区域性瓦斯综合治理技术
24	煤矿井下巷道矸石填充机
25	村庄下与承压水上膏体充填绿色开采技术研究
26	高强高性能喷射混凝土配置与推广应用
27	城郊煤矿二 2 煤层底板改造工程高可靠性保障技术
28	煤矿通风瓦斯(乏风)氧化技术研发及装置研制
29	开滦矿区深部矿井复杂条件下软岩巷道支护理论与技术

续表

序号	获奖项目名称
30	深部大倾角综放面瓦斯与自燃火灾综合防治技术研究
31	大型盆地煤聚积规律与勘探工程应用
32	复杂地质条件煤巷分级强化控制技术及两淮矿区推广应用
33	采掘溃砂机理与预防
34	松软砂岩含水层下综放控水采煤技术研究
35	洁净兰炭生产与资源综合利用成套技术及装备(成果推广)
36	新型水煤浆气化在线投料技术研究与工业示范
37	大型碎煤加压气化制合成氨增产 50% 节能改造技术的开发与应用

4.2 标准制修订

2011 年,国家安全监管总局、国家煤矿监察局组织开展了煤炭行业标准制修订工作,煤炭安全专业标准委员会编制了 2011 年煤炭行业标准制修订项目计划,共有 77 项制修订项目,其中制定标准 38 项,修订标准 39 项。

表 4-5 2011 年煤炭行业标准制修订项目计划

序号	项目名称	制定/修订	完成年限	主要单位	代替
1	煤矿井下松软煤层钻进技术规范	制定	2012	中煤科工集团西安研究院、重庆研究院,淮南矿业(集团)有限责任公司,山西晋城无烟煤矿业(集团)有限责任公司	—
2	矿井生产时期排水技术规范	修订	2011	中煤科工集团西安研究院,焦作煤业集团公司,郑州煤炭工业集团公司	MT/T 674-1997
3	煤矿水文地质条件分类规范	修订	2011	中煤科工集团西安研究院,华北科技学院,中国矿业大学(北京)	MT/T 773-1998

续表

序号	项目名称	制定/修订	完成年限	主要单位	代替
4	矿井水文地质类型划分指南	制定	2011	中煤科工集团西安研究院，华北科技学院，中国矿业大学（北京）	—
5	煤矿新井建设安全管理体系要求	制定	2011	淮北矿业（集团）有限责任公司，中国煤炭工业协会生产力促进中心，安徽省煤炭科学研究院，山东科技大学	—
6	直读式粉尘浓度测量仪表通用技术条件	修订	2012	中煤科工集团重庆研究院、沈阳研究院，中国矿业大学	MT 163－1997
7	煤矿井下用岩粉和浮尘成分测定方法	修订	2011	中煤科工集团重庆研究院、沈阳研究院，中国矿业大学	MT 158－1987
8	矿用除尘器通用技术条件	修订	2011	中煤科工集团重庆研究院、沈阳研究院，中国矿业大学	MT 159－2005
9	小型煤矿地面用抽出式轴流通风机技术条件	修订	2011	国家安全生产重庆矿用设备检测检验中心，山西省运城市安瑞节能风机有限公司，运城市安宏风机有限公司	MT 754－2005
10	煤矿用局部通风机技术条件	修订	2011	中煤科工集团重庆研究院，山西渝煤科安运风机有限公司，中国矿业大学（北京）	MT 222－2007
11	矿井通风系统安全评价规范	制定	2011	中煤科工集团重庆研究院，中国矿业大学，四川煤炭集团公司，中国矿业大学（北京），阳泉煤业集团公司	—
12	煤矿用风筒涂覆布基布物理机械性能试验方法和判定规则	修订	2011	中煤科工集团重庆研究院，国家安全生产重庆矿用设备检测检验中心，中煤科工集团沈阳研究院	MT 763－1997
13	矿用风速仪表检定装置通用技术条件	修订	2011	国家安全计量站，国家安全生产重庆矿用设备检测检验中心，中煤科工集团沈阳研究院	MT 350－1994

续表

序号	项目名称	制定/修订	完成年限	主要单位	代替
14	煤与瓦斯突出矿井通风技术条件	制定	2011	中煤科工集团重庆研究院，重庆能投集团公司，中国矿业大学	—
15	矿用风门开闭状态传感器通用技术条件	修订	2011	中煤科工集团重庆研究院，国家安全生产重庆矿用设备检测检验中心，中煤科工集团沈阳研究院	MT/T 844 - 1999
16	煤矿放炮监控系统	制定	2011	北京龙德时代科技有限公司，中煤科工集团沈阳研究院，枣庄矿业集团公司	—
17	煤矿许用导爆索	修订	2011	国家煤矿防爆安全产品质量监督检验中心，山东科技大学，中国矿业大学（北京）	MT 519—2005
18	煤矿灌浆注胶防灭火技术规范	修订	2012	中煤科工集团重庆研究院，西安科技大学，义马煤业集团公司	MT/T 702 - 1997
19	石门揭煤底板岩巷穿层高压水射流扩孔技术规范	制定	2011	中煤科工集团重庆研究院，义马煤业集团股份有限公司，中国煤炭工业协会生产力促进中心，中国矿业大学	—
20	煤层冲击地压危险区域煤层注水方法	制定	2012	义马煤业集团股份有限公司，中国煤炭工业协会生产力促进中心，中煤科工集团重庆研究院，中国矿业大学，辽宁工程技术大学，天地科技股份有限公司	—
21	煤矿用锚杆（索）应力传感器通用技术条件	制定	2012	煤炭科学研究总院北京矿山安全技术研究院，中国矿业大学，中煤科工集团重庆研究院，中国煤炭工业协会生产力促进中心	—
22	煤矿窄轨车辆连接件连接插销	修订	2012	国家煤矿防爆安全产品质量监督检验中心，山东公信安全科技有限公司，中国矿业大学	MT244. 2 - 2005

续表

序号	项目名称	制定/修订	完成年限	主要单位	代替
23	煤矿窄轨车辆连接件连接链	修订	2012	国家煤矿防爆安全产品质量监督检验中心,山东公信安全科技有限公司,中国矿业大学	MT 244.1 - 2005
24	煤矿在用电力变压器安全检测检验规范	制定	2011	山东公信安全科技有限公司,中煤科工集团沈阳研究院,中国矿业大学	—
25	煤矿用氧气传感器	修订	2012	中煤科工集团重庆研究院、沈阳研究院,国家安全生产抚顺矿用设备产品检验检测中心	MT 447 - 1995
26	煤矿用防爆型全站仪	制定	2012	中煤科工集团沈阳研究院,北京安测科仪光电技术研究所,国家安全生产抚顺矿用设备产品检验检测中心	—
27	煤矿井下救生舱及避难室二氧化碳处理装置	制定	2011	中煤科工集团沈阳研究院,北京科技大学,潞安矿业集团公司	—
28	煤矿用二氧化碳发生器灭火装置	制定	2011	中煤科工集团沈阳研究院,北京科技大学,潞安矿业集团公司	—
29	露天矿边坡稳定及岩移监测方法	制定	2011	中煤科工集团沈阳研究院,神华集团有限责任公司,煤炭科学研究总院北京矿山安全技术研究院,中国矿业大学(北京),中煤能源集团公司	—
30	煤用分级破碎机	修订	2013	中煤科工集团唐山研究院,晋城煤业集团成庄矿选煤厂,开滦(集团)有限责任公司	MT/T 951 - 2005
31	XG,XC 系列立井大型多绳箕斗卸载设备	修订	2012	中煤国际工程集团南京设计研究院,山东泰安煤矿机械有限公司,徐州煤矿安全设备制造有限公司	MT/T 330 - 1993

续表

序号	项目名称	制定/修订	完成年限	主要单位	代替
32	多绳提升容器，B型钢丝绳悬挂装置，楔形绳卡	修订	2012	中煤国际工程集团北京华宇工程公司，徐州煤矿安全设备制造有限公司，山东泰安煤矿机械有限公司	MT 237.1－1991
33	多绳提升容器，B型钢丝绳悬挂装置，垫块式首绳悬挂装置	修订	2012	中煤国际工程集团北京华宇工程公司，徐州煤矿安全设备制造有限公司，山东泰安煤矿机械有限公司	MT 237.2－1991
34	多绳提升容器，B型钢丝绳悬挂装置，圆尾绳悬挂装置	修订	2012	中煤国际工程集团北京华宇工程公司，徐州煤矿安全设备制造有限公司，山东泰安煤矿机械有限公司	MT 237.3－1991
35	多绳提升容器，B型钢丝绳悬挂装置，扁尾绳悬挂装置	修订	2012	中煤国际工程集团北京华宇工程公司，徐州煤矿安全设备制造有限公司，山东泰安煤矿机械有限公司	MT 237.4－1991
36	多绳提升容器，B型钢丝绳悬挂装置，技术条件	修订	2012	中煤国际工程集团北京华宇工程公司，徐州煤矿安全设备制造有限公司，山东泰安煤矿机械有限公司	MT 237.5－1991
37	悬臂式掘进机，检修规范，液压部分	制定	2012	中煤科工集团太原研究院，三一重型装备有限公司，佳木斯煤矿机械有限公司	—
38	掘锚机，型号编制方法	制定	2012	中煤科工集团太原研究院，晋城煤业集团公司，神华神东煤炭集团有限责任公司	—
39	煤矿物联网通用技术要求	制定	2012	中国矿业大学（北京），中煤科工集团常州自动化研究院，中平能化集团	—
40	顺槽用刮板转载机	修订	2012	中煤科工集团太原研究院，宁夏天地奔牛实业集团有限公司，中煤张家口煤矿机械有限责任公司	MT/T 69－1995，MT/T 106－1996

续表

序号	项目名称	制定/修订	完成年限	主要单位	代替
41	矿用高强度紧凑链	修订	2012	中煤科工集团太原研究院，宁夏天地奔牛实业集团有限公司，中煤张家口煤矿机械有限责任公司，长春东北输送设备制造有限公司	MT/T 929－2004
42	矿用链条用立式接链环	制定	2012	中煤张家口煤矿机械有限责任公司，中煤科工集团太原研究院，长春东北输送设备制造有限公司，宁夏天地奔牛实业集团有限公司	—
43	刮板输送机用限矩器	制定	2012	中煤张家口煤矿机械有限责任公司，中煤科工集团太原研究院，宁夏天地奔牛实业集团有限公司	—
44	煤矿井下用伸缩带式输送机	修订	2012	凯盛重工有限公司，中煤科工集团上海研究院，淮南矿业（集团）有限公司	MT/T 901－2000
45	煤矿用伸缩带式输送机参数	修订	2011	凯盛重工有限公司，中煤科工集团上海研究院，淮南矿业（集团）有限公司	MT/T 529－1995
46	矿用隔爆型电动激振器	修订	2012	河南安阳华安煤矿电机有限责任公司，中煤科工集团上海研究院，山西防爆电机集团有限责任公司，分宜宏大煤矿电机制造有限责任公司	MT/T 907－2002
47	采煤机隔离开关	修订	2012	浙江煤山矿灯电源有限公司，中煤科工集团上海研究院，天地科技股份有限公司上海分公司	MT/T 122－1985
48	煤矿机电产品型号编制方法 第2部分：电器设备产品型号编制方法	修订	2012	中煤科工集团上海研究院，安标国家矿用产品安全标志中心，中煤科工集团沈阳研究院，中煤科工集团重庆研究院	MT/T 154.2－1996

续表

序号	项目名称	制定/修订	完成年限	主要单位	代替
49	矿用防爆高压配电装置	制定	2012	中煤科工集团上海研究院,安标国家矿用产品安全标志中心,中煤科工集团沈阳研究院,中煤科工集团重庆研究院,华荣集团有限公司,中国电光集团,济源市华宇矿业电器有限公司,山西汾西机电有限公司	—
50	煤矿用防爆型电磁起动器用电子保护器	修订	2012	中煤科工集团上海研究院,中国矿业大学,华荣集团有限公司,南京双京电器有限公司,温州天玛珂矿业设备有限公司	MT 175 - 1988
51	煤矿用防爆灯具的玻璃透明件	修订	2012	中煤科工集团上海研究院,华荣集团有限公司,江苏春虹照明科技有限公司	MT 398 - 1995
52	矿用架线式电机车变频调速装置	制定	2012	中煤科工集团上海研究院,中国矿业大学,三一重型装备有限公司,焦作市明株自动化工程有限责任公司,唐山市现代电器厂,兰州立盛达铁路新技术有限公司	—
53	防爆柴油机单轨吊机车	修订	2012	河北煤炭科学研究院,石家庄煤矿机械有限责任公司,山东立业机械装备有限公司	MT/T 883 - 2000
54	防爆特殊型蓄电池单轨吊机车	修订	2012	河北煤炭科学研究院,山东立业机械装备有限公司,太原矿机电气发展有限公司	MT/T 887 - 2000
55	矿用钢丝绳牵引卡轨车	修订	2012	河北煤炭科学研究院,石家庄煤矿机械有限责任公司,邢台矿业集团公司邢台煤矿	MT/T 590 - 1996
56	矿用防爆柴油机械排气中有害气体检测检验规范	修订	2012	河北煤炭科学研究院,上海同圆环保科技有限公司,湖北康晨安宝矿业设备有限责任公司	MT 220 - 1990

续表

序号	项目名称	制定/修订	完成年限	主要单位	代替
57	煤矿辅助运输设备型号编制方法	修订	2011	常州科研试制中心有限公司,中煤科工集团上海研究院,河北省煤炭研究院	MT/T 154.8 - 1996
58	煤矿用防爆胶轮车	修订	2012	中煤科工集团太原研究院,中煤科工集团山西煤机装备有限公司,常州科研试制中心有限公司	MT 989,MT 999
59	煤矿坑道勘探用钻机	修订	2011	中煤科工集团西安研究院,中煤科工集团重庆研究院,淮北矿业(集团)有限责任公司	MT/T 790 - 2006
60	大倾角与急倾斜液压支架技术条件	修订	2012	天地科技股份有限公司开采设计事业部,四川省煤业集团公司,重庆煤业集团公司,中国煤炭工业协会生产力促进中心	MT 555 - 1996
61	液压凿岩钻架	制定	2012	北京中煤矿山工程有限公司,张家口宣化华泰矿冶机械有限公司,中煤科工集团检测研究分院,山东科技大学	—
62	煤矿用液压挖掘装载机	制定	2012	石家庄煤矿装备有限公司,中煤科工集团上海研究院测试中心,北京中煤矿山工程有限公司,中煤科工集团重庆研究院	—
63	年产千万吨综放工作面设备配套选型技术规范	制定	2012	新汶矿业集团公司,山东能源机械集团公司,安徽理工大学,中国煤炭工业协会生产力促进中心,神华集团,中煤能源集团公司,大同煤矿集团公司等	—
64	连续采煤机出厂检验规范	制定	2012	中煤科工集团太原研究院,神华神东煤炭集团有限责任公司,三一重型装备有限公司	—

续表

序号	项目名称	制定/修订	完成年限	主要单位	代替
65	煤矿井下锚杆锚固质量无损检测仪通用技术要求	制定	2012	中国矿业大学，徐州中矿立兴煤炭科技有限公司，淮北矿业（集团）有限责任公司，潞安环保能源开发股份有限公司，江苏东华测试技术股份有限公司	—
66	煤矿井下机电设备振动分析规范	制定	2011	中国矿业大学，徐州中矿立兴煤炭科技有限公司，江苏东华测试技术有限公司，苏州福德保瑞科技发展有限公司，中平能化集团，淮北矿业集团	—
67	煤用浮选机工艺性能试验方法及判定规则	制定	2012	唐山国华科技国际工程有限公司，煤炭工业石家庄设计研究院国华分院，唐山森普矿山装备有限公司	—
68	煤层气钻井施工质量验收规范	制定	2012	沁水蓝焰煤层气有限责任公司，西安科技大学，中国石油大学（北京）等	—
69	煤层气固井施工质量验收规范	制定	2012	沁水蓝焰煤层气有限责任公司，西安科技大学，中国石油大学（北京）等	—
70	煤层气测井施工质量验收规范	制定	2012	沁水蓝焰煤层气有限责任公司，西安科技大学，中国石油大学（北京）等	—
71	煤层气压裂施工质量验收规范	制定	2012	沁水蓝焰煤层气有限责任公司，西安科技大学，中国石油大学（北京）等	—
72	煤层气水平井钻井作业规程	制定	2012	中联煤层气有限责任公司，北京奥瑞安能源技术开发公司，中国石油大学（华东），中煤科工集团西安研究院等	—
73	煤矿区地面与井下综合抽采方案设计指南	制定	2012	中煤科工集团西安研究院，中联煤层气有限责任公司，中煤科工集团重庆研究院等	—

续表

序号	项目名称	制定/修订	完成年限	主要单位	代替
74	发电用煤层气（煤矿瓦斯）	制定	2012	中煤科工集团煤化工研究分院，沁水蓝焰煤层气有限责任公司，潞安矿业集团等	—
75	煤层气井压裂作业规范	制定	2012	中联煤层气有限责任公司，华北油田煤层气分公司，中煤科工集团西安研究院等	—
76	煤层气排采工程设计规范	制定	2012	中煤科工集团西安研究院，中联煤层气有限责任公司，淮北矿业（集团）有限责任公司等	—
77	煤矿井下作业场所职业危害因素检测与评价规范	制定	2012	安徽煤矿安全监察局安全技术中心，中煤科工集团重庆研究院，中国矿业大学	—

4.3 知识产权保护

4.3.1 煤炭行业知识产权保护现状

为充分发挥知识产权制度对于科技创新的激励和保障作用，全面提高科技创新中知识产权创造、运用、保护和管理能力，国家科技部出台的《科技创新知识产权工作“十二五”专项规划》明确提出，未来5年，我国科技创新中的知识产权工作将得到全面加强，知识产权创造、运用、保护和管理能力将大幅提升，自主知识产权拥有量和科技创新水平对经济社会发展的支撑作用将显著增强。

“十一五”时期，《科学技术进步法》、《国家中长期科学和技术发展规划纲要（2006—2020年）》、《国家知识产权战略纲要》对落实知识产权战略进行了全面部署，煤炭科技创新中知识产权工作进一步推进。煤炭行业知识产权对科技创新的导向作用日益显现，科研院所、高等学校、企业等各类创新主体知识产权保护意识和管理能力逐步提高，很多大型企业集团相继建立和完善了知识产权激励创新制度，特别是对知识产权管理部门构建、专职知识产权管理人员培养、知识产权知识普及、专利文献利用等方面得到重视。专利申请和授权数量快速增长，在若干重点领域掌握了一批重要的知识产权。截至 2011 年底，部分煤炭企业、科研院所、高等院校知识产权保护情况。

表 4－6　部分煤炭企业、科研院所、高等院校知识产权保护情况

序号	单位名称	有效专利			商标	版权
		发明	实用新型	外观设计		
1	中煤集团	231	614	—	104	—
2	山东能源集团	124	988	—	136	—
3	神华集团	104	618	3	11	30
4	兖州矿业集团	81	272	—	20	30
5	晋城煤业集团	51	300	—	23	6
6	陕西煤业化工集团	45	71	—	178	—
7	冀中能源集团	29	56	—	4	—
8	淮南矿业集团	20	192	—	—	18
9	皖北煤电集团	14	44	—	1	—
10	潞安矿业集团	9	88	—	179	27
11	大同煤矿集团	8	34	—	4	—
12	开滦集团	7	68	—	1	3
13	铁法能源有限责任公司	5	35	—	—	—
14	中煤科工集团	157	765	—	—	—
15	中煤矿山建设集团公司	14	101	—	—	—
16	郑州煤矿机械集团	85	92	—	—	—
17	中煤北京煤矿机械公司	43	52	—	4	—
18	太重煤机有限公司	2	59	—	1	1
19	山东科大	116	1 140	35	—	141
20	安徽理工	80	203	—	—	—
21	河南理工	62	197	1	—	6
22	西安科大	16	117	—	—	2

4.3.2　第十三届中国专利奖获奖项目

中国专利奖评选工作自 1989 年以来,已成功举办了 13 届。2011 年第十三届中国专利奖参评项目达 697 项,分别来自 19 个中央部委、46 个地方知识产权局、39 个行业协会和 102 名两院院士的推荐。最终经中国专利奖评审委员会评审,国家知识产权局和世界知识产权组织审核,共评选出中国专利金奖项目 15 项,中国外观设计金奖项目 5 项,中国专利优秀奖项目 177 项,中国外观设计优秀奖项目 35 项。

中国煤炭工业协会组织推荐参评项目 4 项,其中兖州煤业股份有限公司的"电液控制放顶煤方法及其液压支架"和中煤北京煤矿机械有限责任公司的"双伸缩立柱全能升柱系统及矿用液压支架"两个项目荣获第十三届中国专利优秀奖。

第5章　煤炭运输

2011年我国煤炭铁路通道和港口建设步伐加快，煤炭转运量继续保持大幅增长，煤炭运输保障能力增强。但是，我国煤炭资源“西多东少、北多南少”的禀赋条件决定了“北煤南调，西煤东运”为主的运输格局。加之煤炭生产重心不断向中西部转移，铁路运输瓶颈制约问题依然存在。

5.1　煤炭铁路运输

5.1.1　铁路煤炭发送量

铁路是我国传统的主要运煤途径。2011年，全国铁路完成煤炭发运量221 019万吨，同比增加20 976万吨，增长10.49%；自2006年以来保

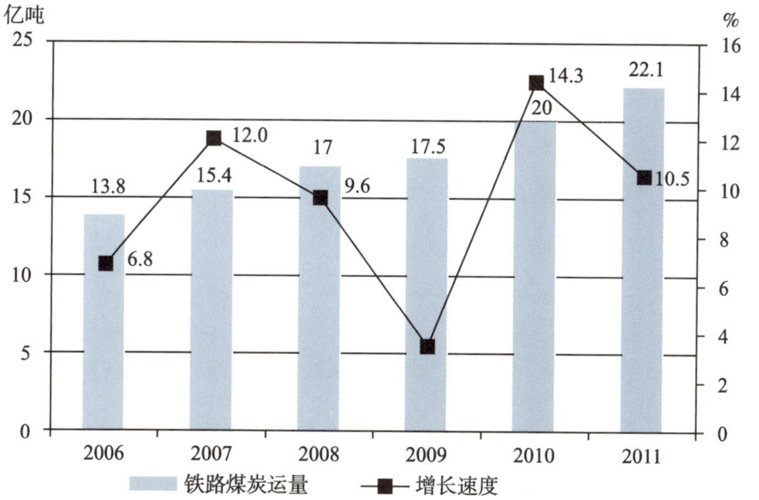

图5-1　2006—2011年我国铁路煤炭发送量及增速

持持续增长势头。2011 年，电煤发运量完成 156 181 万吨，同比增加 16 488 万吨，增长 11.8%；电煤发运量占全国铁路发送煤炭量的 70.66%，同比增加 0.83 个百分点。

2011 年，煤炭占铁路发送货物的比重达 56.2%，较 2010 年增加 1.1 个百分点。

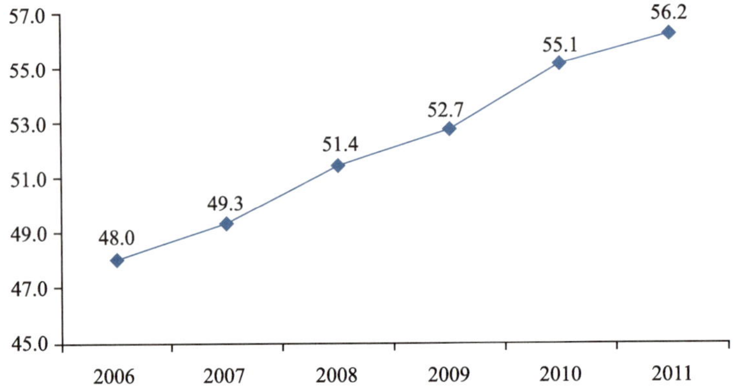

图 5-2　2006—2011 年煤炭占铁路发送货物比重(%)

2011 年，铁路煤炭发运量占全国煤炭产量的 62.8%，同比增加 1.1 个百分点。自 2006 年以来，基本保持了稳定上升的势头。

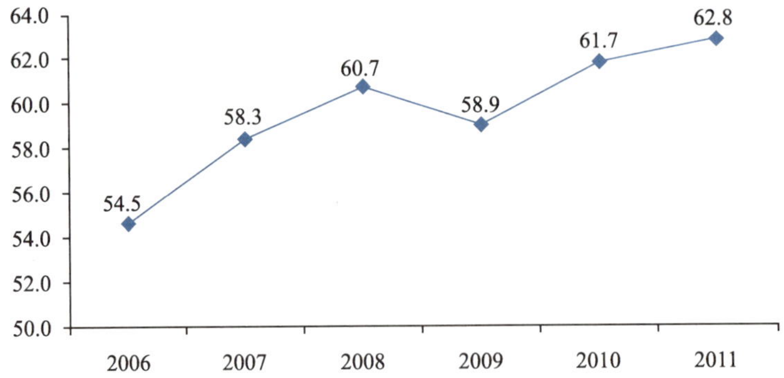

图 5-3　2006—2011 年铁路发送煤炭占煤炭总产量比重(%)

2011 年煤炭铁路发送量与消费需求量同步波动。1—4 月铁路发送煤炭波动幅度较大；5—9 月，由于受气温升高影响，电力迎峰度夏期间，发电用煤需求放大，铁路煤炭发送量基本保持在每月 1.8 亿吨左右；进入

10 月份，由于受气温降低影响，电煤需求增加。铁路煤炭发送量明显增加，12 月份达到全年最高的 19 495 万吨。

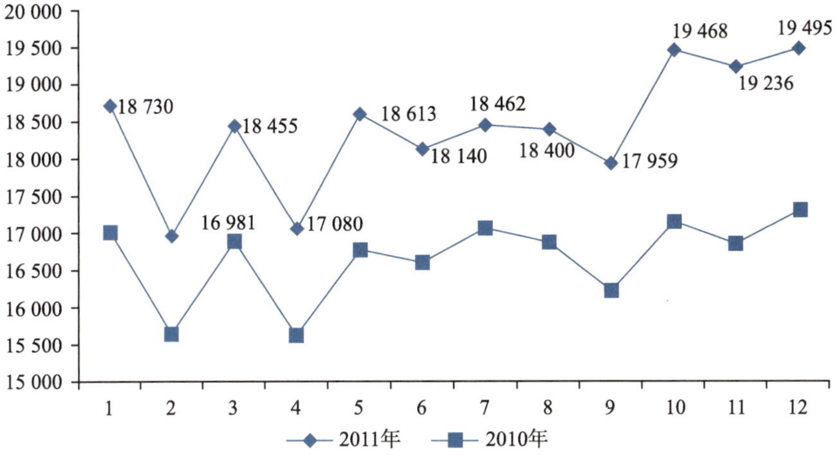

图 5－4　2011 年 1—12 月中国铁路煤炭发送量（单位：万吨）

2011 年，全国煤炭铁路日均装车完成 69 085 车，同比增长 10.4%。其中，国家铁路电煤日均装车完成 46 211 车。2011 年全国铁路日均装车完成 168 663 车，煤炭日均装车量占 40.96%，国铁电煤日均装车量占 27.40%。

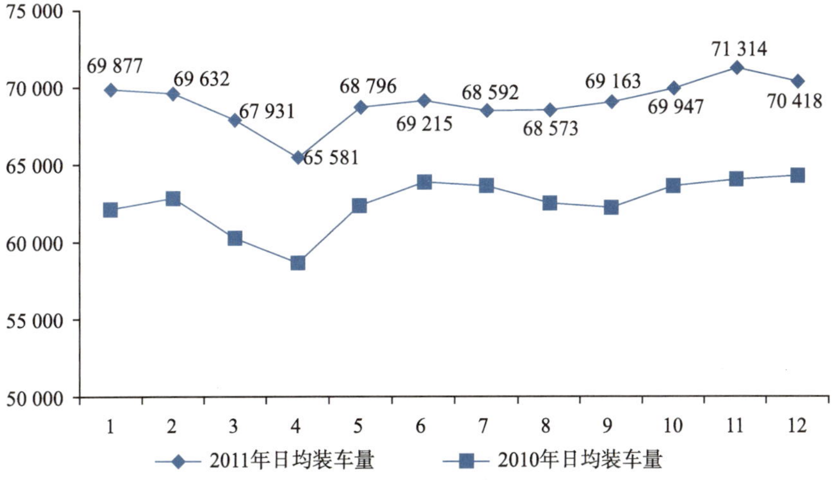

图 5－5　2011 年 1—12 月中国煤炭日均装车量（单位：车）

2011 年 1 月份，全国煤炭日均装车量完成 69 877 车，其中，国家铁路运输电煤完成 46 973 车，占 67.2%。1 月份以后日均装车完成量出现下滑。4 月份，全国日均完成煤炭装车 65 581 车，为全年最低，低于全年日均装车数 5%，其中，国家铁路运输电煤完成 41 838 车，占 63.8%。11 月份，全国日均煤炭装车完成 71 314 车，为全年最高，高于全年日均装车数 3.2%。

5.1.2 运煤干线

大秦线：我国第一条煤炭运输专线铁路，自山西省大同市至河北省秦皇岛市，纵贯山西、河北、北京、天津，全长 653 公里。2011 年，大秦线货物运输量完成 44 017 万吨，同比增长 8.7%；日均开行重车 97.0 列，日均运量 120.6 万吨，最高日运量达到 129.9 万吨。截至 2011 年 12 月 31 日 18 时，大秦线胜利完成年运量 4.4 亿吨目标，比 2010 年增运 4 000 万吨。

集通线：集通线总里程 1 316.3 公里，其中集（宁）—通（辽）铁路（944.4 公里）、锡（林浩特）—多（伦）铁路（273.9 公里），锡（林浩特）—乌（兰浩特）线锡（林浩特）—扎布其尔段 98 公里。2011 年，重载满长列车开行比例达到 93.0%，整列、成组装车占到管内装车量 95.2%，全年货运量的 5 905 万吨。

丰沙大线：丰沙大线东起丰台站，经永定河谷至沙城站，接京包线，经宣化、张家口，西至大同枢纽口泉站，简称丰沙大线，长 379 公里，为双线自动闭塞，电力牵引，货物运输能力 6 500 万吨，煤炭运输 5 000 万吨，2015 年达到 5 700 万吨。

京原线：京原铁路起自北京市石景山南站，经良各庄、十渡、白涧、紫荆关、塔崖驿、涞源、灵丘、平型关、繁峙、枣林、代县、阳明堡于山西省原平，与北同蒲铁路接轨，全长 418 公里，煤炭运输能力 2 000 万吨。

朔黄线：朔黄铁路西起山西神朔铁路的神池南站，东至河北省黄骅港前站，为国家一级干线电气化铁路，它与包神铁路和神朔铁路相连，构成了全长 1 029 公里的神骅铁路，把陕北、内蒙古南部大型能源基地和渤海湾出海口联结起来，成为中国西煤东运的第二条大通道。2011 年共完成煤炭运量 39 715 列(含 4 189 列万吨),17 720. 3 万吨,完成年计划任务 1. 7 亿吨的 104% ,实现连续安全生产 4 245 天。

石太线:是河北石家庄至山西太原铁路干线。石太铁路于 1903 年由法国开工修建,1907 年 10 月全线竣工,11 月通车。东起正定西到太原(今东起石家庄,乃改称石太线),全长 243 公里,运输能力 7 000 万吨,2015 年达到 7 800 万吨。

邯长线:是一条连接河北省南部邯郸市与山西省东部长治市的铁路,线路全长 219 公里。邯长线煤炭运输能力为 2 000 万吨/年,改造完成后能力可达 6 200 万吨。

太焦线:太焦铁路是晋煤东南外运主要铁路干线。从山西太原经榆次、长治、晋城至河南焦作,全长 398 公里,运输能力 6 200 万吨,考虑邯长、邯济线扩能,煤炭运输能力还有增加的空间。

侯月线:侯月铁路由山西侯马至河南月山,全长 252 公里,于 1994 年建成通车,是晋煤外运的南通路之一。2011 年侯月线货物运输量完成 8 940. 5 万吨,同比增长 0. 7% 。

陇海线:是从江苏连云港通往甘肃兰州的铁路干线,于 1905 年起动工,经过四十余年的分段建设,至 1952 年全线建成,目前全长 1 759 公里,为 I 级双线电气化线路。陇海铁路是贯穿东、中、西部最主要的铁路干线,也是从太平洋边的中国连云港至大西洋边的荷兰鹿特丹的新亚欧大陆桥的重要组成部分。煤炭运输能力 4 000 万吨,2015 年规划达到 5 000 万吨。

西康线:自陕西省西安市(陇海线新丰镇)至安康市(襄渝线安康东),全长 267. 49 公里,为一级单线电气化铁路,预留双线。2010 年煤炭运量 2 000 万吨。双线电气化扩能预计 2012 年完成,远期煤运能力可达 5 000 万吨。

宁西线:是连接南京市与西安市两座城市的铁路干线,全长 1 030. 2 公里。2010 年煤炭运量 3 000 万吨,规划 2015 年达到 5 000 万吨,复线建设完后 7 000 万吨。

张唐线：西起张家口、南至唐山港，是蒙西、蒙东煤炭外运大能力通道。预计 2013 年建成，建成后年输送能力近期为 1.2 亿吨，远期为 2 亿吨。

大准铁路：准铁路是我国西煤东运的主要通道之一，是鄂尔多斯准格尔矿区煤炭资源外运的黄金通道。承担着大准铁路沿线国华准电、大唐托电、岱海电厂、丰镇电厂、京隆电厂、新丰电厂的煤炭运输任务。2011 年实际运量达到 7 652.7 万吨。

5.1.3 2011 年建成铁路

2011 年，新建的集宁至张家口线建成通车，缓解了西部地区煤炭外运的紧张状况；新建的太中银铁路建成通车，结束了宁夏中北部、山西西南部没有铁路的历史，提高了山西西南部、陕西北部、宁夏中北部地区间的运输效率，成为西北地区通往华北部地区最便捷的铁路通道。新建的京沪高速铁路开通，京沪线客货分线运营后，运煤能力得到进一步提高。

5.1.4 在建铁路

“三西”煤炭外运通道：集宁至包头增建第二双线、集通线增建第二线、神朔—朔黄线扩能改造、邯长线扩能改造、准朔线、巴准线、平西线、新建张家口经唐山至曹妃甸铁路、新建晋中南铁路等。

华东在建铁路运输通道：漯阜线扩能改造；新建合肥至福州客运专线，皖赣—鹰厦线客货分线运营后，可提高煤运能力；邯济线增建第二线。

中南在建铁路运输通道：新建郑州至武汉客运专线，郑武段客货分线运营后，可提高煤运能力；焦柳线电气化改造，完成后将进一步提高运输能力，使晋煤运外运大通道更加安全通畅，为华东、华中等地区的冬季供热、供电用煤提供保障。

东北在建铁路运输通道：新建赤峰至锦州铁路；新建巴彦乌拉至阜新铁；通霍线扩能改造；锡林浩特至正蓝旗铁路扩能改造；京通线扩能改造；阿尔山经白城至长春铁路扩能改造；锡乌铁路等。

西北在建铁路运输通道：新建兰新客运专线，兰新线客货分线运营后，可提高煤运能力；新建兰渝铁路；新建哈达铺至成都铁路。开通后将结束川西北无铁路历史。

在建铁路的路线建成通车，将进一步增强我国煤炭铁路运输能力，缓解铁路运力不足对煤炭产业发展的瓶颈制约。

5.2 煤炭港口运输

5.2.1 煤炭港口发送量

2011 年，全国主要港口累计发运煤炭 65 333 万吨，同比增加 9 736 万吨，增长 17.5%。其中，内贸煤炭发运累计完成 63 770 万吨，同比增加 9 981 万吨，增长 18.6%；外贸煤炭发运完成 1 402 万吨，同比减少 408 万吨，下降 22.5%。

表 5-1 2006—2011 年中国主要港口煤炭中转量变化 单位：万吨

年份	中转量	增幅	增速	内贸	增幅	增速(%)
2006	40 273	3 181	8.6	34 562	4 633	15.5
2007	46 428	6 155	15.3	41 116	6 554	19.0
2008	50 951	4 523	9.7	46 278	5 162	12.6
2009	46 047	-4 904	-9.6	43 598	-2 680	-5.8
2010	55 597	9 550	20.7	53 790	10 192	23.4
2011	65 333	9 736	17.5	63 770	9 980	18.6

2006 年以来，主要港口煤炭中转量基本实现了连续增长。2011 年，我国主要港口发运煤炭占全国煤炭产量比重达到 27.8%，较 2010 年增加 5.8 个百分点，较 2006 年增加了 15.4 个百分点。

5.2.2 北方主要港口

北方七港（秦皇岛港、天津港、黄骅港、京唐港、青岛港、日照港、连云港）是我国最主要的煤炭中转港口，2011 年，共发送煤炭 57 917 万吨，同

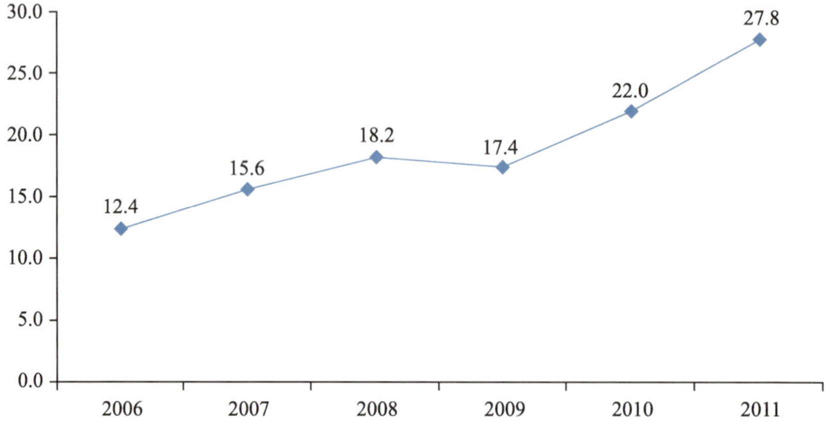

图 5－6　2006—2011 年主要港口煤炭中转量占全国煤炭产量比重(%)

比增加 8 306 万吨,增长 16.74%,2011 年,北方七港煤炭中转量占全国主要港口煤炭中转量比重 88.65%,同比下降 0.58 个百分点。

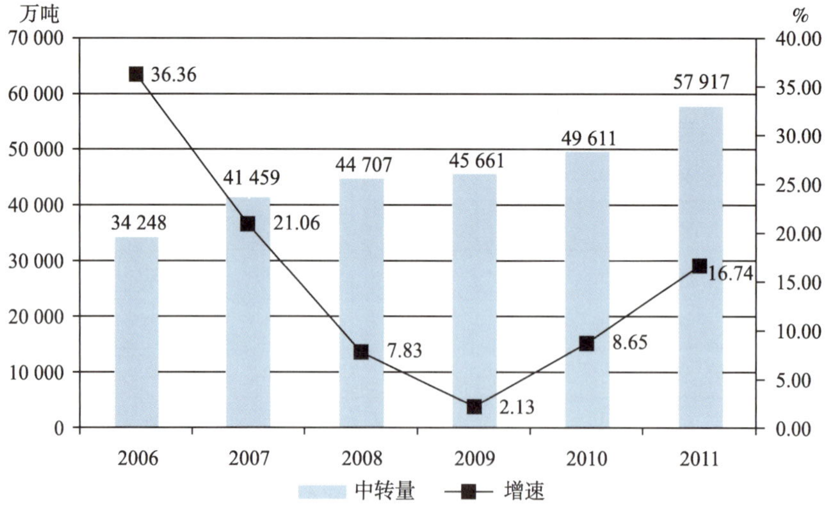

图 5－7　2006—2011 年北方七港煤炭中转量变化

(1)秦皇岛港。2011 年,秦皇岛港实施精细化管理,深入挖潜增效,严格执行重载交接制度,并采取提前堆垛取料、水尺公估、排放压舱水等措施压缩辅助作业时间,生产作业效率大幅提升,实现了装卸生产的无缝衔接和港口生产能力最大化,各项作业纪录屡被刷新,创造了单

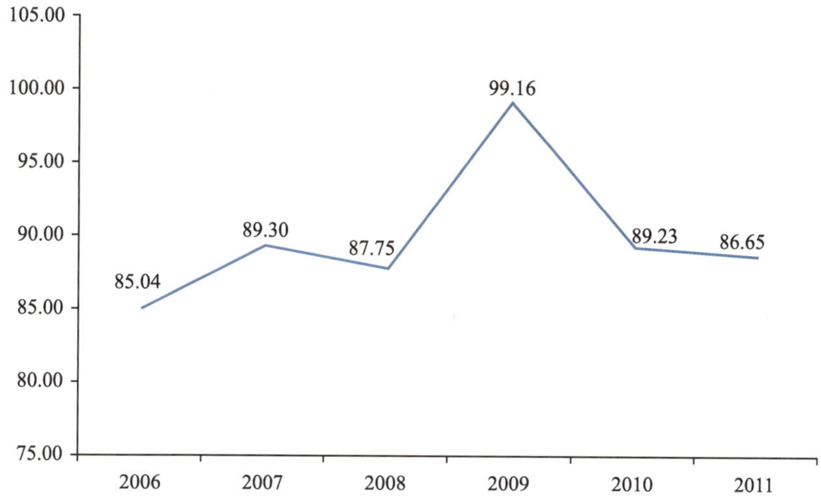

图 5－8　北方七港占全国主要港口煤炭中转量比重(%)

月卸车 10 707 车和单月装船 2 288 万吨的生产纪录。全年完成煤炭中转量 24 968 万吨,同比增加 2 974 万吨,增长 13. 5%,占主要港口煤炭中转量的 38. 2%。

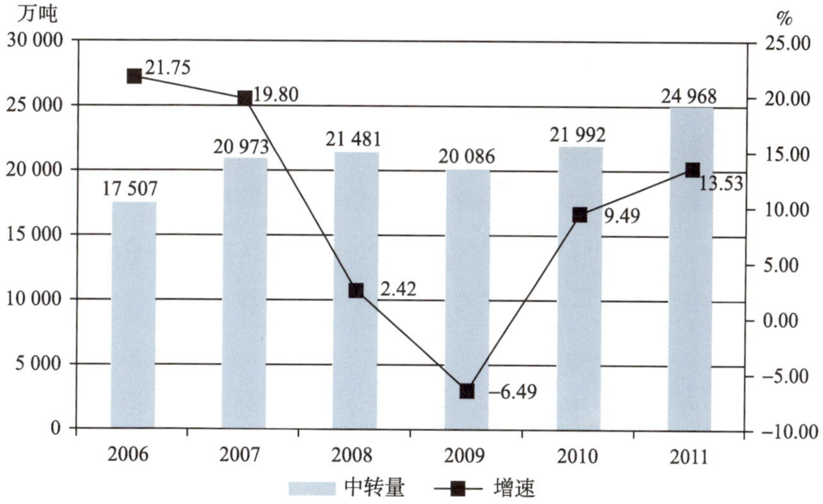

图 5－9　2006—2011 年秦皇岛港煤炭中转量变化

(2)黄骅港。河北省沿海的地区性重要港口,也是我国的主要能源输出港之一,位于河北省与山东省交界处、沧州市区以东约 90 公里的渤海之滨，由煤炭港区、综合港区和河口港区 3 个港区组成。黄骅港运营有煤一期、一期扩容、煤二期工程，现有专业化煤炭泊位 8 个，煤炭年通过能力 1 亿吨，煤炭堆存容量：正常生产 220 万吨，设计容量 420 万吨。2011 年，黄骅港完成煤炭中转量 9 608 万吨，同比增加 703.8 万吨，增长 7.9%，占主要港口煤炭中转量的 14.7%。

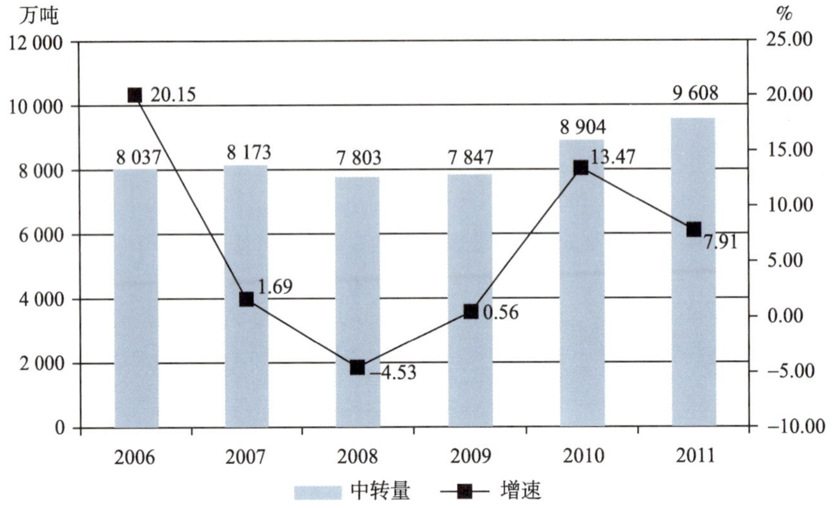

图 5-10　2006—2011 年黄骅港煤炭中转量变化

(3) 天津港。共有煤炭装卸泊位 16 个，堆场可一次性堆煤 800 万吨，年煤炭吞吐能力 8 500 万吨。主要分布在南疆港区的南 7～10 号泊位和神华煤炭码头。2011 年，天津港完成煤炭中转量 9 608 万吨，同比增加 1 960 万吨，增长 30.4%，占主要港口煤炭中转量的 12.87%。

5.2.3　运价指数

中国沿海(散货)运价指数　2011 年，我国沿海(散货)运价指数与沿海煤炭运价指数走势基本相同。

2011 年 1—2 月，我国沿海(散货)运价综合指数和煤炭指数均持续下滑，分别由 1 月 5 日的 1 412.09 点、1 642.35 点下降到 2 月 23 日的 1 267.32 点、1 413.91 点。进入 3 月份，受海运量上升的影响，我国沿海(散货)运价综合指数和煤炭指数均出现快速回升，3 月 23 日煤炭运价指

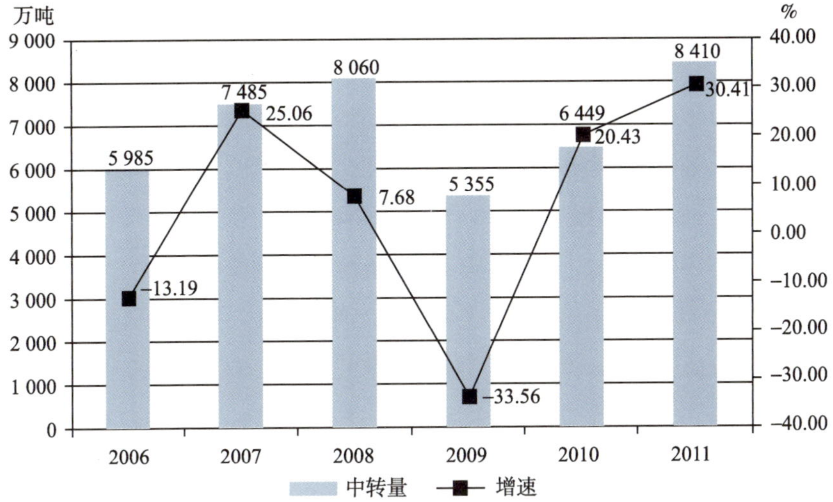

图 5－11　2006—2011 年天津港煤炭中转量变化

数达到 1 869. 55 的高点，3 月 30 日，综合运价指数回升到 1 564. 37 点。4—6 月份，我国沿海运输市场较为稳定，综合运价指数和煤炭运价指数均分别大体保持在 1 500 点和 1 750 点左右。7 月初到 9 月 20 日左右，沿海散货运价综合指数和煤炭指数均经历了先下滑后回升的过程；9 月下

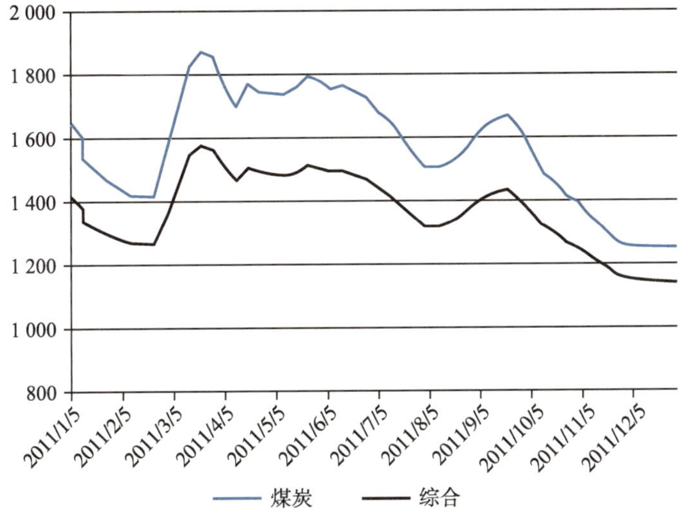

图 5－12　2011 年中国沿海散货运价指数变化趋势

旬至年底持续下滑，12 月 30 日分别创出 2011 年最低的 1 137. 41 点和 1 246. 84 点。

波罗的海干散货价格指数（BDI）受全球宏观经济形势低迷、国际货运需求降低等因素影响，2011 年 BDI 与 2010 年相比，总减少 305 380 点，降低 45. 30%；年均值减少 1 218 点，降低 44. 63%。

2011 年 BDI 基本呈现出低开高走，低位盘整的态势。2011 年初，BDI 延续了 2010 年下行走势，从 1 月 4 日至 2 月 4 日 19 个交易日连续下跌，降至年度最低值 1 043 点；1—8 月份，整体维持在 1 000 ~ 1 500 点间波动。10 月 5 日至 14 日 8 个交易日连续上涨，升至年度最高值 2 173 点，其后开始不断下降，12 月 23 收市于 1 738 点。

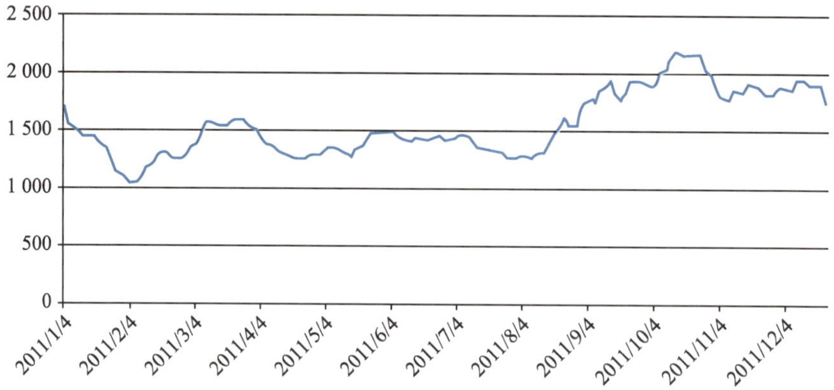

图 5 – 13　2011 年波罗的海干散货价格指数变化趋势

5. 2. 4　港口库存

2011 年，受我国宏观经济增速放缓、煤炭需求增速降低、我国沿海中转港口煤炭库存波动明显、全国煤炭产能建设超前总是突出等问题的叠加影响，秦皇岛等煤炭下水港出现了煤炭库存达到港口承载上限的情况。2—4 月，中转港口煤炭库存快速减少到全年最低的 1 618 万吨，较 2 月份的 2 471 万吨减少 34. 5%。11 月，中转港口煤炭库存达到 3 137 万吨，为全年最高点，较 4 月份增加 1 519 万吨，增长 93. 9%。

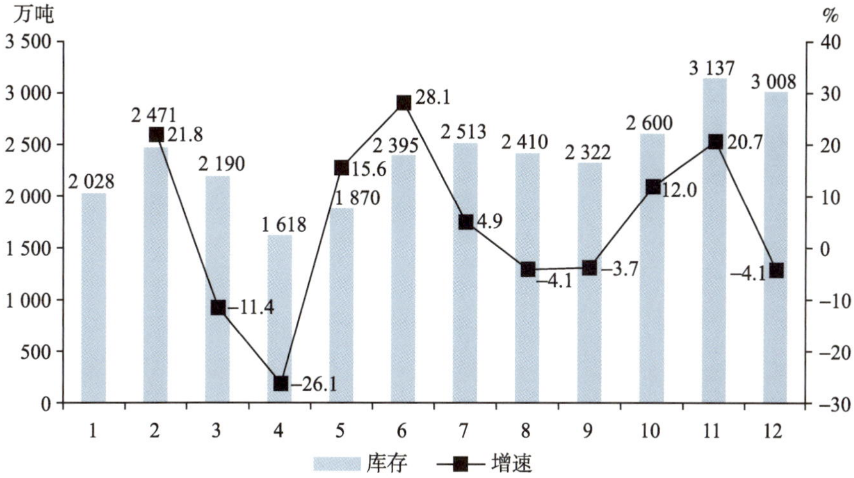

图 5－14　2011 年 1—12 月中国中转港口煤炭库存变化

5.3　其他煤炭运输

规划建设的神渭输煤管道北起陕煤化集团所属的神木红柳林煤矿，终端到达蒲城精细化工园。

神渭输煤管道是目前世界上设计距离最长、运量最大的输煤管道，亦是我国乃至亚洲的第一条长距离输煤管道。输煤管道纵贯陕西榆林、延安和渭南 3 市 16 个区县，全长 727 公里，设计年输煤能力 1 000 万吨，总投资 73 亿元，计划于 2013 年 8 月份投料试产，2014 年 6 月竣工验收。

第 6 章　煤炭价格

2011 年,全国煤炭经济运行继续保持平稳发展态势,煤炭市场需求旺盛,产销量较快增长,市场供需基本平衡,煤炭价格处于高位波动。

6.1　煤炭价格整体态势

2011 年,我国煤炭价格整体呈现波动上升态势。第一季度,由于受到气温回升等因素影响,煤炭价格略有下降。进入第二季度,全国煤炭市场需求旺盛,我国部分地区电煤市场出现偏紧现象,煤炭价格出现较大幅度上扬,价格上升趋势维持到 11 月份,之后,大部分地区需求增速放缓,市场价格出现小幅回落。

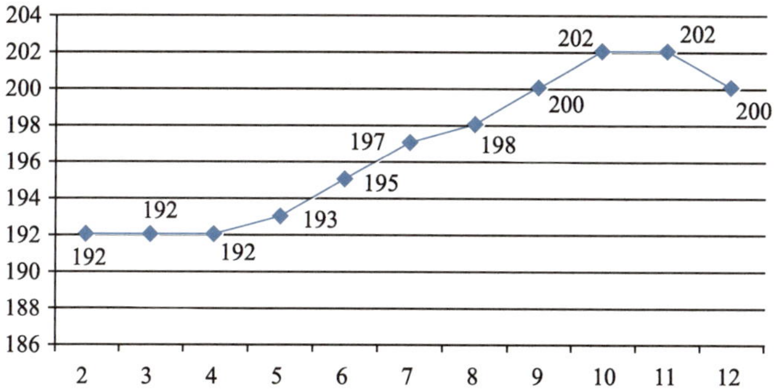

图 6－1　2011 年 2—12 月中国煤炭价格指数

与 2010 年同期相比,2011 年各月份煤炭价格普遍有大幅提升,其中 2—10 月份平均价格同比上涨均超过 10%,8、9 月份涨幅最大;12 月份同比涨幅最小，上涨幅度在6%～7%。

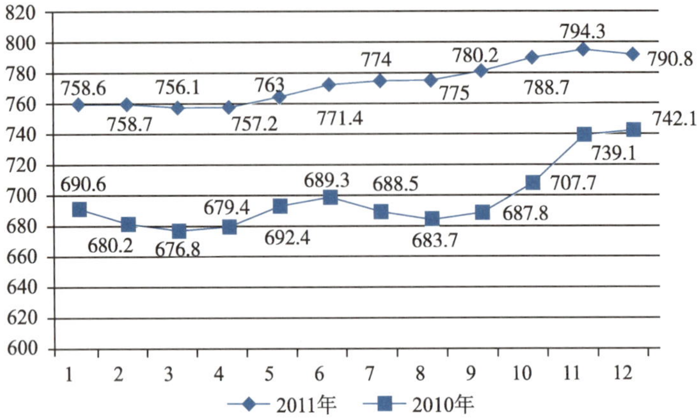

图6－2　2011年与2010年1—12月全国市场交易煤平均价格对比(单位：元/吨)

分煤类看，2011年，市场动力煤价格与全国市场交易煤平均价格波动基本一致，整体处于上升趋势，年末略有下降；炼焦煤价格全年波动不大；无烟块煤价格全年处于上升趋势，年末与年初相比价格增幅超过100元/吨。

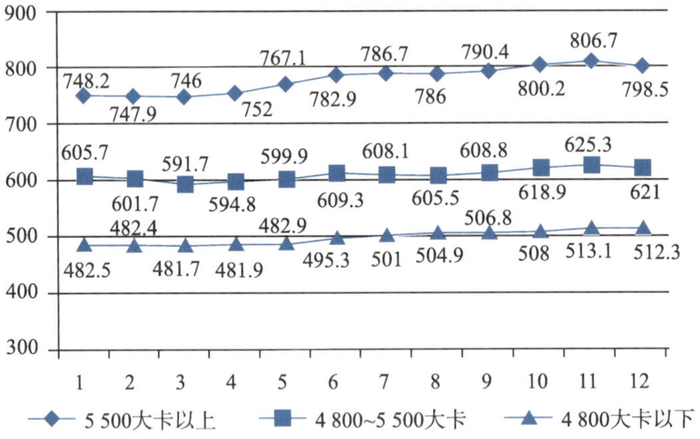

图6－3　2011年1—12月动力煤市场交易煤平均价格(单位：元/吨)

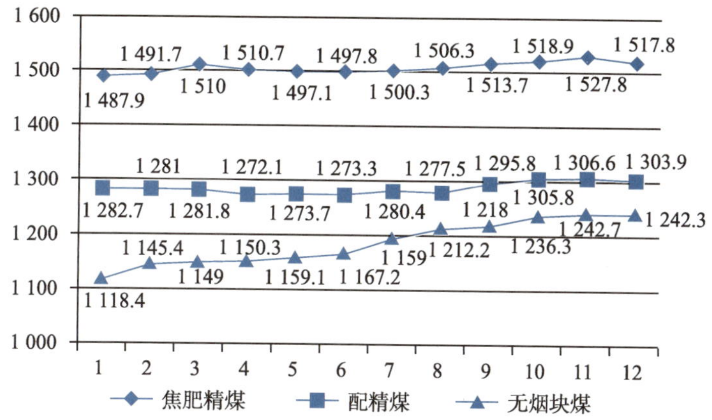

图 6－4　2011 年 1—12 月焦肥精煤、配精煤和块煤市场交易煤平均价格(单位:元/吨)

6.2　区域煤炭价格

6.2.1　主产地煤炭价格

受需求拉动及其他因素影响,主要煤炭产区煤炭价格整体处于上扬趋势,年末出现小幅下降。2011 年第一季度煤炭价格处于相对较低水平,山西大同地区发热量 5 800 大卡/千克动力煤的"上站"价格维持在 650～670 元/吨(含税),发热量 5 500 大卡/千克动力煤的"上站"价格维持在 620～640 元/吨。内蒙古鄂尔多斯地区发热量 5 000～5 500

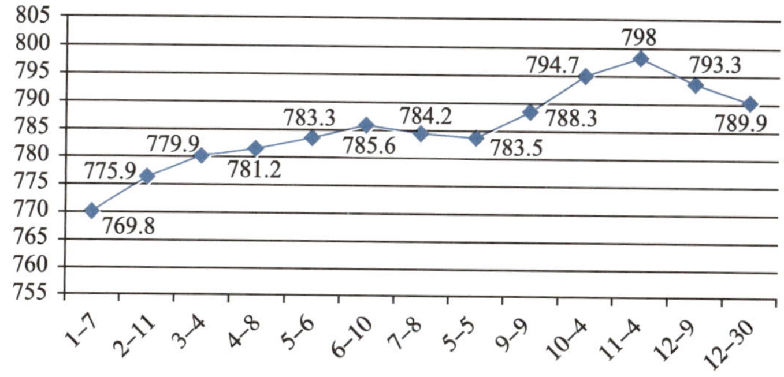

图 6－5　2011 年三西地区市场交易煤平均价格(单位:元/吨)

大卡/千克的“上站”价格维持在480元/吨。2011年，动力煤价格处于最高水平的是10月份前后，山西大同地区发热量5 800大卡/千克以上动力煤的“上站”价格维持在690～710元/吨（含税），发热量5 500大卡/千克动力煤的“上站”价格维持在675～690元/吨；内蒙古鄂尔多斯地区发热量5 000～5 500大卡/千克的“上站”价格维持在540元/吨。

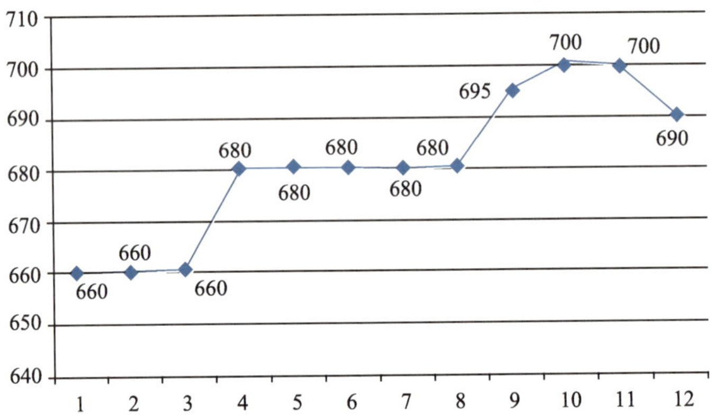

图6－6　2011年1—12月大同发热量5 800大卡/千克以上煤炭平均价格（单位：元/吨）

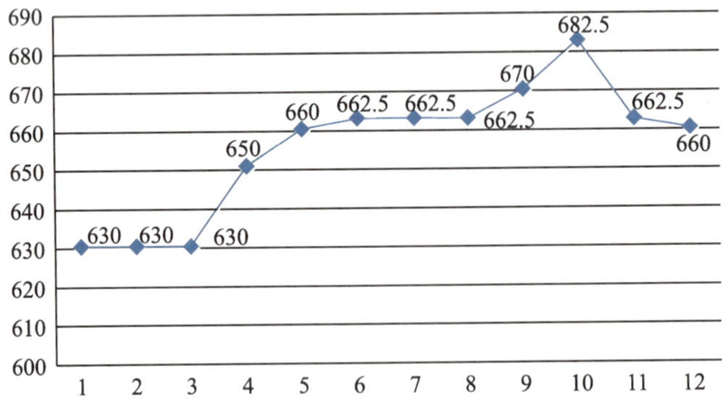

图6－7　2011年1—12月大同发热量5 500大卡/千克以上煤炭平均价格（单位：元/吨）

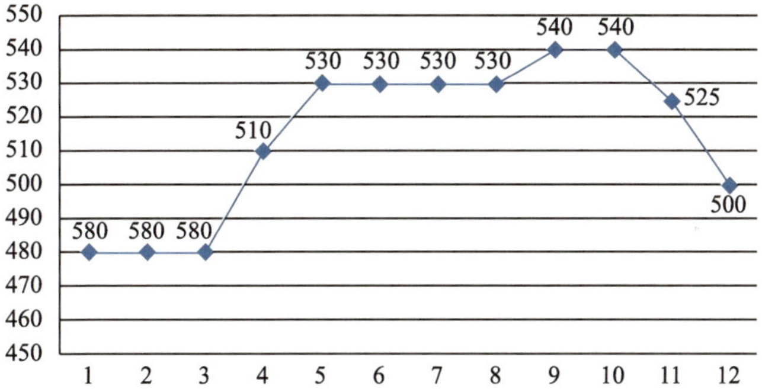

图 6－8　2011 年 1—12 月鄂尔多斯发热量

5 000 ~ 5 500 大卡/千克平均价格(单位:元/吨)

6. 2. 2　中转区煤炭价格

主要中转区煤炭价格变动与主要产区价格变动基本一致。2011 年第 1 季度煤炭价格处于相对低位,其中 2、3 月份比 1 月份略有下降;4、5 月份有大幅提升;6 月份增长速度放缓;7、8 月份煤炭价格有小幅下降;到 9、10 月份煤炭价格开始反弹,其中 10 月份达到一年中的最高值;进入 11 月份之后煤炭价格开始下降,其中 12 月份有大幅度的下降。

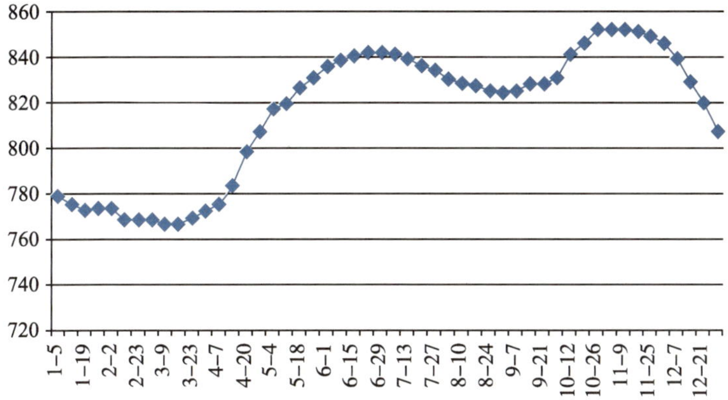

图 6－9　2011 年 BSPI 环渤海动力煤价格指数

以秦皇岛港动力煤交易价格为例,2、3 月份煤炭价格处于一年中最最低水平,其中具有代表性的发热量 5 500 大卡/千克动力煤的主流平仓价格处于 765 ~ 775 元/吨,发热量 5 000 大卡/千克市场动力煤的主流平仓价格处于 670 ~ 680 元/吨;4、5 月份煤炭价格有较大增幅,发热量 5 500 大卡/千克动力煤的主流平仓价格平均每月上涨 35 元/吨,发热量 5 000 大卡/千克动力煤的主流平仓价格在两个月内分别上涨 40 元/吨、30 元/吨;在 10 月份,煤炭价格达到一年中的最高值,发热量 5 500 大卡/千克动力煤的主流平仓价格达到 850 ~ 860 元/吨,发热量 5 000 大卡/千克动力煤的主流平仓价格 755 ~ 765 元/吨;在 12 月份,煤炭价格降幅较大,发热量 5 500 大卡/千克动力煤的主流平仓价格较 11 月份下降约 40 元/吨,发热量 5 000 大卡/千克市场动力煤的主流平仓价格较 11 月份下降约 50 元/吨。

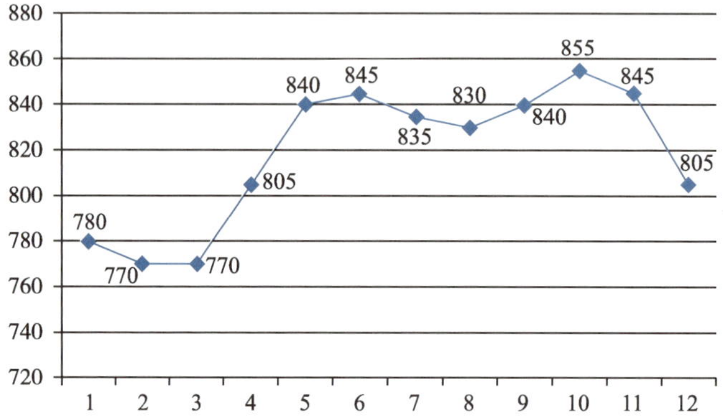

图 6 – 10　2011 年 1—12 月秦皇岛港发热量 5 500 大卡/千克动力煤的主流平仓价格(单位:元/吨)

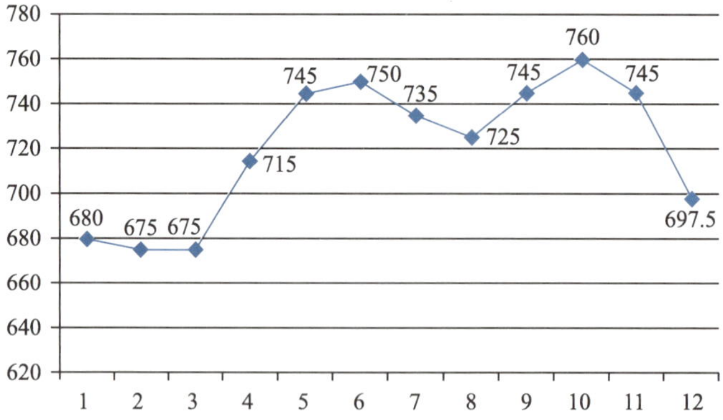

图 6 – 11　2011 年 1—12 月秦皇岛港发热量 5 000 大卡/千克动力煤的主流平仓价格(单位:元/吨)

6.2.3 消费区煤炭价格

主要消费区煤炭交易价格走势与生产区和中转区基本一致。以发热量5 500大卡/千克优质动力煤在宁波港和广州港的提货价格为例，1、2月份煤炭价格处于一年中的最低水平，宁波港和广州港的价格分别为825～840元/吨和865～880元/吨；3月份至6月份煤炭价格逐月上扬，其中6月份达到一年中的最高点，宁波港为910～930元/吨，广州港为960～980元/吨；7月份至11月份，价格略有起伏，整体波动不大；12月份价格有较大幅度下降，宁波港价格为860～880元/吨，较11月份下降约20元/吨，广州港价格为880～900元/吨，较11月份下降约50元/吨。

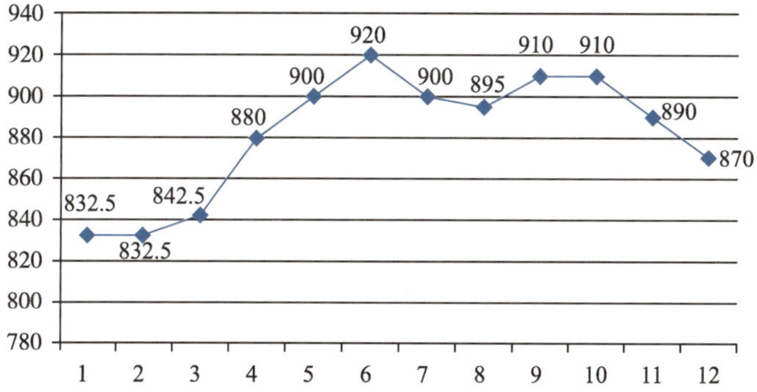

图6－12　2011年1—12月宁波港发热量5 500大卡/千克动力煤平均提货价格（单位：元/吨）

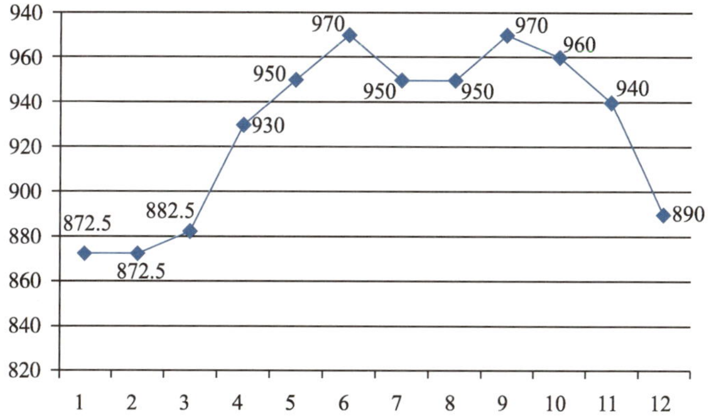

图6－13　2011年1—12月广州港发热量5 500大卡/千克动力煤平均提货价格（单位：元/吨）

广州港是我国煤炭进口的主要港口。2011 年,广州港进口各煤种价格均低于国内相应的煤种价格,其中澳大利亚电煤 Q5 500 平仓价全年仅为 830 元/吨,远低于山西优混 Q5 500 库提价;越南和印尼的 Q4 800 动力煤也比山西大混 Q4 800 动力煤的库提价要低。

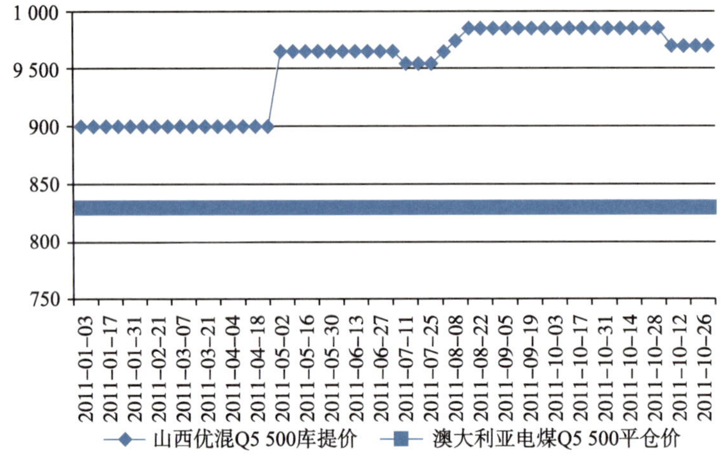

图 6-14　2011 年广州港发热量 5 500 大卡/千克动力煤价格比较(单位:元/吨)

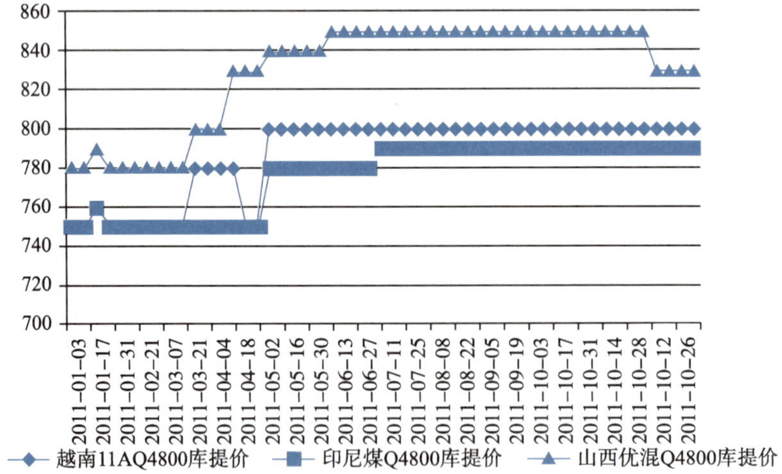

图 6-15　2011 年广州港发热量 4 800 大卡/千克动力煤价格比较(单位:元/吨)

6.3 国际煤炭价格

6.3.1 2011 年国际煤炭市场整体形势

2011 年,欧债危机不断蔓延,新兴经济体发展动力减弱,全球经济进入低速发展时期。国际煤炭市场由年初的供需紧张转变为年末的平衡略显宽松,国际动力煤价格和炼焦煤价格高开低走。

(1)国际动力煤市场形势。2011 年,国际动力煤价格总体呈下滑态势。年初,受澳大利亚洪灾和日本的核危机影响,动力煤现货价格迅速提升,在 2011—2012 财年的动力煤长协价中,日澳、中日和日印动力煤年度合同价分别达到 129.8 美元/吨、145.75 美元/吨和 140 美元/吨,涨幅在 26% ~35%。

2011 年下半年,受欧债危机恶化影响,9 月份后,亚太主要国家煤炭进口需求总体减弱,加上印尼、南非煤炭出口量增加,国际动力煤价格持续下降。12 月中旬,澳大利亚纽卡斯尔港、南非理查德湾港和欧洲三港动力煤现货价格跌至近一年最低水平。

(2)国际炼焦煤市场形势。2011 年 1 月初,受澳洲洪灾影响,国际炼焦煤价格升至 350 美元/吨高位水平。但随着欧美发达国家和新兴经济体发展速度放缓,需求成效炼焦煤价格逐步下降。8 月份后,澳洲优质炼焦煤价格加速滑落,到 12 月底,澳大利亚 Premium Low Vol 焦煤(FOB)现货价格从 304.5 美元/吨跌至 225 美元/吨,降幅达 26.2%。国际焦煤季度价格也从第二季度合同价为每吨 330 美元的高位,分别跌至第三季度的 315 美元/吨和第四季度的 285 美元/吨。

6.3.2 国际主要地区煤炭价格

(1)澳大利亚纽卡斯尔港煤炭价格。2011 年澳大利亚纽卡斯尔港煤炭价格整体呈下滑趋势。以市场动力煤现货价格(FOB)为例,年初由于受到洪灾影响,煤炭供应能力下降,煤炭价格处于高位,1 月份平均价格达到 129.88 美元/吨,为全年最高水平。随着供应能力的提高和国际市场需求的下降,煤炭价格逐步走低,到 5 月份趋于稳定。随后 5—8 月份煤炭价格基本稳定,平均价格维持在 120 美元/吨左右。到 9 月份,煤炭价格有小幅提升,均价提升约3美元/吨。进入10月份后,煤炭价格持续下降,平均每月下降约4美元/吨,到12月份,平均价格降值111.03美元/吨,为全年最低值。

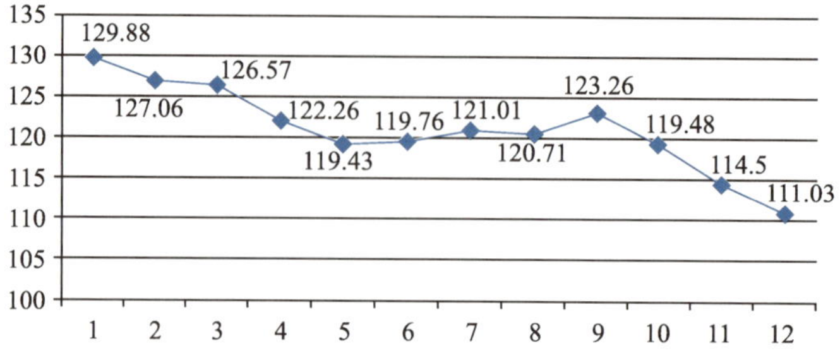

图6-16 2011年1—12月澳大利亚纽卡斯尔港动力煤现货价格(FOB)(单位:美元/吨)

(2)南非理查兹港煤炭价格。2011年南非理查兹港煤炭价格整体呈下滑趋势。以市场动力煤现货价格(FOB)为例,1月份煤炭价格处于较高水平;2月份出现大幅度下降,平均价格降为118.26美元/吨,环比下降4.6美元/吨;3、4月份出现上涨,4月份价格为123.38美元/吨,达到一年中的最高水平;4月份之后,煤炭价格持续下降,到12月份,平均价格降至102.74美元/吨。

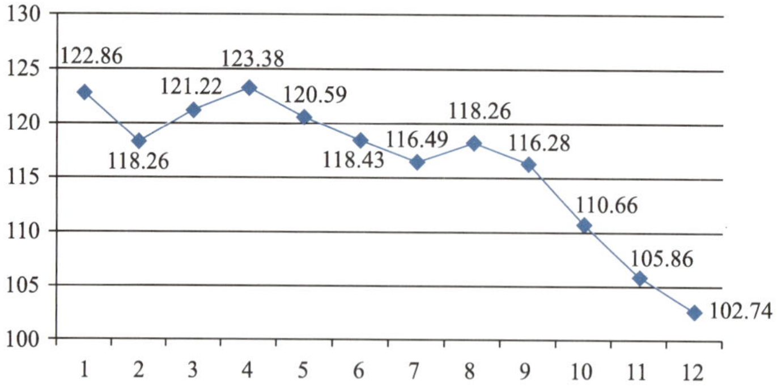

图6-17 2011年1—12月南非理查兹港动力煤现货价格(FOB)(单位:美元/吨)

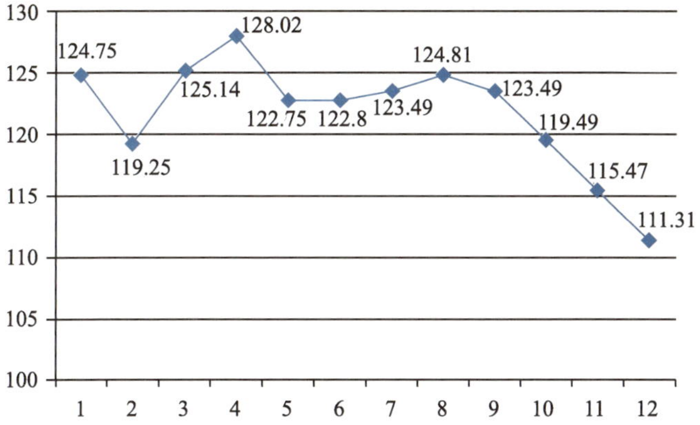

图 6－18　2011 年 1—12 月欧洲三港动力煤现货价格（DES）（单位：美元/吨）

（3）欧洲三港煤炭价格。欧洲三港煤炭价格整体趋势与南非理查兹港价格趋势基本一致。以市场动力煤现货价格（DES）为例，与 1 月份相比，2 月份煤炭价格出现较大降幅，降价幅度超过 5 美元/吨；3、4 月份开始上升，4 月份价格为 128.02 美元/吨，达到全年最高水平；5 月份煤价下降，与 4 月份相比跌幅超过 5 美元/吨；6—9 月份，煤炭价格小幅波动；10 月份之后，受经济运行周期和气候等因素影响，煤炭需求不足，煤炭价格持续下降，到 12 月份，煤炭价格下跌至 111.31 美元/吨，为全年最低水平。

第7章　煤炭进出口

2011年,我国煤炭进口快速增长,全年进口煤炭1.82亿吨,同比增长10.8%,占全球煤炭贸易量的18.37%,成为全球最大的煤炭进口国,煤炭净进口1.68亿吨,同比增长13.7%。

7.1　煤炭进出口整体概况

2011年,我国煤炭进出口情况延续2010年走势。煤炭出口量进一步减少,全年煤炭累计出口量为1 465.8万吨,同比下降23%;累计出口均价由118.4美元/吨增加至185.4美元/吨,增长56.6%;累计出口金额由2010年的22.6亿美元增加至27.2亿美元,增长20.6%。煤炭进口方面,由于受到国际煤价及国内市场供需变化影响,煤炭进口整体呈现前低后高、先降后升的态势。1月份,国内、国际煤炭价格出现倒挂,企业进口煤炭积极性明显下降,2月份我国煤炭进口量同比出现大幅降低。随着国内、国际煤价差距的不断缩小,进口量呈现环比逐月递增的走势,7月、9月和11月分别刷新单月进口量历史最高纪录。12月份,我国进口煤炭2 138万吨,连续第八个月保持煤炭进口量两位数以上的增长速度。

2011年全年煤炭累计进口量达到18 240万吨,同比增长10.8%,实现煤炭净进口16 774万吨。至此,我国成为世界煤炭进口第一大国。

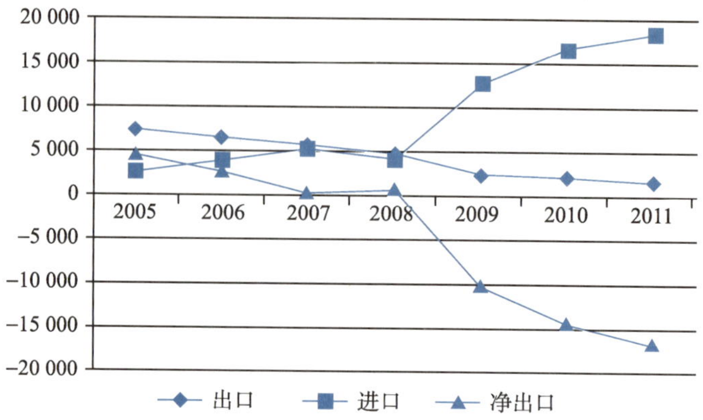

图 7－1　2005—2011 年中国煤炭进出口情况（单位：元/吨）

7.2　煤炭出口

7.2.1　煤炭出口总量

2011 年，我国累计出口煤炭共完成 1 465.8 万吨，同比减少 437.2 万吨，下降 22.98%。全年月度出口走势与 2010 年基本一致，第一季度出口量呈上升趋势，其中受澳洲洪灾和日本“3·11”核电站事故影响，2、3 月份出口量超过 2010 年同期水平；第二季度，出口量大幅下降，其中 6 月份出口量仅为 71.2 万吨，为全年最低水平；第三季度出口量有小幅提升；第

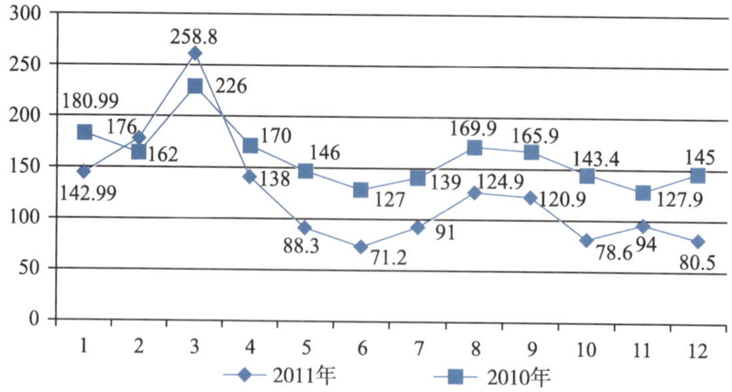

图 7－2　2010、2011 年 1—12 月中国煤炭月度出口情况（单位：万吨）

四季度又处于较低水平,月平均出口量在100万吨以下。

7.2.2 煤炭出口国别(地区)

2011年我国煤炭出口的国家和地区总数在40个左右,整体形势依然呈现"近海市场为主,远洋市场为辅"的特征,主要出口国家与以往相同。其中日本和韩国依然是最主要的出口市场,所占比例为出口总量的81.4%。其次为我国台湾地区,出口总量超过200万吨。

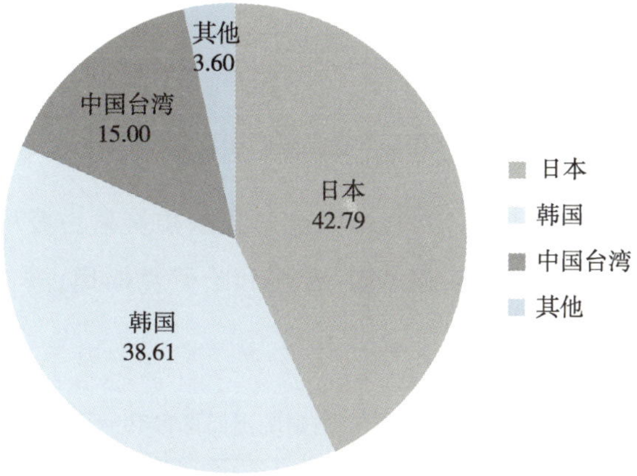

图7-3 2011年中国煤炭出口国别和地区(%)

7.2.3 煤炭出口煤种

2011年,我国出口煤炭的品种主要为无烟煤、炼焦煤和其他烟煤。其中其他烟煤出口量为670.27万吨,占出口总量的45.73%,所占比重最大;其次为无烟煤,出口量为420.82万吨,占总量的28.71%;炼焦煤出口量为359.32万吨,占总量的24.51%。2011年的煤炭出口煤种与以往相比有明显的变化,2011年以前煤炭出口的品种是"以动力煤为主,炼焦煤、无烟煤为辅",动力煤所占比例一直在70%以上,而炼焦煤所占比例则一直低于10%。2011年,我国无烟煤出口量与2010年相比变化不大,但炼焦煤出口量增加两倍多,而动力煤出口量降为2010年的一半左右。

2011年,我国焦炭出口总量为329.77万吨,同比下降1.4%。印度

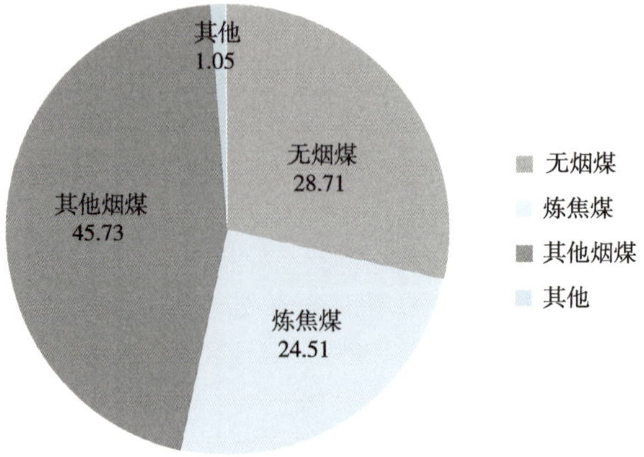

图 7－4　2011 年我国煤炭出口煤种(%)

和巴西为我国焦炭最大出口国，两国进口我国焦炭量占我国焦炭出口总量的 41.39%；其次为日本、比利时、韩国和哈萨克斯坦，进口我国焦炭量都在 20 万吨以上。

表 7－1　2011 年中国焦炭出口国家和地区　　单位：万吨

国　家	进口量	国　家	进口量
印　度	72.00	巴　西	64.51
日　本	47.63	比利时	35.91
韩　国	29.09	哈萨克斯坦	24.98
法　国	9.45	美　国	9.32
南　非	7.66	伊　朗	5.21
澳大利亚	4.83	罗马尼亚	4.73
中国台湾	4.02	巴基斯坦	3.64
泰　国	2.24	其　他	4.58

7.2.4　煤炭出口价格

我国出口的煤炭中，炼焦煤价格最高，其次为无烟煤，动力煤价格最低。由于 2011 年我国出口炼焦煤数量大幅上升，动力煤数量下降，所以平均价格有较大幅度的上升。另一方面，由于国际大宗商品价格整体上涨等因素，各个煤种的平均价格也较上年有大幅提高。

表 7-2 2006—2011 年中国煤炭出口价格 单位:美元/吨

年份	平均价格	无烟煤	炼焦煤	动力煤
2006	58.19	77.05	107.00	52.26
2007	61.98	73.74	101.71	58.25
2008	115.34	162.48	243.05	94.42
2009	106.06	125.74	154.37	100.48
2010	118.35	157.95	196.90	98.52
2011	185.35	215.01	249.09	130.69

7.3 煤炭进口

7.3.1 煤炭进口总量

2011 年,全国累计进口煤炭 18 239.5 万吨,同比增加 1 756.5 万吨,增长 10.8%。受国内外煤价变动影响,各月份进口量有较大起伏。

2011 年 1 月份,煤炭进口量为 1 156.85 万吨,仅比 2010 年 12 月的历史最高水平低 78 万吨。而进入 2 月份后,煤炭进口量降至 676 万吨,与 1 月份相比下降 980 万吨,下降幅度高达 59.2%。2 月份煤炭进口的急剧下降,主要是因为从 2010 年四季度开始国际煤价持续震荡上升,进入 2011 年以来仍然保持高位运行态势,而在多种因素影响下,以秦皇岛港为代表的国内煤价从 2010 年 12 月开始则进入了缓慢回调通道。从 2010 年 12 月份开始,国内外煤价价差不断缩小,进入 2011 年 1 月份之后,国内外煤价快速形成倒挂之势,并且价格倒挂态势日益严重,进口煤的价格优势逐步消失。

进入 2011 年 3 月份之后,国内环渤海动力煤价格连续 14 周上升,国际煤价适当小幅回调,国内外价差逐步缩小,进口煤价格优势再度显现。同时受需求拉动等因素影响,华东、华中、华南电煤供应偏紧,部分用煤企业和贸易商重新将采购目标转移至国际市场,积极寻找资源组织煤炭进口。受以上两方面因素影响,3 月份开始煤炭进口量逐步回升,5、6 两个月份回升至 1 350 万吨以上，接近上年月均进口水平。

进入 2011 年 7 月份之后，煤炭进口量维持高位水平，除了在 10 月份有较大降幅外，其他月份保持稳步上升趋势。到 11 月份，月进口量突破 2 000 万吨，达到 2 214 万吨的全年最高值。12 月份的进口量仅比 11 月份下降 75.7 万吨，也在 2 000 万吨以上。

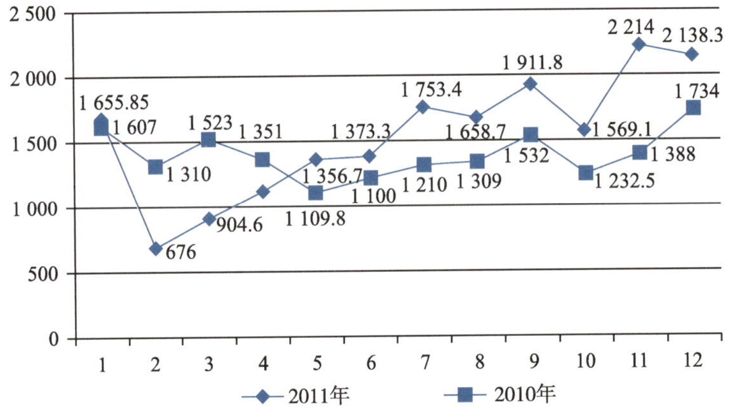

图 7－5　2010、2011 年 1—12 月中国煤炭月度进口情况（单位：万吨）

7.3.2　煤炭进口来源国

2011 年我国煤炭进口来源国有 20 多个，主要为印度尼西亚、澳大利亚、越南、蒙古等国。2009 年之前，越南一直是我国最大的煤炭进口来源国。2009 年之后，印度尼西亚超过越南成为我国第一大煤炭进口来源国。2011 年，我国从印度尼西亚共进口煤炭 6 469.64 万吨，占进口总量的 35.47%。进口比重超过 10% 的国家还有澳大利亚、越南、蒙古，所占比重分别为 17.85%、12.10%、11.05%。进口比重处于 5% ~10% 的国家有朝鲜、俄罗斯和南非。

7.3.3　分煤种进口量

我国主要进口煤种为无烟煤、炼焦煤和动力煤。2011 年，无烟煤进口量 3 610 万吨，与上年相比增长 964.61 万吨，增幅较大；炼焦煤进口量 4 466 万吨，有小幅下降，下降幅度为 261.08 万吨；动力煤进口量

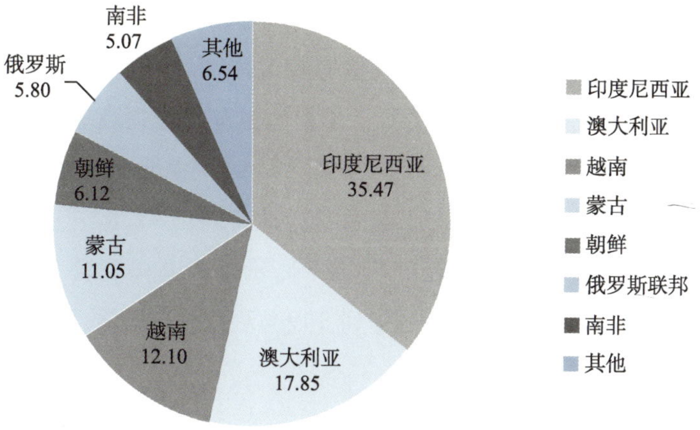

图 7－6　中国煤炭进口来源国(％)

5 478 万吨有小幅上涨，增加 371.61 万吨。近年来我国经济快速发展，从 2009 年开始动力煤进口量大幅增加，在进口煤种中所占比重上升到 30％左右，成为进口量最大的煤种。2011 年，我国进口煤情况延续了这种趋势，动力煤占进口煤总量的 30.03％，炼焦煤占进口煤总量的 24.48％，无烟煤占进口煤总量的 19.80％。

2011 年，我国进口焦炭 11.57 万吨，其中从蒙古进口 11.45 万吨，占总量的 98.93％。

表 7－3　中国煤炭分煤种进口量及比重

年份	进口量(万吨)					进口占比(％)			
	合计	无烟煤	炼焦煤	动力煤	其他	无烟煤	炼焦煤	动力煤	其他
2006	3 824.77	2 262.71	466.25	1 052.37	43.44	59.2	12.2	27.5	1.1
2007	5 101.56	2 841.86	621.98	1336.34	301.38	55.7	12.2	26.2	5.9
2008	4 040.49	1 938.76	685.73	982.32	433.68	48.0	17.07	24.3	10.7
2009	12 583.44	3 433.28	3 442.36	3 803.21	1 904.58	27.3	27.4	30.2	15.1
2010	16 483.31	2 646.02	4 726.96	5 106.73	4 003.60	16.1	28.7	31.0	24.3
2011	18 239.52	3 610.63	4 465.88	5 478.34	4 684.67	19.8	24.5	30.0	25.7

7.3.4 煤炭进口价格

2011 年,国际煤炭市场价格虽然有较大波动,但整体价格与上年相比有较大提升,我国进口煤价格与上年相比也有较大提高。进口煤整体平均价格由上年的 102.74 美元/吨提高到 114.65 美元/吨,其中,无烟煤由 83.72 美元/吨提高到 96.13 美元/吨,动力煤由 92.87 美元/吨提高到 117.34 美元/吨,涨幅接近 25 美元/吨,价格提高幅度较大。炼焦煤由上年的 147.15 美元/吨,提高到 149.67 美元/吨,平均价格变化不大。

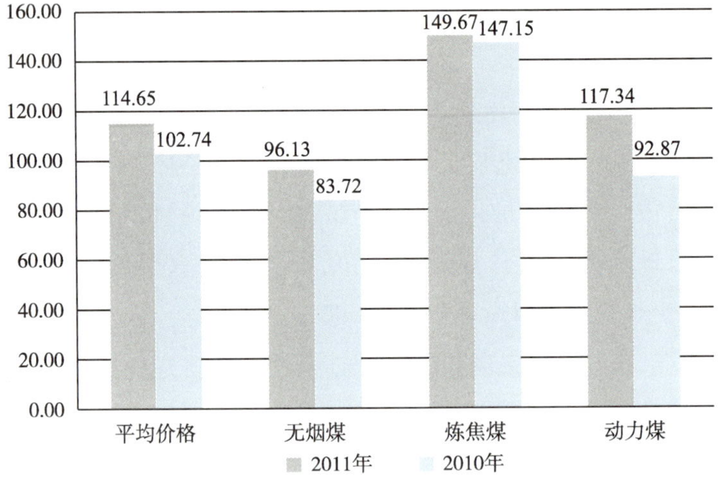

图 7-7　中国煤炭进口价格(单位:美元/吨)

7.4 国际煤炭市场

2011 年,全球煤炭总产量同比增长 6.6%,煤炭输出量连续 12 年保持增长。我国超过日本成为世界最大煤炭进口国,而印度尼西亚超过澳大利亚成全球煤炭最大出口国。受世界经济持续震荡影响,国际煤炭市场出现较大幅度波动,年初煤炭需求旺盛,供需紧张,煤炭价格处于高位;随着国际经济形势恶化,煤炭需求减弱,煤炭价格持续下滑;到 2011 年末，煤炭供需基本平衡并略显宽松。

7.4.1　国际煤炭市场主要出口国

2011 年，国际煤炭市场主要出口国有印度尼西亚、澳大利亚、俄罗斯、美国、哥伦比亚和南非。其中印度尼西亚和澳大利亚煤炭出口量之和占国际煤炭市场出口总量的 50% 以上。

(1)印度尼西亚。2011 年，印度尼西亚出口煤炭量同比增加 12%，达到 3.12 亿吨。作为全球最大的动力煤出口国和中国进口煤第一大来源国，印尼煤炭产量和政策调整对中国进口煤及亚太地区煤价影响较大。

(2)澳大利亚。2011 年初，昆士兰的巨大洪灾对澳大利亚焦煤产量影响极大，导致该国煤炭出口量下滑。澳大利亚全年共出口煤炭 2.81 亿吨，同比下降 6.74%。作为全球重要的煤炭出口国，澳大利亚在国际煤炭市场具有重要影响。

(3)俄罗斯。2011 年俄罗斯煤炭产量为 3.36 亿吨，比上年同期增产 1 300 万吨，同比增长 3.85%，增速居能源行业首位。其中煤炭出口 1.18 亿吨，与 2010 年相比基本持平。

(4)美国。2011 年美国煤炭产量达 9.88 亿吨，比上年增长 0.4%。在煤炭产量增加的同时，美国国内煤炭消费量出现萎缩，因而出口大幅增加。全年美国出口煤炭 9 713 万吨，同比增加 31%，达到 1991 年以来最高水平。

(5)哥伦比亚。哥伦比亚是欧洲主要煤炭供应国。2011 年哥伦比亚煤炭产量达到 8 580 万吨，较 2010 年同期增长 15.4%；全年出口煤炭 7 500 万吨，同比增长 6.34%。

(6)南非。南非是国际煤炭市场重要的煤炭出口国。2011 年，南非共出口煤炭 7 163 万吨，与 2010 年相比基本持平。

7.4.2　国际煤炭市场主要进口国和地区

国际煤炭市场主要进口国家和地区有中国、日本、韩国、中国台湾、印度、德国、英国、美国、西班牙和法国。2011 年，中国超过日本，成为世界第一大煤炭进口国；印度和韩国煤炭需求旺盛，煤炭进口量大幅增加。

(1)日本。日本是国际煤炭市场中重要的煤炭进口国。2011 年,美国经济下滑,世界经济减速,导致日本商品出口受到直接影响;“3·11”大地震和 10 月泰国洪水对日本产业链严重打击,令该国经济陷入困境。受钢铁企业削减生产导致的炼焦煤需求下降等直接因素影响,日本煤炭进口量减至 1.75 亿吨,同比下降 5.1%。

(2)印度。印度经济快速发展导致该国煤炭消费大幅增加,进口煤炭总量快速增长。2011 年,印度煤炭进口量达到 1.184 亿吨,同比增长 7.6%,其中进口动力煤数量上涨至 8 410 万吨,同比增长 11.1%;炼焦煤进口总量达 3 430 万吨。

(3)韩国。由于受到日本福岛核泄漏事故影响,韩国暂缓核电发展,由进口煤炭火力发电填补核电空缺,导致韩国进口煤炭再创新高。2011 年,韩国进口煤炭达到 9 450 万吨,同比增加 670 万吨,增长 7.63%。

第8章　煤炭行业经济效益

2011年,我国煤炭经济运行态势整体良好,产销量同步增加,市场供需基本平衡,煤炭价格整体上扬,营业收入、净利润总额及员工工资同比增长。但成本增加,利润率下降,应收账款增加。

8.1　行业效益

8.1.1　行业利润

2011年,全国规模以上煤炭企业利润总额4 347.73亿元,同比增长33.39%。其中,90家大型煤炭企业实现利润2 029.56亿元,同比增加354.42亿元,增长21.2%。大型煤炭企业中有4家亏损,亏损面4.4%,与上年同期持平。

表8-1　2011年大型煤炭企业利润总额前10名企业

排名	单　位	利润总额(亿元)
1	神华集团有限责任公司	585.25
2	中国中煤能源集团有限公司	121.23
3	山西煤业化工集团有限责任公司	105.38
4	兖矿集团有限公司	98.85
5	内蒙古伊泰集团有限公司	90.15
6	河南煤业化工集团有限责任公司	80.85
7	山东新汶矿业集团有限责任公司	56.47
8	内蒙古汇能煤电集团有限公司	51.16

续表

排名	单　位	利润总额(亿元)
9	山西焦煤集团有限责任公司	51.12
10	山西煤炭运销集团有限公司	49.27
小计		1289.73
大型企业利润合计		4347.73
前10名所占比重(%)		29.67

2011年,全国100强煤炭企业的平均销售净利率为6.14%,同比下降1.02%。其中,陕西彬县煤炭有限责任公司销售净利率最高,达49.91%。

表8-2　销售净利率前十名企业

名次	企业名称	销售净利率(%)
1	陕西彬县煤炭有限责任公司	49.91
2	河北省磁县申家庄煤矿	48.44
3	山东省七五生建煤矿	43.33
4	山西乡宁焦煤集团有限责任公司	43.21
5	山东省岱庄生建煤矿	42.23
6	国投河南新能开发有限公司	41.41
7	国投大同能源有限责任公司	33.22
8	内蒙古汇能煤电集团有限公司	32.71
9	山西襄矿晋平煤业有限公司	30.29
10	陕西榆林市榆神煤炭有限责任公司	29.90

煤炭工业100强企业中,销售净利率40%以上的企业有6家,比2010年增加1家;销售净利率20%~40%的企业有13家,减少1家;销售净利率10%~20%的企业有26家;销售净利率5%~10%的企业有13家;3%以下的企业有27家,有57家企业销售净利率高于全国百强企业平均水平。

2011年,煤炭工业100强企业平均净资产收益率为11.89%,同比上升0.23%。其中,河北省磁县申家庄煤矿净资产收益率为77.35%,排名第一。净资产收益率达到50%以上的企业有6家,比2010年增加2家;净资产收益率30%~50%的企业有18家,增加3家;净资产收益率20~30%的企业

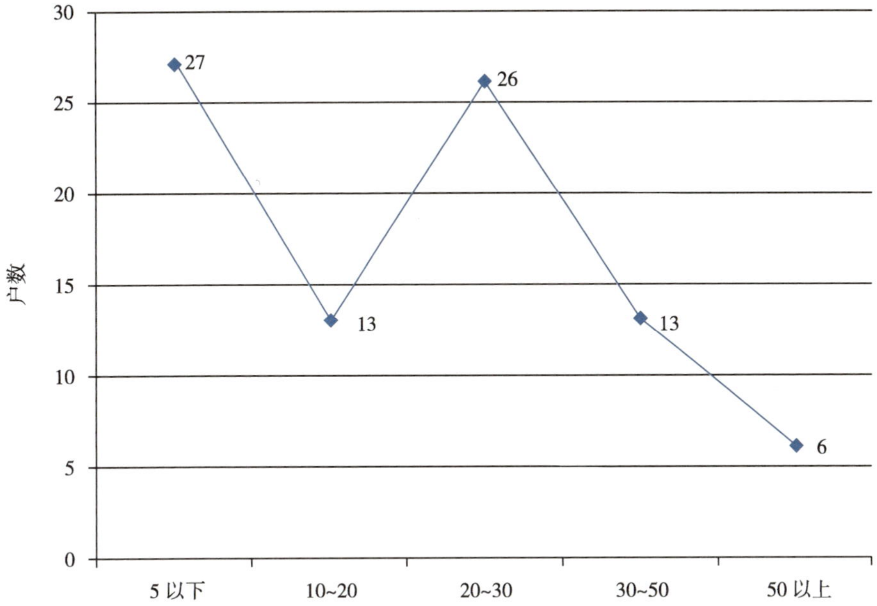

图 8－1　2011 年全国煤炭企业销售净利率 100 强分布图(%)

有 15 家,增加 1 家;10%～20% 的企业有 14 家;5% 以下的企业有 20 家,有 62 家企业净资产收益率高于百强平均水平。

表 8－3　煤炭企业净资产收益率前十名企业排名

名次	企业名称	净资产收益率(%)
1	河北省磁县申家庄煤矿	77.35
2	内蒙古特弘煤电集团有限责任公司	69.17
3	山西义棠煤业有限责任公司	66.23
4	内蒙古鄂尔多斯市乌兰煤炭(集团)有限责任公司	62.38
5	陕西彬县煤炭有限责任公司	57.19
6	陕西榆林市榆神煤炭有限责任公司	52.01
7	内蒙古满世煤炭集团有限责任公司	48.97
8	山西蒲县宏源煤业集团有限责任公司	48.13
9	内蒙古伊泰集团有限公司	43.97
10	河北省磁县六合工业有限公司	42.91

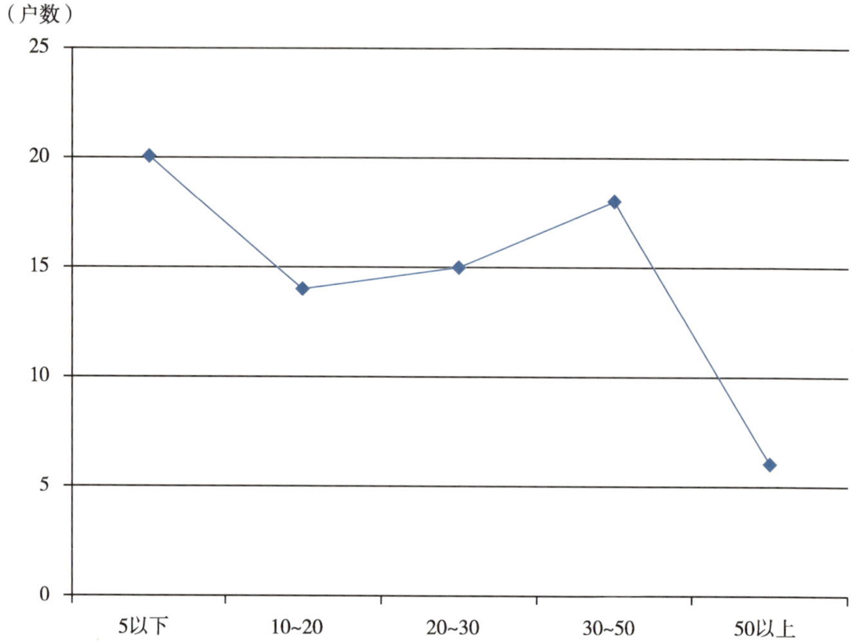

图 8－2　2011 年全国煤炭企业净资产收益率 100 强分布图(%)

8.1.2　行业固定资产投资

2011 年,全国煤炭开采和洗选业固定资产投资 4 896.9 亿元,同比增长 25.9%,较上年同期增幅扩大 2.6 个百分点。全年四个季度煤炭行业固定资产投资增速分别为 8.4%、23.4%、30.71% 和 28.59%,呈现前低后高之势。

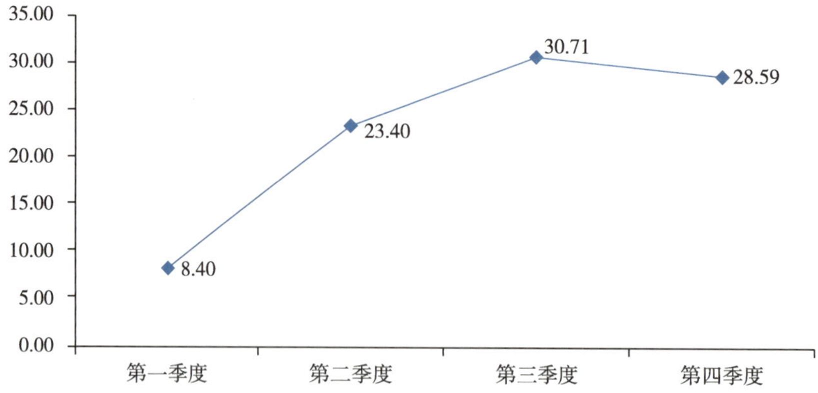

图 8－3　2011 年煤炭行业固定资产投资增速(%)

8.1.3 营业收入

2011年,全国规模以上煤炭企业主营业收入为32 593.92亿元,同比增长37.83%。其中,煤炭工业100强企业营业收入平均增长率44.45%,同比增加32.15个百分点。

表8-4 2011年大型煤炭企业营业收入前10名企业

排名	企业名称	主营业务收入(亿元)
1	神华集团	2 788.21
2	河南煤业化工集团公司	1 747.50
3	冀中能源集团	1 623.53
4	开滦集团公司	1 450.45
5	山东能源集团	1 410.35
6	中煤集团	1 124.63
7	潞安矿业集团公司	1 082.84
8	平煤神马集团公司	1 052.03
9	晋城无烟煤集团公司	1 041.25
10	山西焦煤集团	807.28
小计		14 128.09
大型企业收入合计		22 037.75
前10名所占比重(%)		64.10

从地域特点来看,除神华集团、中煤能源集团、中国煤炭科工集团三家中央企业外,营业收入位列前5位的省市分别是山西省、河南省、河北省、山东省和安徽省。

8.1.4 成本

2011年,受工业品价格上涨、煤矿安全标准提高、职工收入增加、存贷款利率调整、环境治理投入加大等多种因素叠加的刚性推动,煤炭企业成本进一步增加。全国规模以上煤炭企业主营业务成本23 943.46亿元,同比增长40.64%。其中,全国大型煤炭企业(集团)主营业务成本17 773.86亿元,同比增长35.62%。

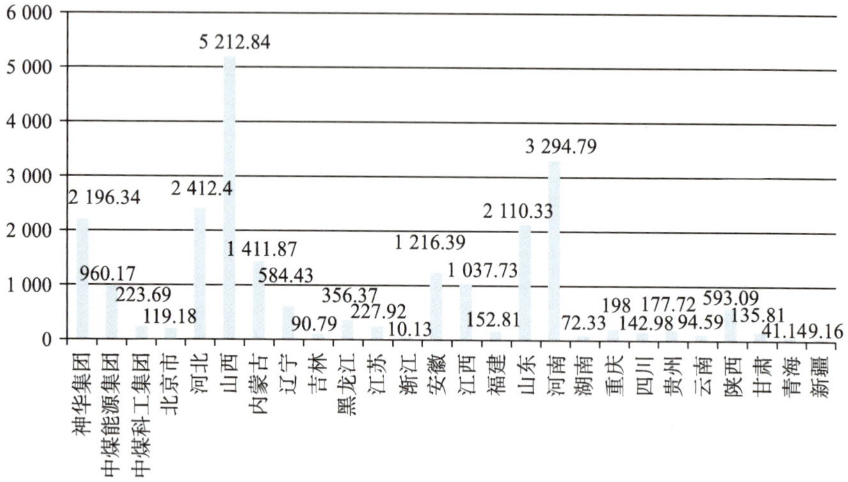

图 8－4　2011 年中央企业和各省市煤炭企业营业收入情况（单位：亿元）

8.1.5　应收账款

2011 年，煤炭企业应收账款继续增加，净值达 1 516 亿元，同比增长 41.9%。其中，90 家大型煤炭企业应收账款 1 418.89 亿元，同比增加

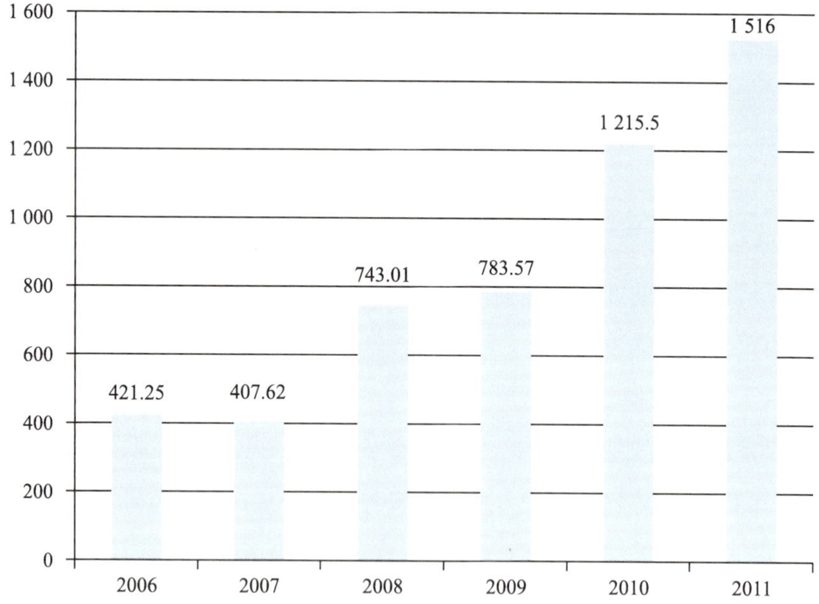

图 8－5　2006—2011 年大型煤炭企业应收账款情况（单位：亿元）

586.25亿元，增长70.4%。其中，神华集团应收账款180.92亿元，同比增加4.98亿元；山西焦煤集团应收账款119.80亿元，同比增加18.24亿元；中煤能源集团应收账款105.45亿元，同比减少9.16亿元。

2006—2010年大型煤炭企业应收账款分别为421.25亿元、407.62亿元、743.01亿元、783.57亿元、1 215.50亿元。

8.1.6 增值税

2011年，全国规模以上煤炭企业增值税及附加总额2 906.69亿元，同比增长28.17%。其中，大型煤炭企业应交增值税及附加1 513.39亿元，同比增加19.31%。纳税100亿元以上的企业有3家，神华集团纳税额达407.79亿元，同比增长10.07%；中煤能源集团纳税额为148.12亿元，同比增长26.12%；山西焦煤集团纳税额为128.24亿元，同比增长26.68%。

表8-5 2011年全国煤炭企业纳税总额前10名企业

名次	企业名称	纳税额(万元)
1	神华集团	4 077 884
2	中煤能源集团	1 481 182
3	山西焦煤集团	1 282 390
4	河南煤业化工集团	898 892
5	冀中能源集团	783 289
6	兖矿集团	762 424
7	晋城无烟煤矿业集团	756 624
8	山西煤炭运销集团	743 835
9	陕西煤业化工集团	713 065
10	山西阳泉煤业集团有限责任公司	648 822

从地域特点来看，除神华集团、中煤能源集团、中国煤炭科工集团三家中央企业外，纳税总额位列前5位的省区分别是山西省、山东省、河南省、内蒙古自治区和安徽省。

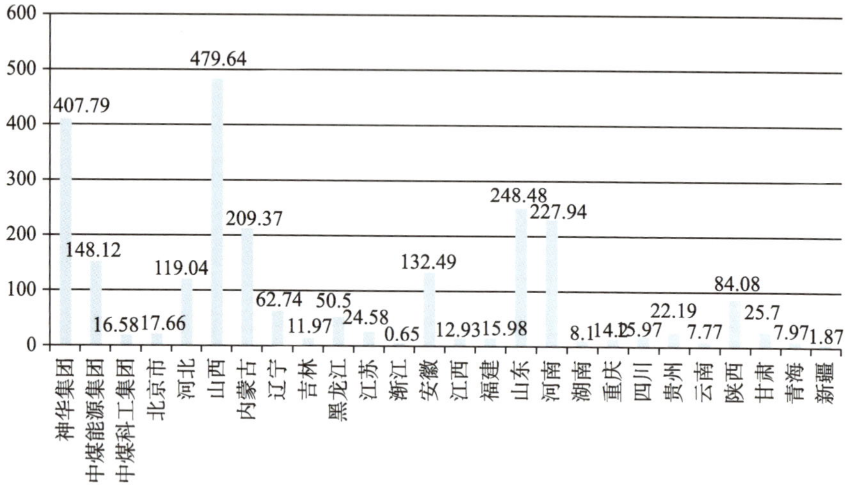

图 8-6　中央企业和各省市煤炭企业纳税总额（单位：万元）

8.1.7　职工收入

2011 年，全国煤炭企业职工收入继续增加。煤炭工业 100 强企业工资支付总额 1 835.01 亿元，同比增加 365.06 亿元，增长 24.84%；全年人

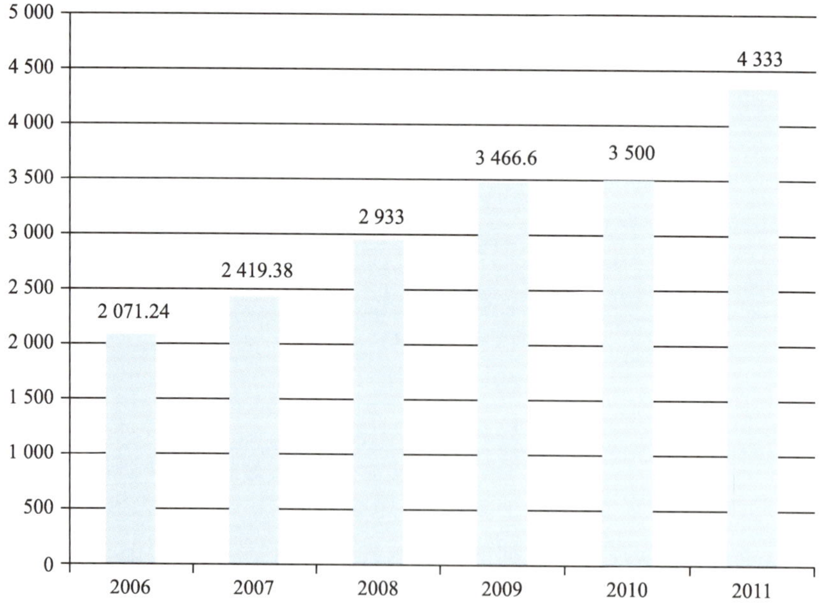

图 8-7　2006—2011 年全国煤炭企业职工收入图（单位：亿元）

均收入 5.12 万元，同比增加 0.97 万元，增长 23.37%。2006—2011 年我国重点煤炭企业在岗职工月平均收入分别为 2 071.24 元、2 419.38 元、2 933 元、3 466.6 元、3 500 元。

从企业人均收入看，人均收入在 10 万元以上的企业有 4 家，分别是华电煤业集团、内蒙古蒙泰煤电集团、内蒙古西蒙集团和内蒙古伊泰集团，7 万~10 万元的企业 11 家，5 万~7 万元的企业 32 家，4 万~5 万元的企业 29 家，3 万~4 万元的企业 20 家，3 万元以下的企业 4 家。

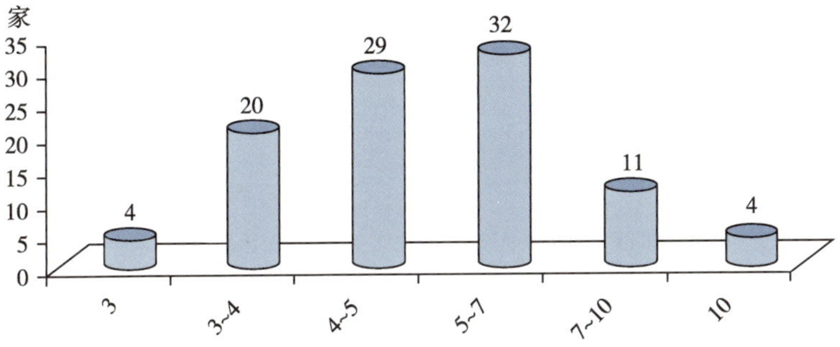

图 8-8 2011 年全国煤炭工业 100 强企业职工收入分布图（单位：万元）

8.2 非煤产业

2011 年，全国煤炭工业 100 强企业实现非煤产业收入 10 792.7 亿元，同比增加 4 360.08 亿元，增长 67.78%。其中，非煤收入排名前 10 位的企业有山西煤炭运销集团有限公司、冀中能源集团有限责任公司、中国平煤神马能源化工集团有限责任公司、河南煤业化工集团有限责任公司、开滦（集团）有限责任公司、神华集团有限责任公司、山西焦煤集团有限责任公司、山西阳泉煤业（集团）有限责任公司、山西潞安矿业（集团）有限责任公司、山西晋城无烟煤矿业集团有限责任公司。山西煤炭运销集团有限公司非煤产业收入 10 684 210 万元，排名全国 100 家主要煤炭企业非煤产业收入第一位。

表 8-6 2011 年全国煤炭企业非煤产业收入前十名企业

排名	企业名称	非煤产业收入(万元)
1	山西煤炭运销集团有限公司	10 684 210
2	冀中能源集团有限责任公司	8 808 588
3	中国平煤神马能源化工集团有限责任公司	7 879 140
4	河南煤业化工集团有限责任公司	7 760 848
5	开滦(集团)有限责任公司	6 570 706
6	神华集团有限责任公司	6 457 237
7	山西焦煤集团有限责任公司	5 675 200
8	山西阳泉煤业(集团)有限责任公司	5 198 540
9	山西潞安矿业(集团)有限责任公司	4 816 795
10	山西晋城无烟煤矿业集团有限责任公司	4 685 120

表 8-7 2011 年全国煤炭企业非煤产业收入比重前十名企业

排名	企业名称	非煤产业收入比率(%)
1	山西煤炭运销集团有限公司	92.20
2	山东泰丰矿业集团有限公司	90.03
3	浙江长广(集团)有限责任公司	88.28
4	福建省能源集团有限责任公司	80.20
5	山东龙口矿业集团有限公司	79.69
6	河南神火集团有限公司	74.77
7	中电投蒙东能源集团有限责任公司	74.58
8	华能呼伦贝尔能源开发有限公司	74.07
9	中国平煤神马能源化工集团有限责任公司	73.90
10	山东丰源煤电股份有限公司	70.86

8.3 煤炭上市公司

截至 2011 年底，我国以煤炭采选业为主业的 A 股上市公司有 25 家。从财务数据来看，煤炭行业上市公司与其他行业相比有良好的赢利能力和发展潜力。

8.3.1 财务效益

2011 年,25 家以煤炭采选业为主业的 A 股上市企业主要经营指标完成状况良好,25 家企业总营业收入 7 411.3 亿元,利润总额 1 340.68 亿元。其中,中国神华,中煤能源和山煤国际三家企业营业收入最高,分别完成2 082 889 698 亿元,合计3 669 亿元。净利润排在前三名的分别是中国神华、中煤能源、兖州煤业,其中中国神华净利润 515.1 亿元,占全部煤炭上市公司净利润的49.9%。从增长情况来看,有 19 家企业收入和利润实现同比增长。收入增幅前三名的企业分别是阳泉煤业、神火股份、山煤国际,分别为 81.72%,81.66%,79.90%;利润增幅前三名的企业分别是昊华能源、郑州煤电、平庄能源,分别为 51.28%、47.19%、39.29%。另有 5 家企业利润同比下降。除神火股份和开滦股份以外,其他企业总资产报酬率均实现同比增长。

表 8-8 中国煤炭上市公司营业收入年度排序 单位:亿元

序号	2009 年		2010 年		2011 年		2011 年比 2010 年收入增长率(%)
1	中国神华	1213.00	中国神华	1577.00	中国神华	2082.00	32.02
2	中煤能源	537.00	中煤能源	713.00	中煤能源	889.00	24.68
3	兖州煤业	215.00	山煤国际	388.00	山煤国际	698.00	79.90
4	山煤国际	210.00	兖州煤业	348.00	阳泉煤业	507.00	81.72
5	冀中能源	202.00	冀中能源	303.00	兖州煤业	488.00	40.23
6	阳泉煤业	200.00	阳泉煤业	279.00	冀中能源	376.00	24.09
7	平煤股份	189.00	平煤股份	229.00	神火股份	307.00	81.66
8	潞安环能	183.00	潞安环能	214.00	西山煤电	304.00	79.88
9	西山煤电	123.00	西山煤电	169.00	平煤股份	251.00	9.60
10	开滦股份	110.00	神火股份	169.00	潞安环能	224.00	4.67
11	神火股份	106.00	开滦股份	152.00	开滦股份	195.00	28.29
12	大同煤业	94.90	大同煤业	105.00	郑州煤电	156.00	59.51

续表

序号	2009 年		2010 年		2011 年		2011 年比 2010 年收入增长率(%)
13	上海能源	73.30	郑州煤电	97.80	大同煤业	144.00	37.14
14	郑州煤电	61.80	上海能源	88.60	上海能源	101.00	14.00
15	兰花科创	56.20	国投新集	70.10	大有能源	95.00	—
16	恒源煤电	53.40	恒源煤电	69.90	恒源煤电	83.10	18.88
17	国投新集	49.50	郑煤机	67.50	国投新集	80.60	14.98
18	露天煤业	46.60	兰花科创	58.10	郑煤机	80.60	19.40
19	盘江股份	45.50	露天煤业	56.70	兰花科创	76.10	30.98
20	平庄能源	26.90	盘江股份	54.70	盘江股份	74.60	36.38
21	安源股份	8.86	昊华能源	40.50	昊华能源	69.50	71.60
22	靖远煤电	5.34	平庄能源	32.30	露天煤业	65.00	14.64
23	昊华能源	—	安源股份	12.00	平庄能源	39.40	21.98
24	郑煤机	—	靖远煤电	7.76	安源股份	15.10	25.83
25	大有能源	—	大有能源	—	靖远煤电	10.30	32.73
平均	173.20		220.92		296.45		
最大	1 213.00		1 577.00		2 082.00		
最小	5.34		7.76		10.30		

表 8-9　中国煤炭上市公司利润总额年度排序　　单位：亿元

序号	2009 年		2010 年		2011 年		2011 年比 2010 年利润增长率(%)
1	中国神华	439.00	中国神华	544.00	中国神华	651.00	19.67
2	中煤能源	92.01	兖州煤业	121.00	中煤能源	136.00	33.33
3	兖州煤业	54.11	中煤能源	102.00	兖州煤业	121.00	0.00
4	西山煤电	30.73	潞安环能	41.29	潞安环能	43.50	5.35
5	潞安环能	29.34	西山煤电	38.37	冀中能源	41.80	25.87
6	大同煤业	26.81	冀中能源	33.21	西山煤电	41.30	7.64
7	阳泉煤业	24.87	阳泉煤业	33.21	阳泉煤业	37.60	13.22

续表

序号	2009 年		2010 年		2011 年		2011 年比 2010 年利润增长率(%)
8	冀中能源	22.49	大同煤业	28.62	大同煤业	32.80	14.61
9	平煤股份	18.16	平煤股份	23.65	山煤国际	23.87	21.60
10	兰花科创	16.15	山煤国际	19.63	平煤股份	22.80	—
11	山煤国际	13.50	露天煤业	18.01	兰花科创	21.10	23.10
12	上海能源	12.65	上海能源	17.42	露天煤业	19.30	7.16
13	露天煤业	12.51	国投新集	17.16	上海能源	18.90	8.50
14	开滦股份	11.75	兰花科创	17.14	大有能源	18.90	—
15	盘江股份	11.66	盘江股份	15.92	国投新集	18.40	7.23
16	国投新集	11.53	神火股份	15.21	昊华能源	17.70	51.28
17	神火股份	8.96	恒源煤电	12.72	神火股份	14.20	—
18	恒源煤电	7.31	昊华能源	11.70	恒源煤电	14.20	11.64
19	平庄能源	5.48	开滦股份	11.44	郑煤机	14.20	33.96
20	郑州煤电	1.41	郑煤机	10.60	平庄能源	10.60	39.29
21	安源股份	0.58	平庄能源	7.61	开滦股份	10.30	—
22	靖远煤电	0.53	郑州煤电	1.78	盘江股份	6.65	—
23	昊华能源	—	安源股份	0.99	郑州煤电	2.62	47.19
24	郑煤机	—	靖远煤电	0.68	安源股份	1.04	5.05
25	大有能源	—	大有能源	—	靖远煤电	0.90	32.35
平均	38.71		47.64		53.627		
最大	439.00		544.00		651.00		
最小	0.53		0.68		0.90		

表 8-10　中国煤炭上市公司营业利润年度排序　　单位:亿元

序号	2009 年		2010 年		2011 年	
1	中国神华	442.00	中国神华	548.00	中国神华	658.00
2	中煤能源	90.30	兖州煤业	121.00	中煤能源	135.00
3	兖州煤业	54.10	中煤能源	98.50	兖州煤业	122.00

续表

序号	2009 年		2010 年		2011 年	
4	西山煤电	29.90	潞安环能	41.70	潞安环能	44.30
5	潞安环能	29.60	西山煤电	38.30	西山煤电	41.30
6	大同煤业	26.90	阳泉煤业	33.40	冀中能源	39.90
7	阳泉煤业	25.20	冀中能源	30.40	阳泉煤业	37.60
8	冀中能源	23.00	大同煤业	28.60	大同煤业	32.60
9	平煤股份	18.10	平煤股份	23.70	平煤股份	24.60
10	兰花科创	16.90	山煤国际	20.00	山煤国际	24.60
11	山煤国际	13.80	兰花科创	18.80	兰花科创	22.60
12	上海能源	12.60	露天煤业	17.90	盘江股份	20.30
13	开滦股份	11.80	国投新集	17.30	露天煤业	19.30
14	盘江股份	11.70	上海能源	17.10	大有能源	19.00
15	国投新集	10.90	盘江股份	15.90	上海能源	18.50
16	露天煤业	10.80	神火股份	15.60	国投新集	18.30
17	神火股份	8.20	恒源煤电	12.70	昊华能源	17.70
18	恒源煤电	7.25	昊华能源	11.60	神火股份	14.40
19	平庄能源	5.50	开滦股份	11.40	恒源煤电	14.20
20	郑州煤电	1.75	郑煤机	10.40	郑煤机	13.90
21	靖远煤电	0.46	平庄能源	7.61	平庄能源	10.50
22	安源股份	0.23	郑州煤电	1.82	开滦股份	10.10
23	昊华能源	—	安源股份	0.86	郑州煤电	2.76
24	郑煤机	—	靖远煤电	0.69	安源股份	1.03
25	大有能源	—	大有能源	—	靖远煤电	0.96
平均	38.68		47.64		54.54	
最大	442.00		548.00		658.00	
最小	0.23		0.69		0.96	

表 8-11 中国煤炭上市公司总资产报酬率年度排序(%)

序号	2009 年		2010 年		2011 年	
1	盘江股份	24.34	露天煤业	25.51	郑煤机	26.25

续表

序号	2009 年		2010 年		2011 年	
2	露天煤业	23.33	盘江股份	20.73	露天煤业	25.97
3	大同煤业	19.98	上海能源	20.61	盘江股份	20.51
4	阳泉煤业	19.17	昊华能源	19.68	大有能源	19.96
5	兰花科创	17.11	大同煤业	18.20	上海能源	19.72
6	上海能源	16.66	阳泉煤业	17.75	平庄能源	19.31
7	潞安环能	16.27	兖州煤业	17.70	昊华能源	18.71
8	西山煤电	16.01	中国神华	17.52	大同煤业	18.53
9	中国神华	15.63	潞安环能	16.50	中国神华	18.31
10	平庄能源	13.40	冀中能源	15.63	兰花科创	15.67
11	冀中能源	12.48	郑煤机	15.52	阳泉煤业	15.60
12	山煤国际	11.72	西山煤电	15.47	冀中能源	15.22
13	平煤股份	11.52	平庄能源	15.32	兖州煤业	14.51
14	兖州煤业	11.03	兰花科创	14.85	潞安环能	14.34
15	开滦股份	10.84	平煤股份	13.98	西山煤电	13.51
16	靖远煤电	9.66	山煤国际	12.56	靖远煤电	13.16
17	国投新集	9.04	恒源煤电	11.63	平煤股份	12.17
18	中煤能源	8.59	靖远煤电	11.14	恒源煤电	12.10
19	恒源煤电	7.84	国投新集	11.00	山煤国际	10.76
20	神火股份	7.57	神火股份	9.75	国投新集	10.45
21	安源股份	6.46	开滦股份	9.54	中煤能源	9.84
22	郑州煤电	3.21	中煤能源	8.96	神火股份	8.23
23	昊华能源	—	安源股份	7.77	安源股份	8.11
24	郑煤机	—	郑州煤电	3.71	开滦股份	7.78
25	大有能源	—	大有能源	—	郑州煤电	4.66
平均	13.27		14.63		14.94	
最大	24.34		25.51		26.25	
最小	3.21		3.71		4.66	

8.3.2 资产质量

2011 年，煤炭行业上市公司资产质量状况良好，存货的流动性及存货资金占用量比较合理。煤炭企业在保证生产经营连续性的同时，提高了资金的使用效率，增强了企业的短期偿债能力。全年存货周转率排名前五名的企业是阳泉煤业、平煤股份、大有能源、大同煤业、冀中能源，存货周转率分别为：48.79%、34.69%、30.53%、26.96%、23.4%。25 家煤炭上市公司应收账款周转率最高的前五家企业分别是兰花科创、神火股份、郑州煤电、平煤股份、上海能源。其中兰花科创分别以 180 次、367 次、597 次连续三年排在第一位。2011 年，25 家上市公司整体资产营运能力良好，其中总资产周转率最高的五家企业分别是郑州煤电、山煤国际、阳泉煤业、靖远煤电、平煤股份。

表 8－12　中国煤炭上市公司存货周转率年度排序　　单位：次

序号	2009 年		2010 年		2011 年	
1	潞安环能	55.32	平煤股份	34.02	阳泉煤业	48.79
2	平庄能源	38.63	平庄能源	30.60	平煤股份	34.69
3	阳泉煤业	35.59	阳泉煤业	28.84	大有能源	30.53
4	平煤股份	34.14	潞安环能	26.96	大同煤业	26.96
5	露天煤业	27.14	山煤国际	22.91	冀中能源	23.40
6	恒源煤电	24.49	冀中能源	21.67	平庄能源	21.21
7	山煤国际	21.84	恒源煤电	21.20	山煤国际	21.03
8	冀中能源	19.46	露天煤业	21.00	兖州煤业	19.07
9	西山煤电	17.42	大同煤业	20.88	恒源煤电	18.78
10	盘江股份	15.26	西山煤电	17.25	潞安环能	17.17
11	开滦股份	15.09	上海能源	16.39	露天煤业	17.17
12	大同煤业	15.05	盘江股份	16.32	盘江股份	16.61
13	兖州煤业	14.30	靖远煤电	15.22	上海能源	13.31
14	靖远煤电	14.07	兖州煤业	14.93	靖远煤电	13.18
15	上海能源	12.54	开滦股份	12.67	神火股份	12.91
16	神火股份	9.78	昊华能源	9.34	西山煤电	12.50

续表

序号	2009 年		2010 年		2011 年	
17	中国神华	7.90	神火股份	9.08	开滦股份	11.27
18	中煤能源	7.48	中国神华	8.81	昊华能源	10.93
19	国投新集	7.22	中煤能源	8.48	中国神华	10.14
20	兰花科创	6.15	安源股份	6.74	中煤能源	8.72
21	安源股份	5.79	国投新集	6.48	郑州煤电	7.86
22	郑州煤电	5.62	郑州煤电	6.18	安源股份	7.48
23	昊华能源	—	兰花科创	5.41	国投新集	5.42
24	郑煤机	—	郑煤机	4.41	兰花科创	4.89
25	大有能源	—	大有能源	—	郑煤机	4.25
平均	18.65		16.07		16.73	
最大	55.32		34.02		48.79	
最小	5.62		4.41		4.25	

表 8－13　中国煤炭上市公司应收账款周转率年度排序　单位：次

序号	2009 年		2010 年		2011 年	
1	兰花科创	180.00	兰花科创	367.00	兰花科创	597.00
2	上海能源	76.79	神火股份	186.00	神火股份	290.00
3	平煤股份	74.98	平煤股份	148.00	郑州煤电	211.00
4	兖州煤业	50.64	郑州煤电	79.69	平煤股份	133.00
5	郑州煤电	36.83	上海能源	76.85	上海能源	87.96
6	神火股份	30.51	国投新集	76.41	兖州煤业	74.94
7	潞安环能	29.64	兖州煤业	75.39	恒源煤电	72.31
8	阳泉煤业	25.44	开滦股份	65.83	潞安环能	60.39
9	开滦股份	25.21	恒源煤电	51.39	国投新集	57.71
10	国投新集	23.93	潞安环能	51.14	西山煤电	41.56
11	西山煤电	22.59	西山煤电	34.16	阳泉煤业	35.35
12	盘江股份	22.24	阳泉煤业	28.55	开滦股份	30.48
13	恒源煤电	21.90	昊华能源	26.09	盘江股份	29.43
14	大同煤业	20.68	盘江股份	24.09	大有能源	29.02

续表

序号	2009 年		2010 年		2011 年	
15	中国神华	16.07	山煤国际	20.82	昊华能源	27.76
16	中煤能源	13.91	冀中能源	19.55	山煤国际	23.02
17	山煤国际	13.43	中国神华	18.76	中国神华	19.25
18	露天煤业	11.80	中煤能源	18.21	冀中能源	17.86
19	平庄能源	10.78	大同煤业	14.64	中煤能源	17.86
20	冀中能源	10.14	露天煤业	13.13	安源股份	15.56
21	煤气化	7.53	平庄能源	13.00	大同煤业	14.02
22	安源股份	6.99	安源股份	12.34	平庄能源	12.97
23	靖远煤电	5.42	煤气化	11.29	煤气化	11.25
24	天地科技	4.81	靖远煤电	8.17	露天煤业	9.02
25	昊华能源	—	郑煤机	5.19	靖远煤电	8.33
26	郑煤机	—	天地科技	4.74	天地科技	5.33
27	大有能源	—	大有能源	—	郑煤机	4.92
平均	30.93		55.79		74.32	
最大	180.00		367.00		597.00	
最小	4.81		4.74		4.92	

表 8-14 中国煤炭上市公司资产周转率年度排序 单位：次

序号	2009 年		2010 年		2011 年	
1	山煤国际	1.68	山煤国际	2.03	郑州煤电	2.47
2	阳泉煤业	1.49	郑州煤电	1.77	山煤国际	2.40
3	郑州煤电	1.26	阳泉煤业	1.41	阳泉煤业	2.02
4	平煤股份	1.18	平煤股份	1.34	靖远煤电	1.52
5	冀中能源	1.03	冀中能源	1.31	平煤股份	1.32
6	潞安环能	0.98	靖远煤电	1.28	冀中能源	1.19
7	靖远煤电	0.98	开滦股份	1.03	神火股份	1.12
8	上海能源	0.93	上海能源	1.02	开滦股份	1.10
9	盘江股份	0.93	郑煤机	0.98	上海能源	1.04
10	开滦股份	0.88	潞安环能	0.84	大有能源	0.97

续表

序号	2009 年		2010 年		2011 年	
11	露天煤业	0.86	露天煤业	0.79	西山煤电	0.90
12	大同煤业	0.68	神火股份	0.76	露天煤业	0.84
13	平庄能源	0.66	盘江股份	0.71	郑煤机	0.83
14	西山煤电	0.62	平庄能源	0.67	大同煤业	0.80
15	神火股份	0.61	昊华能源	0.66	平庄能源	0.75
16	兰花科创	0.55	大同煤业	0.65	盘江股份	0.73
17	恒源煤电	0.54	西山煤电	0.65	昊华能源	0.71
18	中煤能源	0.53	中煤能源	0.62	潞安环能	0.70
19	安源股份	0.47	恒源煤电	0.62	恒源煤电	0.69
20	兖州煤业	0.45	安源股份	0.58	安源股份	0.69
21	中国神华	0.41	兖州煤业	0.52	中煤能源	0.64
22	国投新集	0.32	中国神华	0.46	兖州煤业	0.57
23	昊华能源	—	兰花科创	0.46	中国神华	0.54
24	郑煤机	—	国投新集	0.39	兰花科创	0.53
25	大有能源	—	大有能源	—	国投新集	0.39
平均	0.82		0.90		1.02	
最大	1.68		2.03		2.47	
最小	0.32		0.39		0.39	

8.3.3 偿债能力

2011 年,25 家煤炭上市公司的资产负债率近一半大于 50%。从流动比率和速动比率来看,平庄能源、大同煤业、郑煤机三家公司资金流动性好,短期债务偿还能力较强。郑州煤电、神火股份、安源股份、国投新集四家公司资金流动性差,偿还负债能力弱。2009—2011 年,25 家煤炭上市公司多数流动比率和速冻比率下降,企业短期债务偿还能力逐年变弱。在煤炭企业大力推进资源整合、并购重组,加大投资的大环境下,企业的偿债能力减弱,导致资金风险增加。

表 8-15　中国煤炭上市公司资产负债率年度排序(%)

序号	2009 年		2010 年		2011 年	
1	神火股份	76.02	山煤国际	77.90	神火股份	76.96
2	山煤国际	75.78	神火股份	75.82	郑州煤电	71.45
3	恒源煤电	71.36	安源股份	68.74	山煤国际	68.19
4	郑州煤电	67.59	郑州煤电	67.91	安源股份	66.55
5	安源股份	65.43	国投新集	63.42	国投新集	64.70
6	阳泉煤业	63.20	潞安环能	56.56	开滦股份	57.69
7	国投新集	62.79	开滦股份	55.56	冀中能源	57.24
8	开滦股份	56.92	阳泉煤业	54.98	西山煤电	57.21
9	潞安环能	55.90	恒源煤电	53.29	兖州煤业	56.03
10	兖州煤业	54.28	西山煤电	51.32	潞安环能	54.53
11	冀中能源	51.52	冀中能源	50.57	阳泉煤业	53.65
12	西山煤电	51.36	兖州煤业	49.45	恒源煤电	50.22
13	平煤股份	49.40	兰花科创	47.51	大有能源	49.26
14	兰花科创	49.34	露天煤业	47.51	平煤股份	44.36
15	露天煤业	47.07	平煤股份	47.25	兰花科创	42.61
16	上海能源	41.22	郑煤机	43.05	郑煤机	40.42
17	中国神华	36.63	中国神华	36.27	中煤能源	39.87
18	平庄能源	33.92	靖远煤电	30.36	露天煤业	39.52
19	靖远煤电	30.21	上海能源	29.86	盘江股份	38.82
20	大同煤业	29.61	平庄能源	29.43	中国神华	34.22
21	中煤能源	29.01	中煤能源	29.21	靖远煤电	31.76
22	盘江股份	25.29	大同煤业	26.19	昊华能源	28.16
23	昊华能源	—	昊华能源	25.25	上海能源	27.35
24	郑煤机	—	盘江股份	22.99	大同煤业	26.04
25	大有能源	—	大有能源	—	平庄能源	16.13
平均	51.08		47.52		47.72	
最大	76.02		77.90		76.96	
最小	25.29		22.99		16.13	

表 8－16　中国煤炭上市公司流动比率年度排序

序号	2009 年		2010 年		2011 年	
1	中煤能源	3. 2273	兖州煤业	2. 7146	平庄能源	3. 8643
2	平庄能源	1. 9667	平庄能源	2. 7008	大同煤业	2. 3476
3	西山煤电	1. 9149	中煤能源	2. 4859	郑煤机	2. 0696
4	兖州煤业	1. 9089	盘江股份	2. 3120	中煤能源	1. 9497
5	大同煤业	1. 7694	郑煤机	2. 0724	靖远煤电	1. 8563
6	盘江股份	1. 7334	大同煤业	2. 0613	盘江股份	1. 8251
7	中国神华	1. 6604	靖远煤电	1. 8580	上海能源	1. 6568
8	靖远煤电	1. 6140	西山煤电	1. 6839	山煤国际	1. 3433
9	露天煤业	1. 5558	昊华能源	1. 6025	昊华能源	1. 3175
10	潞安环能	1. 2491	中国神华	1. 5529	大有能源	1. 3030
11	山煤国际	1. 1635	上海能源	1. 2920	中国神华	1. 2328
12	开滦股份	1. 0573	潞安环能	1. 2505	阳泉煤业	1. 1980
13	郑州煤电	1. 0242	阳泉煤业	1. 2109	冀中能源	1. 1639
14	阳泉煤业	0. 9354	山煤国际	1. 1049	西山煤电	1. 1516
15	上海能源	0. 9338	兰花科创	1. 0355	潞安环能	1. 1121
16	冀中能源	0. 8940	开滦股份	0. 9960	兰花科创	1. 1074
17	平煤股份	0. 8902	郑州煤电	0. 9537	露天煤业	1. 0432
18	兰花科创	0. 7910	平煤股份	0. 8935	开滦股份	0. 9780
19	恒源煤电	0. 5906	冀中能源	0. 8605	兖州煤业	0. 9582
20	安源股份	0. 5664	恒源煤电	0. 8048	恒源煤电	0. 8812
21	神火股份	0. 5545	露天煤业	0. 7613	郑州煤电	0. 8637
22	国投新集	0. 4498	神火股份	0. 6837	平煤股份	0. 8212
23	昊华能源	—	安源股份	0. 4996	神火股份	0. 5763
24	郑煤机	—	国投新集	0. 3770	安源股份	0. 4545
25	大有能源	—	大有能源	—	国投新集	0. 3283
平均	1. 2900		1. 4100		1. 3400	
最大	3. 2273		2. 7146		3. 8643	
最小	0. 4498		0. 3770		0. 3283	

表 8－17　中国煤炭上市公司速动比率年度排序

序号	2009 年		2010 年		2011 年	
1	中煤能源	2.9115	平庄能源	2.6235	平庄能源	3.7086
2	平庄能源	1.9238	兖州煤业	2.5630	大同煤业	2.2643
3	西山煤电	1.8588	盘江股份	2.1757	盘江股份	1.7029
4	兖州煤业	1.8279	中煤能源	2.1686	中煤能源	1.6954
5	大同煤业	1.7005	大同煤业	1.9812	郑煤机	1.6675
6	盘江股份	1.6025	郑煤机	1.7359	靖远煤电	1.5553
7	中国神华	1.5216	靖远煤电	1.6022	上海能源	1.2815
8	靖远煤电	1.4286	西山煤电	1.5788	大有能源	1.2448
9	露天煤业	1.4268	昊华能源	1.4918	昊华能源	1.1596
10	潞安环能	1.2275	中国神华	1.4024	阳泉煤业	1.1378
11	山煤国际	1.0585	潞安环能	1.1928	山煤国际	1.1346
12	开滦股份	0.8955	阳泉煤业	1.1072	中国神华	1.0886
13	阳泉煤业	0.8566	上海能源	1.0452	冀中能源	1.0774
14	平煤股份	0.8078	山煤国际	0.9415	潞安环能	1.0682
15	上海能源	0.7827	兰花科创	0.8848	西山煤电	0.9680
16	冀中能源	0.7749	开滦股份	0.8227	兰花科创	0.9353
17	兰花科创	0.6812	平煤股份	0.8170	兖州煤业	0.9191
18	郑州煤电	0.5958	冀中能源	0.7411	露天煤业	0.9022
19	恒源煤电	0.5449	恒源煤电	0.7339	恒源煤电	0.8048
20	安源股份	0.4575	露天煤业	0.6723	开滦股份	0.7796
21	神火股份	0.4482	神火股份	0.5134	平煤股份	0.7435
22	国投新集	0.3556	郑州煤电	0.4462	神火股份	0.4442
23	昊华能源	—	安源股份	0.3947	郑州煤电	0.4112
24	郑煤机	—	国投新集	0.2408	安源股份	0.3369
25	大有能源	—	大有能源	—	国投新集	0.2015
平均	1.1700		1.2400		1.1700	
最大	2.9115		2.6235		3.7086	
最小	0.3556		0.2408		0.2015	

8.3.4 发展能力

2011 年,25 家以煤炭采选业为主业的 A 股上市公司的平均营业毛利率为 29.90%(2010 年为 31.72%,2009 年为 30.42%),加权平均净资产收益率为 20.26%(2010 年为 21.26%,2009 年为 18.78%)。其中兰花科创、潞安环能、盘江股份、平庄能源、恒源煤电、靖远煤电和平煤股份七家企业的营业毛利率实现增长,露天煤业、潞安环能、盘江股份、冀中能源、昊华能源、平庄能源、中国神华、靖远煤电和中煤能源九家公司的加权平均净资产收益率呈递增态势。

表 8-18 中国煤炭上市公司行业毛利率年度排序(%)

序号	2009 年		2010 年		2011 年	
1	大同煤业	51.30	昊华能源	50.84	兰花科创	46.41
2	中国神华	49.31	大同煤业	46.22	潞安环能	45.11
3	兖州煤业	43.16	中国神华	46.04	盘江股份	44.70
4	西山煤电	43.05	兖州煤业	45.74	昊华能源	43.61
5	兰花科创	41.82	兰花科创	44.55	平庄能源	41.29
6	盘江股份	40.54	盘江股份	44.53	中国神华	41.08
7	中煤能源	35.86	西山煤电	43.40	兖州煤业	40.60
8	国投新集	35.55	露天煤业	41.33	大同煤业	39.81
9	平庄能源	34.33	潞安环能	40.31	露天煤业	38.09
10	露天煤业	34.29	平庄能源	37.59	大有能源	36.05
11	潞安环能	32.69	国投新集	37.00	国投新集	35.35
12	上海能源	29.21	中煤能源	33.42	中煤能源	33.61
13	安源股份	28.34	安源股份	31.69	西山煤电	30.26
14	冀中能源	26.65	上海能源	29.71	上海能源	29.28
15	恒源煤电	24.33	恒源煤电	27.14	恒源煤电	29.28
16	靖远煤电	21.34	冀中能源	25.61	安源股份	27.66
17	阳泉煤业	20.49	郑煤机	24.69	冀中能源	24.91
18	开滦股份	19.53	平煤股份	20.47	郑煤机	24.69
19	平煤股份	18.97	靖远煤电	20.26	靖远煤电	24.07

续表

序号	2009 年		2010 年		2011 年	
20	神火股份	17.49	阳泉煤业	20.22	平煤股份	20.75
21	山煤国际	11.04	神火股份	17.47	阳泉煤业	13.70
22	郑州煤电	9.84	开滦股份	15.93	开滦股份	12.85
23	昊华能源	—	山煤国际	9.25	神火股份	10.92
24	郑煤机	—	郑州煤电	7.92	山煤国际	7.38
25	大有能源	—	大有能源	—	郑州煤电	6.07
平均	30.42		31.72		29.90	
最大	51.30		50.84		46.41	
最小	9.84		7.92		6.07	

表 8－19　中国煤炭上市公司加权平均净资产收益率年度排序(%)

序号	2009 年		2010 年		2011 年	
1	露天煤业	31.25	露天煤业	38.50	露天煤业	38.09
2	阳泉煤业	29.12	郑煤机	29.36	大有能源	30.57
3	山煤国际	27.68	神火股份	28.32	潞安环能	28.65
4	兰花科创	27.50	兖州煤业	27.60	阳泉煤业	28.23
5	西山煤电	24.00	阳泉煤业	26.29	盘江股份	26.03
6	盘江股份	22.35	山煤国际	26.18	神火股份	23.47
7	上海能源	21.77	潞安环能	26.05	冀中能源	22.96
8	潞安环能	21.22	恒源煤电	25.13	兰花科创	22.93
9	中国神华	19.10	上海能源	24.83	昊华能源	21.94
10	大同煤业	18.76	盘江股份	23.28	兖州煤业	21.85
11	冀中能源	18.56	西山煤电	23.27	平庄能源	21.81
12	神火股份	18.39	冀中能源	22.38	郑煤机	21.66
13	开滦股份	17.87	兰花科创	22.17	上海能源	21.42
14	平煤股份	17.71	平煤股份	21.89	西山煤电	21.18
15	平庄能源	17.55	中国神华	20.18	中国神华	21.08
16	恒源煤电	16.63	昊华能源	20.09	平煤股份	18.78
17	国投新集	14.24	平庄能源	19.33	山煤国际	18.27

续表

序号	2009 年		2010 年		2011 年	
18	兖州煤业	14.17	国投新集	19.12	国投新集	18.10
19	靖远煤电	12.66	开滦股份	16.19	恒源煤电	17.61
20	中煤能源	10.03	大同煤业	13.40	靖远煤电	15.17
21	郑州煤电	7.22	靖远煤电	13.07	开滦股份	12.89
22	安源股份	5.41	中煤能源	9.74	中煤能源	12.29
23	昊华能源	—	郑州煤电	7.50	大同煤业	11.20
24	郑煤机	—	安源股份	6.34	郑州煤电	6.29
25	大有能源	—	大有能源	—	安源股份	4.13
平均	18.78		21.26		20.26	
最大	31.25		38.50		38.09	
最小	5.41		6.34		4.13	

第9章 煤矿安全

2011年,煤炭行业贯彻落实国家各项安全生产方针政策,深入开展"安全生产年"活动,有效防范和坚决遏制了重特大事故的发生,促进了安全生产形势稳定好转。煤矿事故死亡人数首次降到2 000人以下;百万吨死亡率首次下降到了0.564,特别重大事故首次减少到1起。

9.1 主要工作及成绩

2011年,我国煤炭行业深入贯彻落实《国务院关于进一步加强企业安全生产工作的通知》(国发〔2010〕23号)文件精神,全面开展了"安全生产年"活动。通过加强基础建设,落实企业安全生产主体责任,加强依法监督等手段,有效降低了事故总量,防范和遏制了重特大事故的发生,使我国煤炭安全生产形势进一步稳定好转。2011年,在煤炭产量持续增长的情况下,全国煤矿事故死亡总人数1 973人,同比减少460人,下降19.0%;较大事故死亡人数同比减少105人,下降20.3%;重特大事故同比减少182人,下降34.2%;煤炭百万吨死亡率同比下降24.7%。

9.1.1 安全生产主体责任进一步落实

2011年,我国煤矿企业通过对落实主体责任进行实化细化量化考核;对煤矿企业实行安全风险抵押、安全考核和安全奖惩三项制度,把企业一把手年度安全考核与任职资格挂钩;实行煤矿建设单位与施工单位领导"双带班下井";构建全员、全过程、全方位风险预控管理模式,全面加强安全生产自主管理;严格执行领导干部带班下井制度,加强煤矿安全生产过程管理等多种形式，全面落实安全生产主体责任，做到安全责任落实到人。

9.1.2 非法违法生产经营活动受到遏制

各省市执法部门进一步完善执法计划，创新执法方式方法，不断强化“三项监察”和监督检查。各地明确工作重点，加强联合执法，强化责任追究和舆论监督，严厉打击煤矿非法违法生产经营建设行为，严厉打击煤矿超能力、超强度、超定员组织生产等违法违规行为。2011 年，全国煤矿安监机构共监察矿井 2.3 万矿次，实施经济处罚 7.5 亿元，因非法违法所造成的较大以上事故起数减少 23 起、下降了 38.3%，死亡人数减少 244 人、下降了 41.1%，非法违法生产经营建设行为得到有效遏制。

9.1.3 瓦斯防治和安全预防能力得到提高

煤炭工业严格按照国办《关于进一步加强煤矿瓦斯防治工作的若干意见》（国办发〔2011〕26 号）要求，始终坚持“超前预防”的方针，以煤矿瓦斯防治为重点，深入开展隐患排查整治攻坚战；深入开展防治煤与瓦斯突出专项监察，进行对重点督察瓦斯灾害严重的中、西南地区。各地各部门不断建立完善工作机制，采取针对性措施，进一步强化瓦斯防治基础。安徽省实施重大隐患整治技改贴息和补助政策，扎实推进隐患排查治理；陕西省出台“四关闭”、“三整顿”、“四处罚”、“一停建”等硬措施，强力推进煤矿瓦斯防治工作。2011 年，全国煤矿瓦斯事故在连续多年大幅度下降的基础上，事故起数和死亡人数又同比减少 26 起、92 人，分别下降 17.9% 和 14.7%。

9.1.4 大型煤矿企业安全技术优势得到新体现

各省市认真贯彻落实《国务院关于进一步加强淘汰落后产能工作的通知》（国发〔2010〕7 号）和《国务院办公厅关于加快推进煤矿企业兼并重组的若干意见》（国办发〔2010〕46 号）要求，始终坚持严格安全准入，把淘汰落后产能、推进煤炭产业结构调整作为提升煤矿安全生产水平的主要途径，分解落实了“十二五”期间各地淘汰落后产能的目标和任务。坚持充分发挥大型煤矿企业安全生产技术与管理优势，坚持市场机制与政策引导、政府推动相结合，坚持发展先进生产力与淘汰落后产能相结合，加快推进企业兼并重组和煤矿整合技改。内蒙古出台新政策，大幅压减煤矿企业数量，推进全区煤矿整合技改工作，鄂尔多斯市规定，生产规模低于300万吨/年的煤矿企业将全部退出；河北省决定并筹资4亿元，用于奖励和补助关闭小煤矿；山西省全部淘汰产能30万吨以下小煤矿，保留矿井全部实现机械化；河南省积极淘汰落后产能，提高煤炭生产集约化程度和生产力水平，有力促进了煤炭工业健康发展。2011年全国共关闭不具备安全生产条件的小煤矿429处、淘汰落后产能4272万吨/年。2011年，全国小煤矿发生事故833起、死亡1 391人，同比减少137起、311人，分别下降14.1%和18.3%；小煤矿百万吨死亡率由1.414下降到1.104，下降了21.9%。

9.1.5 煤矿安全生产管理水平得到提升

煤炭企业深入开展以岗位达标、专业达标和企业达标为主要内容的煤矿安全质量标准化建设，大力实施“两个万名培训工程”，强化技术管理和现场管理，进一步夯实煤矿安全基础。云南省制定下发标准化建设实施意见，深入开展煤矿企业达标创建活动；江西省采取抓规划、抓配套、抓基层、抓培训、抓推进、抓考评等“六抓”措施，推进本地区煤矿安全质量达标创建；神华集团制定实施了《区队班组建设指导意见》和区队班组建设三年滚动规划；中国平煤神马集团组建大学生采煤班，成功探索了集“高素质人才、高科技装备、高标准管理、高效率团队”于一身的现代煤矿“四高”班组成长之路。2011年，全国有7 257处生产煤矿达到了省级以上安全质量标准化标准，达标率90.7%，特别是中央企业和国有重点煤矿的生产矿井已全部达标；全国共培训煤矿“三项岗位人员”78.6万人次，总工程师8 172人、班组长17.2万人，进一步提高了企业职工素质。

9.1.6 安全保障能力不断增强

煤炭安全相关部门不断健全完善煤矿安全科技支撑体系，先后出台了《煤矿井下紧急避险系统建设管理暂行规定》等规章标准，组织召开了

"六大系统"建设推进会;全面推广广西百色煤矿机械化经验,大力推动中小型煤矿机械化上台阶;积极申报"十二五"国家科技支撑计划项目,组织开展科技攻关。按照国务院《通知》要求,全国国有重点煤矿已经全部完成了除井下紧急避险系统外的其他五大系统建设;国有地方煤矿和小煤矿基本建成了监测监控、压风自救、供水施救和通信联络四大系统;全国已建成259对"六大系统"示范矿井,完成了"六大系统"建设的阶段性目标任务。广西强力推行小煤矿机械化、信息化和标准化建设;右江矿务局建设机电一体化联合技术研发中心,研制出超千米煤矿探水雷达设备,成功运用现代科技手段有效防范和治理水害事故,大幅提升了煤矿安全保障能力。

9.1.7 安全生产长效机制持续完善

2011 年,发布实施了《煤矿安全生产"十二五"规划》,提出"十二五"期间煤矿安全生产工作指导思想、规划目标、主要任务和重点工程;研究出台了《煤矿安全风险预控管理体系规范》,进一步规范了煤矿隐患识别、排查和治理工作;发布实施了《煤矿瓦斯抽采达标暂行规定》和《矿井瓦斯等级鉴定暂行办法》,进一步严格了瓦斯鉴定的程序、标准,完善了抽采达标的评判方法;发布实施了《煤矿建设安全规范》,全面规范煤矿建设行为。陕西省出台煤矿安全"十必须十禁止"制度,建立黄、橙、红安全生产警示预报机制,加强事故预防与生产过程控制。2011 年,全国共发布煤炭行业标准 113 项,落实煤矿安全改造资金 126 亿元,争取国拨资金 6 000 万元用于"十二五"科技研发。

9.2 煤矿事故分析

9.2.1 事故总体情况

2011 年,在煤炭产量持续增长的情况下,全国煤矿发生事故 1 201 起,死亡 1 973 人,同比减少 202 起、460 人,分别下降 14.4% 和 19.0%;较大事故同比减少 25 起、105 人,分别下降 21.7% 和 20.3%;重特大事故同

表 9－1　2005—2011 年全国煤矿事故总体情况

年份	煤矿事故总体情况						其中:重大以上事故情况					
	事故起数	同比增减		死亡人数	同比增减		事故起数	同比增减		死亡人数	同比增减	
		±	±%		±	±%		±	±%		±	±%
2005	3 306	−335	−9.2	5 938	−89	−1.5	58	15	35.7	1 739	695	68.9
2006	2 945	−361	−10.9	4 746	−1 192	−20.1	39	−19	−32.8	744	−995	−57.2
2007	2 421	−524	−17.8	3 786	−960	−20.2	28	−11	−28.2	573	−171	−23.0
2008	1 954	−467	−19.3	3 215	−571	−15.1	38	10	35.7	707	134	23.4
2009	1 616	−338	−17.3	2 631	−584	−18.2	20	−18	−47.4	509	−198	−28.0
2010	1 403	−213	−13.2	2 433	−198	−7.5	24	4	20.0	532	23	4.5
2011	1 201	−202	−14.4	1 973	−462	−19.0	21	−3	−12.5	350	−182	−34.2

比减少3起、182人,分别下降12.5%和34.2%;煤炭百万吨死亡率同比下降24.7%,死亡总人数首次降到2 000人以下。

按煤矿类型分,国有重点煤矿事故起数和死亡人数下降最多,同比分别下降18.9%和37.8%。乡镇煤矿事故起数和死亡人数也实现了同比下降;国有地方煤矿事故起数同比下降,死亡人数同比上升。

表9-2　2011年全国煤矿事故总体情况

	事故起数	同比		死亡人数	同比	
		±	±%		±	±%
合计	1 201	-202	-14.4	1 973	-462	-19.0
国有重点	193	-45	-18.9	293	-178	-37.8
国有地方	175	-20	-10.3	289	27	10.3
乡镇煤矿	833	-137	-14.1	1 391	-311	-18.3

在三类煤矿中乡镇煤矿事故起数和死亡人数最多,分别占69.4%和70.5%;国有重点煤矿事故起数和死亡人数居第二位,分别占16.1%和14.9%。

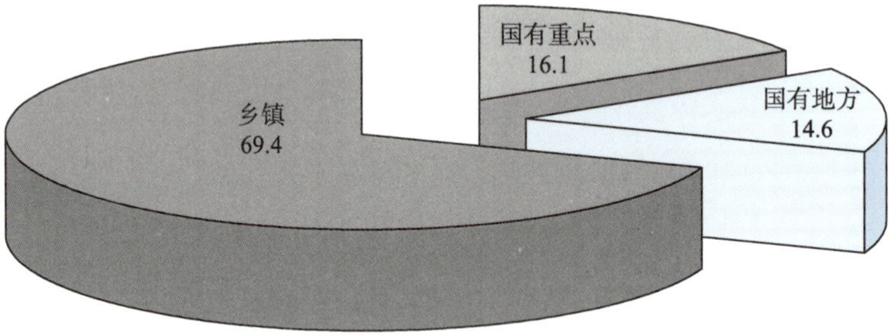

图9-1　2011年全国三类煤矿事故起数比例(%)

按省份分,大多数省份事故同比下降。全国27个产煤省(市、区)中,北京、浙江没有发生事故。在发生事故的25个省(市、区)中,有12个省(市、区)事故起数和死亡人数同比下降,占发生事故省(市、区)的48.0%;有6个省(市、区)事故起数和死亡人数同比下降,占发生事故省

表 9－3　2011 年全国煤矿事故分统计单位情况表

地区	事故起数	同比		死亡人数	同比		地区	事故起数	同比		死亡人数	同比	
		±	±%		±	±%			±	±%		±	±%
合计	1201	-202.0	-14.4	1 973	-462	-19.0	河南	8	-27	-77.1	36	-232	-86.6
北京	—	-6.0	-100.0	—	-8	-100.0	湖北	57	-6	-9.5	74	-13	-14.9
河北	36	-1.0	-2.7	53	-9	-14.5	湖南	127	-9	-6.6	251	7	2.9
山西	54	-10.0	-15.6	74	-70	-48.6	广西	13	-2	-13.3	33	16	94.1
内蒙古	30	13.0	76.5	50	1	2.0	四川	205	-42	-17.0	240	-57	-19.2
辽宁	42	4.0	10.5	63	8	14.5	贵州	145	-105	-42.0	279	-109	-28.1
吉林	15	-10.0	-40.0	38	-22	-36.7	云南	79	22	38.6	183	79	76.0
黑龙江	45	-4.0	-8.2	94	—	—	重庆	120	-23	-16.1	153	-30	-16.4
江苏	3	-7.0	-70.0	4	-6	-60.0	陕西	52	12	30.0	73	-20	-21.5
浙江	—	—	—	—	—	—	甘肃	20	5	33.3	43	7	19.4
安徽	31	-2.0	-6.1	40	4	11.1	青海	4	-3	-42.9	8	-1	-11.1
福建	7	3.0	75.0	8	4	100.0	宁夏	7	3	75.0	7	-8	-53.3
江西	23	-7.0	-23.3	36	-22	-37.9	新疆	62	5	8.8	84	-4	-4.5
山东	13	5.0	62.5	46	35	318.2	新疆兵团	3	-10	-76.9	3	-12	-80.0

(市、区)的24.0%。其中,湖南、四川、贵州和重庆4个省(市、区)事故均在100起以上,共发生事故597起,占全年煤炭事故起数的49.7%;湖南、四川、贵州、云南和重庆5个省(市、区)事故死亡人数均在150人以上,共死亡1 106人,占全年煤矿事故死亡总人数的56.1%。

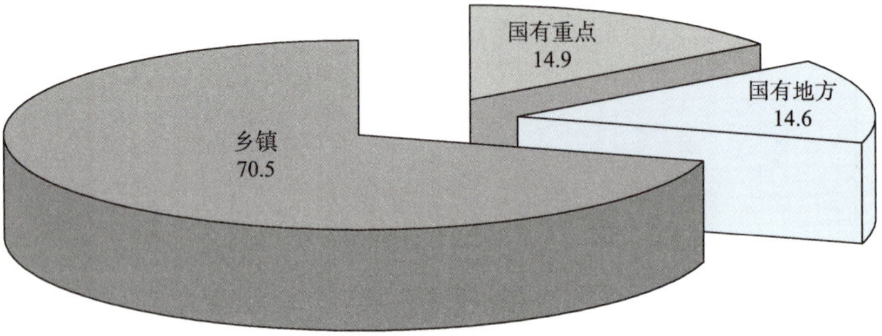

图9-2　2011年全国三类煤矿死亡人数比例(%)

按事故类型划分,多数类型事故下降。在各类型事故中,顶板、瓦斯、机电、运输、放炮、火灾和其他事故起数及死亡人数同比下降;水害事故起数同比上升、死亡人数同比下降。

表9-4　2011年全国三类煤矿各类事故情况表

指标 / 事故类型	事故起数	同比		死亡人数	同比	
		±	±%		±	±%
合　计	1 201	-202	-14.4	1 973	-462	-19.0
顶　板	567	-135	-19.2	665	-164	-19.8
瓦　斯	119	-26	-17.9	533	-92	-14.7
机　电	57	-14	-19.7	57	-21	-26.9
运　输	239	-7	-2.8	279	-2	-0.7
放　炮	32	-2	-5.9	35	-2	-5.4
水　害	44	6	15.8	192	-32	-14.3
火　灾	4	-8	-66.7	34	-134	-79.8

续表

指标 事故类型	事故起数	同比		死亡人数	同比	
		±	±%		±	±%
其　他	139	-16	-10.3	178	-15	-7.8
国有重点	193	-45	-18.9	293	-178	-37.8
顶　板	66	-7	-9.6	90	-3	-3.2
瓦　斯	13	-6	-31.6	58	-73	-55.7
机　电	21	-6	-22.2	21	-8	-27.6
运　输	46	-7	-13.2	46	-19	-29.2
放　炮	4	-3	-42.9	4	-2	-33.3
水　害	6	-1	-14.3	25	-57	-69.5
火　灾	—	-3	-100.0	—	-9	-100.0
其　他	37	-12	-24.5	49	-7	-12.5
国有地方	175	-20	-10.3	289	27	10.3
顶　板	70	-18	-20.5	81	-35	-30.2
瓦　斯	15	—	—	69	30	76.9
机　电	16	-3	-15.8	16	-4	-20.0
运　输	45	3	7.1	65	19	41.3
放　炮	5	-2	-28.6	6	-2	-25.0
水　害	3	-2	-40.0	3	-9	-75.0
火　灾	1	—	—	28	26	1 300.0
其　他	20	2	11.1	21	2	10.5
乡镇煤矿	833	-137	-14.1	1391	-311	-18.3
顶　板	431	-110	-20.3	494	-126	-20.3
瓦　斯	91	-20	-18.0	406	-49	-10.8
机　电	20	-5	-20.0	20	-9	-31.0
运　输	148	-3	-2.0	168	-2	-1.2
放　炮	23	3	15.0	25	2	8.7
水　害	35	9	34.6	164	34	26.2
火　灾	3	-5	-62.5	6	-151	-96.2
其　他	82	-6	-6.8	108	-10	-8.5

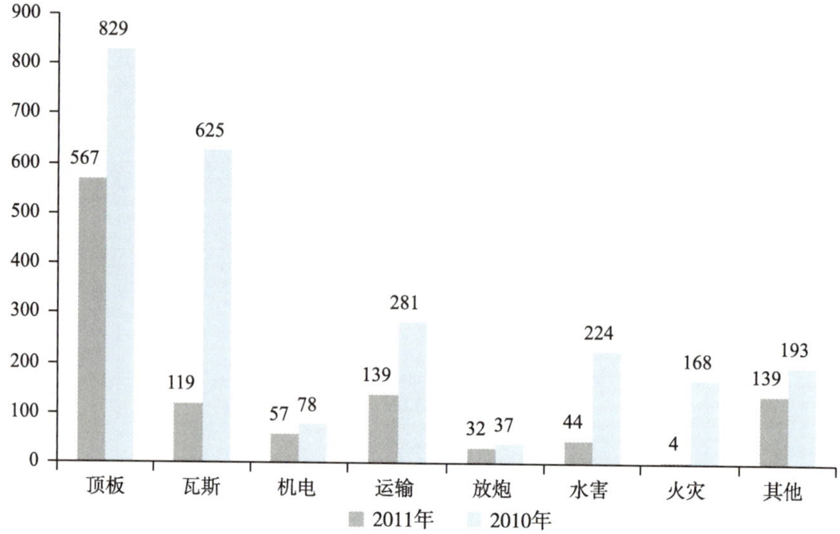

图 9－3　2011 年全国各类事故起数

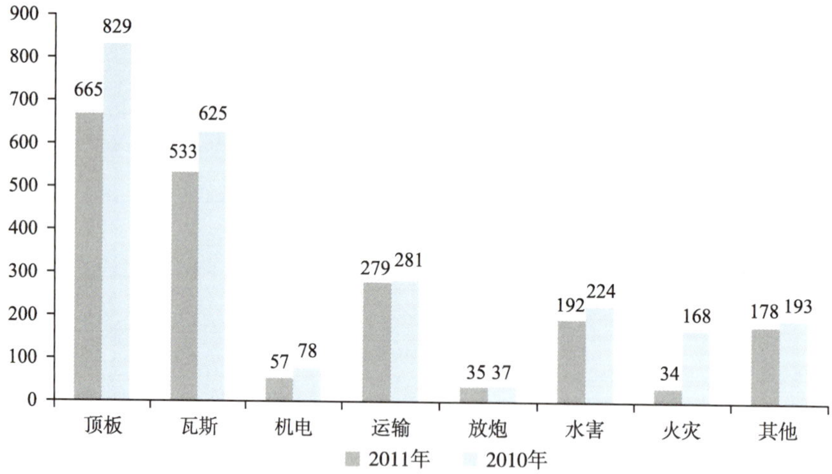

图 9－4　2011 年全国各类事故死亡人数

在全国煤矿各类型事故中，事故发生起数和死亡人数居第一位的是顶板事故，分别占 47.21% 和 33.71%。事故发生起数居第二位的是运输事故，占 19.90%；死亡人数居第三位的是瓦斯事故，占 27.01%。

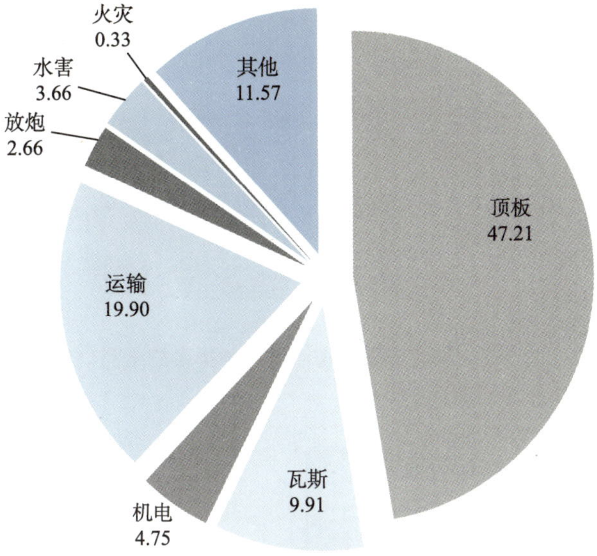

图 9-5　2011 年全国各类事故比例(%)

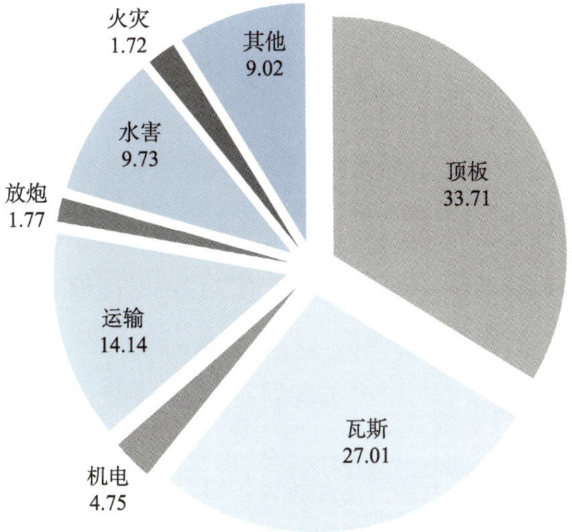

图 9-6　2011 年全国各类事故死亡人数比例(%)

在国有重点煤矿中，事故起数和死亡人数居第一位的是顶板事故，分别占 34.20% 和 30.72%。事故起数居第二位的是运输事故，占 23.83%；死亡人数居第三位的是瓦斯事故，占 19.80%。

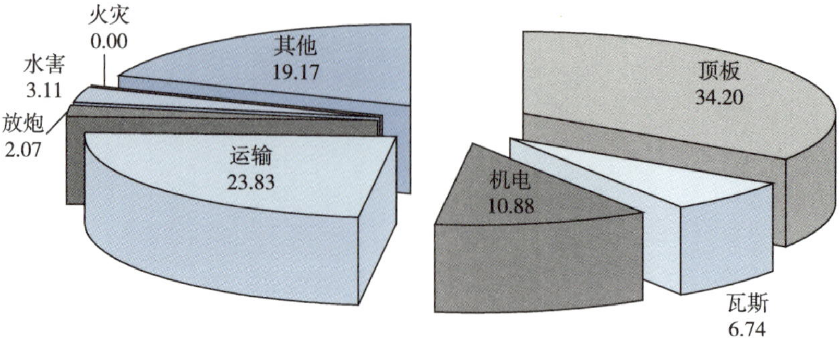

图 9-7　2011 年国有重点煤矿各类事故比例(%)

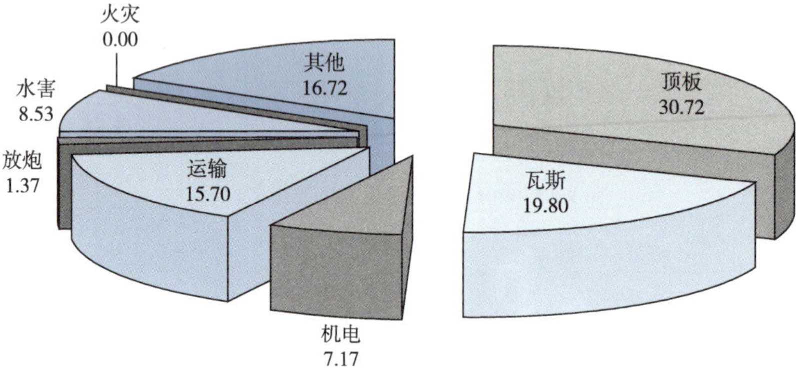

图 9-8　2011 年国有重点煤矿各类事故死亡人数比例(%)

在地方国有煤矿中,事故起数和死亡人数居第一位的是顶板事故,分别占 40.00% 和 28.00%。事故起数居第二位的是运输事故,占 25.70%;死亡人数居第二位的是瓦斯事故,占 23.90%。

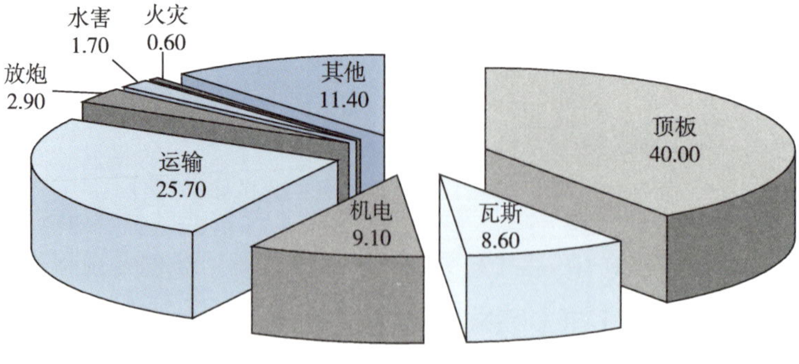

图 9-9　2011 年地方国有煤矿各类事故比例(%)

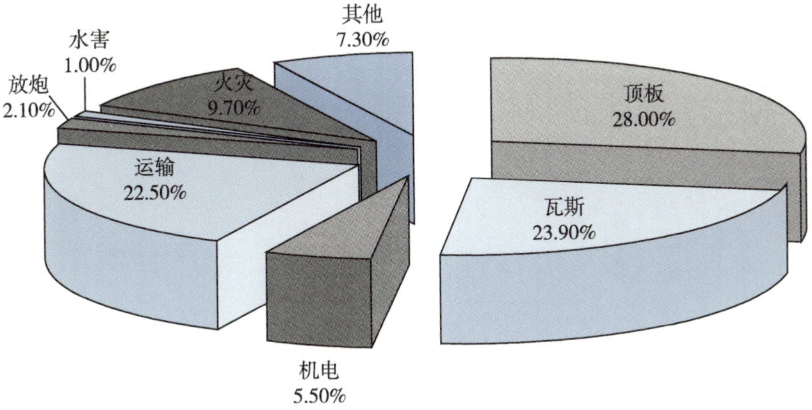

图 9－10　2011 年地方国有煤矿各类事故死亡人数比例（%）

在乡镇煤矿中，事故数量和死亡人数居第一位的是顶板事故，分别占 51.70% 和 35.50%。事故起数居第二位的是运输事故，占 17.80%；死亡人数居第二位的是瓦斯事故，占 29.20%。

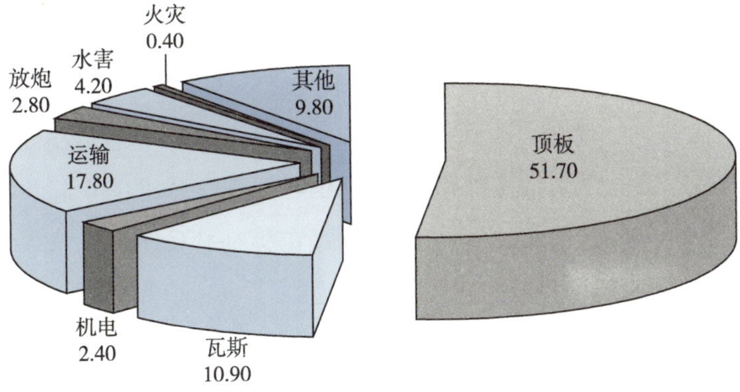

图 9－11　2011 年乡镇煤矿各类事故比例（%）

按事故发生时段划分，2011 年煤矿事故具有以下特征：

（1）2011 年 2 月份事故起数和死亡人数最少，10 月份死亡人数最多。2 月份共发生 48 起事故、造成 61 人死亡，分别比全年事故起数和死亡人数平均值减少 52 起、103 人，分别降低了 52.0% 和 62.8%，原因是 10 月份发生 6 起重特大事故，102 人死亡，为全年最高，占全年事故死亡总人

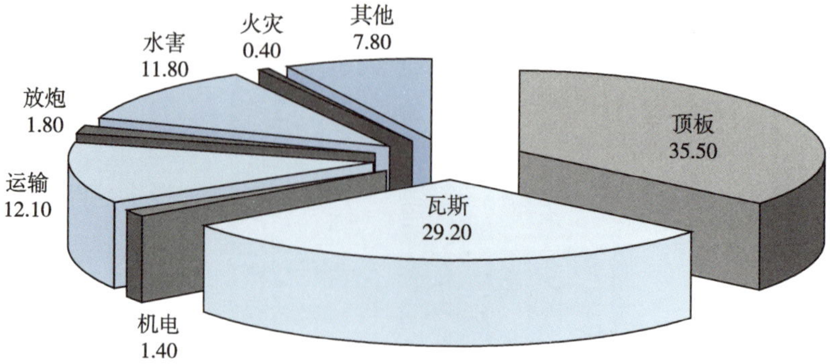

图 9－12　2011 年乡镇煤矿各类事故死亡人数比例(%)

数的 11.3%。

(2)2011 年第一季度事故最少,第二季度事故最多,下半年死亡人数较多。第一季度为全年四季度中事故最少的季节,共发生 229 起事故,较全年季平均 300 起少 71 起,降低了 23.7%;第二季度是煤炭生产旺季,共发生 366 起事故,较全年季平均 300 起多 66 起,升高了 22.0%。下半年事故死亡人数明显高于上半年,下半年共死亡 1 057 人,占全年事故死亡人数的 53.6%,高于上半年 7.2%。

(3)重特大事故呈逐季上升趋势。煤矿重特大事故呈逐季递增,由第一季度的 2 起,分别增加到第二季度的 4 起、第三季度的 6 起和四季度的 9 起,特别是第四季度,发生了云南曲靖市师宗县私庄煤矿“11·10”特别重大煤与瓦斯突出事故,造成 43 人死亡。

9.2.2　较大事故情况

2011 年,全国煤矿共发生较大事故 85 起,死亡 412 人,同比减少 25 起、105 人,分别下降 22.7% 和 20.3%。

按煤矿类型划分,国有重点煤矿和乡镇煤矿事故起数和死亡人数同比下降。国有地方煤矿事故起数和死亡人数同比上升。

表9-5　2011年全国各类煤矿较大事故情况

	事故起数	同比		死亡人数	同比	
		±	±%		±	±%
合计	85	-25	-22.7	412	-105	-20.3
国有重点	13	-9	-40.9	53	-46	-46.5
国有地方	11	1	10.0	56	15	36.6
乡镇煤矿	61	-17	-21.8	303	-74	-19.6

表9-6　2011年全国三类煤矿各类较大事故情况

	事故起数	同比		死亡人数	同比	
		±	±%		±	±%
合计	85	-25	-22.7	412	-105	-20.3
顶板	14	-10	-41.7	50	-41	-45.1
瓦斯	43	-14	-24.6	233	-66	-22.1
机电	—	-1	-100.0	—	-3	-100.0
运输	9	3	50.0	40	15	60.0
放炮	—	—	—	—	—	—
水害	16	3	23.1	78	18	30.0
火灾	1	-2	-66.7	4	-12	-75.0
其他	2	-4	-66.7	7	-16	-69.6
国有重点	13	-9	-40.9	53	-46	-46.5
顶板	4	-1	-20.0	14	-5	-26.3
瓦斯	4	-4	-50.0	21	-20	-48.8
机电	—	-1	-100.0	—	-3	-100.0
运输	—	-2	-100.0	—	-11	-100.0
放炮	—	—	—	—	—	—
水害	3	1	50.0	11	4	57.1
火灾	—	-1	-100.0	—	-8	-100.0
其他	2	-1	-33.3	7	-3	-30.0
国有地方	11	1	10.0	56	15	36.6
顶板	1	-4	-80.0	5	-15	-75.0

续表

	事故起数	同比		死亡人数	同比	
		±	±%		±	±%
瓦斯	5	3	150.0	27	16	145.5
机电	—	—	—	—	—	—
运输	5	5		24	24	
放炮	—	—	—	—	—	—
水害	—	-3	-100.0		-10	-100
火灾	—	—	—	—	—	—
其他	—	—	—	—	—	—
乡镇煤矿	61	-17	-21.8	303	-74	-19.6
顶板	9	-5	-35.7	31	-21	-40.4
瓦斯	34	-13	-27.7	185	-62	-25.1
机电	—	—	—	—	—	—
运输	4	—	—	16	2	14.3
放炮	—	—	—	—	—	—
水害	13	5	62.5	67	24	55.8
火灾	1	-1	-50.0	4	-4	-50
其他	—	-3	-100.0	—	-13	-100

在全国煤矿较大事故中，事故数量和死亡人数居第一位的是乡镇煤矿，分别占71.80%和73.50%。事故数量居第二位的是国有重点煤矿15.30%；死亡人数居第二位的是国有地方煤矿，占13.60%。

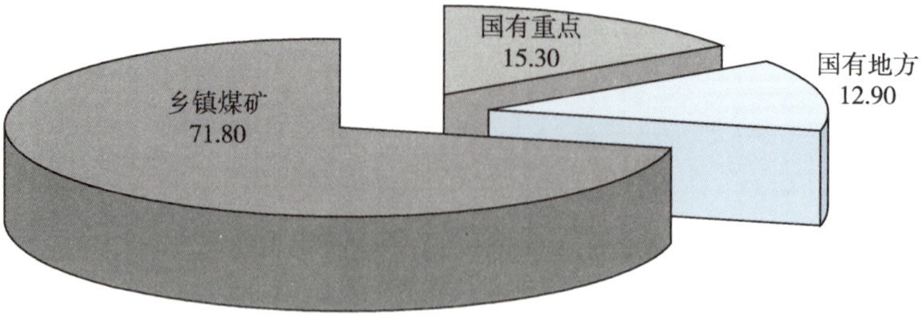

图9－13　2011年全国三类煤矿较大事故比例(%)

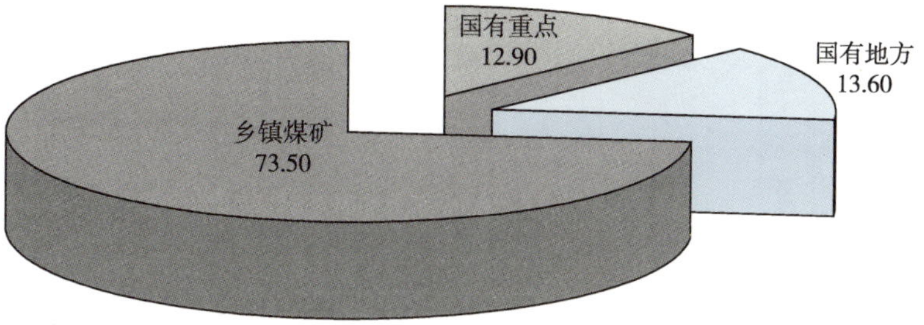

图 9－14　2011 年全国三类煤矿较大事故死亡人数比例（%）

按省（市、区）划分，19 个省（市、区）煤矿发生较大事故。全国 27 个省（市、区）产煤中，北京、江苏、浙江、福建、河南、广西、宁夏等 7 个省（市、区）和新疆生产建设兵团没有发生较大事故，占 29.60%。在发生事故的 19 个省（市、区）中，有 6 个省（市、区）事故起数和死亡人数同比下降，占发生事故省（市、区）的 36.80%。其中，黑龙江、湖南、贵州、云南、重庆和甘肃 6 个省（市、区）共发生较大事故 47 起，占全国煤矿较大事故总起数的 55.30%。

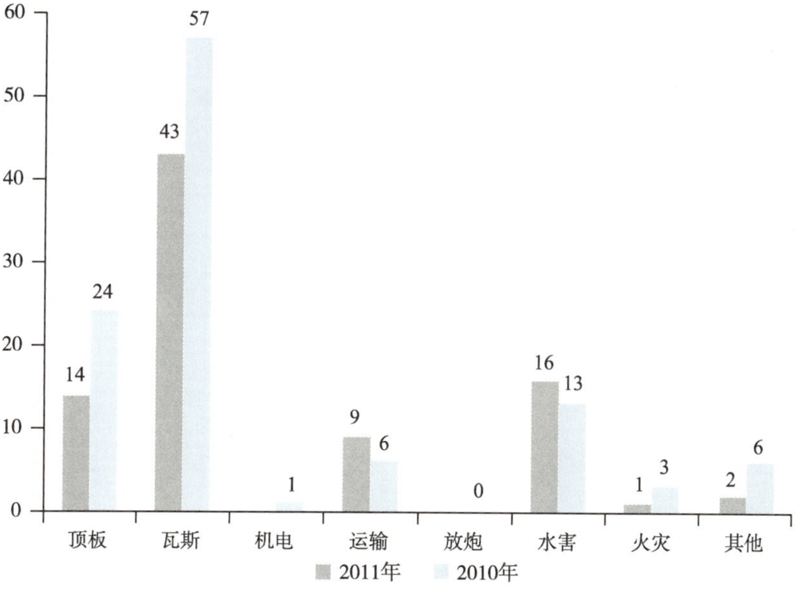

图 9－15　2011 年全国各类较大事故起数

表 9－7　2011 年全国煤矿较大事故分统计单位情况表

地区	事故起数	同比		死亡人数	同比		地区	事故起数	同比		死亡人数	同比	
		±	±%		±	±%			±	±%		±	±%
合计	85	-25	-22.7	412	-105	-20.3	河南	—	-4	-100.0	—	-28	-100.0
北京	—	-1	-100.0	—	-3	-100.0	湖北	4	—	—	16	—	
河北	3	-2	-40.0	14	-3	-17.6	湖南	10	-3	-23.1	61	3	5.2
山西	2	-5	-71.4	6	-25	-80.6	广西	—	—	—	—	—	—
内蒙古	4	4	—	20	20	—	四川	4	-4	-50.0	17	-25	-59.5
辽宁	4	-1	-20.0	20	—	—	贵州	8	-13	-61.9	53	-43	-44.8
吉林	3	—	—	13	-3	-18.8	云南	11	1	10.0	54	4	8.0
黑龙江	7	1	16.7	38	12	46.2	重庆	6	-2	-25.0	20	-14	-41.2
江苏	—	—	—	—	—	—	陕西	52	12	30.0	73	-20	-21.5
浙江	—	—	—	—	—	—	甘肃	20	5	33.3	43	7	19.4
安徽	3	2	200.0	11	8	266.7	青海	1	—	—	5	2	66.7
福建	—	—	—	—	—	—	宁夏	7	3	75.0	7	-8	-53.3
江西	2	1	100.0	9	6	200.0	新疆	4	-1	-20.0	13	-11	-45.8
山东	1	1	—	6	6	—	新疆兵团	—	-1	-100.0	—	-3	-100.0

按事故类型划分，较大瓦斯事故相对多发。全年共发生较大瓦斯事故43起、死亡233人，分别占全年较大事故总数量和死亡总人数的50.6%和56.6%。全年煤炭发生较大机电和放炮事故；较大顶板、瓦斯、火灾及其他事故数量和死亡人数同比下降；较大运输及水害事故数量和死亡人数同比上升。

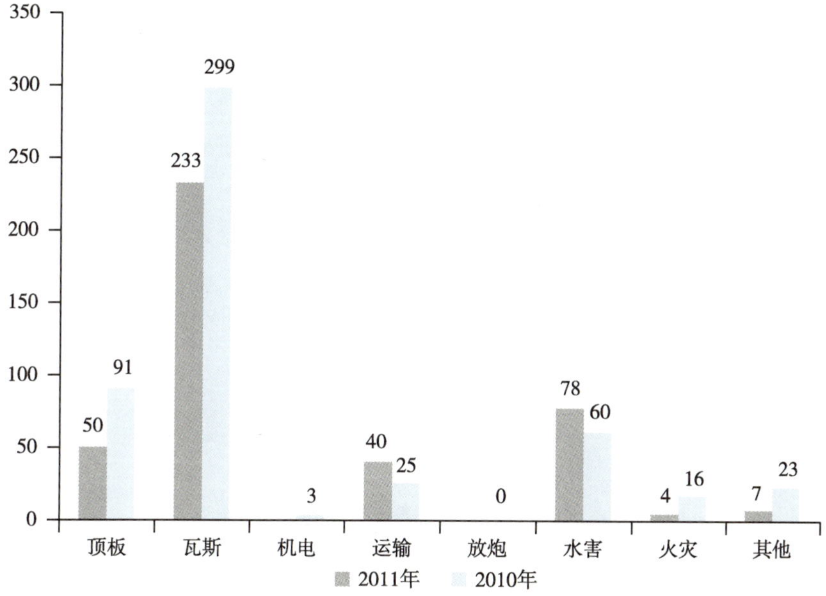

图9－16　2011年全国各类较大事故死亡人数

在全国煤矿各类型较大事故中，事故数量和死亡人数居第一位的是瓦斯事故，分别占50.60%和56.60%；其次是水害事故，分别占18.80%和18.90%。

在三类煤矿较大事故中：国有重点煤矿没有发生较大机电、运输、放炮和火灾事故，其中，较大顶板、瓦斯及其他事故数量和死亡人数同比下降；较大水害事故数量和死亡人数同比上升。国有地方煤矿没有发生较大机电、放炮、水害及其他事故，较大顶板事故数量和死亡人数同比下降，较大瓦斯及运输事故数量和死亡人数同比上升。乡镇煤矿没有发生较大机电、放炮和其他事故，较大顶板、瓦斯及火灾事故数量和死亡人数同比下降；较大水害事故数量和死亡人数同比上升。

在国有重点煤矿较大事故中，事故数量和死亡人数居第一位的是瓦斯事故，分别占 30.80% 和 39.60%；其次是顶板事故，分别占 30.80% 和 26.40%。

在国有地方煤矿较大事故中，事故起数和死亡人数居第一位的是瓦斯事故，分别占 45.50% 和 48.20%；其次是运输事故，分别占 45.50% 和 42.90%。

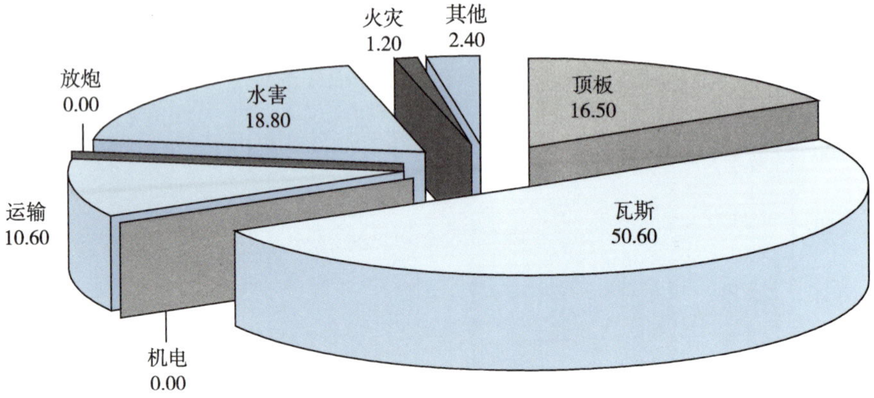

图 9－17　2011 年全国各类较大事故比例（%）

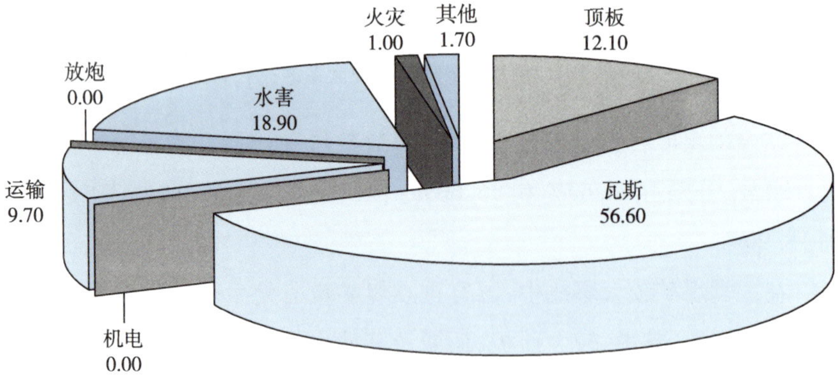

图 9－18　2011 年全国各类较大事故死亡人数比例（%）

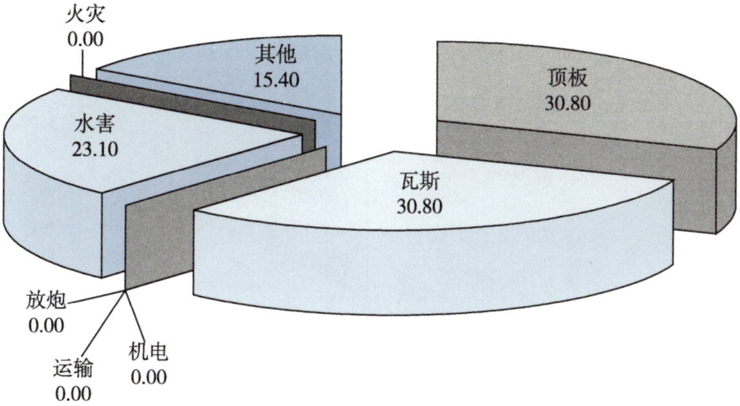

图 9－19　2011 年国有重点煤矿各类较大事故比例（%）

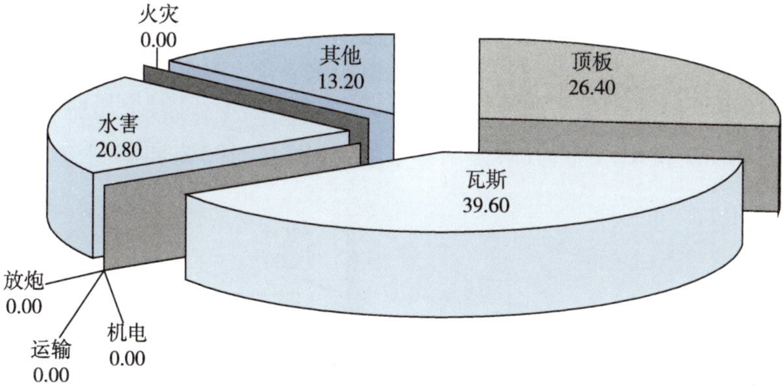

图 9－20　2011 年国有重点煤矿各类较大事故死亡人数比例（%）

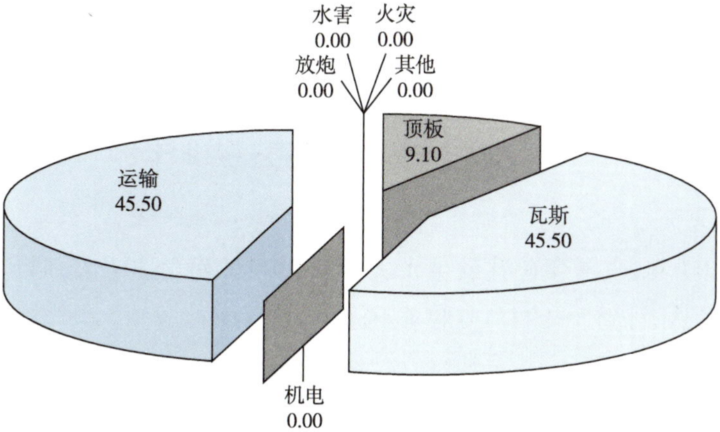

图 9－21　2011 年国有地方煤矿各类较大事故比例（%）

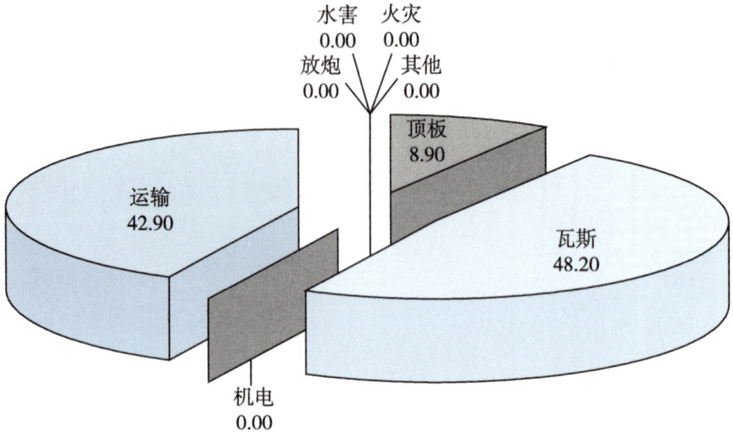

图 9－22　2011 年国有地方煤矿各类较大事故死亡人数比例(%)

在乡镇煤矿较大事故中，事故起数和死亡人数居第一位的是瓦斯事故，分别占 55.7% 和 61.1%；其次是水害事故，分别占 21.3% 和 22.1%。

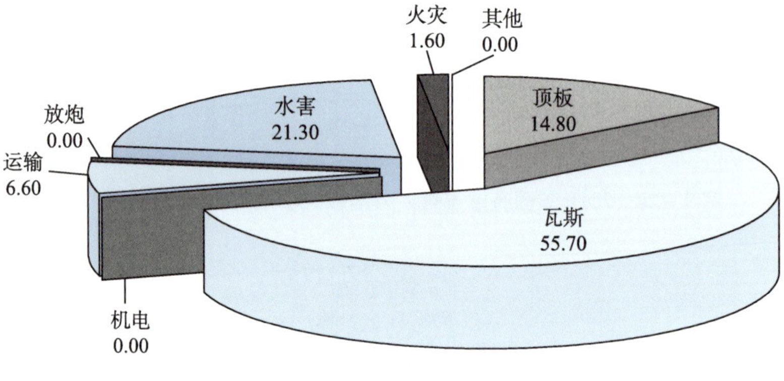

图 9－23　2011 年乡镇煤矿各类较大事故比例(%)

9.2.3　重特大事故情况

2011 年，全国煤矿共发生重大事故 20 起，死亡 307 人，同比增加 2 起、13 人，分别上升 11.1% 和 4.4%。

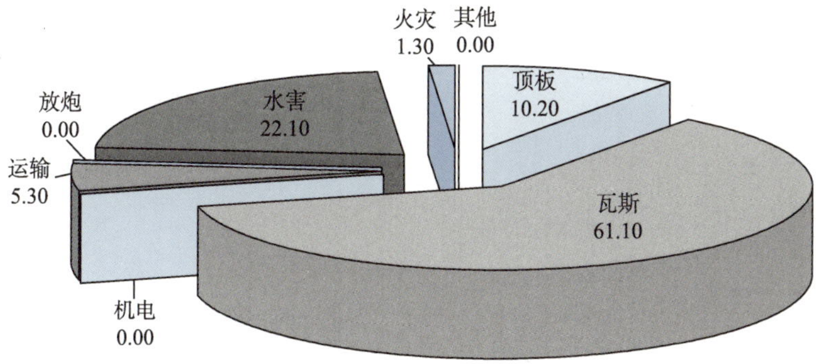

图 9-24 2011 年乡镇煤矿各类较大事故死亡人数比例(%)

表 9-8 2011 年全国三类煤矿重大事故情况

	事故起数	同比		死亡人数	同比	
		±	±%		±	±%
合计	20	2	11.1	307	13	4.4
国有重点	4	2	100	49	7	16.7
国有地方	2	—	—	57	36	171.4
乡镇煤矿	14	—	—	201	-30	-13

按煤矿类型划分，乡镇煤矿重大事故多发。2011 年，乡镇煤矿重大事故数量和死亡人数分别占总体的 70.0% 和 65.5%；国有地方煤矿事故数量最少，占 10.0%；国有重点煤矿死亡人数最少，占 16.0%。

国有重点煤矿重大事故数量和死亡人数同比上升；国有地方煤矿重大事故数量同比持平、死亡人数同比上升；乡镇煤矿重大事故数量同比持平、死亡人数同比下降。

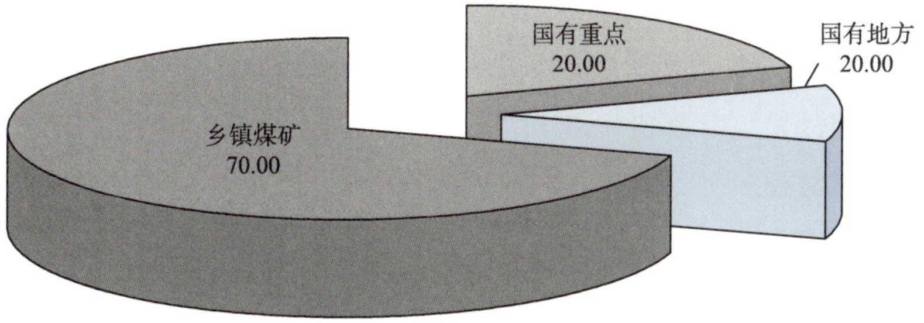

图 9-25 2011 年全国三类煤矿重大事故比例(%)

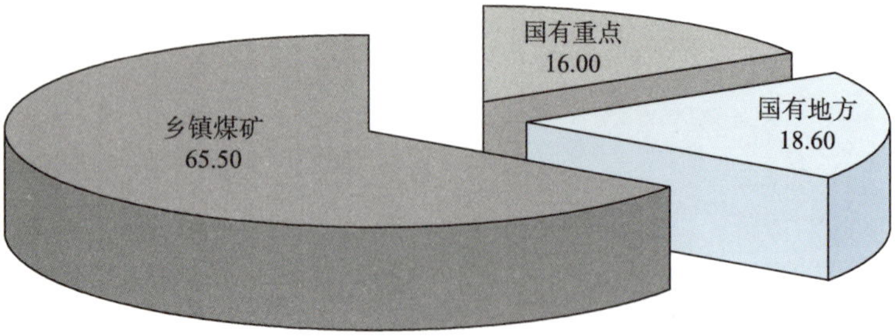

图 9－26　2011 年全国三类煤矿重大事故死亡人数比例(%)

按统计单位划分,一是多数单位未发生重大事故。全国 27 个产煤统计单位中,有 14 个单位没有发生重大事故,占 51.90%。在发生重大事故的 12 个单位中,有 1 个单位事故数量和死亡人数同比下降,占发生事故单位的 7.70%;有 7 个单位事故数量和死亡人数同比上升,占发生事故单位的 53.80%。二是部分单位重大事故多发。河南、湖南和贵州 3 个单位均发 2 起以上重大事故,共发生重大事故 10 起、死亡 163 人,分别占全年重大事故总数量的死亡总人数的 50.00%、53.10%。

按事故类型划分,重大瓦斯事故多发。重大瓦斯事故数量和死亡人数分别占 50.00% 和 45.90%,居第一位;其次是重大水害事故,事故数量和死亡人数分别占 22.20% 和 22.80%。

在煤矿各类重大事故中,没有发生重大机电、运输和放炮事故;重大火灾事故数量和死亡人数同比下降;重大瓦斯及水害事故数量和死亡人数同比上升。

在三类煤矿中,国有重点煤矿发生 2 起重大瓦斯事故,占国有重点煤矿重大事故总数量的 50.00%;乡镇煤矿发生 8 起重大瓦斯事故、5 起重大水害事故,分别占乡镇煤矿重大事故数量的 57.10%、35.70%。

按事故发生时段划分,2011 年 1、2 月没有发生重大事故,7 月和 10 月重大事故较多,分别发生 3 起和 6 起重大事故,10 月发生的重大事故数量占煤矿重大事故总数量 30.00%。

表 9－9　2011 年全国分地区煤矿重大事故情况

地区	事故起数	同比		死亡人数	同比		地区	事故起数	同比		死亡人数	同比	
		±	±%		±	±%			±	±%		±	±%
合计	20	2	11.1	307	13	4.4	河南	2	－2	－50.0	28	－51	－64.6
北京	—	—	—	—	—	—	湖北	—	－1	－100.0	—	－10	－100.0
河北	—	－1	－100.0	—	－11	－100.0	湖南	3	2	200.0	53	36	211.8
山西	54	－10	－15.6	74	－70	－48.6	广西	1	1	—	20	20	—
内蒙古	—	—	—	—	—	—	四川	1	1	—	12	12	—
辽宁	—	—	—	—	—	—	贵州	5	2	66.7	82	33	67.3
吉林	1	—	—	13	－5	－27.8	云南	1	1	—	12	12	—
黑龙江	1	－4	—	13	－11	－45.8	重庆	1	1	—	14	14	—
江苏	—	—	—	—	—	—	陕西	1	—	—	11	－17	－60.7
浙江	—	—	—	—	—	—	甘肃	—	－1	－100.0	—	－13	－100.0
安徽	—	—	—	—	—	—	青海	—	—	—	—	—	—
福建	—	—	—	—	—	—	宁夏	—	—	—	—	—	—
江西	—	－2	－100.0	—	－24	－100.0	新疆	1	—	—	10	—	—
山东	1	1	—	28	28	—	新疆兵团	—	—	—	—	—	—

表 9－10　2011 年煤炭产量 1 000 万吨以上且全年实现安全生产零死亡企业

序号	企业名称（含二级分公司）	企业性质	所在地区	煤矿性质	2011 年产量（万吨）	事故死亡人数
1	中国国电集团	中央企业	北京市	井工	3 440	0
2	国家电网公司	中央企业	北京市	井工	1 656	0
3	中国华电集团	中央企业	北京市	井工	1 398	0
4	中国大唐集团	中央企业	北京市	露天	1 380	0
5	神华集团神华宁煤有限责任公司	中央企业	宁夏银川市	含井工/露天	6 121	0
6	神华集团宝日希勒能源公司	中央企业	内蒙古呼伦贝尔市	露天	2 600	0
7	神华集团北电胜利能源公司	中央企业	内蒙古锡林浩特市	露天	1 500	0
8	神华集团准格尔能源公司	中央企业	内蒙古鄂尔多斯市	露天	4 000	0
9	中国电力投资公司蒙东能源公司	中央企业	内蒙古霍林郭勒市	露天	4 000	0
10	华能集团伊敏煤电有限责任公司	中央企业	内蒙古呼伦贝尔市	露天	2 244	0
11	国家开发投资公司新集公司	中央企业	安徽淮南市	井工	1 534	0
12	山西潞安矿业集团	国有重点	山西长治市	井工	6 402	0
13	吉林煤业集团辽源矿业公司	国有重点	吉林辽源市	井工	1 018	0
14	龙煤矿业集团双鸭山分公司	国有重点	黑龙江双鸭山市	井工	1 216	0
15	山东能源集团淄博矿业公司	国有重点	山东淄博市	井工	1 262	0
16	山东能源集团新汶矿业公司	国有重点	山东泰安市	井工	1 387	0

续表

序号	企业名称（含二级分公司）	企业性质	所在地区	煤矿性质	2011 年产量（万吨）	事故死亡人数
17	山东能源集团枣庄矿业公司	国有重点	山东枣庄市	井工	1 866	0
18	兖州矿业集团	国有重点	山东济宁市	井工	3 875	0
19	中国平煤神马集团	国有重点	河南平顶山市	井工	4 757	0
20	河南煤化工集团永城煤电有限责任公司	国有重点	河南郑州市	井工	4 874	0
21	河南煤化工集团鹤壁煤电股份有限公司	国有重点	河南鹤壁市	井工	1 693	0
22	郑州煤炭工业集团	国有重点	河南郑州市	井工	2 254	0
23	靖远煤业集团	国有重点	甘肃白银市	井工	1 045	0
24	内蒙古伊泰集团	乡镇企业	内蒙古鄂尔多斯市	井工	4 270	0
25	内蒙古满世煤炭集团	乡镇企业	内蒙古鄂尔多斯市	井工	1 050	0
26	内蒙古汇能煤电集团	乡镇企业	内蒙古鄂尔多斯市	井工	1 080	0

2011 Annual Report on Coal Industry in China 2011

中国煤炭工业发展研究报告

第二篇 战略篇

第10章 “十二五”煤炭工业发展面临的形势

“十二五”时期是我国继续推进全面建设小康社会的关键时期，研究分析国内外经济、能源发展形势，科学把握煤炭工业发展面临的新机遇和新挑战，努力构建资源利用率高、安全有保障、经济效益好、环境污染少、健康可持续发展的新型煤炭工业体系。

10.1 宏观经济发展形势

“十二五”时期，国际国内形势继续发生深刻变化，我国经济社会发展呈现出新的阶段性特征。综合研究判断国际、国内形势，我国发展仍处于可以大有作为的重要战略机遇期，既面临难得的历史机遇，也面对诸多可以预见和难以预见的风险挑战。从国际形势看，和平、发展、合作仍是时代潮流，世界多极化、经济全球化深入发展，世界经济政治格局出现新变化，科技创新孕育新突破，国际环境总体上有利于我国和平发展。同时，气候变化等全球性问题更加突出，各种形式的保护主义抬头，我国发展的外部环境更趋复杂。从国内形势看，工业化、信息化、城镇化、市场化、国际化深入发展，我国经济仍将保持平稳发展。同时，发展中不平衡、不协调、不可持续问题仍然突出，制约煤炭工业科学发展的体制机制障碍仍然较多。

今后五年经济社会发展的主要目标是：

——经济平稳较快发展。

——结构调整取得重大进展。

——科技教育水平明显提升。

——资源节约环境保护成效显著。

——人民生活持续改善。

——社会建设明显加强。

——改革开放不断深化。

——《中华人民共和国国民经济和社会发展第十二个五年规划纲要》

10.1.1 全球经济一体化深入发展，新兴经济体影响力不断提升

“十二五”时期，全球经济一体化进程进一步深入发展。发展中国家加入到全球分工中，使得生产要素在全球范围内的配置效率得到提高，促进了世界经济增长率的提高。虽然金融危机和经济衰退导致全球经济一体化暂时处于低潮，但不会改变经济全球化深入发展的大趋势。“十二五”时期，全球经济一体化仍将在曲折中深入发展。首先，在金融危机和经济衰退时期，一些国家尽管采取了多种形式的贸易、投资和金融保护主义措施，但均遭到了国际组织和其他国家的强烈反对和抵制。当前世界各国相互联系、相互依存的程度均高于以往，遵守现行的多边经贸规则和寻求国际经济合作仍是国际社会的主流。其次，经济全球化本质上是生产社会化跨越国界在全球范围内展开的一种趋势，是各种生产要素特别是资本为追求最大收益而在全球范围内开拓市场和优化配置资源的必然结果，全球化在生产、市场、贸易、投资、金融和科技等领域全面展开，世界各国经济在各个层面上相互渗透、相互交织并相互依存，形成全球经济一体化趋势。

表 10－1　主要机构对中长期全球经济格局变化的预测

预测机构	全球经济格局变化
世界银行（2009）	中低收入国家的国内生产总值将从 2005 年的 8 万亿美元增长到 2015 年的 12.87 万亿美元，2020 年的 16.04 万亿美元；占全球产出的比例从 2005 年的 23% 增长到 2015 年的 26.7%，2020 年的 28.6%（按市场汇率）
国际货币基金组织（2008）	中国将于 2050 年成为世界第一大经济体，由于亚洲经济的崛起，整个国家政治经济关注的焦点将出现向东方、向亚洲转移的趋势
美国国家情报委员会（2008）	由于新兴国家日益强大、经济日趋全球化、财富从西方向东方转移、非国家影响力增强，到 2025 年时，国际体系将全面改观。尽管到 2025 年，美国可能依然是唯一超级大国，但美国的相对实力，哪怕在军事领域的优势，都将江河日下
美国思科系统公司和英国经济学家情报社（EIU）（2008）	到 2020 年，中国和印度将成为全球经济增长的发动机，对世界经济增长的贡献将仅次于美国，其中印度对世界经济增长的贡献率将达到 12.2%。亚洲地区经济总量在世界经济总量中所占比重将达到 43%

资料来源：美国国家情报委员会（2004）：《展望 2020 描绘全球未来》；美国国家情报委员会（2008）：《全球趋势 2025——一个转型的世界》；世界银行（2008）：《全球经济展望》；高盛（2009）：《现代世界中的中国》。

“十二五”时期，发达国家与新兴市场和发展中国家的力量对比将继续此消彼长，新兴市场和发展中国家对世界经济增长的贡献继续增大，主要新兴经济体在国际经济金融事务中的话语权和影响力将显著增强。从发展潜力看，发达国家由于工业化和城市化已经完成，人口结构日益老龄化，劳动生产率增长趋缓，相继陷入低迷状态绝不是偶然的。而包括中国在内的“金砖四国”等发展中国家，工业化和城市化正处于推进阶段，劳动力规模不断扩大，人力资本积累水平逐步提升，经济增长长期前景看好。特别是新兴市场经济国家地位上升，成为推动全球经济格局调整的重要力量。在此过程中，全球经济格局将加速调整，经济力量向新兴市场经济转移的速度将有所加快。发达国家难以仅靠自身力量恢复金融稳定和实现经济复苏，不得不更加借重发展中国家的力量，更为重视同发展中国家特别是主要新兴经济体开展更加广泛深入的合作。

"十二五"时期,全球经济一体化将为我国提升国际影响力带来诸多机遇。发展中国家在世界经济中地位提升必然要求对国际金融组织进行改革,这有利于扩大我国在国际经济规则制定和宏观经济政策协调中的影响力和话语权。由主要发达国家和发展中国家组成的二十国集团正逐步取代仅由发达国家组成的七国集团,这为我国广泛参与全球经济金融事务提供了更大的国际舞台。世界经济格局变化还将推动国际经济秩序朝着更加公正合理的方向发展,这有利于我国利用国际市场规模扩大和进一步开放稳定出口,带动经济增长和扩大就业。

10.1.2 世界经济增速放缓,贸易保护主义抬头

"十二五"时期,世界经济仍将受到当前国际金融危机的后续影响,存在诸多不确定、不稳定因素,经济增长速度放缓。首先,从金融危机的发展前景看,发达国家金融体系受损严重,流动性紧缺和偿付能力不足问题依然严重。在银行金融机构完成坏账处理走出困境之前,其融资功能和市场信心都难以恢复正常,金融市场仍将动荡不定,实体经济复苏还会受到制约。其次,从世界经济面临的调整压力看,金融危机实质上是对全球经济失衡的强制性调整。美国等发达国家不得不减少消费和增加储蓄,进口需求萎缩。亚洲等发展中国家也要更多地转向扩大内需促进经济增长。全球经济再平衡调整是一个长期复杂的过程,要走向全面的复苏还要具备一定的条件:一是各国有效需求要得到基本恢复,二是出现能够引领全球经济的新的产业增长点,三是企业进入新一轮的大规模固定设备更新投资阶段。目前,在世界范围内,能够推动世界经济快速增长的力量还需要进一步积累,世界经济增长速度放缓,年均增速难以达到危机前接近5%的增速,这将构成"十二五"期间世界经济的总体趋势。

在金融危机和全球经济衰退的背景下,各国出于自身利益的需要,纷纷加强贸易、投资和金融保护措施,在很大程度上影响到全球多边经济合作,不仅削弱了国际社会共同应对金融危机和经济衰退的政策措施效果,而且也使得全球多边贸易谈判更加难以取得进展。然而,当前出现的保护主义不可能无限制地加强,更不可能从根本上改变经济全球化继续发

展的大趋势。

“十二五”时期,外需受到限制将制约我国出口增长,同时,一些国家为刺激本国经济复苏和增加就业,将针对我国出口产品制定更多的贸易保护主义措施,设置绿色贸易壁垒,加强对国内市场的保护,严重影响我国相关产品的出口。我国企业“走出去”步伐加快,对外投资迅速增加,但也面临着越来越多的投资保护主义措施的干扰,特别是在海外资源合作开发、金融企业设立海外分支机构,以及敏感行业和领域的海外收购等方面,障碍和限制增多,这将严重影响到我国对外经济的顺利发展。

10.1.3 发展环境出现新变化,增长模式面临深刻调整

世界经济进入新一轮调整期,金融危机使美国等发达国家过度负债消费,过度依赖虚拟经济的增长模式受到巨大冲击,美欧等西方国家出现“再工业化”倾向,原有的亚洲生产、美欧消费、中东等国提供能源资源的世界经济循环和增长模式面临严峻挑战,世界供给结构和需求结构面临深度调整。美国等发达国家经济增长模式和发展战略出现新变化,从市场至上到加强金融监管。金融市场失灵和自由资本主义危害使美国等发达国家对一些问题机构进行了国有化,G20伦敦峰会联合公报明确提出,所有金融机构、市场和工具都必须接受适度监督和管理;从重视虚拟经济到重视实体经济。吸取虚拟经济过度膨胀和产业出现空心化的教训,美国总统奥巴马签署了《美国制造业促进法案》,希望重振制造业竞争力,并恢复在过去10年中失去的560万个制造业就业岗位。美国以虚拟经济支撑的超前消费模式也将逐步转向合理消费模式;从重视传统产业到重视新兴产业特别是新能源产业。各国都在加大力度支持新能源和低碳经济发展,新能源将成为主导21世纪世界经济的重要战略性产业。金融危机的发生表明,以全球经济失衡为代价的世界经济增长模式是不可持续的。要实现世界经济的平稳可持续增长,必须对以往世界经济增长模式进行调整。美国等发达国家必须转变负债消费和超前消费模式,适当提高储蓄率;新兴市场和发展中国家需要调整出口导向的经济增长模式,适当降低储蓄率,提高内需特别是消费需求对经济增长的拉动作用。但

由于造成全球经济失衡的原因错综复杂，加之发达国家不愿承担调整责任，世界经济增长模式的调整将是一个长期而复杂的过程。

改革开放以来，我国利用劳动力和资源环境等要素成本较低的优势，形成了“低成本竞争”的发展模式。在很长一段时间内，这种模式是保持我国经济高速发展的重要因素之一。但是，随着劳动力、土地等生产要素成本上升以及能源和其他重要资源、环境约束压力的显著加大，这种战略模式发展的空间越来越小。“十二五”期间，我国需要对这种发展战略模式做出实质性的调整，由低成本扩张型向高效率创新型转变，即由过去低成本的规模扩张向提高效率转变，加快产业结构的优化升级，提高经济增长的效益，降低能耗，走自主创新之路、新型工业之路、农业现代化之路和城镇化之路，实现国民经济又好又快发展。

世界主要经济体的发展战略

1. 美国："再工业化"和"新能源"战略

"再工业化"是奥巴马政府促进产业发展的主要战略方向，主张重新加强对国内工业尤其是制造业发展的重视，通过促进制造业高速增长，让美国回归实体经济，并力图转向出口推动型经济发展方式。

发展"新能源"是奥巴马政府近期经济发展战略的重点之一，投资发展气候友好型能(Climate-friendly Energy)是其核心。

2. 欧盟:2020 战略

2010 年 3 月，通过系统评价里斯本战略实施效果，并判断后危机时代世界经济的特征，欧盟委员会发布了欧盟 2020 战略(EU 2020 Strategy)的正式文本，作为里斯本战略的接续，描述了未来 10 年欧盟的经济发展战略。该战略文本认为，后危机时代欧盟的经济发展战略目标是，通过高效使用资源和鼓励自主创新，实现经济更加健康和更为"绿色"地发展，而增加知识投入是实现这一目标的关键。

3. 日本:新增长战略

随着全球金融危机的逐步消退,在此前新经济增长战略基础上,2009 年 12 月,日本政府抛出了旨在确立危机后日本长期经济发展方向的"新增长战略"(New Growth Strategy)。它将成为日本未来 10 年经济发展战略的主要实施框架。"新增长战略"认为,后危机时代是日本经济彻底摆脱"失去的十年"的绝佳机会,日本经济增长模式要从过去依靠公共投资和遵从"市场原教旨主义",转向"需求引导型增长"模式。为此,日本政府将从利用国内要素和扩大对外开放两个方面寻求经济增长动力。

4. 韩国:"绿色增长"战略

2009 年 7 月,韩国公布了《绿色增长国家战略及五年行动计划》(Green Growth National Strategy and Five-yearAction Plan),提出"绿色增长"的经济振兴战略,指出要发展绿色环保技术和可再生能源技术,以实现节能减排、增加就业、创造经济发展新动力三大目标。

10.1.4 我国经济增长具有较大空间,经济体制改革进入攻坚阶段

我国是一个地域广阔、人口众多、资源种类相对丰富且市场巨大的发展中国家,正处于工业化、城镇化迅速发展的时期。经过几十年的经济快速增长,形成了特有的经济发展优势,使经济增长具有较大空间。具体而言,一是随着人均收入水平的提高和中等收入群体的扩大,我国正在成为世界上最为重要的消费市场。汽车、家用电器等家庭耐用消费品销售量已居世界首位,但人均拥有量与发达国家还有差距,增长潜力仍很巨大。住房和服务性消费水平也步入发展的快车道,在家庭消费中的比重也将大幅提升。消费市场规模的不断扩大,为我国保持经济平稳较快发展提供了良好的需求条件。二是我国具有促进经济快速增长的物质基础。经过多年的集中建设,我国的基础产业和基础设施得到前所未有的发展,我国大规模经济体的优势开始显现,经济发展的回旋余地增大,经济抗风险

的能力也得到了增强，为我国经济持续快速增长提供了更为有利的条件。三是经济结构调整转型渐进加快，为经济较快发展提供强劲动力。工业化和城镇化是“十二五”期间我国经济发展的两个强大驱动力量。“十二五”时期，我国工业化率将由现在的50%上升到65%左右，城镇化率将由现在的45.7%上升到60%左右。工业产值每增加1个百分点，就可以带动GDP增长0.6个百分点，城镇化率每增加1个百分点，就可以带动GDP增长1.5~2个百分点。因此，工业化和城镇化的快速发展，加之国内消费的不断扩大和国际贸易的逐步复苏，随着我国人均GDP的不断增长，各类经济结构加速转型，产业结构持续升级，第三产业的比重将持续上升，战略性新兴产业发展加快，信息化与工业化深度融合，这些发展将带动我国经济的增长和人均GDP水平的提高，从而为经济的健康平稳发展提供了保障。四是我国已经积累了应对各种复杂形势、处理各种突发事件的丰富经验，这是“十二五”期间，我国经济保持稳定增长的重要保障。

经过30多年的改革开放，我国社会主义市场经济体制的框架基本确立。“十二五”时期，改革进入攻坚克难阶段，相对容易推进的改革措施大多已经出台，继续深化改革将触及深层次的利益调整，复杂性和艰巨性进一步加剧。一方面，建立和谐社会，迫切需要解决生产力的发展与人民不能充分分享改革发展成果的矛盾，树立自由平等、公平正义的理念，这将涉及科学民主决策、收入分配、社会保障等深层次的改革。另一方面，转变经济增长方式，迫切需要改变长期形成的干部选拔、考核制度和行政管理体制。另外，在新的历史时期，对外开放的逐步深入对社会成员的思想观念将造成冲击和影响，本土价值观和外来价值观会经历碰撞、融合的发展历程，确立构建和谐社会所需要的具有民族凝聚力的社会思想基础，通过社会政治、经济和文化等基本制度的安排，来实现社会普遍公平，建立良好的社会秩序。

10.1.5 我国资源环境约束不断强化，经济社会发展面临新的挑战

长期以来，我国在促进经济发展过程中，对社会发展、环境资源保护

等重视不够，至今尚没有形成一套行之有效的促进经济发展与实现社会和谐进步、资源环境得到有效保护的体制与机制，社会发展长期滞后于经济发展的状况一直没有得到改观，社会保障、义务教育、基本医疗、公益性文化等方面的欠账较多，特别是公共服务在城乡和地区之间差距较大。"十二五"时期，人口、就业、收入分配、公共服务等方面的矛盾和问题将越来越突出，这一切都将对我国经济发展方式转变产生制约。从资源环境看，随着经济总量的迅速扩大、城市人口持续增加、居民生活方式改变，特别是重化工业部门的加快发展，近年来能源、资源消耗迅猛增长，供需缺口越来越大，对国外资源的依存度不断攀高，作为一个正处于工业化、城市化加速发展的发展中大国，我国能源、资源消耗较快增长将是一个长期趋势，即使采取节能措施和提高资源利用效率，今后一个时期能源、资源消耗的增量也可能超过世界上任何国家，由此产生的废弃物排放和可持续发展的压力也可能是其他国家无法比拟的。我国政府承诺，到2020年全国单位国内生产总值二氧化碳排放比2005年下降40%～45%，并将之作为约束性指标纳入"十二五"及其后的国民经济和社会发展中长期规划，制定相应的国内统计、监测、考核办法加以落实。这意味着我国经济将通过更为复杂迂回、成本更高，但更为清洁、更节约化石能源的生产路径进行发展。今后一个时期，国际社会要求我国承担有约束力的减排责任压力增大，国际经济发展面临的能源资源和环境硬约束将更趋强化，应对气候变化和实现可持续发展已成为全球共识。发达国家也会从各方面施压，要求我国承担减排责任，这对我国转变经济发展方式提出了更高要求。

国际经验表明，当一个国家和地区人均GDP进入中等收入阶段后，各类社会矛盾将逐步凸显。在中国经济持续增长、改革与发展取得了丰硕的成果、人民生活水平普遍提高的同时，出现了阶层利益关系的失衡状态，这种失衡直接表现为收入分配领域出现了总体贫富差距、区域收入差别和行业收入差别扩大，由于收入差距和其他原因造成了社会的不公平现象，从而使得社会结构和利益出现分化，而社会结构和利益的分化反过来又加剧了贫富差距的进一步扩大。未来一段时间，随着社会利益关系的分化，社会矛盾将空前尖锐，我国经济发展环境将更趋复杂。

10.1.6 经济发展进入新阶段，结构调整与转型发展任务艰巨

"十二五"时期是我国现代化进程中一个承前启后的重要时期，过去30多年支撑我国经济快速增长的外部条件和内在因素已经发生变化，研究成果表明，从2013年开始，劳动年龄人口比重就不再提高，今后20～30年期间劳动年龄人口的增长速度将逐渐减慢，不仅低于发展中国家和世界平均水平，而且低于北美发达国家①，"人口红利"将逐步消失，工资水平上升的压力加大，人口结构变化和人口老龄化等不确定性因素增多，对结构调整和转型发展提出了更高要求。

我国经济增长模式的基本特点，就是经济增长主要依靠投资和出口，主要依靠低成本生产要素的高强度投入。"十二五"期间，全球经济减速和外部需求萎缩，将使出口增速难以恢复到危机前的水平，而国内市场短期内难以形成替代出口的空间。随着收入水平提高和生产要素成本上升，过去支撑经济较快增长的劳动力、资源和土地等低成本优势开始减弱，依靠低成本劳动力换取低额利润，依靠大量消耗不可再生资源实现经济增长的局面难以为继，必须加快推进转变经济发展方式。根据历史经验，通过推进工业化、市场化和经济开放可以使一个国家迈出"低水平陷阱"，即从低收入国家行列进入中等收入国家行列。但是，"二战"以来，只有少数的后发国家通过经济发展方式转变进入了高收入国家行列，大部分国家陷入了所谓的"中等收入陷阱"。因此，未来十年，我国传统的经济发展方式将面临转变，经济转型的任务更加艰巨。

近几年，在市场需求驱动和政府推动下，我国产业规模以前所未有的速度，供给能力超过了国内市场的需求，新增产能依靠国际市场占有份额进行释放。我国产业结构调整面临的压力明显增大。

---

① 蔡昉：《经济增长方式转变与可持续性源泉》，《宏观经济研究》2005年第12期。

10.2 能源工业发展形势

"十二五"时期,将以保障能源安全为基本出发点,以科技创新为支撑,以体制改革为保证,坚持统筹国内和国际两个大局,坚持推动能源生产和利用方式变革,坚持科技创新和体制创新并重,加强国内供应能力建设,夯实能源安全基础,构建稳定、经济、清洁、高效、公平的可持续能源发展体系。

10.2.1 能源消费继续增长,能源格局发生深刻变化

目前,煤炭、石油和天然气三大化石能源仍是世界最主要的一次能源。当前,发展中国家正在步入工业化阶段,能源消费增加是经济社会发展的必然要求,未来世界能源消费将继续增长。

在化石能源占据能源供应主导地位的同时,世界能源生产与消费格局正在发生深刻变化。世界各国开始寻找传统化石能源的替代能源,以降低化石能源在能源消费中的比重。到2011年,石油在世界一次能源消费中的比重下降到33.1%,天然气在一次能源消费中的比重提高到23.7%。

表10-2 世界一次能源消费构成

能源品种 \ 年份	1990	2000	2005	2009	2011
煤炭(%)	27.2	25.4	27.7	29.4	30.3
石油(%)	39.0	38.2	36.3	34.3	33.1
天然气(%)	21.8	23.2	23.2	23.2	23.7
核电(%)	5.6	6.2	5.8	5.4	4.9
水电(%)	6.0	6.4	6.2	6.5	6.4
其他(%)	0.3	0.6	0.8	1.2	1.6
合计(亿吨标准煤)	100.0	100.0	100.0	100.0	100.0

数据来源:BP数据。

世界能源消费区域发生深刻变化,世界能源消费重心加速东移,全球

能源供应将长期偏紧，能源市场波动加剧。主要国家围绕能源资源的控制权，在领土主权、海洋权益、地缘政治乃至军事安全方面的较量将更加突出。北美地区页岩气等非常规油气产量快速增长，新能源和可再生能源加快发展，促使欧美等国家加快调整能源战略，力求抢占新一轮能源改革和经济科技竞争的制高点和主导权。中国作为当今世界最大的发展中国家，能源对外依存度逐年加大，对世界能源市场产生巨大的影响。

10.2.2 能源资源的可持续供应成为制约能源工业发展的重要因素

世界化石能源总体比较丰富，截至2010年底，煤炭剩余探明储量为8 609亿吨，储采比为118年；石油探明储量为1 888亿吨，储采比为46.2年；天然气剩余探明储量为187.1万亿立方米，储采比为46.2年。虽然化石能源的剩余储量尚未实际对能源供应形成制约，但是由于化石能源的不可再生性，引起人们高度关注能源供应的可持续性，能源资源的可持续供应成为制约能源发展的重要因素。而对于处于工业化进程中的国家而言，在新能源和可再生能源尚无法替代化石能源的情况下，能源资源的可持续供应对于经济社会发展的制约作用日益显现。

天然气在一次能源消费总量中的比重继续上升。

节能环保跃上新台阶。2015年，万元工业增加值能源消耗和二氧化碳排放量均比“十一五”末下降15%，COD和氮氧化物排放总量均减少10%，氨氮排放总量减少12%，二氧化硫排放总量减少8%，废水达标排放，化工固体废物综合利用率达到75%，有效处置率达到100%，全行业清洁生产达到历史最好水平。

——《石油和化学工业“十二五”发展规划》

我国能源资源禀赋不高，煤炭、石油、天然气的人均占有量低，分别仅为世界平均水平的67%、5.4%、7.5%。目前，我国人均能源消费量约2.6吨标准煤，仅为发达国家水平的1/3，未来能源需求还将大幅增长，即使以世界最先进的能源水平实现现代化，消费总量仍将翻一番，碳排放也将明显增加。化石能源的大规模开发利用，对生态环境造成严重影响，应对气候变化的压力日益增大。石油对外依存度不断提高，海上运输风险加大，能源安全形势严峻。

"十二五"期间，应重点解决化石能源的高效利用问题。要大力发展煤炭高效、清洁、低碳排放的利用技术，使煤炭在资源、环境与气候变化允许范围内，继续发挥主流能源的作用。

10.2.3 环境保护和应对气候变化对能源工业发展的影响进一步加大

"十二五"期间，随着世界经济持续快速增长，新兴市场和发展中国家工业化和城市化进程加快，全球能源资源需求大量增加，世界各国对各类能源的竞争不断加剧。随着越来越多的国家加入到工业化行列，各种污染物和温室气体排放大量增加，化石能源燃烧产生的温室气体排放是导致全球气候变化的重要原因。随着人们对气候变化问题认识的逐渐加深，气候变化问题成为国际政治、经济和外交的焦点议题。围绕气候变化问题所形成的各种协议正在成为继联合国宪章和世界贸易组织规则之后对未来世界发展、对全球能源发展有重大影响的约束机制。在应对气候变化问题上，发展中国家面临双重压力。欧盟、日本、美国等发达地区和国家已实现了环境质量由恶化到好转，气候变化问题已取代传统的环境问题。而多数发展中国家仍处于工业化进程中，既面临能源开发利用引起的传统的生态和环境压力，又面临减缓温室气体排放的压力。

到2015年，全国万元国内生产总值能耗下降到0.869吨标准煤（按2005年价格计算），比2010年的1.034吨标准煤下降16%，比2005年的1.276吨标准煤下降32%；“十二五”期间，实现节约能源6.7亿吨标准煤。2015年，全国化学需氧量和二氧化硫排放总量分别控制在2 347.6万吨、2 086.4万吨，比2010年的2 551.7万吨、2 267.8万吨分别下降8%；全国氨氮和氮氧化物排放总量分别控制在238.0万吨、2 046.2万吨，比2010年的264.4万吨、2 273.6万吨分别下降10%。

——《国务院关于印发“十二五”节能减排综合性工作方案的通知》

大幅度降低单位国内生产总值二氧化碳排放，到2015年全国单位国内生产总值二氧化碳排放比2010年下降17%。控制非能源活动二氧化碳排放和甲烷、氧化亚氮、氢氟碳化物、全氟化碳、六氟化硫等温室气体排放取得成效。应对气候变化政策体系、体制机制进一步完善，温室气体排放统计核算体系基本建立，碳排放交易市场逐步形成。通过低碳试验试点，形成一批各具特色的低碳省区和城市，建成一批具有典型示范意义的低碳园区和低碳社区，推广一批具有良好减排效果的低碳技术和产品，控制温室气体排放能力得到全面提升。

——《“十二五”控制温室气体排放工作方案》

“十二五”时期，我国能源需求仍然强劲，以煤为主的能源结构短期内难以根本转变，核电、水电等非化石能源的快速发展受到多种因素的制约，受国内资源保障能力和环境容量制约以及全球性能源安全和应对气候变化影响，国际社会要求我国承担有约束力的减排责任压力增大，国内经济发展面临的能源资源和环境硬约束将更趋强化，国家已将节能减排写进国民经济"十二五"规划纲要，发展清洁高效的能源成为中国解决当前环境问题、开辟可持续发展道路的重要途径。

10.2.4 世界各国高度重视能源科技创新

能源工业是国民经济的基础产业，也是技术密集型产业。安全、高效、低碳是"十二五"能源技术发展的方向。世界发达国家通过能源技术创新，促进了经济社会的发展。相对发达国家，我国在新能源技术领域起步较晚，近几年政府发挥引导作用，激发了国内巨大的市场需求，通过引进消化吸收和自主研发，核能、风能、太阳能和生物质能的利用都取得了较快发展。

"十二五"期间，发达国家和主要新兴国家都特别重视能源科技在能源战略中的地位和作用，注重提高能源科技创新能力和促进科技成果的商业应用，并将建立国家创新体系作为一项优先任务，能源科技创新体系在整个国家科技创新体系中占有十分重要的地位。以期通过能源技术的突破，促进新能源和可再生能源开发利用，提高能源开发利用效率，构建可持续发展的能源体系。

> 围绕由能源大国向能源强国转变的总体目标，为能源发展"十二五"规划实施和战略性新兴产业发展提供技术支撑。通过重大能源技术研发、装备研制、示范工程实施以及技术创新平台建设，形成较为完善的能源科技创新体系，突破能源发展的技术瓶颈，提高能源生产和利用效率，在能源勘探与开采、加工与转化、发电与输配电以及新能源领域所需要的关键技术与装备上实现自主化，部分技术和装备达到国际先进水平，提升国际竞争力。
>
> ——《国家能源科技"十二五"规划》

"国际金融危机催生新的科技革命，世界可能进入创新集聚爆发和新兴产业加速成长时期,绿色发展成为一大趋势。"①能源科技的创新是实现绿色发展的重要前提和关键。世界能源已进入新一轮战略调整期,发达国家和新兴国家通过能源技术引导,在大力开发可再生能源的同时,提高化石能源开采和利用率,减少有害物质和温室气体排放,以实现低碳、清洁发展。"十二五"期间,我国应抓住世界能源体系调整转型和能源科技创新的最佳发展机遇期,准确把握能源科技的发展方向,明确目标,加大在能源科技方面的投入,通过自主创新实现能源工业跨越式发展。

10.2.5 能源需求稳步增长,能源结构亟待优化

"十一五"期间,我国经济实现了持续快速增长,2010 年,我国 GDP 达到 40 万亿元,经济总量仅次于美国,成为世界第二大经济体。"十二五"期间,从国际环境看,世界多极化、经济全球化仍然在深入发展,新一轮科技革命不断深化,国际环境总体上有利于我国和平发展。从国内环境看,国内市场潜力巨大,资金供应充足、劳动力素质高、基础设施不断完善,经济社会发展还存在较大的空间。未来 5 年的中国经济,仍处于城市化与工业化的加速发展时期,其主要特征是:经济增长快,能源需求增长快。中国经济仍将保持强劲的发展态势和能源需求。

近年来,国内外不同研究机构都曾对中国未来的消费进行预测,例如,2007 年,中国工程院和国际能源署分别对中国未来能源消费总量和消费结构进行了预测。

表 10-3 国内外不同研究机构对中国未来能源需求的预测

单位:亿吨标准煤

机构 \ 年份	2015	2020	2030	2035	2050
IEA(2010)	41.2	45.1	51.0	53.4	—
EIA(2010)	36.5	43.7	58.6	65.5	—
IEEJ(2010)	—	36.3	45.2	49.3	—

① 李克强,深刻理解《建议》主题主线、促进经济社会全面协调可持续发展,2010 年 11 月。

续表

机构＼年份	2015	2020	2030	2035	2050
中国工程院	—	40.7～43.5	45.5～49.5	—	51.9～57.9
国家发展和改革委员会能源研究所	—	38.5～47.7	—	46.0～58.5	50.2～66.9

数据来源：IEA，World Energy Outlook 2010，2010；EIA，International Energy Outlook，2010；Handbook of Energy & Economic Statistics in Japan 2010，2010；中国能源中长期发展战略研究项目组，中国能源中长期（2030、2050）发展战略研究（综合卷），科学出版社，2011；国家发展和改革委员会能源研究所课题组，中国2050年低碳发展之路：能源需求暨碳排放情景分析，科学出版社，2010。

与发达国家相比，我国煤炭消费比重偏高，而油气及清洁能源比重偏低，其中我国一次能源消费结构中煤炭所占比重比美国高约45个百分点，比日本高约40个百分点；油气所占比重比美国低约42个百分点，比日本低约39个百分点，比世界平均水平低约34个百分点；清洁能源所占比重比美国低约3个百分点，比日本低约7个百分点，比世界平均水平低约7个百分点。

表10－4　我国与世界主要国家和地区一次能源消费结构对比　　（%）

国家/地区	煤炭	石油	天然气	水电、核电、风电等
美　国	22.5	37.1	24.7	15.7
欧　盟	16.4	34.9	25.0	23.7
日　本	21.4	42.4	17.1	19.1
俄罗斯	14.7	21.3	54.0	10.0
印　度	41.9	23.8	7.3	27.0
中　国	67.2	16.9	3.4	12.5
世界平均	27.2	32.9	20.9	19.0

数据来源：IEA（国际能源机构）。

“十二五”期间，我国的能源消费总量增长将面临资源供应瓶颈和环境约束，大量的化石能源消费将带来大量的二氧化碳排放，这将严重破坏我国的生态环境，也会使我国在气候变化问题上来自国际社会的压力。

因此,“十二五”期间,需要调整和优化能源结构,降低煤炭比重,提高天然气、核电、可再生能源等的比重,实现能源结构的多元化和清洁化。通过加快发展新能源和可再生能源,力争到2015年核电、水电、风电等新能源和可再生能源在我国能源消费结构中的比重达到14%左右,为2020年实现国家中长期核电和风电目标奠定基础。

“十二五”时期我国可再生能源发展的总体目标是:到2015年,可再生能源年利用量达到4.78亿吨标准煤,其中商品化年利用量达到4亿吨标准煤,在能源消费中的比重达到9.5%以上。

2015年各类可再生能源的发展目标是:水电装机容量2.9亿千瓦(其中抽水蓄能电站3 000万千瓦),累计并网运行风电1亿千瓦(其中海上风电500万千瓦),太阳能发电2 100万千瓦,太阳能热利用累计集热面积4亿平方米,生物质能利用量5 000万吨标准煤;各类地热能开发利用总量达到1 500万吨标准煤;各类海洋能电站5万千瓦。

——《可再生能源“十二五”规划》

到2015年,全国累计并网运行的风电装机容量要1亿千瓦,年发电量达到1 900亿千瓦时。

——《风电发展“十二五”规划》

加快开发水电。实行大中小开发相结合,推进水电流域梯级综合开发。到2015年全国常规水电装机容量预计达到2.84亿千瓦左右,水电开发程度达到71%左右,其中东部和中部水电基本开发完毕,西部水电开发程度在54%左右。

稳步发展核电。根据保障能源供应安全、优化电源结构的需要,统筹考虑我国技术力量、建设周期、设备制造与自主化、核燃料供应等条件,预计到2015年,建成核电装机容量6 000万~8 000万千瓦。到2020年,核电运行装机容量争取达到4 000万千瓦;核电年发电量达到2 600亿~2 800亿千瓦时。

积极发展风电。在未来5年，我国风力发电科技实现从量变到质变的转变，完善和发展风力发电科技的实力，实现从风电大国向风力强国的转变。在"十二五"期间，我国规划风电新增装机容量7 000万千瓦以上。

合理利用太阳能，实现太阳能发电规模化应用。到2015年太阳能光伏发电装机容量达到约500万千瓦，太阳能热水系统集热面积达到约4亿平方米。

科学促进生物质能等可再生能源的有效利用。按照"因地制宜、综合利用、清洁高效"的原则，合理开发生物质能资源。到2015年生物质发电装机容量达到约1 300万千瓦。到2015年，地热供热面积达到约0.5亿平方米。

——相关产业"十二五"发展规划

10.2.6 能源对外依存度不断上升，国际能源领域合作深入发展

我国能源供应能力特别是油气供应能力低于需求，要保障"十二五"期间经济社会发展所需能源尤其是油气资源的供应能力，必须依靠国际国内两个市场、两种资源。从2009年开始，我国原油对外依存度突破了50%，2010年达到54.8%。天然气对外依存度2010年约为15%，在"十二五"期间会进一步提升。我国能源对外依存度特别是原油对外依存度的不断上升，将对我国能源安全造成巨大威胁。

要解决我国能源问题，必须立足国内、面向全球，开发利用好国内能源，这既是促进国民经济发展、维护国家经济和能源安全的内在需要，也是复杂的国际政治经济格局下的现实选择。国际能源合作在我国能源发展中的作用越来越明显，地位越来越重要，我国将开始更加积极地参与国际能源合作与对话，与世界主要能源生产国和消费国都建立双边对话机制，不断深化与各国在能源领域的合作，积极实施"走出去"战略，鼓励能

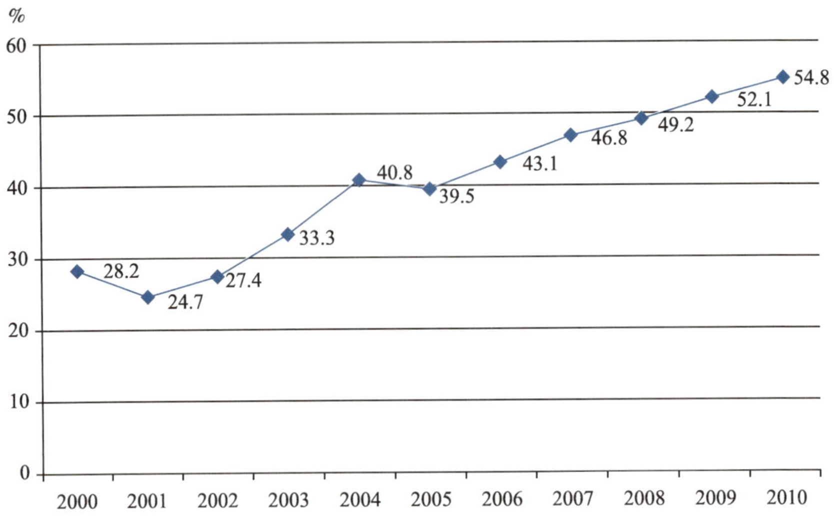

图 10－1　中国原油对外依存度

数据来源：国家能源局.《中国能源统计年鉴 2010》；国土资源部.《2010 中国国土资源公报》。

源企业走出国门，获取海外资源。本着互利共赢的原则，建立一个包括能源供应国、消费国、中转国在内的全球能源市场治理机制①，巩固和发展同主要能源资源国的关系，加强与能源消费大国的合作，全面提升我国参与全球能源开发和能源贸易竞争的能力，确保经济、稳定、可靠地获得境外能源资源，把我国能源供应体系从一个主要依靠国内资源的供应系统，逐步转变为充分利用国内国外两个资源、面向全球的能源和资源供应系统。在推进国际能源互利合作中，增加我国能源供应能力，为改善世界能源供给、保障全球能源安全做出积极贡献。

10.2.7　能源体制改革继续深化

对能源工业进行科学的宏观调控与管理，实现能源资源的合理开发与利用，满足经济社会发展对能源的需求，必须建立与我国国情相适应的能源管理体制。我国能源体制矛盾突出，自主创新能力不足。能源科技

① 温家宝，中国坚定走绿色和可持续发展道路——在世界未来能源峰会上的讲话，2012年1月。

创新体制不顺，产学研结合不紧密，科技资源分散重复封闭低效，尖端人才缺乏，自主创新基础薄弱，原创性成果较少，一些关键核心技术、设备和材料仍然依赖进口，能源产业总体上大而不强。能源体制机制深层次矛盾不断积累，价格机制尚不完善，能源行业管理薄弱，体制约束已成为转变能源发展方式的主要障碍。

"十二五"期间，将继续深化能源领域体制机制改革和创新，坚持社会主义市场经济改革方向，加强顶层设计和总体规划，坚定稳妥地推进各项改革；毫不动摇地巩固和发展公有制经济，毫不动摇地鼓励、支持和引导非公有制经济发展，建立统一、开放、竞争、有序的能源市场体系；深化电网、油气管网等能源基础服务领域体制改革，建立惠及城乡居民的能源普遍服务体系；理顺能源价格、财税和投融资体制，加快完善有利于科学发展的政策体系；转变政府职能，加强行业管理，完善法律、法规和标准，形成决策科学、责权一致、服务高效、监督有力的能源行政管理和市场监管体系。

10.3 煤炭工业发展形势

煤炭是我国的主体能源，在一次能源结构中占70%左右。在未来相当长时期内，煤炭作为主体能源的地位不会改变。煤炭工业是关系国家经济命脉和能源安全的重要基础产业。"十二五"期间，煤炭需求总量增加，需求增速放缓。主要煤炭资源大国为促进经济发展，将进一步扩大国际合作，合理控制煤炭消费总量，限制粗放型经济对煤炭的不合理需求，煤炭开发利用领域广泛采用高新技术，煤炭工业向集团化、集约化、多元化、洁净化方向发展。

10.3.1 煤炭工业发展具备了坚实的发展基础

"十一五"期间，煤炭工业作为我国能源基础产业，有力地保障了国家能源安全，支撑了国民经济和社会的快速发展，做出了突出贡献，正朝着资源消耗少、环境污染小、经济效益高、安全有保障、健康可持续发展的新型工业化道路前进,为"十二五"期间煤炭工业发展奠定了坚实的基础。

煤炭市场化改革成效显著。煤炭工业通过不断改革,扩大开放,计划经济体制被逐步打破,煤炭市场化改革取得成效;投融资体制改革取得突破性进展,以市场为导向的多元投融资体制逐步形成;企业内部改革稳步推进,主辅分离辅业改制和分离办社会职能取得进展;行业壁垒逐步打破,煤炭上下游产业一体化发展步伐加快;煤炭企业"走出去"取得了实质性进展。

煤炭工业结构调整取得显著成效。在国家相关政策措施指导下,大型煤炭企业集团快速成长,大型煤炭基地建设取得较大进展,大型现代化和安全高效矿井建设成绩显著,煤炭资源整合与淘汰落后产能工作取得成效,以煤为主的多元产业发展格局开始建立。

煤炭科技进步和自主创新能力增强。"十一五"以来,煤炭行业承担国家"863"计划、"973"计划和自然科学基金等科研项目 31 项,重点科研课题 336 个;实施国家科技大型示范工程项目 13 个。取得了一大批科技创新成果,自主创新能力显著增强。建成了一批企业技术中心,其中,国家级企业技术中心 12 个。

全国煤炭有效供应保障能力大幅提高,全国煤炭产量大幅快速增加。通过老矿区技术改造和改扩建,加快新矿区建设,全国煤炭生产能力快速增加。全国煤炭运输网络逐步完善。

煤矿安全生产形势稳定好转。国家加大煤矿安全整治力度,煤矿安全投入大幅增加,安全监测监控技术装备水平不断提高。煤矿事故起数和死亡人数大幅下降。国家支持煤矿企业加大安全生产投入,提高了煤矿安全保障能力。

10.3.2 煤炭总量保持稳定增加、增速回落

"十二五"期间,我国将加快推进非化石能源发展,加快推进水电、核电建设,做好风电、太阳能、生物质能等可再生能源的转化利用。煤炭资源开发受区域分布不均、煤炭资源和水资源呈逆向分布以及区域生态环境、安全生产的制约,煤炭需求的快速增长随着国家产业结构调整和能源

结构调整力度的加大，以及节能减排等措施的逐步落实而受到一定程度的影响，到“十二五”末，煤炭在一次能源结构中的比例下降到63%左右，与2010年相比，下降了约5个百分点。

“十二五”时期，从国际环境看，经济全球化将在曲折中继续深入发展，仍将为我国加快发展提供诸多机遇。一是有利于我国利用国际市场规模扩大和进一步开放稳定出口，带动经济增长和就业增加；二是有利于我国继续引进国外先进技术、设备、人才和管理经验，带动国内技术进步和产业转型升级；三是有利于我国企业“走出去”开展国际能源资源合作开发，拓宽能源资源供应渠道。从国内环境看，我国将处于工业化、城镇化加速发展阶段，房屋建筑面积和汽车保有量快速增长，耗能较高的能源原材料基础工业比重较大，这个时期的能源需求仍将处于增长阶段，国民经济将保持平稳发展，从而带动煤炭消费量持续增加。

煤炭需求在很大程度上取决于相关行业的发展状况，相关行业发展速度的快慢直接决定着煤炭需求增减。电力、钢铁、建材和化工四大主要耗煤行业分析如下：

根据国家能源发展战略规划，今后一段时期我国电源结构调整力度将进一步加大，水电、核电、风电等优质清洁能源发展加快，特别是水电将在未来几年集中投产，煤电发电比重将有所下降。根据中电联等部门研究预测，未来几年全国电力供需形势总体上供大于求，“十二五”期间，全国规划燃煤火电机组开工规模预计为3亿千瓦，2015年火电装机容量将达到9.33亿千瓦。火电发电量增速呈现明显的“前低后高”态势，2011—2015年期间的增速分别为7%～8%，预计2015年火电发电量将达到4.5万亿～4.8万亿千瓦时，届时发电煤耗将低于315克标准煤/千瓦时左右，预计2015年电力行业煤炭需求将达到20亿～21.5亿吨，电力行业用煤依然是拉动煤炭需求增长的主要因素。

优先开发水电：

继续加快开发、尽早开发完毕开发程度较高的长江上游、乌江、南盘江红水河、黄河中上游及其北干流、湘西、闽浙赣和东北等7个水电基地，重点布局开发金沙江、雅砻江、大渡河、澜沧江、怒江、黄河上游干流等6个规划装机容量合计超过2亿千瓦、开发率仅为11%的水电基地。

在"十二五"期间，6个大型水电基地可投产大型干流电站主要有溪洛渡、向家坝、锦屏梯级、糯扎渡等，预计可投产容量5 200万千瓦左右；其他省区市以及四川、云南两省的非干流水电可投产容量3 550万千瓦左右，全国水电投产规模8 750万千瓦左右。到2015年，全国常规水电装机预计达到2.84亿千瓦左右，水电开发程度达到71%左右（按经济可开发容量计算，下同），其中东部和中部水电基本开发完毕，西部水电开发程度在54%左右。

优化发展煤电：

以开发煤电基地为中心，重点建设16个大型煤电基地，包括：山西（晋东南、晋中、晋北）、陕北、宁东、准格尔、鄂尔多斯、锡林郭勒盟、呼盟、霍林河、宝清、哈密、准东、伊犁、淮南、彬长、陇东、贵州。综合考虑煤炭和水资源等外部条件，上述煤电基地可开发总规模超过6亿千瓦，正在开展前期工作的装机规模4亿千瓦左右。

"十二五"期间，全国规划煤电开工规模3亿千瓦，其中煤电基地开工1.97亿千瓦，占66%；投产规模2.9亿千瓦，其中煤电基地投产1.5亿千瓦，占52%，东中部受端地区投产8 500万千瓦，占28%。2015年我国煤电装机预计达到9.33亿千瓦。

——《电力工业"十二五"规划》

"十二五"期间，钢铁工业将步入转变发展方式的关键阶段，既面临结构调整、转型升级的发展机遇，又面临资源价格高涨、需求增速放缓、环境压力增大的严峻挑战，产品同质化竞争加剧，行业总体上呈现低增速、低赢利的运行态势。2011—2015 年期间全国生铁产量增速有望保持在 4% 左右，而且随着技术进步、设备大型化、落后生产能力逐步淘汰、节能技术广泛应用以及铁钢比逐步降低和喷煤比不断提高，能耗指标将逐步降低。

2015 年粗钢消费量预测

规划采用三种方法对 2015 年国内粗钢消费量进行了预测：

(1)行业消费调研法，预测 2015 年消费量为 7.5 亿吨左右。

(2)地区消费平衡法，预测 2015 年消费量为 8.2 亿吨左右。

(3)消费系数和回归分析法，预测 2015 年消费量为 7.5 亿吨左右。综合预测，2015 年国内粗钢导向性消费量约为 7.5 亿吨。

——《钢铁工业“十二五”发展规划》

“十二五”期间，我国建材行业面临的形势十分复杂，既有积极向好的一面，也存在着许多不利因素。世界经济的企稳回升，使国内建材行业面临的形势有所好转，建材商品出口有望触底回升并实现较快增长，从而对建材行业产生拉动作用。国家继续实施积极的财政政策和适度宽松的货币政策，扩大内需和改善民生的政策效应将继续发挥，这些都将为建材行业的平稳运行创造有利条件。但“十二五”期间经济增长还存在较大的不确定性，国内经济回升的基础还不稳固，严格控制新上项目、抑制产能过剩和重复建设的政策约束，以及通货膨胀预期不断增强，建材行业发展继续保持平稳增长的压力依然存在，产业结构调整的任务还很艰巨。

2015 年建材产品需求预测

随着国民经济长期平稳较快增长，预计建材工业主要产品需求将呈现市场规模持续增长、发展速度渐趋平缓的态势。

2015 年主要建材产品需求预测

产品	2010 年	"十一五"年均增长(%)	2015 年	"十二五"年均增长(%)
水泥(亿吨)	18.8	11.9	22.0	3.3
平板玻璃(亿重量箱)	6.6	10.5	7.5	2.6
建筑陶瓷(亿平方米)	78.0	13.2	95.0	4.0
卫生陶瓷(亿件)	1.7	15.7	2.0	3.3

注:2010 年数据为实际产量数;2015 年平板玻璃、建筑陶瓷、卫生陶瓷需求预测数据包括国内市场需求及兼顾国际产业分工可能出口量。

——《建材工业"十二五"发展规划》

"十二五"期间煤化工行业发展的基调是稳妥推进，适度发展。煤化工行业的发展可以确定为：放慢发展速度，调整结构，节能减排，提高行业集中度。对传统煤化工产业，继续大力推进产业结构调整，以淘汰落后生产工艺，优化原料路线，节能、降耗、减排为目标，提高工艺技术水平；同时，大力促进企业组织结构调整，通过上大压小、产能置换等方式，优化产业布局，利用技术进步逐步解决产能过剩问题，实现传统产业升级和发展模式转变，提高行业整体竞争力；继续有序推进现代煤化工先进技术示范工程建设，同时在具备资源、环境条件的地区，适当布局以煤气化为基础的煤化工多联产系统示范工程。总体而言，煤化工耗煤量在"十二五"期间将稳步增加，而在沿海、东北地区耗煤保持平稳，在新疆、内蒙古等部分省(区)，耗煤量将会大幅度增加。

综上所述，我国经济社会发展的基本面和长期趋势没有改变，我国经济经过短期调整后，将逐步恢复到平稳较快增长的轨道，并拉动煤炭需求的增长。但考虑到调整能源结构，保护环境、控制 PM 2.5 污染等因素的影响，由于政策性转型和经济因素将限制粗放型经济对煤炭的不合理需求，煤炭消费增速降低，但仍然无碍煤炭工业的健康发展。

10.3.3 煤炭开发规模不断扩大，资源环境约束进一步强化

2011 年，我国原煤生产总量达 35.2 亿吨，同比增长 8.7%。煤炭占一次能源生产总量、消费总量的比重分别约为 79%、75%，不降反升，同比分别上升 1.3、0.7 个百分点。"十二五"时期，可以预计随着我国国民经济的持续稳定增长，我国煤炭开发规模将不断扩大。

长期以来，我国以煤炭为主体、电力为中心的能源结构，使煤炭资源大面积、大规模、高强度地开采，导致全国范围内煤炭资源破坏和浪费、煤炭矿区环境污染急剧恶化、植被资源普遍衰退、水资源严重破坏和短缺的局面，生态系统失衡和生态环境问题进一步突出。总体上说，煤炭的开发不可避免地造成了环境的污染，但"十二五"期间的开发布局给环境将带来一定的影响。随着我国煤炭开发战略西移，将逐渐加大中西部的开发强度，中西部矿区多处于山区丘陵地带、地广人稀、土地贫瘠，重点开发的鄂尔多斯盆地位于黄土高原及毛乌素沙漠，生态环境十分脆弱，环境保护压力加大。在全球气候变化加剧，国际社会碳减排压力加大的背景下，高强度地生产和消费煤炭，生态环境和国际社会舆论压力增大。我国要严格按照生态允许的规模和速度组织安排开发和生产，彻底改变以需求直接拉动生产，疏于生态规划管理的开采方式，因此资源环境对煤炭生产的约束不断显现。

10.3.4 面对国际碳减排以及我国可持续发展的新要求，转型发展任务艰巨

全球气候变化问题对能源发展的制约刚性越来越强。发展低碳经济、促进碳减排已成为世界主要国家经济转型的主要方向，碳税和碳关税也已提上立法日程。研究表明，2030 年之前，我国能源需求，特别是高碳能源（煤炭、石油）需求保持快速增长，我国难以承担绝对的、强制性的温

室气体减排义务。而全球应对气候变化目标行动将有可能极大地压缩我国未来的能源消费空间，煤炭消费将面临越来越大的压力和风险。

到 2015 年，全国万元国内生产总值能耗下降到 0. 869 吨标准煤（按 2005 年价格计算），比 2010 年的 1. 034 吨标准煤下降 16%（比 2005 年的 1. 276 吨标准煤下降 32%）。“十二五”期间，实现节约能源 6. 7 亿吨标准煤。

2015 年，全国化学需氧量和二氧化硫排放总量分别控制在 2 347. 6 万吨、2 086. 4 万吨，比 2010 年的 2 551. 7 万吨、2 267. 8 万吨各减少 8%，分别新增削减能力 601 万吨、654 万吨；全国氨氮和氮氧化物排放总量分别控制在 238 万吨、2 046. 2 万吨，比 2010 年的 264. 4 万吨、2 273. 6 万吨各减少 10%，分别新增削减能力 69 万吨、794 万吨。

——《节能减排“十二五”规划》

我国政府已向全世界庄严承诺，到 2020 年我国非化石能源比例要达到 15%。而根据国家能源局“十二五”规划思路，到 2015 年，煤炭在一次能源消费中的比重可能将从 2009 年的 70% 下降到 63%。能源结构的调整和升级是我国能源发展的必然趋势，煤炭在能源结构中的比例将不断下降，煤炭工业转型发展问题将日益突出。

10. 3. 5　煤炭工业发展还面临着体制机制约束

煤炭工业的产业定位不恰当，制度设计没有反映煤炭产业特殊的发展规律。长期以来，煤炭产业一直被列入第二产业，实行的是与加工产业相同的产业政策和制度。出台的政策和措施，特别是一些重大财税政策的制定，没有考虑煤炭资源产业的实际情况，给煤炭行业发展带来了许多新的矛盾和困难。如煤炭增值税政策，由于煤炭生产主要消耗的是自然资源，自然资源转变为商品时，没有增值过程，现行的生产型增值税导致煤炭企业综合税率高于全国工业平均水平一倍多。另外，近年来部分政策出台缺乏科学论证，调整频繁，缺乏稳定性和系统性。

管理职能分散且缺乏有效的协调机制，行业管理弱化问题突出。在本轮省级政府机构改革中，仅有山西将原煤炭工业局升格为煤炭工业厅；内蒙古、辽宁、山东、湖南、新疆等5省(区)保留了煤炭工业(管理)局；河南、吉林、云南、贵州、陕西等省先后撤销了煤炭工业局，将职能分散到工业和信息部门及安全生产监管等部门；其余省份煤炭管理职能分散在工信、发展改革、安全监管等多个部门。调整后的煤炭管理职能将划分到不同部门，形成了煤炭工业多头管理的格局，煤炭行业管理弱化、职能交叉、权责不明问题突出，造成没有一个部门能够真正从总体上、全局上，综合考虑煤炭行业的改革发展问题。

部分行业改革滞后，煤炭上下游产业市场化进程不同步。由于与煤炭产业密切相关的铁路、电力等行业市场化改革滞后，运用行政手段和垄断行为参与市场竞争，煤炭行业难以按正常的市场机制运行，制约着煤炭产业的健康发展。目前，我国电煤消费占全国煤炭消费总量的50%以上，预计未来相当长的时期内，这一比例还将会不断上升。所以，电煤价格市场化机制改革仍是煤炭价格改革的重点、焦点和难点。虽然目前宏观政策再次明确了电煤价格由供需双方协商确定，但是，许多方面仍以行政手段在干预电煤价格，搞行政行为的“煤电价格联动”，煤炭价格机制仍然存在计划和市场两个手段的“双轨制”。

煤炭工业可持续发展机制尚未建立。首先，煤炭行业准入标准过低，导致煤炭行业“散、乱、差”现象严重，资源利用效率低，环境污染严重，矿难事故频发。其次，煤炭产业集中度过低，在和电力行业定价博弈中处于弱势地位，电煤价格长期低于商品煤价格，煤炭的资源成本、生产成本、环境成本、退出成本、发展成本不能在煤炭价格中充分反映并顺畅地向下游传递。最后，煤炭市场体系混乱，煤炭运输瓶颈严重，造成煤炭价格构成中非煤因素比重过大，煤炭价格上涨所带来的收益不能有效地转移到煤炭行业。另外,市场化、常态化、制度化的煤炭企业退出机制仍未建立起来。

10.3.6 我国煤炭工业生产力的总体水平不高

在煤炭资源生产过程中,职工与生产资料的有机结合,形成了煤矿企业生产力。经过多年的快速发展,虽然我国煤炭工业生产力水平有了较大的提高,但是,由于我国煤炭资源条件差异较大,煤炭总体生产力仍然处于较低水平。

我国煤炭在生产结构布局上,大中型现代化煤矿少、小型煤矿多的煤炭生产结构,制约着煤炭生产集中度的提高,制约着煤炭工业整体现代化的发展;煤炭资源赋存条件差,煤炭企业转化资源能力较低,资源利用效率不高;采煤技术装备科技水平、可靠性有待提高;劳动力整体素质不高,人才匮乏,流失严重,一些大型煤炭企业主体专业技术人员不到职工总数的1%,多数乡镇煤矿几乎没有安全技术人员。煤矿特殊工种人员配备不足,职工队伍素质差,无证上岗问题突出,与先进产煤国家生产效率仍有较大差距。“十二五”时期,我国煤炭生产力水平有待于进一步提升。

第11章　提升煤炭工业发展科学化水平的战略任务

11.1　推进煤炭结构调整

“十二五”期间，加快煤炭工业结构调整，促进煤炭工业综合性、系统性、战略性转变，是加快转变煤炭经济发展方式的主攻方向。依托大基地建设，推进大集团发展，依靠科技创新推动产业升级，依据结构调整提升发展质量，促进煤炭工业健康可持续发展。

煤炭生产：生产能力41亿吨/年。其中：大型煤矿26亿吨/年，占总能力的63%；年产能30万吨及以上中小型煤矿9亿吨/年，占总能力的22%；年产能30万吨以下小煤矿控制在6亿吨/年以内，占总能力的15%。煤炭产量控制在39亿吨左右。

企业发展：形成10个亿吨级、10个5 000万吨级大型煤炭企业，煤炭产量占全国总产量的60%以上。

——《煤炭工业发展“十二五”规划》

到2015年，实现以下目标：

规模以上煤矿企业数量控制在4 000家以内，形成12个亿吨级、16个5 000万吨级特大型煤炭企业。

煤矿数量控制在1万处以内，建成安全高效矿井600处，千万吨矿井(露天)60处。

形成以煤为主，煤电路港化和装备制造、煤炭物流等相关产业联营或一体化发展格局。

有序发展煤制油、煤制天然气、煤制烯烃等现代煤化工项目。

培育大型企业集团。大型煤炭基地内资源优先向大型煤炭企业配置，优先安排大型煤炭企业项目建设。支持具有资金、技术、管理优势的大型企业跨地区、跨行业、跨所有制兼并重组，鼓励煤、电、运一体化经营，促进规模化、集约化发展，培育一批具有国际竞争力的大型企业集团。

——《关于促进煤炭工业"十二五"结构调整的指导意见》

11.1.1 推进大基地、大集团、大煤矿建设

为了满足国民经济发展对煤炭的需求，原有的煤炭生产结构和煤炭开发布局必须进行调整和完善。在煤炭开发利用上，按照"控制东部、稳定中部、发展西部"的原则，有序推进14个大型煤炭基地建设，加快推进煤矿企业兼并重组。东部是我国经济发达地区，也是能源需求量最大的地区，但东部煤炭资源日渐枯竭，产量萎缩。从东部煤炭资源的发现和开发现状可以看出，该区内煤炭资源有限，受到资源约束、安全、环境等因素的考虑，需控制东部煤炭资源产量，留待以后开发。中部地区是我国重要的煤炭产区和出口供应基地，稳定东部煤炭产量，对保障国家能源安全、缓解运输紧张状况，平衡煤炭市场供求和价格具有重要作用。中部煤炭资源尚有一定的挖掘潜力，在中部地区通过建设一批大中型矿井，解决关闭报废和衰老矿井的生产能力的接续问题，通过挖掘现有矿井潜力，继续淘汰和关闭小矿井，稳定现有生产规模，保持和延长矿井的服务年限。西部地区煤炭资源丰富，根据西部地区的资源条件和在我国能源中的战略地位，可以作为未来煤炭工业主要供应基地，但目前基础设施不健全，处

于起步阶段,应以建设大型、特大型矿井为主,通过建设大型、特大型矿井和联合改造中小型矿井等方式,不断扩大生产规模,保证资源得以科学合理地开发利用。

深入推进大型煤炭基地建设,基地建设要与区域生态环境、资源禀赋及转运条件相适应,加强基础设施建设,提高基地煤炭供给能力。以大型煤炭企业为开发主体,加快陕北、黄陇、神东、蒙东、宁东、新疆煤炭基地建设,稳步推进晋北、晋中、晋东、云贵煤炭基地建设。神东、陕北、黄陇、宁东基地,重点建设一批世界一流的千万吨级矿井群。晋北、晋中、晋东基地,重点做好整合煤矿升级改造,适度新建大型现代化煤矿。冀中、鲁西、河南、两淮基地,做好深部资源勘察,建设接续煤矿。云贵基地,加快建设大中型煤矿,大力整合关闭小煤矿,调整煤炭生产结构。新疆基地,作为我国重要的能源战略后备基地,重点做好规划。重点支持山西、鄂尔多斯盆地、内蒙古东部地区、西南地区和新疆五大国家综合能源基地建设,发展一批专业特色鲜明、品牌形象突出、服务平台完备的现代煤炭产业集群。

继续推进大集团建设,鼓励煤炭企业实施跨地区、跨行业、跨所有制的重组整合,提高竞争能力。实施“走出去”战略,支持大型煤炭企业积累国际开发经验,培育一批具有国际竞争力的大型企业集团。坚持政府推动与市场引导相结合,推进小型煤矿兼并重组,大幅度减少办矿主体。加快国有煤炭企业分离办社会步伐,减轻企业负担,夯实与国外能源企业同台竞争的基础和实力。

建设一批大型现代化安全高效煤矿。在陕北、黄陇、神东、宁东基地,着力建成一批世界一流的千万吨矿井群,重点建设300万吨/年以上煤矿;在晋北、晋中、晋东基地,重点做好整合矿井升级改造,适度新建大型现代化矿井;在冀中、鲁西、河南、两淮基地,重点建设120万~300万吨/年煤矿,提升矿井现代化、信息化水平,限制1 000米以深新井建设;在蒙东(东北)基地优先建设大型露天煤矿。其他区域大力整顿关闭小煤矿,加快建设大中型煤矿。

2011 年,我国亿吨级煤炭企业有 7 家,年产量 5 000 万 ~ 1 0000 万吨的煤炭企业有 9 家,根据《煤炭工业"十二五"规划》,到 2015 年,将增加 5 家亿吨级企业,排名前 20 的企业煤炭产量占总产量的比重将提高 10 个百分点至 60%。"十二五"期间,通过加快全国 14 个大型煤炭生产基地建设,基地内煤炭产量占全国的 90% 以上,在晋陕蒙宁新煤炭资源开发条件好的地区,重点建设千万吨级的大型现代化煤矿,在东部和中南部重点建设大中型现代化煤矿,在西南重点建设安全高效矿井。通过推进煤矿企业兼并重组,煤炭行业的集中度将有较大幅度的提高,到 2015 年,全国煤企数量有望控制在 4 000 家以内,平均规模提高到年产百万吨以上。

11.1.2 促进煤炭产业产品结构调整

优化煤炭产业布局,资源开发与煤炭加工利用布局相结合,合理规划大型煤炭基地之间的产业分工,确定产业发展类型和发展规模;坚持以获取煤炭资源的横向重组与产业链延伸、供应链拓展的纵向扩张相融合,形成以煤为主,煤、电、路、港、化工、装备制造等相关优势产业联营或一体化发展的多元化格局;以重大技术突破和重大发展需求为基础,积极发展战略型新兴产业,培育知识技术密集、物质资源消耗少、成长潜力大、综合效益好的接续替代产业;以构建现代企业制度为目标,深化企业管理模式创新,提高发展质量。

以科学产能为指导,合理控制各煤炭品种开发强度,注重稀缺煤种保护性开采,保证煤炭市场供需平衡,保障国家能源稳定供应;大力发展煤炭加工转换项目,提高原煤入洗比例与分选效率,建设一批配煤、型煤、水煤浆、煤炭气化和液化等大型项目,加快煤层气、油母页岩等与煤伴生资源综合开发利用,提高产品附加值和综合效益;以煤炭供应的合理性,根据区域水资源和生态环境容量,坚持"以煤定化"、"以水定化",科学布局煤化工项目,合理确定产品规模、产量和工艺路线,开发适销对路产品;建设洁净煤示范工程,推动煤炭资源节约与综合利用,提高煤炭利用效率。

11.1.3 推进企业兼并重组和资源整合

支持煤矿规模化、现代化开采,关闭或整合国家规划矿区和大型整装煤田范围内的小型煤矿，淘汰落后生产能力。鼓励大型煤炭企业作为资源整合的主体，兼并重组小煤矿，增加资源储量，扩大生产规模，促进资源合理有序开发。坚持政府推动与市场引导相结合，推进小型煤矿兼并重组，大幅度减少办矿主体。通过兼并重组，全国煤矿企业数量控制在4 000家以内，平均规模提高到100万吨/年以上。

充分发挥市场机制作用，运用兼并、收购、合资等多种方式，鼓励大型煤炭企业兼并改造中小型煤矿，鼓励资源储量可靠的中小型煤矿实行联合改造。继续淘汰布局不合理、不符合安全标准、不符合环保要求和浪费资源的小煤矿，坚决取缔违法经营的小煤矿。山西、内蒙古、河南、陕西等重点产煤省（区），要以大型煤炭企业为主体，进一步提高产业集中度，促进煤炭资源连片开发。黑龙江、湖南、四川、贵州、重庆、云南等省（市），要加大兼并重组力度，切实减少煤矿企业数量。

借鉴山西、河南等地煤矿企业兼并重组、资源整合经验，结合各地实际，完善小煤矿退出机制，继续淘汰落后产能。对有条件的小煤矿，以提高生产规模、技术装备水平、管理水平和职工技术素质为重点，提升办矿水平。停止新建30万吨/年以下的高瓦斯矿井、45万吨/年以下的煤与瓦斯突出矿井项目。在现有技术管理条件下，使难以有效治理的高瓦斯和煤与瓦斯突出矿井退出生产。

稳步推进矿业权整合。对尚未开发的煤田，要科学、合理划分矿区和井田范围，制定矿区总体规划和矿业权设置方案，依法向具备开办煤矿条件的企业出让矿业权。

11.1.4 推进安全高效矿井建设

煤矿安全高效矿井建设是煤矿发展的根本出路，是煤矿安全生产的重要措施。煤炭企业要进一步统一思想、提高认识，高度重视安全高效矿井建设工作，增强做好煤矿安全高效矿井建设工作的责任感、使命感和紧迫感，强化措施、狠抓落实、夯实基础、扎实推进。注重培育安全高效矿井建设先进典型，选树一批安全高效示范矿井，及时总结推广先进经验，通过先进典型，以点带面，互相学习，引导和带动煤炭企业深入持久开展安全高效矿井建设工作的积极性和主动性，大力营造煤矿安全建设氛围，促进全国煤矿安全生产形势持续稳定好转。

加快推进大中型煤矿技术改造。对具备条件的老矿井，采用先进适用技术装备，以优化开拓部署、简化生产系统、减少工作面个数、提高生产效率为主要内容，积极推进技术改造，配套完善生产辅助设施。

11.1.5 加大煤炭资源勘察力度

进一步加强煤炭资源勘察工作，提高煤炭供给能力。完善体制机制，推动科技进步建设示范工程，加大找煤力度，提高地质勘察质量，查明一大批优质资源和大型煤炭基地接续区，把基础理论研究、重大科技攻关和示范工程建设作为推进煤炭资源勘察科技进步的着力点，寻求煤炭成矿理论和找矿新突破；加大东部深部资源勘察力度，加强中西部资源勘察与评价，重点做好大型煤炭基地和特殊稀缺煤种资源的勘察评价；统筹煤炭资源、与煤共伴生资源和环境地质勘察，合理规划勘察区域，完善资源、环境评价机制，提高矿区综合地质勘察程度；加强国际交流与合作，推动煤炭地勘企业“走出去”，充分利用“两种资源、两个市场”，提升煤炭资源勘察的国际化水平，为煤炭工业可持续发展提供资源保障和地质技术支撑。

编制新的全国煤炭、煤层气资源分布图。加强具备找煤条件的南方缺煤省区、西部边远地区的煤炭地质勘察，提供一批新的后备资源基地。加强优质炼焦煤找煤工作，确定一批新的稀缺煤种找煤区域。

加强煤炭资源标准化体系建设，完善煤炭资源勘察与评价标准，提高地质工作质量。加强煤炭资源统计与储量核查工作，健全资源动态管理机制，完善煤矿建设和生产阶段的地质勘察、测试、评价方法。重视与煤伴生资源的综合勘察与评价，加强矿区水文地质工作，合理保护与利用矿区资源。

11.2 促进煤炭工业转型发展

“十二五”时期是我国全面建设小康社会的关键时期，是深化改革开放、加快转变经济发展方式的攻坚时期。今后五年，我国煤炭工业发展环境将发生深刻变化，长期积累的深层次矛盾日益突出，粗放增长模式已难以为继，已进入到必须以转型发展促进煤炭工业又好又快发展的新阶段。煤炭工业转型发展是煤炭工业加快转变经济发展方式的关键所在，是走中国特色新型煤炭工业化道路的根本要求。通过转型发展，加快实现由传统工业化向新型工业化道路转变。

> 我国仍处于并将长期处于社会主义初级阶段，发展仍是解决我国所有问题的关键。坚持发展是硬道理的基本要求，就是坚持科学发展。以加快转变发展方式为主线，是推动科学发展的必由之路，是我国经济社会领域的一场深刻变革，是综合性、系统性、战略性的转变，必须贯穿经济社会发展全过程和各领域，在发展中促转变，在转变中谋发展。今后五年，要确保科学发展取得新的显著进步，确保转变经济发展方式取得实质性进展。
>
> ——《中华人民共和国国民经济和社会发展第十二个五年规划纲要》

11.2.1 推进煤炭上下游产业一体化

鼓励煤炭企业积极寻找战略合作伙伴，利用资源和基础设施优势，通过合作发展的模式，以开放姿态吸引国内外投资者以合资、合作等多种途径共同参与上下游一体化经营，实现煤炭产业转型。

开展多层次、多方式的煤化工、煤电一体化经营。结合具体实际，选择合适的煤电一体化经营方式，鼓励煤炭企业使用各种金融工具，通过资产重组、联合、兼并等多种形式，组建大型煤电一体化企业或集团，实现煤电产品和下游产品与经济、环境的协调发展，可以通过与大型电力企业签订中、长期契约等方式，保持各自的法人地位，实现煤炭直接供应，减少中间环节，稳定供需，降低成本。通过煤电资本相互持股、参股或者控股，实现资本整合，构建煤电企业之间的战略联盟。以节约用水、保护生态环境、保持可持续发展为出发点，充分利用煤炭资源，以资源转换为核心，充分发挥煤电统一开发管理运营的优势，形成优良的能源产业链，提高附加值。

实施煤化工与煤电一体化发展，把涉及煤炭转化利用的氮肥、甲醇等煤化工产品生产与发电结合起来，高效利用氢气、一氧化碳、氮气和二氧化碳等资源，降低发电成本，提升化工自备热电系统效率，降低生产成本和促进节能减排。形成以煤气化为龙头，煤化工、盐化工与IGCC发电相结合，纯碱、烧碱、聚氯乙烯与电力多联产一体化发展模式，实现大规模产业化。

做好项目的前期规划和可行性论证。煤电一体化投资巨大，涉及面广，在符合国家产业政策的前提下，对产业环境、市场结构、市场行为、技术经济特征、产品特点、价格关系、供需关系、技术经济关系等进行明确的认识和判断，加大项目核准力度，积极推进项目核准进程，在现有战略布局形势下，实现项目“由点到面”突破，带动煤炭产业全局发展。

加强相关行业专业人才储备。煤电、煤化一体化发展涉及的领域、行业较多，专业性较强，煤炭行业要做好相关人才的储备工作。按照相关产业发展的要求，建立人才引进使用机制，提高人才待遇，改善工作、生活条件，做到吸引人才、留住人才、用好人才。煤炭行业积极完善相关人才培训机制，健全培训制度，满足对各类人才的需求。

11.2.2 发展先进煤机装备制造业

煤机装备制造业处于煤炭产业价值链高端和核心环节，是推动煤炭工业转型升级的引擎。要瞄准世界煤炭装备制造技术发展前沿，提高自主创新能力和国产化水平，增强大型成套装备制造能力和产品的可靠性，加强煤机品牌建设，发展现代服务业。支持骨干企业通过兼并重组发展大型装备制造企业集团，逐渐形成大型企业集团与专业化生产相互结合，优势互补、协调发展的产业发展格局，促进煤矿装备制造业健康发展。

到2015年，力争煤炭装备制造业结构调整取得突破，自主创新能力进一步增强，经济发展方式明显转变。

培育发展形成年销售收入百亿以上的企业集团3～4个，年销售收入50亿～100亿元以上的重点企业4～5个。

煤矿重大装备制造国产化水平显著提高。年产千万吨及以上综采成套设备、智能化综采设备、年产千万吨及以上选煤成套设备、新型煤化工成套设备基本实现国产化，核心技术和关键部件基本实现国产化。

现代煤炭装备制造服务业得到较快发展。大型企业集团的制造服务收入比重达到20%以上。

——《关于推进煤炭装备制造业"十二五"发展的指导意见》

1. 建设八大煤炭装备产业集群和制造基地

根据我国煤炭资源开发布局战略性调整和大型煤炭基地建设的需要，综合考虑国家区域主体功能定位和资源开发、环境容量、市场空间等因素，优化煤炭装备制造业生产布局，发展煤机制造工业园区、构建产业集群、形成大型煤机制造基地。

重点建设新疆大型煤机制造基地，支撑新疆煤炭工业跨越式发展；巩固发展东北煤机制造基地，加快山西、山东、鄂尔多斯、河南、陕西、宁夏等煤炭装备产业发展，建设煤机制造工业园区，构建产业集群，引导生产要素集聚，形成科工贸一体化，以产业链为纽带，以产业园区为载体，发展一批专业鲜明、品牌形象突出、服务平台完备的现代制造产业集群。

2. 健全煤机科技创新体系

进一步建立和完善以企业为主体、市场为导向、产学研相结合的科技创新体系。加大科研投入力度，积极组织实施科技重大专项，集中攻克一批共性技术。加快建设一批带动性强的国家级煤机工程技术研究中心、国家级煤机工程实验室，提升产品开发、制造、试验、检测能力。加大支持力度，鼓励煤矿使用国产首台(套)重大技术装备。

3. 推动煤机质量品牌建设

依靠科技进步，进一步完善煤机质量标准体系，推广应用新技术、新工艺、新设备和新材料。加强煤机产品质量管控体系建设，提高产品质量。强化品牌意识，实施精品工程，逐步打造具有国际竞争力的煤机品牌。

4. 促进煤机制造业结构调整

重点支持煤炭装备制造骨干企业跨行业、跨地区、跨所有制兼并重组。加大基础零部件、加工辅具等基础配套领域投入力度，发展一批高起点、专业化强的优势企业，健全产业配套体系。发展现代煤机制造服务业。推动信息化和工业化深度融合，改造提升传统煤机制造业。

5. 推进现代煤机制造服务业发展

围绕产业转型升级，支持煤炭装备制造骨干企业在工程承包、系统集成、设备租赁、再制造、设备维修等方面为煤矿提供全方位的解决方案，逐步实现由生产型制造向服务型制造转变。

11.2.3 发展现代煤炭物流业

物流业是融合运输业、仓储业、货代业和信息业等的复合型服务产业，是国民经济的重要组成部分，涉及领域广，吸纳就业人数多，促进生产、拉动消费作用大，在促进煤炭产业结构调整、转变经济发展方式和增强国民经济竞争力等方面发挥着重要作用。“十二五”期间，通过推动煤炭物流科技创新，优化布局，发展交易中心，培育大型物流企业，改造提升基础设施，建设示范工程，鼓励发展国际煤炭贸易，构建现代煤炭物流体系，促进现代物流业平稳较快发展，培育新的经济增长点，提高煤炭长期稳定供应保障能力。

发展现代煤炭物流，建立煤炭应急储备体系

加快建立社会化、专业化、信息化的现代煤炭物流服务体系，提高煤炭物流效率，降低煤炭物流成本。加快建立全国煤炭应急储备体系，提高应急保障能力。

——《煤炭工业发展“十二五”规划》

到 2015 年，初步建立起与我国煤炭资源开发、消费布局相适应、高效通畅、协调配套、绿色环保的现代煤炭物流体系。

形成以铁路输送为主、公路运输为辅、产运需有效衔接、国内外市场相互贯通及生产、运输、储备、配煤相互支持、整体推进的煤炭物流网络。

培育 3 ~5 个大型国际化煤炭物流企业。

——《关于促进煤炭物流业发展的指导意见》

1. 加快煤炭物流网络建设

发展现代煤炭物流业，在煤炭生产区建立资源集散基地，在流通节点建立储运基地，在主要消费区建立配送服务基地，大幅度地提高煤炭物流社会化、专业化和现代化水平，形成布局合理、功能完备、衔接通畅、运转有序、高效快捷、安全可靠的煤炭生产运输和供应服务体系，建立跨行业、跨区域协同机制，不断提高煤炭物流业发展水平。

构建以煤炭主产区集运中心、中转地储配与转运中心、消费地接卸中心为节点，以区域煤炭交易中心、应急储备与配煤中心为网点，以铁路运输、铁水联运和短途公路运输为通道的煤炭物流网络。推动“蒙冀”、“晋东南”和“两湖一江”等三大铁路运输通道建设。建设煤炭物流园区，优化空间布局，完善集运、中转联运、储配等基础设施，强化物流枢纽、信息和公共服务平台功能。

在天津、贵州、唐山、鄂尔多斯、芜湖、枝城等地建设煤炭物流园区、智能储配和应急储备等示范工程，增强服务主体功能、拓展服务网络，提升煤炭物流整体水平。

2. 培育大型煤炭物流企业

推动煤炭物流企业改革重组，实现综合化、一体化、规模化发展。支持大型煤炭企业参与铁路、港口、储配基地等基础设施建设，培育发展具有国际竞争力的大型煤炭物流企业。支持发展第三方煤炭物流。

3. 推动煤炭物流科技进步

鼓励煤炭物流企业采用先进适应技术装备，实现机械化、自动化、现代化。发展大型自动化煤炭装卸技术装备，推广防止煤炭运输遗撒技术，研发快速自动计量和检验监测技术装备。发展现代配煤技术，提高煤炭资源利用效率。发展煤炭物联网，鼓励煤炭物流企业采用电子数据交换技术、可视化技术、货物跟踪技术等，实现资源来源可追溯、去向可查证、物流流程可视化。

鼓励建设公共的网络信息平台，支持煤炭物流企业采用互联网等先进技术，实现资源共享、数据共用、信息互通。推广应用智能化运输系统，加快构筑全国和区域性煤炭物流信息平台，优化供应链管理。

4. 完善煤炭应急储备体系

鼓励大型企业在铁路、公路、水路条件适合的地方，建立融煤炭仓储、加工、物流、配送等功能为一体的煤炭储配基地，形成国家、区域、地方三级煤炭储备体系。推动秦皇岛、曹妃甸、黄骅、日照、舟山、广州等沿海港口，枝城、武汉、芜湖、徐州等长江、大运河中转港口及铁路运能不足的华中、西南等地区煤炭应急储备建设，提高应对重大自然灾害和突发事件的能力。

5. 提高煤炭物流管理水平

鼓励大型煤炭物流企业通过配煤加工、库存管理，提供标准化产品和适合用户需求的个性化解决方案，创造匹配性、一致性、可靠性和经济性等高附加值、系统化、标准化的煤炭供应链服务，引导理性交易，优化资源配置，提高常态均衡供煤和关键时刻应急保障能力。

11.2.4 推进煤层气产业化发展

发展煤层气产业是一项系统工程。发展煤层气产业，可以带动运输、水泥、化工等相关产业的发展，促进煤炭产业的良性发展。加快转变煤层气产业发展方式，坚持市场引导，强化政策扶持，加大科技攻关，加快煤层气产业发展，加大煤矿瓦斯抽采利用力度，推进采煤采气一体化，保障煤矿安全生产，增加清洁能源供应。

2015 年，煤矿瓦斯事故起数和死亡人数比 2010 年下降 40% 以上；煤层气（煤矿瓦斯）产量达到 300 亿立方米，其中地面开发 160 亿立方米，基本全部利用，煤矿瓦斯抽采 140 亿立方米，利用率 60% 以上；瓦斯发电装机容量超过 285 万千瓦，民用超过 320 万户。“十二五”期间，新增煤层气探明地质储量 1 万亿立方米，建成沁水盆地、鄂尔多斯盆地东缘两大煤层气产业化基地。

——《煤层气（煤矿瓦斯）开发利用“十二五”规划》

推进瓦斯抽采利用，促进煤层气产业化发展

健全体制机制，推进采煤采气一体化开发。加大煤层气（煤矿瓦斯）勘探开发利用力度，遏制煤矿瓦斯事故，增加清洁能源供应，减少温室气体排放。

（1）推进煤矿瓦斯抽采利用。建立煤矿企业瓦斯防治能力评估制度，推进高瓦斯和煤与瓦斯突出小煤矿兼并重组。完善瓦斯抽采利用标准，全面实施高瓦斯矿井规模化抽采工程，建成 36 个年抽采量超过 1 亿立方米的规模化抽采矿区。支持煤矿瓦斯民用和发电，加快煤矿区瓦斯管路联网，集中规模化利用。鼓励低浓度瓦斯利用，开展乏风瓦斯利用试验及示范项目建设。

（2）大力发展煤层气产业。支持大型煤炭企业参与煤层气勘探开采，鼓励外商和民营企业利用先进技术和资金投资煤层气开发，提高煤层气开发利用技术和管理水平。继续推进大华北区煤层气勘探开发试验，加快开展新疆地区低阶煤盆地、西南高应力区和中部低渗透三软煤层煤层气勘察与开发评价。重点建设沁水盆地和鄂尔多斯盆地东缘煤层气产业基地，建成寺河、潘河、成庄、潘庄、赵庄等项目，加快建设大宁、郑庄、柿庄南等重点项目，配套建设沁水盆地南部和鄂尔多斯盆地东缘煤层气产业基地的集输管网。

——《煤炭工业发展“十二五”规划》

1. 推进煤矿区煤层气产业化基地建设

支持大型煤炭企业参与煤层气勘探开采，鼓励外商和民营企业利用先进技术和资金投资煤层气开发，提高煤层气开发利用技术和管理水平。煤矿区煤层气开发，围绕煤矿生产，采取一切可以采取的措施手段，先抽气后采煤，通过煤层气产业化基地建设，促进煤层气产业发展，实现资源、安全、环保多重效益。

重点开发沁水盆地和鄂尔多斯盆地东缘，扩大产能、完善基础设施，建成煤层气产业化基地。开展安徽、河南、四川、贵州、甘肃、新疆等省区煤层气开发试验，力争取得突破。建成寺河、潘河、成庄、潘庄、赵庄项目，新建马必、寿阳、和顺等项目，推进沁水盆地煤层气产业化基地建设；建成柳林、韩城—合阳项目，加快建设三交、大宁—吉县、韩城—宜川、保德—河曲等项目，新建临兴、延川南等项目，推进鄂尔多斯盆地东缘煤层气产业化基地建设；加快辽宁阜新、铁法矿区煤层气开发，推进河南焦作、平顶山、贵州织金—安顺等项目开发试验。

2. 创新瓦斯防治模式

全面推进煤矿瓦斯先抽后采、抽采达标，重点实施煤矿瓦斯抽采利用规模化矿区和瓦斯治理示范矿井建设，保障煤矿安全生产。

在山西、辽宁、安徽、河南、重庆、四川、贵州等省市 33 个煤矿企业、8

个产煤市(区),开展煤矿瓦斯规模化抽采利用重点矿区建设。重点落实区域综合防突措施,新建、改扩建抽采系统,增加抽采管道、专用抽采巷道和钻孔工程量,配套建设瓦斯利用工程。

开展煤矿瓦斯治理示范矿井。建成黑龙江峻德矿、安徽潘一矿等瓦斯治理示范矿井,分区域选择重点煤矿,建设瓦斯治理示范矿井,创新瓦斯防治模式,发挥区域示范引导作用。

3. 开展煤层气产业化科技攻关

开展专项科技攻关,解决制约煤矿区煤层气高效开采的关键技术难题,加快研究和推广先进实用的煤层气开发新技术新装备,进一步提高煤层气(瓦斯)的开发效率。

开展煤层气成藏规律、高渗富集规律研究及有利区块预测评价,低阶煤煤层气资源赋存规律研究,煤与瓦斯突出机理研究等重大基础理论研究。开展构造煤煤层气勘探、低阶煤测试、空气雾化钻进、煤层气模块化专用钻机、多分支水平井钻完井、连续油管成套装备等地面开发与重大装备研发。研究地面钻井煤层预抽、采动卸压抽采、低浓度瓦斯和风排瓦斯安全高效利用等关键技术与装备。对于已经成熟的煤层气技术加大推广力度,对适用于不同条件的煤层气抽采技术加大示范范围。加强国际合作和交流,积极引进煤层气勘探开发利用先进技术。建立完善以企业为主体、市场为导向、产学研用相结合的煤层气技术创新体系。

4. 建立煤层气与煤炭开发协调机制

建立完善煤层气和煤炭共同勘探、合作开发、合理避让、资料共享等制度。新设探矿权必须对煤层气、煤炭资源综合勘察、评价和储量认定。煤层气产业发展以规模化开发为基础,强化对先采气后采煤和综合勘察综合开采的政策落实。在资源配置、开发方案等方面统筹协调煤层气和煤炭的勘探开发。根据具体情况采取不同措施处置现存的煤层气与煤炭矿权叠置问题。根据矿区综合规划、井田合理布局、矿井有序接续的要求,以保证煤矿生产安全、降低瓦斯含量、提供清洁能源为开发煤层气的源动力,进行先期的煤层气资源开发。鼓励煤炭企业与煤层气生产企业通过合作、合资和参股等方式,实现两个行业之间的良性运作,互利共赢,形成煤层气与煤炭综合开采模式,保障采煤安全。

5. 落实完善煤层气产业化政策

借鉴国外开发煤层气的成功经验,制定相关经济鼓励政策,调动企业和社会开发和利用煤层气(煤矿瓦斯)的积极性,加大政策支持力度,鼓励煤层气(煤矿瓦斯)开发和利用。

11.3 推进煤炭科技创新

科学技术是第一生产力,是推动现代社会发展的重要因素和力量。煤炭工业的科技进步关系到整个国家的现代化。要充分认识推进科技进步是提高煤炭工业发展科学化水平的重要保障,准确把握行业发展方向,高度重视科技创新体制机制建设,瞄准科技前沿和重点领域,开展重大基础理论研究和关键技术攻关,力争取得突破,为煤炭工业可持续发展提供科技支撑。

到2015年,煤炭科技发展力争实现以下目标:

(1)行业科技创新体系更加完善。大中型企业普遍建立起技术研发中心,特大型企业成为引领行业科技进步主体。

(2)行业科技贡献率达到45%,大中型企业科技投入力争达到当年营业收入的3%。

(3)煤炭安全高效开采与清洁高效利用的基础理论研究取得突破。

(4)煤矿千万吨矿井和中小煤矿综采机械化成套技术装备国产化取得明显进展。

(5)煤矿安全技术装备水平大幅提高,全国煤矿百万吨死亡率下降至0.5以下。

(6)绿色开采、生态矿山建设取得进展,矿区生态环境明显改善。

(7)煤炭深加工和新型煤化工产业示范取得实质性进展。

(8)煤炭科技人才队伍建设取得成效。

——《关于推进煤炭工业"十二五"科技发展的指导意见》

11.3.1 提升煤炭工业科技水平

重点开展煤炭资源安全高效开采和清洁高效利用、煤矿重大灾害防治、煤炭高效转化等基础理论研究,推动资源精细勘探和煤矿井下超前探测、大型现代化煤矿建设、煤矿绿色开采、高效辅助运输、安全避险与应急救援、大型煤炭加工转化与综合利用关键技术和装备攻关,力争在基础理论、重大科技攻关、大型装备和关键部件研发制造等方面取得突破性进展。

表11-1 "十二五"基础理论研究、重点领域科技发展、重大关键技术攻关

研究方向	项目名称
基础理论研究	煤矿重大灾害防治基础理论
	煤炭资源开发基础理论
	煤炭转化基础理论
重点领域科技发展	煤炭资源开发地质保障
	特殊地层大型矿井建设
	煤炭高效开采
	煤矿信息化和管理现代化
	煤与煤层气开发

续表

研究方向	项目名称
重点领域科技发展	煤矿灾害预测与防治
	煤矿安全避险和应急救援
	煤矿职业危害防治
	煤炭加工与转化
	节能减排与资源综合利用
重大关键技术攻关	煤矿多源地质灾害防治技术
	特殊条件下的大型矿井建设技术
	高效辅助运输技术
	煤矿高效充填开采技术
	露天煤矿安全高效开采技术
	煤矿安全避险及应急救援处置技术
	千万吨级高效选煤技术
	低阶煤提质与综合利用技术

推动示范工程建设,加大科技成果向现实生产力转化。结合重大科技攻关和关键技术装备研制,重点围绕防治矿井水害、安全高效开采与生态矿山建设、煤矿物联网、褐煤干燥提质、现代煤化工等方面,建设科技示范工程;推进东部矿区受高承压水威胁煤层的安全开采,提高资源枯竭矿井服务年限;推进煤矿绿色开采与生态矿山建设示范,促进资源、环境和区域经济的协调可持续发展;开展年产千万吨高效自动化开采矿井示范工程建设,提高我国煤矿生产机械化、规模化、现代化和安全保障能力;研究提出煤矿物联网示范工程建设的具体思路和具体实施意见,促进工业化与信息化融合;建设褐煤干燥与低阶煤提质示范工程,提高资源的综合高效利用;继续推进现代煤化工示范工程建设,提高我国煤炭精细化工产业化发展。建立和完善煤炭科技示范工程建设项目启动、评估、投入和组织、协调、管理与运行机制,统筹行业科研力量,增强知识产权和技术专利的创造、运用、保护、授权和有偿转让意识,促进煤炭科技创新发展。

表 11－2 "十二五"煤炭科技示范工程

序号	项目名称	研究领域
1	千万吨高效自动化开采矿井示范工程	推进大型现代化煤矿建设进程，提高生产效率和安全保障程度
2	绿色开采生态矿山示范工程	促进煤炭资源开发、环境保护与区域经济社会协调发展
3	煤与瓦斯突出防治示范工程	逐步建立和完善煤与瓦斯突出综合防控技术体系，有效控制重大煤矿瓦斯灾害
4	高承压及深部矿井防治水示范工程	解放华北型煤田下组煤资源，提高东部老矿区服务年限
5	煤层气开发利用示范工程	提高煤层气与煤矿瓦斯抽采和利用率，促进资源的综合利用
6	煤矿井下高效选煤厂示范工程	提高煤炭生产效率，减少固体废弃物排放
7	规模化褐煤物理干燥技术示范工程	提高关键技术设备的设计与制造能力，推动低阶煤高效利用
8	大型煤炭间接液化示范工程	提高煤炭液化关键技术、工艺和装备的国产化，推动我国煤炭现代煤化工产业化发展
9	煤矿物联网示范工程	促进工业化与信息化的融合，推动智能煤矿建设

推广 80 项先进适用技术。在煤炭清洁高效开采方面，重点推广煤矿绿色开采、煤田高精度勘探、煤矿巷道快速掘进、井下辅助运输、小型煤矿机械化开采等 30 项先进适用技术；在煤矿安全防治与应急救援方面，重点推广煤矿瓦斯综合治理、水害防治、深部矿井煤岩动力灾害防治、井下安全避险等 20 项先进适用技术；在煤炭资源综合利用方面，重点推广大型选煤厂成套技术与装备和矿井水、矿井热能利用等 15 项先进适用技术；在煤矿信息化建设方面，重点推广煤矿综合监测监控和煤矿一体化通讯等 15 项先进适用技术。

11.3.2 开发新型洁净煤技术

发展洁净煤技术是我国能源发展的战略选择，国家已经把洁净煤技术作为调整煤炭产业结构、提高煤炭及其加工产品商业价值、改善环境，实现煤炭工业可持续发展的战略选择，洁净煤技术已经成为我国能源可持续发展的重要领域。

> 在煤炭提质与资源综合利用、高效洁净燃煤发电、煤基洁净燃料、高效燃煤与工业节能、队伍建设和平台建设等方面，突破重点基础和核心关键，开发出一批具有国际领先水平的新工艺、新技术，实现重大系统技术集成，为煤电、煤转化等重点示范工程和建设洁净煤技术战略性新兴产业提供技术支持，达到世界先进、领先水平。
>
> ——《洁净煤技术科技发展"十二五"专项规划》

1. 高效洁净燃煤发电

针对高效洁净燃煤发电"大型、高参数、洁净"化的发展趋势，主要开展对大型超超临界发电成套技术研究，重点开展对超700℃超超临界发电机组的锅炉、汽机、辅机以及高温材料等关键技术研究；高参数超超临界关键技术、高参数、新型循环流化床燃煤锅炉研究；大规模整体煤气化联合循环发电关键单元技术及装备，燃气轮机及其集成示范；开展燃煤污染治理，二氧化碳分离、埋藏及利用技术研究。研发燃煤烟气多种污染物联合脱除关键技术，并在600兆瓦电站锅炉进行工业示范。研究开发燃煤NOx过程控制关键技术集成及示范，完成适于我国各类煤种、各种燃烧方式的低NOx燃烧系统的研发和示范，研发适合我国动力燃煤特性的SCR脱硝催化剂，并进行工业示范。

2. 煤提质及资源综合利用

针对褐煤、低变质烟煤分级转化、综合利用开展煤质与转化基础研究。开展褐煤、低变质烟煤高效转化、综合利用新工艺,新技术研发及工业示范,开发百万吨级工业装置工艺包;煤中矿物质先进综合利用技术;煤矿大型节能及污染物控制技术等关键核心技术研发,提升褐煤分级提质转化、褐煤气化等重点技术水平。

3. 煤基清洁燃料

结合国内工业示范,开发3~5项具有国际先进水平的煤基清洁燃料新技术,完成一批煤制清洁燃料及化工品发明专利,推动建设大规模煤基多联产工业示范,使我国煤基清洁燃气、煤制油、煤制烯烃等工业技术达到国际领先水平。对煤制清洁燃气关键核心技术进行攻关,开发出完整的具有自主知识产权的煤制天然气成套工艺技术工艺包;开发出煤低温催化气化、煤加氢气化两种制天然气新工艺关键技术及气化炉等核心装备,形成系统试验室研发平台并进行试验运行;突破地下气化关键技术瓶颈,形成煤炭地下气化过程稳定控制技术和地下水环境监控技术,实现煤炭地下气化过程连续稳定生产和地下、地上环境友好。

开展煤制清洁液体燃料及化工品核心关键技术研究。开发出甲醇制汽油大型化成套技术软件包,探索甲醇转化制取大宗能源产品和重要化学品的新技术;研究开发煤基液体产物联合加工的关键单元技术,开展工程化技术研究,开发各单元技术的工艺包,开发出煤基高密度军用航空燃油制备技术。

开发新型煤气化核心技术,并实现对现有落后气化技术的替代。

4. 高效燃煤及工业节能减排

开展多煤种复杂煤质研究和燃烧工艺创新基础研究,开发工业锅炉岛、冶金炉窑高效节能关键技术,建成工业示范,能效达到国际先进水平。

在清洁燃煤系列化高效工业锅炉岛技术方面,开发出高效低排放燃煤工业锅炉岛系统技术;研究与不同煤种相适宜的工业锅炉设计标准;研究工业锅炉烟气低温余热回收关键技术并进行工业示范,形成系列产品;开发煤与生物燃料协同燃烧技术等;开发可分别用于高、中、低温三种品质余热回收利用技术，开展对工业炉窑余能高效回收及梯级利用技术研究。

开展冶金工业余能高效利用技术研究。研发基于热管、蓄热、蓄能、低温余热回收等余热高效回收新技术，研发针对炼钢炉、各种矿热炉、炼铁高炉、炼焦炉等大型冶金炉窑的非稳态烟气、炉渣、产品及副产品等余热回收关键技术，建设钢铁工业间歇性余热综合发电示范工程。

研究开发提高低挥发分非炼焦煤配加新工艺，开发新一代煤调湿关键技术，开发焦炉装煤烟尘减排新技术及示范；开发焦化废水有效处理及可资源化回收利用新技术及示范。

“十二五”期间，在高参数发电锅炉材料、煤基天然气及高密度航油、狭窄空间高效低氮煤粉燃烧、冶金电炉非稳态废热回收等方面开发出10~15项关键、核心技术，形成约100项发明专利，形成一批达到国际领先或先进水平的技术及装备，整体达到洁净煤技术研发和产业应用国际领先水平。

11.3.3 大力发展煤炭信息化技术

> 力争到“十二五”末，煤炭工业信息化与工业化深入融合取得重大突破，煤炭信息化核心技术研发能力大幅提高，信息技术在煤炭生产经营和管理的主要领域、环节得到充分应用，业务流程优化再造和产业链协同能力显著增强。
>
> 大型煤炭企事业单位实现专网覆盖矿井，推广千兆工业环网技术，重点矿区逐步实现三网融合。
>
> 大型煤炭企业年度信息化建设资金投入达到销售收入的1%左右，煤炭信息化技术自主创新能力显著增强。
>
> 建成一批具有示范作用的智慧矿山。
>
> ——《关于推进煤炭工业“十二五”信息化发展的指导意见》

1. 完善煤炭信息化标准体系

参照现行国际、国家和行业标准，组织开展煤炭工业信息化标准体系研究，建立健全由总体标准、信息资源标准、网络基础设施标准、信息安全标准、应用系统标准和信息化管理标准等组成的煤炭工业信息化标准体系。

2. 搭建信息化工作平台

提高煤炭行业门户网站、专业网站和企业网站建设水平，打造行业权威信息工作平台。建立煤炭行业网站工作联系和网络资源连接，完善信息资源共建、公用、共享模式和机制。依托统一的信息网络平台，建设信息资源目录体系和交换体系。构建集信息发布、查询、咨询，在线服务，电子商务和媒体宣传等多功能于一身的行业综合信息服务平台。

3. 加大煤炭行业重点领域的信息化技术攻关力度

基础网络。研究多用途集团网络构建模式和矿区多网融合解决方案，研究推广无线通信网络关键技术。

集团管控。建立和完善煤炭行业数据系统，实现主要业务互通互联。重点研究开发煤炭企业综合管理系统，研究多产业板块系统融合集成；兼并重组企业的系统兼容和集成；煤矿综合信息化、综合自动化系统集成等。

安全生产。重点开展信息化在煤矿安全监测监控、调度指挥、自动化控制、灾害预警、应急救援等综合系统应用研究，加强煤矿安全生产专用信息技术、系统和设备的研发。加大井下目标精准定位系统和可靠、安全、经济的井下通信系统技术攻关。开展生产设备故障预报、重大危险源监测、安全灾害预警预报、无人工作面遥控、井下生命探测等技术研究。

节能减排。加快行业主要耗能设备和工艺流程的职能化改造，加强对能源资源的实时监测、精确控制和集约利用。加快煤矿节能环保信息化系统开发，开展适用于煤炭行业的环保节能数据分析及污染物排放实时监控系统应用研究。推动企业能源管理中心建设,整合自动化、信息化、管控一体化及节能减排新技术。推进煤炭洗选加工、矸石利用、煤层气等领域信息化技术应用。

物流贸易。研究煤炭物流产业信息化关键技术;研究煤炭储备基地信息技术应用;研究开发煤炭物料采购、仓储、设备管理、销售链等综合集成信息管理平台。

4. 推广先进适用技术

物联网技术。重点在井下目标识别定位、设备实时监控、物质动态监控、物流管理等领域开展物联网技术研究,在煤炭生产、运输、销售、使用全程管控和地质勘探、煤矿设计、基本建设、装备制造等领域推广应用物联网技术。

云计算和云储存。推广适合煤炭行业特色的云计算和云储存发展应用模式,研究探讨利用云计算的租用模式为各类煤炭企业提供合适的解决方案。

移动互联网。利用移动互联网技术为煤炭企业提供话音、传真、数据、图像、多媒体等高品质服务,研究移动办公、井上井下通信、定位服务等在行业中的应用。

11.3.4 完善行业人才培养机制

力争到2015年,培养和造就与我国煤炭工业发展相适应,规模基本满足、结构趋于合理、素质全面提升的煤矿人才队伍。建立和完善行业特色的人才培养、引进和使用制度,形成人人能够成才、人人得以成才的激励机制,打造鼓励创新支持发展的人尽其才、才尽其用的人才辈出的环境氛围,缓解人才紧缺局面,提高煤炭行业人才活力和竞争力。

构建和完善政府领导,行业指导,企业主体,教育、科研机构支持、社会力量共同参与的煤炭人才工作体系。

人才数量稳步增长，队伍规模不断扩大。人才资源总量达到377万人左右，比2010年增长30%，人才资源占人力资源总量的比重提高到64%，基本满足行业发展需要。

队伍素质明显提高，结构进一步优化，人才层次、专业和结构布局更趋合理。煤炭从业人员中，硕士以上学历占比达到11.4%，本专科达到33.75%，平均受教育年限达到12年左右；中高级职称达到1.5%以上；高技能人才占技能劳动者的比例达到11%以上。

人才优势显著增强，竞争能力不断提升，规模效益明显提高。在煤炭采选、工业安全、灾害防治、矿井建设、资源综合利用、环境监测、矿山装备制造、煤田地质勘探等领域建成一批人才高地。

扩大煤炭专业人才培养规模，拓宽专业覆盖面，注重复合型、高新技术和高技能人才的培养，健全人才培训输送主渠道，推动人才引进及正常流动机制建设。

——《关于推进煤炭人才工作"十二五"发展的指导意见》

推动煤炭行业人才定向培养。做好煤炭行业"对口单独招生"试点工作，鼓励和推动煤炭高等学校招收煤炭企业优秀青年和中等职业学校优秀毕业生到学校深造，毕业后到煤炭行业工作。

实施煤炭人才培养工程。建设企业经营管理人才素质提升工程，继续做好煤炭经营管理人员工商管理培训；建设专业技术人才知识更新工程，继续培训高层次、急需紧缺和骨干专业技术人才；建设煤炭行业技能型人才培养培训工程；建设班组长素质提升工程，组织开展全国煤炭企业的班组长全员培训，努力培养造就一支高素质、复合型班组长队伍；建设现代远程教育工程。

实施煤炭行业人才培养计划。实施煤炭行业青年英才开发计划，重点培养扶持一批青年拔尖人才，每年选拔一批优秀青年到煤炭高等学校学习深造；实施高技能人才培养计划，全行业建立技能大师工作室100个左右，评选行业技能大师300人左右，培养和鉴定高技能人才10万人。

建立健全煤炭科技人才培养选拔和激励机制，依托行业重大科研项目、企业技术中心、博士后工作站，培养和引进科技创新领军人才，构建高层次、高水平的创新团队。鼓励中青年技术骨干参与国家、行业和企业重大科研项目研究。鼓励企业、高校和科研院所制定优惠政策，为科技人才脱颖而出营造良好的外部环境。

11.4 加强矿区环境保护

为了促进煤炭工业的可持续发展，保护和恢复煤炭矿区的生态环境，在防止新的环境污染和生态破坏的同时，要有计划地、逐步地解决我国煤炭开发历史遗留的环境污染和生态破坏的旧账问题，以实现煤炭开发总量与环境容量基本平衡为目标，以资源综合开发、高效利用为重点，以减少污染物排放为前提，加大矿区生态环境保护与治理力度，由被动治理转向主动防治，改善矿区环境质量，做到煤炭工业环境保护与社会经济同步协调发展。

加强矿区生态环境保护。按照建设环境友好型矿区的要求，切实加大矿区生态环境保护与治理力度，推进由被动治理向主动防治转变。重点加强采煤沉陷区综合治理、土地复垦和植被恢复，结合新农村规划建设，做好村庄搬迁。高硫煤、高砷煤要采取洗选加工等措施降低含硫量、含砷量，集中利用、集中治理、达标排放。基本完成内蒙古、宁夏、新疆煤田灭火工作。

——《煤炭工业发展“十二五”规划》

11.4.1 推行煤炭绿色开采

引导和鼓励企业因地制宜选择适合的技术、方法和工艺，实现煤炭资源控制开采；支持企业优化矿井开拓布置，减少井巷工程量，合理确定掘进断面，研究先进的煤矿井下排矸或初选系统，发展以矸石换煤和矸石充填绿色开采技术，减少矸石排放量；发展煤层气（瓦斯）综合利用，减少矿井瓦斯排空量；鼓励煤矸石、煤泥综合利用电厂采用高效洁净燃煤发电技术和装备，降低发、供电标煤耗和厂用电率，有效控制废弃物排放。针对我国煤炭资源赋存条件和区域性特点，研究制定矿区土地复垦技术标准，因地制宜实现矿区生态重建。根据矿区地下水径流与地表水情况，实施保水开采，保护水资源和生态环境。

推动煤矿高效综采设备搬迁技术装备和辅助运输机械化关键技术装备研究，以及复杂地质条件、薄煤层和难采煤层安全高效开采技术装备攻关，提高矿井机械化程度和开采效率。推动低品位、难采煤层地下气化关键技术和重大装备的研发；鼓励企业优先采用资源回收率高的煤炭生产技术、工艺和设备，提高资源利用效率。

11.4.2 开展矿区环境恢复治理

明确各级政府、煤矿企业的责任、权利及义务，加大矿区环境治理资金的投入力度。煤炭企业要与有关部门密切协作，共同搞好矿区环境治理工作，改善矿区生态环境。采取有效的激励机制，宏观调控与市场化的运作方式，加大矿区环境整治投资力度，对环境恢复治理工作进行规范化管理。严格执行矿区环境评估制度和生态环境恢复补偿制度，加强矿山地质环境恢复保证金管理，落实矿山环境恢复治理和生态恢复责任主体，对老矿区环境进行综合治理，恢复矿山生态环境。

按照“宜平则平，宜深则深，宜充则填”的原则，因地制宜开展塌陷区土地复垦工程，土地恢复与农业结构调整相结合，村庄搬迁与新农村建设相结合，矿区植被恢复与土地复垦、水土流失治理、物种多样化和发展生态矿区相结合。做好矿山复垦、植被恢复和生态恢复，实现合理开发资源和保护生态环境协调发展，建设生态矿山。

严格执行煤矿环境影响评价与煤矿建设“三同时”制度，大型煤矿要配套建设选煤厂，实现原煤全部入选（洗）和洗煤水闭路循环。鼓励企业采用先进的土地复垦、水土保持、矸石回填和减沉注浆等技术，加大环境恢复与治理投入，维护矿区生态平衡。

11.4.3 加强生态矿山建设

总结煤炭建设生态矿山的成功经验和效果，广泛开展宣传教育活动，进一步增强建设绿色、生态矿山的紧迫感、危机感和责任感。从依法办矿、规范管理、综合利用、技术创新、节能减排、环境保护、土地复垦、社区和谐、企业文化等诸多方面，推动资源节约和环境友好型矿区建设，切实履行煤矿企业的责任和义务，充分发挥群众监督、社会监督、媒体监督作用，在全行业形成煤炭绿色开采、建设生态矿山的良好氛围。

坚持改革创新，切实将生态矿山理念贯穿于煤矿生产加工利用全过程。推进煤炭绿色开采、建设生态矿山必须创新发展理念、改革传统的煤矿生产方式，在煤炭资源勘探、煤矿设计、基本建设、开采、技术装备和加工利用等全过程开展一系列的创新，解放思想，转变观念。采用先进的设计理念，优化煤矿开拓布局，简化生产系统，实现集约生产；着力推行智能化采煤工作面，以及先进的自动化控制技术和工艺；推广应用数字矿山技术，实现煤矿规划、设计和生产动态管理；严格执行煤矿瓦斯“先抽后采”规定，提高瓦斯抽采利用率；根据矿区地下水径流与地表水情况，实施保水开采，保护水资源和生态环境；研究制定矿区土地复垦技术标准，因地制宜实现矿区生态重建。

坚持依靠科技进步，大力推进煤炭生态矿山基础理论研究和先进适用技术攻关。以提高科技自主创新能力、提升装备国产化水平为核心，加强基础理论研究，组织开展技术攻关，推进示范工程建设，引领科技发展方向，突破一批生态矿山建设共性和关键性技术。要加强煤炭开采工程地质、煤矿采动覆岩控制、地下水径流、环境保护等基础理论和方法研究，重点开展煤矿高效集约开发、煤与瓦斯共采、特厚和极薄煤层综合开采、矿区污染和环境保护等技术攻关，推广煤矿信息化和物联网技术，完善技术推广应用体系，整合和集成重大科技成果，支持煤炭企业加强技术应用与研发，充分发挥创新主体作用。依托重点示范工程，加强生态矿山技术装备研制，提高综合配套能力，增强先进适用装备设计、制造和系统集成能力，逐渐形成具有特色的煤炭生态矿山建设理论和技术标准体系，为煤炭工业节约、清洁、安全和可持续发展提供科技支撑。

11.4.4 推进煤炭行业节能减排

到2015年构建起较为完善的煤炭行业节能减排、低碳运行的标准体系和技术创新体系。

大型煤炭企业基本做到全部污染物达标排放，完成国家下达的节能减排目标任务，矿区生态环境有明显的改善，建成一批清洁生产示范企业。

全国原煤入洗率达到65%，煤矸石等固体废弃物综合利用率达到75%，瓦斯抽采利用率达到60%，矿井水综合利用率达到75%，土地复垦率超过45%。

——《关于推进煤炭行业发展循环经济 促进节能减排工作的指导意见》

开展节能监测和能源审计，推进企业能源管理体系建设。

推广合同能源管理、自愿节能协议、节能设备融资租赁。加强节能监测和节能技术服务体系建设。支持企业发展节能环保产业。

大力推广使用符合国家能效标准的节能产品。鼓励企业按照发展循环经济、节能减排的要求，做好新建、改扩建煤矿设计、施工和设备选型工作。

鼓励企业开展煤矿生产技术、安全保证能力、能耗和生态环境的综合评估，加大技术改造力度，坚决关闭不具备基本安全生产条件、能源消耗高、产品附加值低、环境污染严重等不符合产业政策的煤矿和多种经营项目。

鼓励煤矿井下采用高等级供电、直联传动、变频和电力电子调速、电源污染治理等先进技术，简化矿井提升传动系统，降低煤炭生产系统电耗。

引导企业加强工序能耗管理，推广矿井中央泵房排水集中自动控制技术，实现主排水设施及相关系统“避峰填谷”、分时用电。制定新建(改扩建)选煤厂能耗标准，强化选煤能耗管理。

鼓励和支持企业发展热电联产和集中供热，开发推广余热利用、分布式供暖等先进适用技术与装备；采用新型保温材料，推广供热计量、调节、自控、管网和锅炉自动控制，优化矿区用能结构，提高能源利用效率。大力推广煤矿热能利用技术与装备，努力实现产煤不烧煤。推动燃煤工业锅炉(窑炉)改造、区域热电联产、余热余压利用、电机系统节能、能源系统优化、矿井低热利用、以矸换煤充填开采、矿井水综合利用、绿色照明等煤炭重点节能工程建设。

11.5 大力发展煤炭循环经济

煤炭是资源型产业，位于产业链的源头，具备发展循环经济的基础和条件。高度重视煤炭资源的科学开发与利用，构建有利于煤炭循环经济发展的体制机制，全面推进煤炭开采、洗选、加工等环节循环经济发展，加快淘汰落后产能，构建煤基循环经济产业链，推进共伴生矿、尾矿和各种废弃物的循环利用，有利于促进煤炭工业结构调整、创新发展模式，实现清洁生产，保护环境。

大力发展循环经济。在大中型矿区内,以煤矸石发电为龙头,利用矿井水等资源,发展电力、建材、化工等资源综合利用产业,建设煤—焦—电—建材、煤—电—化—建材等多种模式的循环经济园区。合理利用内蒙古中西部和山西北部高铝煤炭资源,推行定点集中利用,建设煤—电—铝—建材一体化循环经济园区。扩大煤矸石井下充填、复垦和筑路利用量。在大型选煤厂周边地区建设洗矸、煤泥和中煤综合利用电厂,新增装机容量 5 000 万千瓦。2015 年,煤矸石综合利用量 6.1 亿吨,利用率达到 75% 以上。其中,电厂利用 3 亿吨,煤矸石制建材利用 1 亿吨,煤矸石井下充填、复垦和筑路利用 2.1 亿吨以上。力争利用含铝粉煤灰约 1 080 万吨,形成氧化铝年生产规模 360 万吨。

——《煤炭工业发展"十二五"规划》

到 2015 年,原煤入选率达到 65%;煤矸石等固体废弃物综合利用率达到 75%,瓦斯抽采利用率达到 60%,矿井水综合利用率达到 75%,土地复垦率达到 45%。

——《全国循环经济发展规划(2011—2015)》

按照减量化、再利用、资源化的原则,以提高资源产出效率为目标,推进生产、流通、消费各环节循环经济发展,加快构建覆盖全社会的资源循环利用体系。

——《中华人民共和国国民经济和社会发展第十二个五年规划纲要》

11.5.1 推进矿区资源综合利用

引导企业采用先进适用技术装备和工艺,对矿产资源、水资源、土地资源和伴生矿资源等进行综合开发,将矿井水、煤矸石、煤层气、煤焦油等作为资源或生产资料进行加工利用,提高矿区废弃物资源综合利用水平。

提高矿区开采回采率。重点推进中西部地区特厚煤层的高效开采，加快开展南方中薄煤层的机械开采和缺煤地区的极薄煤层开采。中东部地区重点推进“以矸换煤”绿色开采，有效解决“三下”压煤问题。对于矿区废弃物以资源化二次开发为重点，推进煤矸石、煤层气、矿井瓦斯、煤系油母页岩以及伴生高岭土、残矿等开发利用。

以煤矸石高附加值、规模化利用为目标，以煤矸石胶结充填、煤矸石生产建筑材料、煤矸石发电为重点，推进煤矸石综合利用。重点研发煤矸石胶结充填专用胶凝材料大规模生产技术，煤矸石代替黏土烧制彩瓦及其他陶制品技术、煤矸石生产复合肥技术，生产复合净水剂等高附加值材料、化工产品技术。重点推广示范煤矸石不上井置换煤柱、煤矸石生产硅酸铝纤维、煤矸石烧制空心砖技术、煤矸石生产陶粒技术、含白矸和黑矸混杂煤矸石大规模低成本分选技术等。在煤矸石产生、堆存集中区域，大力发展煤矸石发电、充填复垦、生产建材，力争到“十二五”末，解决煤矸石产出与综合利用区域不平衡问题。

推进粉煤灰堆存集中区域的综合利用，大力发展粉煤灰规模利用和高值利用。充分发挥政府引导作用，有计划地培育市场、配置资源，解决粉煤灰综合利用区域瓶颈问题。培育一批粉煤灰利用专业化企业，引进消化吸收粉煤灰制轻质板材技术等一批先进适用技术。

大力推进煤层气规模化开采，提高煤层气开发水平，坚持安全环保与资源利用相结合，加大煤矿抽采利用力度，推进采煤采气一体化，增加清洁能源供应，促进节能减排，保护生态环境。

继续推进矿井水资源化利用。以矿井排放水和煤矿其他污废水为水源，按照工业、民用用水标准，达标排放。通过矿井水的净化处理，使之符合不同的用水标准，实现矿井排水资源化。矿井水净化处理后可作为矿山、周边村庄的生产和生活用水，解决水资源枯竭和水环境破坏问题，提高矿井水资源化利用水平。

矿产资源综合利用水平和规模显著提高。80% 的达到综合利用品位的共伴生矿产得到全面回收。8% ~15% 的石油、天然气、铁、锰、铜等重要矿产的难利用资源转化为可利用资源。尾矿实现减量化应用和有价元素综合回收。东部、中西部和东北煤矸石综合利用分别达到 90%、60%、75%。通过综合利用,增加和盘活石油 15 亿吨、铁矿 90 亿吨、铜矿 1500 万吨、锰矿 2500 万吨、铅锌 500 万吨、金 600 吨等。

——《矿产资源节约与综合利用“十二五”规划》

到 2015 年,矿产资源总回收率与共伴生矿产综合利用率提高到 40% 和 45%;大宗固体废物综合利用率达到 50%;工业固体废物综合利用率达到 72%;主要再生资源回收利用率提高到 70%,再生铜、铝、铅占当年总产量的比例分别达到 40%、30%、40%;农作物秸秆综合利用率力争超过 80%。资源综合利用政策措施进一步完善,技术装备水平显著提升,综合利用企业竞争力普遍提高,产品市场份额逐步扩大,产业发展长效机制基本形成。

——《“十二五”资源综合利用指导意见》

针对煤炭矿区废弃物的物质特性,通过原始创新和集成创新,加大综合利用产业链关键环节的重大共性关键技术与成套装备研发力度,加快先进适用技术推广应用,基本形成矿区废弃物综合利用产业技术支撑体系。针对矿区废弃物产生和利用的区域性特征,以矿区废弃物资源综合利用产业及其关联产业立体化链接为纽带,构建循环经济产业链,培育和扶持矿区废弃物综合利用专业化、现代化企业和资源综合利用产业集群。努力推行废物资源化新观念和新技术,改造传统产业,加快形成资源节约型、环境友好型的生产方式,引导和带动矿区资源节约与综合利用水平的全面提高。

> 矿产资源高效开发和节约利用水平全面提高，到2015年，大中型重点矿山开发效率保持在较高水平，石油采收率保持在30%以上，煤炭采区回采率保持在85%以上，铁、铜、铝等重要矿产资源开采回采率保持在85%以上、选矿回收率保持在80%以上。小型矿山开发水平得到全面提高，开采回采率、选矿回收率在现状基础上，平均提高3~5个百分点。2015年与2010年相比，在动用相同资源储量的情况下，多回收资源5%。
>
> ——《矿产资源节约与综合利用“十二五”规划》

11.5.2 提高煤炭洗选加工能力

加大动力煤洗选比例。鼓励煤炭企业发展动力煤洗选加工，切实解决动力煤入选率低，燃用原散煤污染物排放大的问题，鼓励用煤企业优先选用洗选加工后的煤炭。加强煤炭加工过程管理，为下游产业提供清洁能源。

优化矿区选煤资源配置。坚持矿区、矿井和配套选煤厂统一规划、同步建设，一个矿区一个开发主体的原则，建设大型现代化煤矿及配套选煤厂。淘汰选煤工艺技术装备落后、生产环节不配套、产品质量差、精煤产率低、污染环境的简易小选煤厂，提高资源回收率。

加大选煤关键技术攻关和大型成套装备研制。充分发挥产学研结合的创新机制，重点围绕特大型重介分选机、浮选机、破碎机、筛分机、离心脱水机、加压过滤机、快速压滤机、煤炭干燥设备、粗煤泥高效分选关键设备，大型复合干法选煤设备制造以及特大型选煤厂自动控制和管理系统等技术，组织攻关和装备研制。在引进、消化、吸收国外先进技术基础上，积极推广应用具有自主知识产权的大型选煤装备，培养一批具有较强竞争力的大型煤炭洗选装备制造企业，提高我国选煤装备研发制造能力和国产化水平。坚持工业化与信息化融合，促进大型现代化选煤厂生产系统自动化、操作系统智能化、质量控制标准化和企业管理信息化。

实施老旧选煤厂技术更新改造，改革设计施工方式，改进工艺流程，淘汰落后的生产能力。

到2015年,实现以下目标:

(1)全国选煤厂入选能力达到25亿吨以上;原煤入选总量超过24.5亿吨,入选比例达到65%以上。

(2)年产90万吨/年以上的大中型选煤厂全部实现集中控制,洗煤水全部达到闭路循环;重介质选煤工艺达到60%以上,炼焦煤选煤厂全员工效达到100吨/工以上,动力煤选煤厂达到200吨/工。全入洗选煤厂洗煤电耗降低到8千瓦时/吨以下,部分入洗选煤厂选煤电耗降低到5千瓦时/吨以下,重介质消耗降低到1.5千克/吨以下。

(3)年产90万吨以下动力用煤的煤矿选煤厂采用以原煤筛分和复合干法分选为主要工艺,基本实现原煤分选排矸提质。

(4)力争600万吨/年炼焦煤选煤厂、1 000万吨/年动力煤选煤厂的关键大型装备全部实现国产化。

——《关于推进煤炭工业洗选加工"十二五"发展的指导意见》

11.5.3 发展煤基多元产业

鼓励企业根据区域资源条件、区域经济特点,科学制定发展战略和规划,积极发展具有较强生命力的循环经济产业,推动多元产业协调发展。

推动大型矿区或煤炭集中开采地区循环经济产业园区建设,发展产业集群,实现集聚生产、集约发展,促进园区物流、能流、技术集成,实现信息与基础设施共享,集中治污,提高煤炭资源、能源、水资源和废弃物的循环利用率。

适度发展现代煤化工产业。支持大型企业瞄准现代煤化工发展前沿,鼓励企业自主研发、引进消化再创新,发展现代化煤化工技术和工艺,建设科技含量高、市场前景好、具有规模效益的现代煤化工和循环经济骨干项目,推进煤炭产业和产品结构调整与优化。

大力发展煤层气产业。结合我国的实际情况，以科学发展观为统领，从安全、能源、环保要求三个方面考虑，本着远近结合、目标各有侧重的原则，实行资源先行，上游开发与下游利用相结合，煤层气开发利用与煤矿安全、环境保护相结合，商业性开发与勘察增储相结合，全面规划与突出重点、有序开发相结合，地面开发与井下抽采相结合，自营开发与对外合作开发相结合，煤层气开发利用与天然气相结合，按照先浅后深、先富后贫的顺序积极推进，把煤层气开发利用打造成煤炭工业新的经济增长点。

11.5.4 提高煤炭生产过程中的资源化利用水平

鼓励企业综合开发利用油母页岩、煤系高岭土等与煤共伴生资源，支持高瓦斯和煤与瓦斯突出危险煤矿实现煤与瓦斯共采，支持低浓度瓦斯综合利用，支持企业发展煤矸石发电、煤矸石制建材（矸石砖、矸石水泥），及其他高附加值的煤矸石、煤泥、粉煤灰综合利用技术和产品；支持企业以净化处理和达标排放为重点，实现矿井水资源化利用。

1. 总体目标

到 2015 年，大宗固体废物综合利用率达到 50%，其中工业固体废物综合利用率达到 72%，通过实施本方案中的重点工程，新增 3 亿吨的年利废能力。基本形成技术先进、集约高效、链条衔接、布局合理的大宗固体废物综合利用体系。

2. 煤矸石

到 2015 年，煤矸石综合利用率提高到 75%，通过实施重点工程新增 9 000 万吨的年利用能力。

3. 粉煤灰

到 2015 年，粉煤灰综合利用率提高到 70%，通过实施重点工程新增 6 000 万吨的年利用能力。东部地区继续巩固现有成效，中西部地区扩大利用规模和水平。

——《大宗固体废物综合利用实施方案》

11.6 提高煤矿安全保障能力

“十二五”期间，要坚持安全发展，深入贯彻落实“以人为本、安全第一、预防为主、综合治理”的安全生产工作方针，加强煤矿瓦斯、水害和冲击地压等重大灾害治理，加大煤矿安全投入，建立安全生产长效机制，有效抑制重特大煤矿事故，促进煤矿安全生产形势的明显好转。

到2015年煤矿安全生产形势显著好转，重特大事故大幅度下降，职业危害防治明显改善，职业培训落实到位。煤矿事故死亡人数、重特大事故起数比2010年分别下降12.5%和15%以上，百万吨死亡率下降28%以上。

——《煤炭工业发展“十二五”规划》

到2015年，煤矿安全生产水平和事故防范能力，监察执法和群防群治能力，技术装备支撑保障能力，依法依规安全生产能力，事故救援和应急处置能力，从业人员安全素质和自救互救能力得到明显提高；事故总量、死亡人数继续下降，重特大事故得到有效遏制，职业危害防治工作得到加强，煤矿安全生产形势持续稳定好转，为实现全国煤矿安全生产状况根本好转打下坚实基础。

煤矿事故死亡人数下降12.5%以上；

较大事故起数下降15%以上；

重大事故起数下降15%以上；

煤矿瓦斯事故起数下降40%以上；

煤矿瓦斯事故死亡人数下降40%以上；

特别重大事故起数下降50%以上；

煤炭百万吨死亡率下降28%以上。

——《煤矿安全生产“十二五”规划》

11.6.1 完善煤矿企业安全生产保障体系

提高煤矿安全生产管理水平。健全安全管理机构,完善安全管理制度,强化落实煤矿企业主要负责人安全生产责任制。加强技术基础工作,建立健全以总工程师为首的技术管理体系。落实煤矿领导带班下井、隐患排查治理报告、事故查处挂牌和跟踪督办等制度。

加大煤矿安全投入。加大资金扶持力度,支持煤矿进行安全技术改造,尽快解决煤矿的安全投入欠账问题。完善煤矿安全投入机制,督促企业依法足额提取安全费用,并确保用于安全生产。加快煤矿井下安全避险“六大系统”建设;依法依规淘汰落后技术装备和工艺,通过不断加大“安措”费用的投入,有效提高煤矿安全技术措施的科技含量,提高煤矿职工劳动防护用品和安全器具的配备水平,奠定煤矿安全生产稳定、健康发展的坚实基础。

提高对煤矿重大灾害的防治能力。完善灾害监控、预测预警与防治技术体系,加强矿井瓦斯、水害、火灾、冲击地压等事故防控技术措施。继续完善“通风可靠、抽采达标、监控有效、管理到位”的煤矿瓦斯综合治理工作体系,全面推进瓦斯防治和抽采利用工作。严格遵循矿井防治水“预测预报、有疑必探、先探后掘、先治后采”十六字原则,开展水灾治理工作。完善防灭火系统,加强对火区的治理等。

1. 工作目标

“十二五”期末,所有生产矿井和产煤县(市、区)均要达到煤矿瓦斯综合治理工作体系建设基本要求,煤矿瓦斯防治工作再上新水平。

2. 工作步骤

(1)制定规划(2011 年 6 月底前完成)。各产煤省(区、市)在总结“双百工程”建设经验的基础上,制定“十二五”期间瓦斯综合治理工作体系建设规划，完善煤矿瓦斯综合治理工作体系建设的基本要求、评估标准和办法等。

（2）基本达标（2013年底前完成）。推广"双百工程"建设经验，继续开展瓦斯综合治理工作体系建设，所有生产矿井和产煤县（市、区）基本达到瓦斯综合治理工作体系建设基本要求。

（3）巩固提高（2015年底前完成）。在基本达标的基础上，进一步巩固和提高，所有生产矿井和产煤县（市、区）达到瓦斯综合治理工作体系建设基本要求。

——《"十二五"煤矿瓦斯综合治理工作体系建设实施方案》

严格煤矿安全准入，建立有序退出机制。坚持调整煤炭产业结构与推进整合关闭相配套，积极推进各产煤地区煤矿企业兼并重组，完善相关扶持政策，建立不具备安全生产条件的小煤矿有序退出机制，淘汰落后产能和不具备安全生产条件的小煤矿，提高煤炭工业产业集中度，构建安全高效的煤炭产业体系。

11.6.2 构建煤矿安全生产科技支撑体系

坚持科技兴安战略，进一步夯实煤矿安全生产基础。整合煤矿安全科技资源，建立和完善煤矿安全科技基础设施和共享平台。建设煤矿安全科技研究与装备研发基地，加大科技攻关，提高科技保障能力。促进煤矿企业发挥安全生产技术成果转化、推广和应用的主体作用，引导煤矿企业主动自觉采用新技术、工艺、设备，依法淘汰落后的生产工艺、设备，提高安全生产能力。

"十二五"期间，重点开展对煤矿安全、灾害防治、应急救援领域研究。

表 11-3　煤矿安全防治、应急救援重点研究

序号	研究名称	研究领域
1	煤矿瓦斯、水害等重大灾害形成机理研究	构建和完善煤矿安全基础理论体系，加强煤矿瓦斯、地下水害等重大灾害防治技术集成研究，构建煤矿安全智力支撑体系
2	瓦斯防治	重点研制煤层瓦斯抽采、煤与瓦斯突出防治和矿井瓦斯安全管理等关键技术标准和基础标准、管理标准
3	粉尘防治	重点研制综采工作面、炮采工作面、综掘工作面、炮掘工作面和锚喷工作面粉尘防治技术及设备，浮游粉尘、沉积煤尘检测及监测技术及仪器，煤矿测尘技术规范、煤矿粉尘危害预警技术、煤矿粉尘管理方法等关键技术标准和管理标准
4	通风技术	重点研制煤与瓦斯突出矿井通风技术、制冷设备用通风设备、灾变时期的通风技术、通风技术节能、通风设备的材料安全、通风设备安装使用、通风设备检修报废等关键技术标准
5	火灾防治	重点研制煤层自然基础参数、煤矿灌浆注胶防灭火，矿用移动式注浆泵站装置、矿压防灭火、矿井火灾时期风流控制、采空区漏风“三带”区域范围划分、煤层自然发火期的测定领域、煤矿采空区阻化气雾防火、自然火灾矿井危险程度分级等关键技术标准、基础标准和管理标准
6	水害防治	重点研制矿井水害评价、矿井水文地质条件评价、矿井防治水数据库信息应用、老空水探查与防治、矿井涌水量预测、深部开采矿井防治水、矿井水排放与综合利用等关键技术标准
7	防爆技术	重点研制煤矿防爆技术及方法、厂用防爆技术及方法、煤矿防爆监测、检测技术及设备、煤矿防爆设备及材料的安全性试验方法、煤矿防爆设备的安全安装及使用、煤矿防爆设备的检修、报废等方面的标准
8	仪器仪表与气体检测技术	重点研制煤矿安全、灾害防治、应急救援等方面相配套的气体检测方法和仪器仪表标准
9	爆破技术	重点研制煤矿爆破器材产品的安全、管理、基础、检测和生产方面的标准和煤矿爆破器材检测方法标准
10	应急救援	重点研究制定“六大系统”、救生舱、避难硐室等相关技术标准和管理标准

11.6.3 提升煤矿职业危害防治整体水平

建立政府统一领导、部门协调配合、用人单位负责、行业规范管理、职工群众监督的职业病防治工作体制，显著提高综合防治能力，增强用人单位和劳动者防治意识，改善工作场所作业环境，基本遏制职业病高发势头，保障劳动者健康权益。到2015年，新发尘肺病病例年均增长率由现在的8.5%下降到5%以内，基本控制重大急性职业病危害事故的发生，硫化氢、一氧化碳、氯气等主要急性职业中毒事故较2008年下降20%，主要慢性职业中毒得到有效控制，基本消除急性职业性放射性疾病。

——到2015年，存在职业病危害的用人单位负责人、劳动者职业卫生培训率达到90%以上，用人单位职业病危害项目申报率达到80%以上，工作场所职业病危害告知率和警示标识设置率达到90%以上，工作场所职业病危害因素监测率达到70%以上，粉尘、毒物、放射性物质等主要危害因素监测合格率达到80%以上。可能产生职业病危害的建设项目预评价率达到60%以上，控制效果评价率达到65%以上。从事接触职业病危害作业劳动者的职业健康体检率达到60%以上，接触放射线工作人员个人剂量监测率达到85%以上。

——到2015年，职业病防治监督覆盖率比2008年提高20%以上，严重职业病危害案件查处率达到100%。监管网络不断健全，监管能力不断提高，对中小企业的监管得到加强。

——依托现有资源，建立完善与职责任务相适应、规模适度的职业病防治网络，基本职业卫生服务逐步覆盖到社区、乡镇。化学中毒和核辐射医疗救治的能力建设和管理得到加强，职业病防治、应急救援能力不断提高。

——到2015年,有劳动关系的劳动者工伤保险覆盖率达到90%以上;职业病患者得到及时救治,各项权益得到有效保障。

——《国家职业病防治规划(2009—2015年)》

建立健全防治责任制。存在职业病危害的用人单位要根据相关法律规定,设置或指定职业卫生管理机构或组织、配备专职或兼职专业人员,设立职业健康监督管理人员,制订职业病防治计划和实施方案,建立健全职业卫生管理制度,采取切实可行的管理措施。认真落实预防、控制措施。加强职业健康管理和病人救治。用人单位要对劳动者进行上岗前的职业卫生培训和在岗期间的定期培训,普及职业卫生知识。为职工建立职业健康监护档案。及时安排疑似职业病患者进行诊断,做好职业病病人的治疗、康复、定期检查和妥善安置,确保职业病患者的权益。规范煤矿企业的用工行为。企业在与劳动者签订劳动合的同时要履行职业病危害告知义务,依法参加工伤保险。

深入开展煤矿安全质量标准化活动,加强劳动保护设施建设,改善井下作业环境。着力抓好煤矿职业危害源头控制和科学防治工作,减少员工井下工作时间,降低劳动强度,健全职业安全健康监管体系,以防治尘肺病为重点,加强劳动保护设施建设,改善煤矿井下作业环境,完善防尘系统、粉尘浓度检测制度,组织矿工定期体检,全面提升煤矿职业健康保障水平。

11.6.4 完善煤矿安全生产监察监管体系

强化煤矿安全生产监管体系,进一步优化工作机制,加强煤矿安全监察监管执法,落实"国家监察、地方监管、企业负责"的煤矿安全生产工作制度;适应煤矿安全生产工作发展需要,建立权责明确,行为规范,精干高效,保障有力的安全生产监管执法队伍。建立完善安全监察监管执法人员培训、执法资格、考核等制度,分级分类建立以岗位职责为基础的能力评价体系;建立完善安全监察监管实训体系,实施安全监察监管执法人员培训工程，提高各级尤其是一线监察人员执法水平；创新煤矿安全生产监督工作机制，建立健全煤矿安全生产监督的检查机制、考核机制、奖惩机制。完善煤矿安全生产监督设施和装备的配置，建成覆盖煤矿安全监察和安全生产应急管理机构信息共享平台，充分利用煤矿企业安全生产实时监测信息，提升重大事故隐患管理和生产安全事故的预防预警、应急处置能力。推进安全生产监督检查方法和模式的标准化；加强社会舆论监督。维护和落实煤矿职工对安全生产的知情权、参与权和监督权，及时公布事故情况和查处结果，接受社会监督。

11.6.5 加强煤矿安全文化建设

认真研究煤矿安全文化在煤矿的运行规律，从文化的角度审视和整合煤矿安全管理资源，进一步推动煤矿安全文化建设，丰富和发展煤矿安全文化内涵。倡导和树立“以人为本”的安全价值观，营造“关爱生命、关注安全”的舆论氛围。加强对煤矿安全生产的舆论监督和社会监督，充分发挥主流媒体作用，大力宣传安全生产好典型、好经验，揭露安全生产领域各种非法、违法行为，及时曝光重特大事故。坚持以安全塑造文化，用文化保安全，进一步发挥安全文化在煤矿安全生产方面的先导作用，推动煤矿企业采用先进的安全管理理念和方法，建立自我约束、持续改进的安全生产长效机制。

11.7 推进煤炭市场化改革

有效发挥市场在资源配置中的基础作用，按照积极稳妥、协调发展、合理成本、合理比价的原则，充分考虑经济发展水平和用户承受能力，通过推进配套改革，完善煤炭市场成本体系、煤炭市场服务体系、煤炭市场交易体系。初步形成适应社会主义市场经济要求，充分反映煤炭市场价值，市场化的煤炭价格形成机制。树立煤炭企业在市场中的主体地位。

11.7.1 推进全国煤炭交易市场体系建设

为进一步深化煤炭市场化改革，增强煤炭供应保障能力，促进国民经济和社会的平稳发展，必须坚持国务院《关于促进煤炭工业健康发展的若干意见》中提出的煤炭流通改革发展总体目标，加快建立以全国煤炭交易中心为主体，以区域煤炭市场为补充，有利于政府宏观调控、市场主体自由交易的现代煤炭交易市场体系。

在推进全国煤炭市场交易体系的过程中，要以保障煤炭稳定供应、市场健康运行、合理平衡煤炭产运需各方利益为目标，以有利于发挥市场配置资源基础性作用和政府宏观调控为原则，根据我国煤炭市场发展的实际状况，结合国内外商品市场体系建设的有益经验，充分借鉴和利用先进的商品交易理念与网络技术，着力进行煤炭交易模式的创新，逐步建成一个与我国社会主义市场经济体制相适应的，既适合我国国情又与国际煤炭市场接轨的，统一高效、竞争开放、和谐有序的现代煤炭交易市场体系。

全国煤炭交易中心将以价格发现、信息发布和跨省区煤炭产运需衔接为重点，形成面向全国和国际市场的交易平台。区域性煤炭交易市场以实现区域煤炭交易，依托主要煤炭储配基地，完成煤炭实物交割、运输仓储、物流配送为重点；全国煤炭交易中心是具有全国影响的、集中型的煤炭交易平台。在整个煤炭市场体系建设中，全国煤炭交易中心是建设的主体，是全国年度煤炭交易洽谈、日常煤炭交易的主流平台；区域煤炭交易市场，是我国现代煤炭市场体系中不可或缺的有机组成部分。与中国煤炭交易中心相比，它们在服务的范围上更侧重于区域内的会员单位；在服务的方式上更侧重于现货交易；在服务的手段上，将传统交易和电子交易相结合，并提供更加具体的市场信息服务。

力争在3～5年内，基本建成以全国煤炭交易中心为主体，以区域煤炭市场为补充，既能实现市场主体自由交易，又有利于国家宏观调控，交易规模宏大，资源品种齐全，交易方式丰富，配套服务完善，市场运作、规范运行、功能齐全、层次分明、方式多样、手段先进、交易便捷、覆盖全国的现代煤炭交易市场体系。

11.7.2 进一步完善煤炭价格体系

建立以市场为基础的自主衔接、自主订货、协商定价机制。充分发挥市场机制在优化配置资源上的基础性作用，加强煤炭市场化改革的顶层设计，制定改革总体路线图，不失时机地推进重要领域和关键环节改革。改进煤炭资源管理，全面开放煤炭市场，减少行政干预，推进铁路运力市场化改革，取消电煤重点合同，鼓励煤炭供需双方签订长期合同，鼓励煤矿积极与电厂、钢厂等大用户建立长期稳定的战略合作关系，继续推进煤炭订货改革，完善煤炭交易规则，强化市场监督，建立公平、规范、透明的市场准入制度。搞好产运需衔接，取消政府主导的全国统一供货机制，推进市场机制，形成以煤炭主产地、重要中转地和主要消费地为核心的交易体系，以中长期协议为主，期货、现货并存的市场功效格局。

煤炭价格机制的推出对于煤炭市场健康发展至关重要，针对我国煤炭市场，借鉴国外先进经验，研究建立适合我国煤炭市场特点、不同煤种的煤炭价格指数，通过市场化的煤炭交易新模式，发现合理的交易价格，推动能够真实、灵敏地反映市场供求关系、资源稀缺程度和安全、环境损害以及合理人工成本的煤炭价格形成机制的建立。

逐步完善中国煤炭价格指数体系，引导和发现煤炭市场价格。“中国煤炭价格指数”创建于 2006 年，并从 2006 年 1 月开始在“中国煤炭市场网”按周发布。在价格指数的研究和编制过程中，认真借鉴了国际煤炭价格指数的通行做法，根据我国煤炭生产消费布局及市场结构的实际，设计了采价样本，按区域、分品种布局了采价点，构建了价格采集体系，确定了计算模型和方法。“中国煤炭价格指数”至今已试运行了 6 年，其间，经过了多次论证，广泛听取了行业内外、政府有关部门、相关研究机构的意见，并根据煤炭生产与消费布局和市场发展变化情况及时进行调整和改进。“中国煤炭价格指数”的研究编制和发布，是一项开创性工作，也是一项系统工程，目前仍处于起步探索阶段，要加强对煤炭价格指数的研究、组织和协调工作，及时建立和完善指数编制制度和数据报送制度，优化数据传递和处理方式。加强数据管理，严格按照有关制度进行数据分析和处理，确保煤炭价格指数科学、规范、客观和有序。

11.7.3 推进储配煤基地建设

煤炭储配煤基地布局要重点考虑煤炭产地、煤炭转运地、煤炭消费地，同时考虑煤炭产地、煤炭转运地、煤炭消费地，同时考虑交通运输便利、与重要经济中心的距离等因素。可以重点考虑在煤炭中转的港口、陆路码头以及东南经济发达地区设置应急储备，具体地点应根据具体条件考察，煤炭产地应适当建设一部分煤炭储备基地。

加强煤炭需求侧管理，完善煤炭储备布局结构，合理确定储备规模。大力发展大型煤炭物流企业和煤炭物流储备基地，增加煤炭物流的市场集中度，实现对煤炭市场的有效管理，保障国家能源安全。支持煤炭、电力、港口企业建立融煤炭仓储、加工、物流、配送等功能为一体的大型煤炭储备基地，加快建设国家、区域、地方三级煤炭储备体系。在天津、贵州、唐山、鄂尔多斯、芜湖、枝城等地建设煤炭物流园区、智能储配和应急储配等示范工程，增强服务主体功能、拓展服务网络，提升煤炭物流整体水平。

11.7.4 推进煤炭市场化投融资

选择合理的融资方式，优化资本结构，在发挥银行主渠道作用的同时，合理配置资产和分散风险。实施形式多样的金融借贷措施，构建企业直接融资平台，充分利用各种融资工具，建立符合市场机制的融资方式，改变传统煤炭企业的投融资体制，实现产权的多元化结构形式，建立规范的法人治理结构，充分利用资本市场，通过多种融资形式，解决企业投融资问题，构建投融资风险控制体系，降低投资风险，提高投融资效率，加快煤炭企业发展。

11.8 实施“走出去”战略

随着经济全球化步伐的加快，走出去战略已成为企业经营的主导趋势之一，坚持国内国际两种资源、两个市场同步开发，已成为大型煤炭企业转型发展的战略选择。要积极实施走出去战略，充分利用国际国内两个市场、两种资源，坚持多元发展、互利共赢，加强国际交流与合作，积极参与境外煤炭资源开发利用，拓展煤炭企业发展战略空间。

充分利用国际国内两个市场、两种资源，坚持多元发展，互利共赢，加强国际交流与合作，积极参与境外煤炭资源开发利用，深入开展对外工程承包和技术服务，进一步拓展煤炭国际贸易。

(1)加强境外煤炭资源开发利用。支持优势煤炭企业参与境外煤炭资产并购，加大境外煤炭资源勘察开发力度，提高境外权益煤炭产能。鼓励大型煤炭企业投资境外煤炭加工转化项目，延伸产业链。引导符合条件的企业，结合境外煤炭资源开发利用需要，开展有关基础设施建设和投资。

(2)开展对外工程承包和技术服务。鼓励大型煤炭企业承揽境外煤矿建设、技术改造以及运营管理，带动先进技术和大型装备出口，促进我国煤炭装备制造业发展。建立境外煤炭装备制造基地、零配件基地和技术服务中心，提高技术服务水平。

(3)拓展煤炭国际贸易。坚持市场化原则，巩固和发展与主要煤炭资源国长期稳定的贸易关系，鼓励进口。鼓励沿海、沿边地区拓展煤炭进口渠道，保障进口煤源稳定可靠。北方地区适度出口。

——《煤炭工业发展“十二五”规划》

11.8.1 培育具有国际竞争力的大型煤炭企业集团

煤炭企业集团作为“走出去”战略的主体，必须做大做强，培育一大批具有国际竞争力的大型煤炭企业集团，使之成为实施“走出去”战略的重要力量。做大做强煤炭企业集团要与经济结构战略性调整结合起来，在国有经济有进有退的过程中，重组结构，再造机制，促进资源向优势煤炭企业集中，实现资源的最优配置，形成煤炭企业自身的竞争优势。抓住国际上煤炭企业战略转型的机遇，创造有利条件，集中优势资源，形成我国煤炭企业集团的核心竞争力，拓展企业内部的国际分工，融入全球煤炭生产经营网络。

11.8.2 完善国际化人才培养、使用机制

建立健全对外开放的人才培养机制。完善人力资源管理，加大支持力度，走内部培训、外部培训和岗位培训相结合的道路，加快组建一支既懂得目标国的政治经济法规、又熟悉并能灵活应用世贸组织有关规定，既精通工程领域专业知识，又能熟练运用国际惯例并精通英语的复合型人才队伍。采取各种积极有效的措施吸引国际化人才，优化用人机制，制定能够体现国际化人才的激励体制和薪酬机制，为煤炭行业实施“走出去”战略提供强有力的人才保障。

11.8.3 增强煤炭企业全球资源配置能力

煤炭企业要积极面对日益激烈的国际市场竞争，学习借鉴先进的经营理念和管理方法，推动自身的管理创新和技术进步，提高自身素质，扩大国际市场份额，提升核心技术和管理水平，增强全球资源配置能力。支持优势煤炭企业参与境外煤炭资产并购，积极开拓海外市场，增加煤炭资源进口量，在促进经济发展的同时，逐步建立和完善我国煤炭资源战略储备制度，提高我国煤炭资源安全保证程度。

11.8.4 创新煤炭企业“走出去”战略模式

利用经济全球化的有利时机，积极探索煤炭企业“走出去”的多重模式，促进煤炭产业结构的调整和升级。充分利用我国煤炭企业的比较优势，积极开展对外承包工程和技术服务。鼓励大型煤炭企业承揽境外煤矿建设、技术改造以及运营管理，利用国际承包市场给煤炭企业带来的更多机会，大力发展我国煤炭装备制造业；坚持市场化原则，积极探索煤炭贸易走出去。巩固和发展与主要煤炭资源国长期稳定的贸易关系，鼓励沿海、沿边地区拓展煤炭进口渠道，保障进口煤源稳定可靠。

11.8.5 构建“走出去”全面风险防控体系

“十二五”期间，国际政治经济形势复杂多变，煤炭企业“走出去”来自海外的壁垒也有增多的迹象。在复杂的政治和经济环境下，煤炭企业

"走出去"将处于风险高发期,煤炭企业集团应立足长远构建"走出去"全面风险防控体系。加快海外业务内控体系建设,完善相关制度,规范业务流程,严格按程序办事,实现规范运作;加强与有关部门及行业的有效配合,建立健全境外安全风险防范和应急处理机制;培养煤炭行业的商业情报体系,做到知己知彼。在"走出去"的过程中,立足于长远,不以简单、短期牟利为目的;注意自身策略、技术、管理、资本及市场品牌运作等各项能力的培养和提高,加强自身的学习能力、适应能力和整合资源的能力。评估自身风险承担能力,提高煤炭企业集团"走出去"质量,增强抗风险能力。

11.8.6 加快煤炭企业"走出去"步伐

加强对国外市场的研究,加大国外工程的承揽力度,尽快实现由承接分包工程到工程总承包。加强和中外先进建筑企业的技术合作,积极参与国际市场竞争,由单纯劳务输出向技术、资金、管理输出转变。规范对外承包市场行为,推动对外承包政策落实。加强与国际标准化组织的交流合作,推动中国煤炭建设标准国际化进程。

鼓励煤矿建设企业开拓非煤矿山、地铁、隧道、市政、公路、铁路、房地产市场,提高在城市轨道交通、地铁、公路、铁路等建筑市场的分额和竞争。

11.9 建设和谐矿区

《中共中央关于构建社会主义和谐社会若干重大问题的决定》提出,社会和谐是中国特色社会主义的本质属性,是国家富强、民族振兴、人民幸福的重要保证,体现了全党全国各族人民的共同愿望。煤炭工业和谐矿区建设要求在煤炭资源开发、煤矿生产、产业转型、棚户区改造、压煤村庄搬迁与生态环境恢复治理的全过程,做到发展为了矿工、发展依靠矿工、发展成果让矿区人民共享。推动煤炭工业和谐矿区建设,是转变煤炭经济发展方式的重要途径,是树立煤炭工业新形象、为行业发展营造良好外部环境的战略选择,是提升煤炭工业发展科学化水平的重要保证。

力争到2020年，基本实现矿区经济社会协调发展，煤炭生产和利用方式发生变革，矿区生态环境改善，企业发展实力增强，职工生活质量提高，行业文化得到较大发展，实现人与自然和谐。

——《关于推进煤炭工业和谐矿区建设工作的指导意见》

11.9.1 进一步完善和谐矿区建设体制机制

总结推广省区市和煤炭企业建设与完善构建和谐矿区建设协调机制的经验，积极争取地方人民政府支持，完善协调机制，统筹解决和谐矿区建设过程中的各种矛盾和问题。

总结推广安徽省多渠道加大和谐矿区建设投入的做法，借鉴淮南等矿区棚户区改造、提高职工收入、改善矿区环境、压煤村庄搬迁与集中建设城镇等方面经验，多渠道为和谐矿区建设提供资金保障。

研究煤矿和谐矿区建设的财政税收支持政策，允许煤炭企业将环境治理工程支出税前列支，外购材料、土地复垦费用等支出按一定比例抵扣增值税；支持企业参与新农村、小城镇建设和压煤村庄集中搬迁，出台政策减免其基础设施建设税费。开展研究企业社会责任边界与责任成本，反映企业诉求，积极争取政策支持，合理企业负担。

鼓励和支持省级行业协会、大型煤炭企业集团根据所属企业所在区域经济社会发展现状和推进和谐矿区建设条件，选择试点单位和区域，积极开展试点示范工作，发挥示范试点企业的引导、带动和辐射作用。

11.9.2 因地制宜实施矿区生态再建工程

遵循生态环境内在规律，结合区域自然生态地理环境特征，按照“宜水则水、宜林则林、宜地则地、宜草则草”的思路，科学制定矿区生态环境再建规划，实施矿区重大生态环境治理与恢复工程，促进煤炭开采与生态环境协调发展。

11.9.3 推进煤炭资源型城市棚户区改造

煤矿棚户区改造作为一项住房救助工程，解决了矿工家庭的住房问题，体现了以人为本的科学发展观，促进了资源型城市的平稳转型，体现了构建和谐社会的理念。

棚户区改造是一项系统工程，受到社会、政府、市场和人民等多方因素的影响，在兼顾社会效益和经济效益、长期效益和短期效益的同时，遵循统揽全局、循序渐进的科学方法，重视领导、统筹规划、强化目标责任制，进一步完善棚户区改造工作机制。加强统筹协调和组织引导，加大政策和资金等支持力度，发挥市场机制的作用，积极拓展融资渠道，吸引社会资金投入矿区棚户区改造工程。

在棚户区改造过程中，将棚户区的发展纳入城市总体规划，在改造中综合考虑路网结构、公共建筑与住宅布局群体组合和绿地系统、空间环境等因素。按照全面规划、合理布局、综合开发、配套建设的方针，将现有棚户区改造成为功能完善、设施齐全、生活便利、环境优美、品质优良的新矿区。

11.9.4 构建新型地企关系

充分发挥政府在处理地企关系中的主导地位，以稳定大局为重，树立全局观念，本着互相理解，相互支持的态度，坚持共建共赢的思路，处理好新时期地企关系，做好企地协调工作，实现和谐相处、共同发展的双赢目标。

建设和谐矿区既要实现人与人的和谐，也要维护人与自然、人与环境的和谐。煤炭企业履行社会责任，要统筹考虑再生产过程中人、环境、资源等各个要素，关注利益相关各方的需求，重视保护环境，着眼长期利益，坚持企业与社会、环境的全面协调可持续发展。国有大型煤炭企业作为有着重大影响力的社会力量，在经济欠发达地区和社会弱势群体应给予更多的关注，推进地企关系协调发展，促进共同富裕。

11.10 加强煤炭行业文化建设

先进的行业文化是煤炭行业持续发展的精神支柱和动力源泉，是煤炭行业核心竞争力的重要组成部分。建设先进的企业文化，是煤炭行业深化改革、加快发展、做强做大的迫切需要；是煤炭行业提高管理水平、增强凝聚力和打造核心竞争力的战略举措。煤炭行业必须坚持中国特色社会主义理论"三个代表"重要思想为指导，在提高效益、促进发展的同时，在建设先进企业文化中发挥示范和主导作用，为发展社会主义先进文化，全面建设小康社会做出应有的贡献。

力争到2015年，实现煤矿文化艺术工作机制更加灵活，更加高效；矿区文化艺术生活得到有效保障，活动质量进一步提高，煤矿职工综合文化艺术素质得以提升。

煤矿文化发展体系逐步形成，文化创新能力进一步增强。

创建出一批具社会影响力、体现煤矿特色的文化活动品牌。

培养和造就一支德艺双馨、品艺兼优的煤矿文艺大军。

创作生产出一批既有思想内容，又有市场价值、深受煤炭职工群众喜爱的文化精品和安全文艺产品。

煤矿文化艺术工作在全国行业（产业）中保持领先地位。

——《关于全国煤矿文化艺术发展的指导意见》

11.10.1 建立煤炭行业认同的核心价值体系

核心价值体系建设是煤炭行业文化精神层的核心要素，煤炭行业核心价值体系应当符合社会主义核心价值体系的本质要求，体现"安全高效、吃苦耐劳、人本和谐、敬业奉献"煤矿精神的深刻内涵，符合和谐文化、和谐精神的价值追求。

通过煤炭行业文化建设，促进煤炭行业从业人员的全面发展。要围绕煤炭行业文化建设，在促进行业发展、完善行业功能中折射行业的品格气质，表达煤炭行业的人文境界。

11.10.2 开展煤炭行业群众文化

1. 培育煤矿文化艺术品牌

持续开展寻找感动中国的矿工活动，不断加大对煤炭工业正面宣传的力度，全面提升煤矿工人的社会形象，发挥在行业文化建设中的引导作用。

做大中国煤矿艺术节，检阅文艺队伍，展示艺术成果，振奋行业精神，鼓舞职工斗志。

做实中国煤矿文化艺术论坛，全方位、多角度探讨文化艺术发展的重大问题，推进煤矿文化建设向更高的目标迈进。

打造煤矿文化艺术“乌金奖”品牌，鼓励创作具有更多煤矿特色，思想性、艺术性、知识性、观赏性相统一的文学艺术精品。

2. 建设煤矿文化重点工程

煤矿文化基地建设工程。调整、巩固现有的企业文化建设资源，在条件成熟的企业开发、建立一批新的煤炭行业文化基地。

煤矿企业集团文化建设示范工程。制定标准，严格评定，在全国煤矿企业集团培育、建立 30 个特色鲜明、个性突出的企业集团文化建设示范点，挂牌表彰。

煤矿文艺精品工程。集中全行业乃至全社会的文化精英，大力发展影视、戏剧、音乐、书画、文学、摄影等文艺门类，打造一批称誉全国的煤矿文艺精品。

煤矿文化网络媒体覆盖工程。发挥传媒的宣传舆论、展示作品、传播文化、交流信息的作用，建立覆盖全煤行业的传媒信息平台。

3. 制作富有煤炭行业特色的文化产品

行业文化产品是记录和传播行业文化，进而服务煤炭工业发展的重要载体。

行业文化产品应当提倡“形式多样，各取所需”，认真研究行业受众心理和接受习惯，从行业关注点和兴奋点入手，针对不同群体的特点和需求进行设计，创作出一批具有煤炭工业文化标识意义的艺术精品。文学、美术、书法、摄影、音乐、影视戏剧、曲艺、舞蹈、集邮等文艺门类的作品，获得国家级奖项的力争在10部（件）以上，获得省部级奖项的力争在100部（件）以上。动员各方面力量，创作、演出及拍摄戏剧、影视剧10部。出版煤矿优秀作家、艺术家的文学、艺术书籍100部。为煤矿优秀作家、艺术家举办个人作品研讨会及艺术展览20场次。

11.10.3 全面推动煤炭全民健身活动

改革开放以来，特别是“十一五”以来，煤炭企业全民健身活动蓬勃开展，体育生活化、科学化、信息化、法制化进程加快，职工健身素养进一步提高，为煤炭经济发展作出了贡献。全煤健身事业的长足发展提高了煤矿职工的健康素质，有力地促进了行业文化建设。

“十二五”期间，要以中国特色社会主义理论为指导，深入贯彻落实科学发展观，以科学发展为主题，以贯彻落实《全民健身条例》、《全民健身计划（2011—2015）》为主线，以构建矿区公共服务体系为核心，以推动企业履行全民健身公共服务职责为着力点，增加全民健身活动覆盖面，创新思维、更新理念、拓宽思路、转变工作方式，全面提升煤矿职工健康发展的科学化水平。

到2015年，初步建立起覆盖矿区、组织完善、设施齐全、活动丰富、指导有力的基本满足职工体育健身需求的全民健身服务体系，煤矿职工健身意识和身体素质进一步增强，体育公共服务水平明显提升。

矿区职工体质综合指数高于全国平均水平，重点改善在职职工体质状况，提高体质健康水平。

矿区职工经常参加健身人数比例达到30%左右，重点增强职工健身意识和科学健身素养，倡导职工人人喜爱并参加一项健身活动，矿区职工参与程度得到较大提升。

> 每千名职工拥有社会体育指导员 1 至 2 人，重点培养职工体育骨干，建设一支具有一定体育专项运动技能和专业知识的体育工作骨干队伍。
>
> ——《关于推进煤炭行业全民健身活动的指导意见》

1. 建立煤矿职工健身指导和评价体系

组织开展职工体育锻炼达标活动和体质测试工作，逐步建立职工体质测定数据档案，使广大职工了解和掌握自身体质状况，并把职工体质测试结果作为制订本单位职工体育工作计划的依据，努力提高职工健身指导和评价水平。

2. 促进煤矿职工体育与社区体育融合

加强与地方各级体育行政部门的联系和沟通，主动将职工体育工作融入本地全民健身总体规划，积极争取财政经费和社会支持，寻找与社区体育的结合点，把职工体育拓展到 8 小时之外，努力构建以单位、个人相结合，社区、单位、家庭共发展的煤矿职工体育的新格局。

3. 推动“全民健身日”活动深入开展

在全行业广泛普及8 月 8 日的“全民健身日”活动，按照以人为本、注重实效、因地制宜、群众受益的原则，精心策划，深入宣传，广泛组织开展生动活泼、贴近生活、方便群众参与的体育健身展示、交流、比赛、辅导和培训活动。逐步拓展活动规模，扩大影响范围，引导职工健身活动广泛、深入开展。

4. 加强全国职工体育示范单位创建活动

对照全国职工体育示范单位的申报条件逐条检查和完善本单位职工体育工作，通过自评、互评和检查等方式对工作进行评估，总结成绩，发现问题，不断提高和改进职工体育工作，逐步实现中华全国总工会、国家体育总局《关于进一步加强职工体育工作的意见》提出的目标与要求。

5. 推进体育场地设施建设

按照全国职工体育示范单位条件要求，鼓励煤炭企业建设和配备一批不同类型的体育场地设施，特别要重视分散在职工身边的小型公共体育设施的建设，实现职工体育的经常化和生活化。加强场地设施和体育器械的管理与维护，保障职工体育健身活动的安全，提高体育场地设施的使用和运行效率。

11. 10. 4 加强矿区精神文明建设

建设思想铸造工程。坚持不懈地开展马克思主义中国化的最新成果、中国特色社会主义理论体系和社会主义核心价值体系的宣传普及活动。宣传好“十二五”时期的科学发展主题，把理想信念教育、民族精神教育和时代精神教育、公民道德教育等作为核心价值体系教育的重要内容。弘扬“爱矿山、做主人、献身煤炭事业”的献身精神。以诚信为重点，大力开展社会主义道德思想建设。加强和改进思想政治工作，注重人文关怀和心理疏导。完善社会志愿服务体系。开展健康向上的文体活动，促进身心和谐、人际和谐、人与自然和谐，提高矿区的文明程度。

建设职业道德工程。建立健全“爱国守法、明理诚信、团结友善、勤俭自强、敬业奉献”基本道德规范。引导煤矿员工正确处理个人、企业与国家三者的关系，树立大局意识、整体意识、市场意识、大局意识。建立和完善职业道德观，加强职业思想、观念、职业技能教育，引导干部和从业服务部门的员工牢固树立诚信为本的思想观念，自觉按照国家有关法律法规开展经营和服务活动，推广承诺制、公示制、信誉制、问责制等工作制度，接受社会监督。

建设企业素质提升工程。实施行为文化建设，制订符合职业岗位要求，并具有现代工业文明品格的员工基本行为规范以及与之相对应的养成要求，提高全体员工现代文明行为水平。建立规范明确的精细化管理模式，把管理的重点向现场、岗位、流程转移，做到管理无死角、无缺陷、无漏洞。大力实施“三基”建设，推行以区队自主、班组自治、个人自律为主要内容的区队管理模式，强化组织功能。抓基础建设，筑牢安全生产防线。强化现场执行力为根本的基础管理保障机制。开展“学习型组织”，全员素质提升工程，着力在知识功底、专业功力、技能服务上下工夫。

建设生态文明创优工程。全面改善矿区生产、生活环境，提升员工工作生活质量。推进“绿化、美化、净化、亮化”工程，整治地企、村企结合部等薄弱环节，为员工创造良好的生活环境。规范作业现场，建设精品工程，为员工提供舒适的工作环境。

建设清正廉洁和谐工程。按照“党要管党、从严治党”的要求，大力开展科学理论、宗旨观念、优良传统和拒腐防变“四项教育”。建立拒腐防变教育长效机制。坚持走群众路线、倾听群众呼声，要从关系群众切身利益的问题入手，多为群众做好事、办好事，做到权为民所用、情为民所系、利为民所谋。以良好的党风促进社会和谐，以党建促进和谐矿区建设。

建设品牌打造工程。在企业精神文明建设中，注入文化创意要素，培育打造具有煤炭特色的文化品牌。

神华集团

神华集团有限责任公司

SHENHUA GROUP CORPORATION LIMITED

神华黄骅港

神华航运

神华自有铁路

神华煤直接液化

神华集团有限责任公司

神华集团

SHENHUA GROUP CORPORATION LIMITED

神华集团是于1995年10月经国务院批准设立的国有独资公司，是中央直管国有重要骨干企业，是以煤为基础，集煤矿、电力、铁路、港口、航运、煤制油与煤化工于一体，产运销一条龙经营的特大型能源企业，在2012年世界500强企业中排名第234位。集团主要经营国务院授权范围内的国有资产，开发煤炭等资源性产品，进行电力、热力、港口、铁路、航运、煤制油、煤化工等行业领域的投资、管理；规划、组织、协调、管理神华集团所属企业在上述行业领域内的生产经营活动。由神华集团独家发起成立的中国神华能源股份有限公司分别在香港、上海上市。

截至2011年底，神华集团共有全资和控股子公司20家，生产煤矿62个，投运电厂总装机容量4 283万千瓦，拥有营业里程1 467公里的铁路、1亿吨吞吐能力的黄骅港、4 500万吨吞吐能力的天津煤码头，运能1亿吨的航运船队和神华煤直接液化，煤制烯烃示范工程，总资产6 269亿元，在册员工17.65万人。

依靠不断的科技进步和管理创新是神华集团能够可持续发展的关键。2011年神华集团产运销多项关键指标再上新台阶：原煤产量首次突破4亿吨，煤炭销量首次突破5亿吨；铁路运量超过3.2亿吨；黄骅港吞吐量实现过亿吨；发电量突破2 000亿千瓦时，风电装机、并网达到300万千瓦。《神华百万吨级煤直接液化关键技术及示范》项目通过鉴定，荣获2011年“中国煤炭科学技术奖”特等奖。煤直接液化百万吨级示范工程、煤制烯烃工程转入商业化运行，开工率、能源转化效率达到较高水平，初步实现了安稳长满优运行。集团全年营业收入超过2 800亿元，提前两年实现2009年初提出的“五年经济总量五年翻番”的目标。

长期以来，神华集团在自身高速发展的同时，不忘与社会共享发展成果，积极履行社会责任，以多种方式反哺社会，多年来，神华集团持续开展并稳步推进援藏援青、抗震救灾、扶贫助困、捐资助学、环境保护等活动，赢得了社会的广泛赞誉。不久前，经过网民投票和中国企业社会责任评级委员评选，神华集团获得“2011中国企业社会责任杰出企业”奖。面向未来，神华的发展战略是“科学发展，再造神华，五年经济总量再翻番，建设具有国际竞争力的世界一流煤炭综合能源企业”。

北京总部——神华大厦

建设具有国际竞争力的
世界一流煤炭综合能源企业

神华神东矿区现代化综采工作面

神华神东补连塔煤矿

神华准格尔露天煤矿

神华国华电厂

神华国华能源风电场

中国中煤能源集团有限公司

中煤集团

中国中煤能源集团有限公司（简称中煤集团）是国务院国资委管理的国有重点骨干企业，主营业务是煤炭生产与贸易、煤化工、坑口发电、煤矿建设、煤机制造、煤层气开发以及相关工程技术咨询服务等。2006年12月，中煤集团独家发起成立的中国中煤能源股份有限公司在香港上市，2008年2月回归A股。

张德江副总理视察平朔公司

中煤集团是中国第二大煤炭生产企业，现有煤矿55座，总产能2.85亿吨；拥有选煤厂30座，洗选能力2.45亿吨。中煤集团有30年煤炭、焦炭进出口贸易历史，拥有完善的物流配送中心和分销网络。大型煤焦化工和煤基醇醚、烯烃化工的设计规模和技术水平居行业领先。煤机制造企业位列全国煤机行业第一位，具备煤矿井下综采综掘成套装备研发、制造能力，技术水平和市场占有率为国内第一。煤矿建设设计企业承担了国内数百个千万吨级矿区、千万吨级高产高效矿井、百万吨级矿井和大型洗煤厂的设计建设任务。截至2011年底，中煤集团共有全资公司、控股和均股子公司51户，境外机构4户，资产总额2 124亿元，在册职工10.6万人。2011年，中煤集团原煤产量1.64亿吨，实现营业收入1 154亿元，利润总额166亿元，实现了“十二五”良好开局。在国资委2011年度中央企业负责人经营业绩考核中，被评为A级。

中煤集团绿色环保的平朔矿区

安全 绿色 科学发展

未来几年，中煤集团将以科学发展为主题，以加快转变发展方式为主线，大力实施转型升级、科技创新、人才强企、安全发展“四大”战略，进一步优化区域布局，重点建设平朔亿吨级循环经济示范区、蒙陕亿吨级能源化工基地，依托煤炭资源，坚持规模化、集约化、现代化方向，大力发展园区经济、循环经济，调整产业产品结构，形成以煤炭、煤化工、坑口发电、煤矿建设、煤机制造为支柱的产业格局；到2015年，实现经济总量翻番，再造一个新中煤的战略目标，早日建成具有国际竞争力的世界一流能源企业。

吴耀文董事长在陕西公司大海则矿区调研

王安总经理深入现场检查安全

李延江书记在西安煤机公司指导工作

安全高效现代化井工开采

中煤集团特厚表土层冻结法凿井

中煤集团装备公司金属切割机器手代替人工作业 有效提高切割效率与质量

陕西煤业化工集团有限责任公司

陕煤化集团

陕西煤业化工集团有限责任公司是陕西省能源化工产业发展的骨干企业，也是省内煤炭大基地开发建设的主体，总部位于陕西省西安市，注册资本100亿元。

陕西煤业化工集团公司成立后，在原有企业基础上，通过投资新建、收购兼并、改革重组等多种途径，使全资、控股、参股企业发展到60余个，形成了“煤炭开采、煤化工”两大主业和“建筑施工、装备制造、钢铁、电力、建材、科技、物流、金融服务和绿色健康”等相关多元、协调发展的产业格局。陕西煤业化工集团集中了陕西省煤炭、煤化工方面的人才、资产、管理和技术等优势资源，夯实了资源接续和队伍建设两个基础，突出了自主创新和安全发展，加快了产业升级，调整优化了产业、产品结构，拓宽了产业范围，延伸了产业链，发展了循环经济，企业经济总量和经济规模跃上新台阶，为助推陕西乃至西部经济发展发挥了积极作用。

2011年，陕西煤业化工集团继续保持“十一五”期间“每两年翻一番”的跨越发展态势，多项经济指标再创历史新高。全年实现销售收入1 007.41亿元，煤炭产量达1.02亿吨，连续两年跨入亿吨级煤炭企业行列；实现利税243.26亿元；资产总额达到2 152.2亿元，实现了“十二五”开门红。位列2012中国企业500强第107位。

到“十二五”末，陕西煤业化工集团力争挺进世界企业500强，努力打造中国一流安全节能环保能源化工企业。

安全节能环保的现代化煤矿

打造中国一流安全节能环保能源化工企业

环境优美的花园式化工厂

发展振兴的钢铁产业

实力过硬的建筑施工企业

业务精干的金融服务业

技术先进的装备制造业

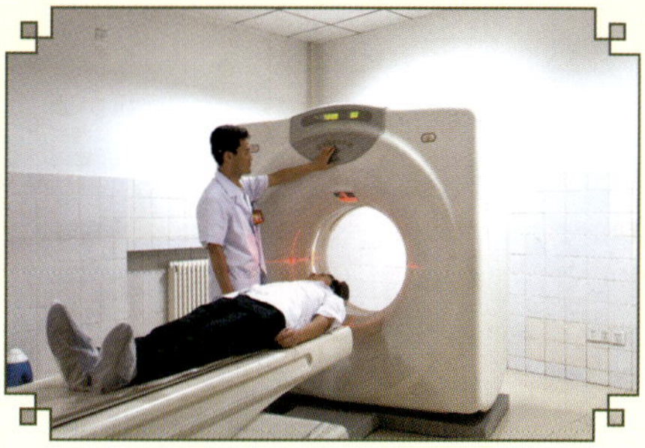

保障有力的后勤服务业

综合利用的的煤矸石发电厂

全面构建中的大物流体系

煤炭为主体 制药航空为两翼 多元综合发展

冀中能源集团有限责任公司

冀中能源绿色生态矿山

河北航空城

华药新制剂自动装箱线

冀中能源集团有限责任公司（简称冀中能源）是国有特大型独资公司。2009年6月，冀中能源重组华北制药集团，2010年6月，冀中能源组建了河北航空集团和河北航空公司。目前下辖峰峰集团、冀中股份公司、华北制药集团、河北航空集团、张矿集团、邯矿集团、井矿集团、邢矿集团、机械装备公司、山西矿业公司、国际物流公司等11家子公司，拥有冀中股份、华北制药和金牛化工三个上市公司，是以煤炭为主业，医药、航空、化工、电力、机械装备、物流等多个产业综合发展的大型现代企业集团，地域纵贯河北，横跨晋冀，北延内蒙，西拓新疆，拥有河北邯郸、邢台、井陉、张家口，山西晋中、吕梁，内蒙古鄂尔多斯和锡林郭勒盟等煤炭生产矿区，煤炭资源储量260亿吨，是中国第二大主焦煤基地。企业资产总额1 405亿元，在册职工13万人，位居全国煤炭企业第三位，位列2012年中国500强第41位，2012年世界500强第330位。

2011年，冀中能源集团以科学发展观为统领，围绕“煤炭产量过亿吨、销售收入2 000亿元”总体目标，以“转方式、调结构、促升级、增效益”为主线，经济总量大幅攀升，煤炭主业强势增长，多元发展步伐稳健，全年实现销售收入2 019亿元。

2012年，冀中能源集团将以党的十八大精神为指导，围绕加快转变经济发展方式，突出质量、效益这个主题，坚持整合扩张与加强管控相协调、经济规模与盈利水平相协调、要素投入与收益回报相协调、产业发展与资本运作相协调、经济效益与社会效益相协调，推动企业稳中求好，优中求快，共建共享，科学发展。全年原煤产量将实现1亿吨以上，销售收入2 100亿元以上。

冀中能源进入世界500强庆祝大会

铸就国际化综合发展的能源企业

兖矿集团

兖矿集团是以煤炭、煤化工、煤电铝及机电成套装备制造为主导产业的特大型省属国有企业，现有全资及控股子公司38家。近年来，兖矿集团秉承“天地人和”责任文化，大力弘扬“创新领先、合力致远”兖矿精神，围绕建设“主业突出、核心竞争力强、国际化企业集团”战略目标，坚持产业一体化、布局区域化、发展国际化“三向并进”发展战略，稳本部、增新区、拓国外“三地支撑”生产战略，推动兖矿集团由本土化企业向国际化企业转型，由实施低成本竞争战略向差异化竞争战略转型，由单一追求规模扩张向规模效益并重转型，现已形成省内煤化工鲁南、邹城、兖州“三个园区”和外部贵州、陕西榆林、新疆、内蒙古鄂尔多斯、澳大利亚、加拿大“六个基地”发展格局。企业经济规模和经济效益稳步提升，转方式调结构持续高效推进，主要经济指标连续多年保持行业先进水平，实现超常规跨越式发展。2011年，原煤产量突破7 079万吨，营业收入840亿元，利润100亿元，企业效益排名位列2011中国企业效益200佳第31位。目前，企业拥有在册职工9.7万人，总资产1 397亿元。

兖矿集团澳大利亚公司合并及上市庆典

兖矿集团澳洲公司建设现场

兖煤加拿大公司钻探现场

2011

Annual Report on Coal Industry in China 2011

中国煤炭工业发展研究报告

第三篇 探索篇

坚持创新驱动 转变发展方式 努力提升煤炭工业发展的科学化水平

全国政协常委
中国煤炭工业协会会长 王显政

一、经过近10年的快速发展，我国煤炭工业取得了举世瞩目的成就

"十五"以来，在我国工业化、城镇化、农业现代化加快推进，国民经济和社会平稳较快发展的大背景下，在国家促进煤炭工业健康可持续发展相关政策措施的引导下，煤炭工业认真贯彻落实科学发展观，坚持科教兴煤战略，加快推进结构调整，转变经济发展方式，在保障国家经济社会发展对煤炭需求的同时，煤炭工业自身的发展思路、发展理念、发展质量均发生了较大变化，取得了显著成效。

（一）以建设大基地和发展大集团为主导，煤炭结构调整取得成效

神东、陕北、晋北等14个大型煤炭生产基地已经成为全国煤炭生产供应保障的主体。2011年14个大型煤炭基地产量占全国总产量的近90%。在大型煤炭基地内建成了以神东矿区为代表的千万吨级矿井群，建成了一大批具有国际领先水平的大型现代化煤矿和安全高效矿井，全国小型煤矿产量比重降至20%左右。通过推进企业兼并重组，一批以煤炭生产为主、多元化发展的综合能源企业集团快速发展壮大。截至2011年底，全国已形成了7家年煤炭产量超亿吨的大型企业集团，企业综合发展实力不断增强。神华、中煤能源、山东能源、冀中能源、开滦集团等先后进入世界企业500强之列。

（二）以改革为动力，全国煤炭供应保障能力大幅提高

在国家煤炭市场化改革相关政策措施指导下，煤炭资源有偿使用制度基本建立，市场化投融资格局基本形成，企业市场主体地位逐渐增强；取消了以政府为主导的煤炭订货制度，基本形成了供需双方自主衔接、自主订货、协商定价机制，初步建立了反映资源稀缺程度、市场供求关系、煤矿安全和环境保护成本的市场价格发现机制。“十五”以来，全国煤炭采选业累计固定资产投资共完成1.96万亿元，其中，2006年至2011年完成1.74万亿元，煤炭产能建设能力大幅提高。全国煤炭产量由2001年的13亿吨增加到2011年的35.2亿吨，年均增加2亿多吨，增长171%，有力地保障了我国国民经济和社会的平稳较快发展。

（三）以科技进步为支撑，煤炭科技创新能力大幅增强

在国家科技政策和重大支撑项目的引导下，以企业为主体、市场为导向、产学研相结合的科技创新体系不断完善，科技投入增加，科技贡献率稳步提升，在关键技术攻关、新技术开发、先进技术推广应用等方面都取得了较大进展。具有世界先进水平和自主知识产权的煤炭直接液化和煤制烯烃技术取得突破，煤矿充填开采、井下地热利用等矿区环境治理技术取得进展，包头60万吨煤质烯烃、神东100万吨煤炭直接液化技术示范成功，并取得了明显的社会经济效益。年产600万吨综采成套装备研发

成功，年产千万吨综采成套设备进入工业化试验阶段，综采放顶煤理论与厚煤层开采围岩控制技术取得新成果，煤矿监测监控、应急救援技术装备水平不断提高，煤矿瓦斯治理与水害防治关键技术装备攻关有了新的突破。

（四）发展循环经济，煤炭绿色开采、生态矿山建设取得成效

为促进煤炭工业可持续发展，煤炭行业大力推行绿色开采、建设生态矿山示范工程建设，结合矿区、煤种和经济地理特点，开发研制的煤矿采煤工作面矸石充填、膏体充填技术、保水开采技术与装备趋于成熟，采煤沉陷区充填复垦、疏排降法复垦以及塌陷区地基处理等矿区土地复垦技术得到了普遍应用。截至2011年，全国已建成各类选煤厂近1 800多座，原煤入选能力达到19.3亿吨，原煤入选率达到52%。全国建成煤矸石电厂装机容量达到2 780万千瓦，利用低热值资源1.4亿吨，相当于回收4 500万吨标准煤，少占压土地300多公顷。具有自主知识产权的“长通道、大断面、两阶段”煤炭地下气化新工艺取得成功。以同煤集团塔山煤矿、神华上湾煤矿为代表的11个煤矿被授予首批国家级绿色矿山试点单位。

（五）加大安全投入，全国煤矿安全生产形势稳定好转

通过加大煤矿安全整治力度，完善安全生产法律法规和标准体系，建立煤矿安全生产长效机制，加大煤矿安全投入，强化安全基础工作，煤矿事故起数和死亡人数大幅下降。截至2011年底，我国国有及国有控股煤矿累计提取安全生产费用2 475亿元，煤矿安全生产设备、设施得到了较大改善。全国煤矿死亡人数由2002年的6 995人大幅下降到2011年的1 973人，煤矿百万吨死亡率由2002年的4.94下降到2011年的0.564。注重研发运用粉尘防治技术与装备，加强煤矿尘肺病防治工作，矿区职业健康水平不断提高。

二、展望“十二五”及煤炭工业中长期发展形势，机遇与挑战并存

“十二五”及今后较长时期是我国调整结构、转变经济发展方式的关

键时期,面对国际、国内经济社会发展出现的新形势、新情况和新问题,煤炭工业发展机遇与挑战并存。

从国际发展形势看,当今世界,和平、发展、合作仍是时代潮流,世界多极化、经济全球化深入发展,世界经济政治格局出现新变化,科技创新孕育新突破,国际环境总体上有利于我国和平发展。但也必须看到国际金融危机的深层次影响还在不断显现,世界经济复苏的不确定性增加,全球需求结构出现明显变化,围绕市场、资源、人才、技术、标准等的竞争更加激烈,气候变化以及能源资源安全等全球性问题更加突出,各种形式的贸易保护主义抬头,我国发展的外部环境更趋复杂。

从国内发展趋势看,“十二五”及更长一段时期,我国仍处于重要战略机遇期,工业化、信息化、城镇化、市场化、国际化深入发展,经济结构转型加快,市场需求潜力巨大,科技和教育整体水平提升,劳动力素质改善,基础设施日益完善,体制活力显著增强,政府宏观调控和应对复杂局面能力明显提高,社会保障体系逐步健全,社会大局保持稳定,生产要素组合具有比较优势,国民经济将继续保持平稳较快发展。

从煤炭工业自身发展看,煤炭作为主体能源的地位很难改变。近 20 年来,煤炭在世界一次能源结构中的比重和总量仍持续增加。数据显示,在世界能源消费结构中,煤炭由 1990 年的 27.38% 提高到 2011 年的 30.34%,提高了 2.96 个百分点;同期,煤炭在我国一次能源消费结构中的比重由 76.2% 下降到 68.8%,消费总量由 10.5 亿吨增加到 35.3 亿吨,增长了 235.2%。据有关机构研究预测,我国能源消费总量可能在 2030 年前后达到峰值,其中煤炭需求总量约在 45 亿吨左右,煤炭在我国一次能源消费结构中降至 50% 左右。即,在 2011 年煤炭消费量的基础上,总量还将增加 10 亿吨左右。虽然煤炭在一次能源结构中的比重下降、增幅回落,但在今后较长时期内,需求总量还将保持适度增长态势,并随着洁净煤技术发展,储量丰富的煤炭仍将是人类生产生活中的无法替代的重要能源品种之一。从维护我国能源长期安全稳定供应战略和煤炭资源的可靠性、价格的低廉性和利用的可清洁性考虑,煤炭作为我国主体能源的地位很难改变，煤炭工业仍然具有较广阔的发展空间。

但也必须看到，实现煤炭工业科学发展，还有许多深层次的矛盾和问题亟待解决。

（一）资源保障能力不足

截至2010年末，全国煤炭资源保有储量1.34万亿吨，剩余可采储量1 637亿吨，可供建设大型现代化矿井的资源不足。资源禀赋相对偏差，勘探程度低。我国煤炭资源埋藏深、开采条件相对复杂，煤矿以井工开采为主，露天开采比重低，资源回收率低。在尚未利用资源中，达到精查勘探程度的仅占23.1%，详查的占22.5%，普查和找煤资源量比重大，资源勘查程度低。大型整装煤田少，主要集中在晋陕蒙宁和新疆地区，大部分产煤地区资源赋存条件较差，特别是中南、西南地区地质构造复杂，适合建设大型煤矿的资源少，主要以中小型煤矿为主。安徽、河南等原来煤炭调出省逐渐转为调入省，区域煤炭供需平衡的难度加大。薄煤层开采技术难度大。我国薄煤层资源储量占全部资源量的21%，产量不足7%，资源储量与产量不配套的问题明显。

（二）结构调整与转型发展任务艰巨

在我国现有各类煤矿中，30万吨以下的小型煤矿有1.2万多处，占全国煤矿总数的80%以上，小型煤矿多，淘汰落后的任务依然艰巨。截至2011年底，全国规模以上煤炭企业9 200多家，煤矿从业人员550万人，与世界主要产煤国家相比，产业集中度低、人均工效低的问题依然突出。粗放型发展方式还没有得到实质性转变。近年来，煤炭行业经济效益增长主要依靠产量增加和价格上涨，培育发展新兴产业步伐缓慢、难度大；虽然多数大型煤炭企业非煤产值超过50%，但80%以上的利润仍然来自煤炭产业。在主要产煤地区，以投资驱动发展、以资源换取项目，循环不经济，煤化工产业盲目发展的问题突出。截至2011年底，全国甲醇装置总产能接近5 000万吨，开工率仅为50%左右。

（三）生态环境约束不断强化

矿区水资源不足。在全国14个大型煤炭基地中，仅云贵基地、两淮基地和蒙东(东北)基地的部分矿区水资源相对丰富,大多数矿区属于缺水或严重缺水。在煤炭资源富集、开发强度较高的晋陕蒙宁省区,年降雨量均在500毫米以下,一些地区不足250毫米,植被覆盖率低,生态环境十分脆弱。环境治理欠账多。长期 计划经济时期形成的大量矿区地表塌陷、矸石山、露天矿坑等还没有得到有效治理,治理投入大、欠账多;目前全国每年新增采空区6万公顷左右,矿区生态环境恢复与治理机制亟待健全和完善 。我国煤炭消费总量大幅增加,温室气体排放居高不下,还面临更加严峻的国际社会舆论压力。

(四)科技创新能力不强

行业自主创新体制机制尚不完善,原始性创新能力不足;资源开发基础理论研究滞后,煤炭安全高效开采和清洁高效利用关键技术亟待提高,矿区生态治理与环境保护关键技术亟待突破,煤矿安全、生产、运输、转化等重大关键技术急需攻关;重大技术装备制造国产化能力不足,目前我国煤矿装备研发制造总体上还处于跟踪和模仿阶段,大型装备、关键设备和元器件国产化能力不足,国产装备的可靠性和稳定性与国外相比还有较大差距。

(五)发展不平衡问题突出

受资源赋存条件、开发强度、区域市场等影响,新矿区与老矿区、新企业与老企业之间发展不平衡的问题越来越突出。资源富集、开发条件较好的矿区 企业得到了快速发展,而一些老矿区的煤炭企业,特别是东部矿区由于接续资源不足、井深巷远,开采成本高、盈利水平低,企业发展面临诸多困难。2011年,前10家煤炭企业利润占全国规模以上煤炭企业利润总额的37%,大多数企业盈利水平依然较低。今年以来,受市场持续低迷、价格大幅下降影响,东部和西南地区部分老矿区的煤炭企业开始出现了亏损。目前,我国已经建成了具有世界领先水平的年产千万吨级大型现代化煤矿,但还有大量技术装备落后、管理水平低、人才不足的中小型煤矿,提升煤炭工业发展整体水平的任务依然艰巨。

三、把握发展规律，理清发展思路，努力提升煤炭工业发展的科学化水平

总结新中国煤炭工业发展的成功实践，特别是改革开放以来取得的巨大成就，展望“十二五”及中长期战略发展方向，煤炭工业必须要坚持以科学发展为主题，以加快煤炭结构调整，转变经济发展方式为主线，以提升煤炭工业发展的科学化水平为主攻方向，推进煤炭安全高效开采和清洁高效利用，努力构建资源利用率高、安全有保障、经济效益好、环境污染少、健康可持续发展的新型煤炭工业体系。

（一）科学控制煤炭总量，提高全国煤炭供应保障能力

要充分认识我国煤炭短期供应宽松与长期总量不足的矛盾，从提高国家煤炭安全稳定供应的战略出发。

1. 加大煤炭资源勘查投入，提高资源保障能力

重点围绕14个大型煤炭基地建设，加大东部矿区深部和外围资源勘查，扩大资源储量，提高现有煤矿服务年限；加强中西部矿区资源勘查，提高勘查精度，增加资源储备；加快新疆基地资源勘查与评价工作，为新疆基地开发建设提供资源保障；加大炼焦用煤、优质无烟煤资源勘查，提高我国特殊和稀缺煤种资源储备和可持续开发利用能力；加大矿区水资源勘查，为煤炭资源开发、煤矿生产、煤炭转化，产业延伸发展提供支撑。

2. 按照“控制东部、稳定中部、发展西部”的开发思路，尽快形成我国煤炭资源梯级开发、梯级利用格局

根据主要产煤省区、重点矿区生态环境容量，以煤炭科学产能为依据，合理确定资源最大开发规模，促进煤炭资源开发与矿区环境协调发展。要控制东部资源逐渐枯竭矿区的开发规模，稳定现有生产能力；要稳定资源丰富、开采条件好、开发规模大的中部矿区规模，减缓开发强度，提高可持续发展能力；西部资源开发潜力大，要根据市场需求，适度扩大规模，增加调出量。同时，加快推进山西、陕西、蒙西运煤新通道建设，实现

煤炭开发与铁路运输的有效衔接，尽快形成我国煤炭资源梯级开发、梯级运输、梯级利用格局，提高全国煤炭长期安全稳定供应保障能力。

3. 大力实施煤炭总量控制措施

要立足长远，深入研究我国煤炭生产和消费总量及科学布局问题，把握煤炭资源开发的节奏、强度和时序。引导企业按市场需求组织生产，严禁超能力生产。研究制定和实施全国和主要煤炭消费区总量控制措施，推广应用先进的煤炭清洁高效利用技术和工艺，提高煤炭资源的综合利用水平。加强特殊和稀缺煤种管理，鼓励煤炭按品种对路消费，控制优质炼焦用煤、化工用煤作为动力煤直接燃烧。

（二）坚持科技兴煤战略，提高自主创新能力，提升煤炭生产力总体水平

1. 搭建协同创新平台

认真贯彻落实国家创新大会精神，建立和完善煤炭科技创新体制机制，搭建创新平台，形成以企业为主体，大专院校、科研单位上下联合、横向互动，优势互补、深度合作、产学研用四位一体的创新体系。坚持机制创新，鼓励企业增加投入，发挥煤炭科研机构和高校等协同创新的积极性。推广应用先进技术和装备，有序推进国家级的煤炭技术中心、工程中心和重点实验室等基础设施建设，为煤炭科技创新发展奠定坚实的基础。

2. 推进基础理论研究与关键技术攻关

加强煤炭基础理论研究，重点加强煤矿围岩支护与相互作用机理、煤与瓦斯突出机理、冲击地压和千米深井建设、开采动力现象等基础理论研究。组织开展煤炭安全高效开采与清洁高效利用关键技术攻关，重点推广煤矿充填开采、保水开采、煤矿热能转换系统等绿色开采技术，开展大型煤矿成套装备、关键部件研发，加大薄煤层自动化采掘装备研制攻关，加快推进煤机装备国产化。

3. 推进示范工程建设

紧密结合煤炭科技发展方向，积极推进以冀中能源集团为代表的绿

色开采、生态矿山建设示范工程，以宁东煤化工基地建设为代表的煤炭清洁生产利用示范工程，以榆林矿区为代表的煤矿保水开采示范工程，以大同塔山煤矿为代表的循环经济工业园区建设示范工程，以蒙东褐煤产区为代表的褐煤提质利用示范工程建设，提升我国煤炭安全高效开发与清洁高效利用水平。

4. 加强人才队伍建设

要从规划入手，做好行业人才发展数量、规模、结构、布局和人才需求预测，全方位、多渠道引进人才、培养人才，鼓励大专院校、煤炭企业、科研单位充分发挥各自优势和特色，完善人才激励和合作竞争机制，营造有利于优秀人才脱颖而出的良好环境，着力培养一批煤炭科技领军人才。

（三）加大结构调整力度，促进发展方式转变，提高可持续发展能力

要抓住煤炭市场供需宽松的有力时机，以推进煤炭资源整合、煤炭企业兼并重组为抓手，加大煤炭结构调整力度，努力实现煤炭经济由产量、速度型向质量、效益型发展。

1. 以大基地建设为依托，优化煤炭生产结构

在大型煤炭基地内，优先建设大型现代化煤矿和安全高效矿井，加大资源整合力度，大幅减少矿点数量，提高单井规模。在资源条件较差和缺煤地区，坚持分类指导，高标准建设中小型煤矿。

2. 培育和发展大集团，调整煤炭组织结构

鼓励具有资金、技术、管理优势的大型企业跨地区、跨行业、跨所有制兼并重组，促进煤电、煤化、煤建材和煤炭物流产业协调发展，构建以煤为主、多元产业共融发展的格局，培育和发展以煤炭资源开发为土的综合性大型能源企业集团，提高我国煤炭企业的国际竞争力。

3. 推进现代煤化工产业有序发展

要以煤炭供应的合理半径，根据区域水资源和生态环境容量，坚持“以煤定化”、“以水定化”，防止“逢煤必化”。瞄准现代煤化工技术发展前沿，在气化炉、反应釜等关键技术与设备方面，鼓励通过自主研发、引进

消化、实现再创新，开展现代化煤化工技术攻关，推进重大示范工程建设，发展科技含量高、市场前景好、具有规模效益的现代煤化工项目，提高煤炭产品附加值，提升煤炭资源的清洁高效利用水平。

4. 推进中小煤矿机械化开采

推广广西壮族自治区中小煤矿机械化开采经验，鼓励和引导中小型煤矿采用先进适用的新技术、新工艺和新装备，推行机械化改造，淘汰落后生产方工艺，支持煤机制造企业与煤矿合作，组织开展先进适用的采煤机、运输机和液压支架研制，提高中小煤矿办矿标准和技术装备水平。

(四)深化煤炭市场化改革，促进上下游产业协调发展，为行业发展营造良好的外部环境

1. 加快全国煤炭市场交易体系建设

充分发挥市场配置资源的基础性作用，在现有区域性煤炭交易中心的基础上，研究建立连接煤炭主产区、中转地和消费区，有资源配置、有运力保障、有信息服务、有金融支持的经济高效的全国煤炭交易中心。完善煤炭交易模式和交易方式，实行煤炭现货交易与长协相结合，积极探索煤炭期货交易，降低煤炭交易风险，促进煤炭交易全面公开、公平、公正，促进煤炭市场长期稳定健康发展。

2. 完善煤炭市场监测预警机制

完善中国煤炭价格指数、市场景气度指数等煤炭市场先行性指标体系，建立和完善煤炭市场监测预警机制，定期发布煤炭价格和市场指数，引导市场发展预期，增强市场理性，维护煤炭经济平稳运行。

3. 推进煤炭相关行业改革，促进上下游产业战略合作与融合共赢发展

在推进煤炭市场化改革的基础上，加快推进电力、铁路等相关行业改革，支持煤炭、运输、用户企业之间签订中长期合同，构建上下游企业间的战略联合，形成长期稳定的合作伙伴关系，促进煤炭、电力、运输等相关产业互利共赢发展。

4. 实施“走出去”战略

加强煤炭领域的国际交流与合作，提高煤炭行业对外开放水平；鼓励企业“走出去”开发境外资源，提高我国煤炭资源全球配置能力；支持我国成套煤矿技术装备出口，努力打造一批具有较强国际竞争力的大型煤炭企业集团，提升我国煤炭工业的国际影响力。

（五）推进和谐矿区建设，履行社会责任，促进资源开发、区域经济社会与生态环境协调发展

煤炭和谐矿区建设是社会主义和谐社会建设的重要组成部分，是煤炭工业提高科学化水平的重大实践。

1. 科学制定矿区发展规划

大型煤炭企业要统筹考虑矿区可持续发展，企业发展规划要与矿区建设、区域经济转型、新农村和小城镇建设等规划有效衔接，资源开发与压煤村庄搬迁、新村镇建设、环境保护等要统一规划，有序实施，解放资源，集约利用土地，建设生产发展、人民富裕、生态良好的新型矿区。

2. 因地制宜实施矿区生态再建工程

遵循生态环境内在规律，结合区域自然生态地理环境特征，实施矿区生态环境再建工程，推动矿区重大生态环境治理与恢复工程建设，促进煤炭开采与生态环境协调发展、人与自然和谐发展，让矿区职工享受生态，享受自然。

3. 加快矿区城镇化建设

坚持政府主导，企业积极推动，充分利用国家采煤沉陷区治理和棚户区改造支持政策，统筹城镇建设、采煤沉陷区治理、棚户区改造、安居工程和新农村建设，加大资金投入，完善基础设施，改善矿区居住条件和环境。

（六）强化安全基础工作，提高煤矿职业健康水平

针对我国煤矿井工开采，煤层埋藏深、地质构造复杂，煤矿瓦斯、水害、冲击地压等自然灾害多的特点，结合中西部矿区厚煤层、巨厚煤层开采对煤矿安全生产带来的新情况和新问题，要进一步强化煤矿安全基础

工作，深入贯彻落实安全第一、预防为主、综合治理方针，加强煤矿瓦斯、水害、冲击地压等重大灾害治理，加大煤矿安全投入，建立安全生产长效机制，有效抑制重特大煤矿事故，促进煤矿安全生产形势的明显好转。落实煤矿作业场所职业危害防治规定，健全职业安全健康监管体系，以防范尘肺病为重点，加强劳动保护设施建设，改善煤矿井下作业环境，全面提升煤矿职业健康保障水平。

（七）加强煤矿文化建设，营造积极向上的行业文化氛围

认真贯彻落实十七届六中全会精神，加强矿区精神文明和职工文化建设，构建激励煤矿文艺创作的长效机制。要把弘扬煤矿工人艰苦奋斗的光荣传统与树立新时期开拓创新精神结合起来，塑造当代煤矿新形象。要充分发挥企业文化建设的主体作用，以创建品牌、维护品牌为目标，打造煤矿文化精品，不断繁荣煤矿职工文化生活，为行业发展营造积极向上、开拓创新、勇于奉献、和谐繁荣的发展环境。

为科学发展提供可靠能源保障

国家能源局副局长　吴　吟

能源是人类进步的物质基础，是现代社会发展的重要支撑。煤炭是我国的基础能源，就当前世界非化石能源利用水平、开发周期及我国能源资源赋存状况来看，以煤为主的能源结构将长期存在。面对错综复杂的国内外政治经济环境和日益加重的温室气体减排压力，能源工业特别是煤炭工业必须加快转变发展方式，创新体制机制，依靠科技进步，扎实努力工作，为经济社会科学发展提供安全、稳定、经济、清洁的能源保障。

一、我国能源发展面临的形势

到本世纪中叶，我们肩负着全面建设小康社会、基本实现现代化的战略任务。与此同时，世界发展模式和政治经济秩序面临重大变革，科技创新孕育重大突破，我国能源发展既面临难得的历史机遇，也面临诸多挑战。

1. 能源发展阶段的定位

我国正处于工业化、城镇化加速发展阶段，能源需求还将持续增加。这个阶段，人均国民收入稳步增加，经济结构转型加快，科技和教育水平提升，基础设施逐渐完善，政府宏观调控和应对复杂局面能力明显提高，社会大局保持稳定。与此同时，发展中不平衡、不协调、不可持续问题依然突出，主要是经济增长的资源环境约束强化，产业结构不合理，城乡区域发展不协调，制约科学发展的体制机制障碍依然较多。这个阶段，在科学发展观的指引下，经济转型将实现重大突破，能源增长速度和消费结构将发生显著变化，节能、提效、减排有望取得重大进步，从粗放供给满足过快需求转向科学供给保障合理需求，能源发展模式的转变将推动经济社会发展方式转变。只要坚持科学发展，到本世纪中叶，我国将建立健全具有中国特色的新型能源体系，保障我国未来能源可持续发展。

2. 能源发展面临的挑战

一是在发达国家能源资源高消耗模式难以改变的同时，新兴国家工业化、现代化进程加快，国际能源资源竞争加剧，世界能源格局面临深刻调整。二是我国人均能源资源占有量低，需要大量进口油气资源，能源安全问题突出，保障能源供应是永恒的主题。三是大规模利用化石能源使我国成为最大污染物排放国，生态环境严重透支，应对气候变化的国际压力日益增大，能源发展迫切需要绿色转型。四是我国的发展阶段和国际产业分工格局，以及不合理的产业结构和粗放的发展方式致使能源效率明显偏低，发展方式亟待转变。五是我国区域发展不平衡，能源供需逆向分布矛盾突出，城乡能源基础设施和用能水平差距大，消除能源贫困、实现能源普遍服务任重道远。此外，我国能源产业大而不强，科技自主创新能力亟待提升，价格机制尚未理顺，行业管理亟待加强，体制机制约束已成为转变能源发展方式的重要障碍。

3. 煤炭工业面临的形势

从外部环境看，在国际能源市场不稳定、不确定因素增多，石油、天然气对外依存度持续加大的背景下，煤炭保供应的任务更加艰巨；国际社会对限制或减少温室气体排放的呼声越来越高，作为少数几个能源结构以煤为主的国家，我国经济社会发展严重受制于发达国家设置的绿色壁垒，履行减排承诺的压力与日俱增。从内部形势看，煤炭开发重心加速西移，西煤东调、北煤南运压力增大；随着采深增加，煤矿地质条件越来越复杂，灾害日趋严重，安全生产形势严峻；采煤机械化程度与先进产煤国家仍有较大差距，生产效率远低于国际先进水平；煤炭开采引发的煤矸石堆存、瓦斯排放、水资源破坏、地表沉陷等对矿区生态环境破坏严重，恢复治理滞后，实现安全发展、节约发展、清洁发展任务紧迫。

4. 国内外环境的新变化

一是美欧扩大对伊朗制裁、南北苏丹矛盾升级、西亚北非局势持续动荡，我国海外油气持续稳定供应面临前所未有的挑战，国际油价在高位震荡致使输入型通胀压力加大，经济平稳发展面临风险。二是国内经济增速放缓，特别是工业增长速度明显下滑，进出口总额增幅大幅下降，固定资产投资增速回落，经济下行压力加大。三是能源消费增速回落，四大主要用能行业合计用电量同比基本持平，火电设备利用小时数降低，成品油市场供应相对宽松。四是煤炭需求不旺，社会存煤增加，市场煤价下滑，一些地方甚至出现低价倾销、先拉煤后付款现象，同时进口煤进一步挤压市场空间，行业结构性过剩的矛盾初步显现。

5. 能源发展形势的判断

从国际看，世界经济复苏的曲折性、艰巨性进一步显现，不同经济体经济走势出现分化，不稳定性、不确定性增加，一些国家主权债务危机短期内难以缓解，新兴经济体面临通胀和经济增速回落双重压力，世界经济形势依然严峻复杂。从国内看，我国经济运行总体平稳，经济增长仍在预期目标区间，结构调整取得进展，民生持续改善，但也面临外需萎缩、内需不足、部分行业效益下滑等挑战，经济增长仍面临较多不确定性。综合国内外因素，我国发展仍处于重要战略机遇期，经济平稳增长的基本面没有改变，国民经济运行继续朝着宏观调控预期方向发展。今年是全面实施“十二五”规划的重要一年，按照“稳中求进”的总基调，国民经济将延续平稳增长趋缓态势，能源消费总量仍将增长，但增速将明显放缓。

二、我国能源发展的主要任务

面对深刻变化的世情、国情，面对经济社会发展中不平衡、不协调、不可持续的问题，面对能源发展日益严峻的制约和挑战，必须统筹好两个大局，以更长远的战略眼光，系统分析政治、经济、社会、外交等涉及能源安全的重大问题，牢牢抓住战略机遇期，切实转变发展方式，推动我国由能源大国向能源强国转变。

1. 加强国内供应能力建设

加快煤炭产业现代化建设，科学调控生产规模，实现安全绿色开发和高效清洁利用。建设安全可靠、智能高效的现代化电力系统。加大油气勘探开发力度，重点发展煤层气、页岩气等非常规油气和深海油气，稳定原油产量，实现天然气快速发展。建设多元化的能源进口战略通道和安全高效的国内能源综合运输体系。建立政府战略储备、企业义务储备相结合的能源储备制度，构建完善的能源应急体系。

2. 加强能源国际互利合作

优化战略布局，加强海外能源资源开发能力建设，提升“走出去”水平，构建资源开发、基础设施建设、装备出口、能源贸易、金融服务相结合的海外能源开发利用新格局。稳妥推进原油等能源期货交易，促进能源贸易方式多元化。加强与主要能源出口国、消费国和国际能源机构的交流对话，重点推动能源安全、节能提效、新能源开发等领域合作。积极参与全球能源治理，深化在战略规划、政策法规和标准制定等方面的合作，协调保障能源安全。

3. 实现强度和总量双控制

逐步建立能源消费总量和强度双控制的体制机制，推进经济结构战略性调整，走新型工业化道路。加强需求侧管理，保障基本用能，限制过度用能，鼓励节约用能，通过合理控制能源消费总量形成“倒逼机制”，促进三次产业结构调整和重点耗能行业节能提效减排，破解资源瓶颈约束，提升发展质量和效益，构建低投入、高产出、低消耗、少排放、能循环、可持续的国民经济体系。树立崇尚节约的社会价值导向，大力发展绿色建筑和绿色交通，构建节能型消费体系。

4. 大力发展非化石能源

大力推动非化石能源对化石能源的战略性替代。在做好生态环境保护和移民安置的基础上，大力发展水电。坚持集中与分散开发并举，加快发展风能和太阳能。积极推动生物质能、地热能和海洋能利用。在确保安全的基础上，高效发展核电。积极发展分布式能源，统筹传统能源、新能源和可再生能源综合利用，实现分布式能源与集中供能系统协调发展，促进非化石能源由辅助能源向主体能源转变。

5. 大力推动能源自主创新

按照自主创新、重点跨越、支撑发展、引领未来的方针，把能源科技自主创新摆在能源战略的突出位置，坚持国家在基础研究中的主导地位，发挥企业在技术创新中的主体作用，超前部署对能源长远发展具有重要带动作用的先导性战略前沿技术，加快突破核心关键技术，着力提升原始创新能力，大力增强集成创新和引进消化吸收再创新能力。努力在本世纪中叶建成世界一流的能源科技创新体系，成为世界能源科技领先国家。

6. 深化能源体制机制改革

坚持社会主义市场经济改革方向，加强顶层设计和总体规划，明确路线图和决策实施机制，坚定稳妥推进各项改革。在坚持毫不动摇地巩固和发展公有制经济的同时，毫不动摇地鼓励、支持和引导非公有制经济发展，鼓励和引导能源领域民间投资，促进能源投资多元化，建立统一开放、竞争有序的能源市场体系。深化电网、油气管网等能源基础服务领域体制改革，建立惠及城乡居民的能源普遍服务体系。理顺能源价格、财税和投融资体制，加快完善有利于科学发展的政策体系。转变政府职能，加强行业管理，完善法律、法规和标准，形成决策科学、责权一致、服务高效、监督有力的政府管理和市场监管体系。

三、扎实推进煤炭工业科学发展

煤炭工业必须以科学发展观为指导，大力推动生产方式变革，促进资源高效清洁利用，强化和谐矿区建设，实现煤炭开采利用与自然环境的和谐发展。

1. 统筹保障供给与调整结构

确保煤炭稳定供应，是促进经济平稳较快发展的必备条件，但保供应不能建立在粗放发展基础之上，不能以大量消耗资源和污染环境为代价。要按照控制东部、稳定中部、发展西部的原则，稳步推进大型煤炭基地建设，着力培育大型企业集团，完善西煤东调、北煤南运通道网络，提升稳定供应煤炭的能力。要抓住当前煤炭供应相对宽松的有利时机，继续加大结构调整力度，加快实施煤矿企业兼并重组，进一步淘汰落后生产能力，提高煤炭产业集中度。

2. 坚持科技与体制机制创新

要进一步加大煤炭科技投入，加快建立煤炭科技创新体系，引导和支持创新要素向骨干企业聚集，充分发挥企业在研发投入、创新活动、成果应用等方面的主体作用，提高科技进步对煤炭工业发展的贡献率。继续深化煤炭行业改革，完善现代企业制度，推动投资主体多元化。按照清费立税的原则，稳步推进煤炭税费综合改革。深化矿业权制度改革，规范矿业权交易秩序。加快修订《煤炭法》，健全行业法规、标准、政策体系。利用煤炭需求增长趋缓，保供压力较小的空隙，深化煤炭市场化改革，理顺煤电价格关系。

3. 推动煤炭生产和利用方式变革

充填开采作为煤矿生产方式的重大变革，可有效解决煤矸石占地、地下水流失、土地塌陷、村镇搬迁等问题，并可提高煤炭资源回收率。但充填开采仍处于起步阶段，一次性投入大、成本高，开采效率低，推进难度大。要推进充填开采理论研究和科技攻关，完善技术标准和经济政策，加强现场监管，不断提高效率和降低成本。建设煤炭地下气化示范工程，探索适合我国国情的煤炭地下气化发展路线。发展煤基多联产，推进煤炭分质转化和梯级利用，不断提高煤炭转化效率，减少污染物和温室气体排放。

4. 强化和谐矿区建设

煤炭开采涉及多方面利益，形成比其他行业更为突出的社会和环境问题。建设和谐矿区是深入贯彻科学发展观、转变发展方式、解决这些问题的重大举措。建设和谐矿区，一要以人为本，确保安全生产；二要提高资源回收率，大力发展循环经济；三要注重生态环境保护，变被动治理为主动防范；四要改善矿工、矿区农民生活条件，提高群众幸福指数。建设和谐矿区要加强统筹规划、创新体制机制，依靠科技进步、强化政策引导。

5. 深化煤炭国际合作

煤炭工业积极开展国际合作，深入实施“走出去”战略，是改革开放和能源发展的必然要求。煤炭国际合作应作为一项长期战略稳步实施，充分利用两个市场、两种资源，坚持多元发展、互利共赢，在立足国内供应的基础上，整体谋划煤炭国际合作布局。短期内国内铁路运输瓶颈难以得到根本缓解，煤炭供需结构性矛盾突出，沿海地区可充分发挥区位优势增加进口。煤炭及相关企业在不断提升自身管理水平的基础上，积极参与境外煤炭资源开发利用，扩大对外工程承包和技术服务，进一步拓展境外业务。

煤炭工业的健康发展是确保国民经济和社会平稳发展的基础。我们要抓住用好重要战略机遇期，按照科学布局、集约开发、安全生产、高效利用、保护环境的发展方针，以加快转变发展方式为主线，以改革开放为动力，以科技进步为支撑，努力构建安全有保障、资源利用率高、环境污染少、经济效益好、可持续发展的新型煤炭工业体系，为经济社会科学发展提供可靠的能源保障。

推动煤炭分选技术进步　促进煤炭工业科学发展

中国矿业大学副校长
中国工程院院士　　刘炯天

一、煤炭分选的基础地位与作用

（一）煤炭质量直接影响煤炭的利用效率

我国煤炭资源的主要特点是原煤质量差，煤炭灰分高，高硫煤多。我国灰分小于10%的原煤仅占保有储量的15%～20%；硫分大于1%的原煤占总量的33%。由于加工程度低，加工技术和手段还不能适应行业快速发展的需要；同时，商品煤质量比较差，如美国动力用煤平均灰分为8%，而我国在25%以上。在煤炭深度利用方面（如气化和液化等），其原料煤平均灰分比发达国家高2～4个百分点，直接影响到煤炭的高效洁净利用。

高灰分降低了热效率。煤中矿物质在燃烧过程中多数不能贡献热量，相反，由常温入料到高温排灰还必然会带来能量的损失，部分矿物质在煤炭燃烧过程中还将发生分解，进一步吸收能量。因此，通过提高煤质降低燃煤灰分，可以改善燃烧效率，节省燃料煤和灰渣排放治理成本，同时降低设备磨损。电力生产实践表明，大量燃用未经加工的原煤还会因煤质不稳定导致火电机组突发故障增多。

高含硫加剧了燃煤污染。2010 年全国二氧化硫排放量为 2 185. 1 万吨，其中，工业二氧化硫排放量 1 864. 4 万吨，独立火电厂共消耗燃料煤 16. 6 亿吨，占全国工业煤炭消耗量的 49. 2%。二氧化硫排放量为 835 万吨，占全国工业二氧化硫排放量的 44. 8%[1]。原煤通过分选后燃烧，可降低无机硫 50 ~70%，入选 1 亿吨原煤减少 SO_2 排放量 100 ~150 万吨，而成本仅为烟气脱硫的 1/10，且能够减少烟尘、CO_2、NO_x 的排放量。

高灰煤炼焦降低了炼铁效益。煤灰降 1 个百分点，焦炭的灰分降 1. 33 个百分点，生铁产量提高 3 个百分点；焦炭硫份降 0. 1 个百分点，生铁产量可提高 2 个百分点。

高矸煤浪费了运力。2010 年全国铁路运煤 19. 98 亿吨，煤炭运输占铁路货运的 54. 9%；主要港口煤炭发送量达到 5. 56 亿吨，其中内贸中转量 5. 38 亿吨[2]。用物理方法脱除煤中 10% ~20% 的矸石（70% ~80% 的成灰矿物），可大幅度节约运力。

高含水制约了褐煤开发利用。褐煤资源约占我国煤炭资源的 13%。褐煤含大量水分，通常在 30% 左右，软褐煤含水甚至高达 60%。褐煤提质包括干燥提质（脱水）和分选提质（脱灰），但关键是脱水。

煤炭分选基本作用可以概括为“四脱”，即脱杂、脱灰、脱硫和脱水，是煤炭清洁高效利用的基础，是保证我国国民经济可持续发展、实施全社会节能减排不可缺少的一项重要技术措施。

（二）煤炭分选为用户提供适宜的燃料和原材料

煤炭按使用途径可以分为：动力煤（工业发电及民用燃烧）、冶金用煤、化工用煤。不同用户对煤质有着不同的要求，品种多样化与消费多元化的合理匹配是煤炭高效利用的重要途径。

就动力煤而言，脱水可显著增加其发热量，脱硫可大幅度降低燃煤污染，脱灰则可大幅度减少运输和研磨费用，提高燃煤热效率。2010 年，我国原煤入选能力达到 17.8 亿吨，实际入选量达到 16.5 亿吨，其中动力煤入选量近 8 亿吨。采用经分选的优质动力煤已逐步成为燃煤电企业的优先选择。

冶金工业用煤主要分为炼焦煤和高炉喷吹用煤。除煤种因素外，灰分和硫分是用户选择炼焦用煤的主要指标。高变质程度的块精煤适合于块煤气化，而末精煤用于高炉喷吹则可以减少用户制粉费用。

化工用煤不仅对煤中灰分、水分、硫分等杂质有要求，还受到煤中有机显微组分含量的影响。以直接液化为例，研究表明，镜质组适合直接液化，惰质组不适合煤的直接液化。如果原料煤的惰质组含量过高，煤直接液化的经济性将受到显著影响。但我国适合煤液化的煤炭，惰质组含量普遍较高。朱晓苏等研究表明，煤直接液化的低限油收率随着镜质组和壳质组的质量分率的增加而增加，大致呈线性关系：油收率 = 2.60094 + 69.28280 × (镜质组含量 + 壳质组含量)[11]。谢克昌院士研究认为，在水蒸气气氛和二氧化碳中的气化反应速率顺序分别为丝质组 > 镜质组 > 稳定组和稳定组 > 镜质组 > 丝质组[12]。因此，如果根据不同显微组分的液化和气化特性进行合理的煤炭资源配置，将有利于改进煤转化效果。

无烟煤中纯净的镜质体是生产高档煤基碳素材料的重要原料。普通无烟煤经过碳化后生成的活性炭比表面积 600g/m^3 ~ 800g/m^3。而经过超纯制备的无烟煤（灰分 2.00% 左右）直接碳化后生产的活性炭比表面积可以达到 1 300g/m^3。

（三）发展煤炭分选是综合利用资源的有效途径

煤炭开采、加工和利用过程中必然会产生煤矸石、煤泥和粉煤灰等固体废弃物。据统计，我国现有矸石山 1 600 余座，堆积量超过 45 亿吨。2010 年全国工业固体废物产生量 225 093.6 万吨，其中煤炭开采和洗选业 27 316.1 万吨占 12.14%[2]。

煤矸石是低热值能源与矿物资源的混合物。煤矸石含有可燃物质，容易自燃，污染空气和地下水，还有可能引发爆炸；煤矸石平均含硫大于1%，自燃时释放出大量 SO_2。开发煤中矿物质大规模资源综合利用技术，不仅是关系我国能源环境全局，也是实现煤炭利用节能减排的重大需求。

适度提纯炭质组分，脱除矿物硫，用作燃烧发电是煤矸石利用的首选途径。截至2010年底，全国煤矸石电厂装机容量达26兆瓦，年利用煤矸石、煤泥1.3亿吨，约折合4 000万吨标准煤[1]。

粉煤灰脱碳已经成为煤炭分选加工业的拓展服务。脱碳后的粉煤灰，一般富含硅、铝等成分，是建材工业的优质原料；部分粉煤灰还用作提取铝、钒、镓、稀土元素。2010年粉煤灰利用率达到68.0%[15]。

总之，选煤可以提高煤炭质量，合理利用煤炭，是节能的需要；选煤有利于减少燃煤污染物的排放，是环境保护的需要；选煤可以就地排除大量煤矸石，是节运的需要；选煤可以改变煤矿的产品结构和产业结构，延长煤矿产业链，提高企业经济效益，是煤矿走可持续发展和新型工业化道路的需要。煤炭的主要用户——电力、冶金、化工和建材等行业均要求提高煤炭质量，以便节能降耗、减少污染和提高效益，因此发展选煤也是煤炭用户共同的呼声。

（四）发展煤炭分选推动能源工业可持续发展

长期以来，煤炭一直是我国的主体能源。在我国化石能源储量中，石油和天然气储量仅占5.7%，煤炭储量占94.3%，约为油气储量总和的17倍。近年来，虽然石油、天然气和水电，以及风电、太阳能等能源的生产和消费比重增长较快，但煤炭在中国能源中的主导地位没有发生根本变化。煤炭提供了75%的发电燃料、75%的工业燃料和60%的化工原料。煤炭是我国能源安全供应及经济社会发展的重要保障，是我国可长期依赖的主体能源，在国民经济中发挥了巨大作用。2010年全国煤炭产量达到32.4亿吨，占世界产量的46%～48%，有效地支撑了国民经济的持续快速发展。在今后相当长的时间内，煤炭的主体能源地位不会改变。

煤炭是我国的主体能源，但又是不洁净能源，在开发利用中带来了严重的环境污染和生态破坏。据统计，2009 年全国 SO_2 排放量为2214.4 万吨，酸雨影响面积占国土总面积的 30%，CO_2 排放量 60 多亿吨，烟尘排放量为 847.2 万吨[13]。燃煤电厂二氧化硫排放量约占全国二氧化硫排放量的 50%；国家电监会公布的数据表明，2010 年，火力发电消耗了全国 55.1% 的煤炭资源，二氧化碳排放量约占全国总量的 50%；排放二氧化硫 956 万吨[15]；燃煤还生成了 67% 的 NOx，并引起了 82% 的酸雨。从我国的能耗水平来看，单位 GDP 的能耗比世界平均水平高一倍，比日本高 4.9 倍。未来经济社会发展的主要挑战是能耗和排放控制问题。

当前，全环气候变暖问题备受关注，在经济快速发展的带动下，我国的 CO_2 排放量逐年增长，并在 2007 年超过美国，成为全球碳排放量最大的国家，到 2015 年我国碳排放量将比美国高出 35%，2030 年将高出 66%。所以，我国的减排承诺和减排行动也因此成为全球关注的焦点。在哥本哈根大会上，我国政府承诺，到 2020 年，国内生产总值的单位排放强度要下降 40% ~45%。我国以煤为主的能源格局不可改变，但必须要走出一条洁净、高效、可持续发展的道路。

煤炭分选加工是洁净煤利用的源头，也是公认的一种经济高效的煤炭生产过程。入选 1 亿吨原煤可排除矸石量 1000 ~2000 万吨，减少无效运输 10% ~20%，减少 SO_2 排放量 100 ~150 万吨。目前，世界主要煤炭生产国的原煤入选比率均在 70% ~80%，我国煤炭的入选比例偏低，2009 年全国原煤入选率为 47.1%，2010 年约为 50%，大量动力煤不经分选洁净而直接燃烧，产生了严重的环境污染。煤炭入选比例低是造成我国烟尘型大气污染和煤炭利用效率低的重要原因之一。

二、“十一五”煤炭分选技术发展与进步

《中华人民共和国国民经济和社会发展第十一个五年规划纲要》指出：“……加强煤炭资源勘探，合理开发，减少煤炭开采对生态环境的影

响。……加强煤炭清洁生产和利用,发展煤炭洗选及低热值煤、煤矸石发电等综合利用。""十一五"期间,我国选煤事业取得了跨越式发展,主要表现为七"化",选煤科技进步助推了煤炭加工产业的发展。

选煤目标的多元化。早期的选煤主要目的是为冶金工业提供优质炼焦原料。20 世纪 50 年代建设的中梁山选煤厂是重庆钢铁公司的配套工程,60 年代的平顶山选煤厂是武汉钢铁公司的配套工程,一直到 80 年代建设的兴隆庄选煤厂也是上海宝山钢铁公司的定点炼焦原料煤生产基地。

20 世纪 80 年代,选煤脱硫逐渐引起人们的重视。我国西南地区是世界三大酸雨区之一,酸雨形成主要是燃煤 SO_2 的排放。在我国煤炭资源中,硫分大于 1% 的原煤占 33% ,其中:硫分高于 3% 的高硫煤占 8% 。煤中硫分分为有机硫和无机硫,无机硫以黄铁矿硫为主。上世纪 80 年代末开始,通过选煤脱除黄铁矿逐步在高硫煤矿区得到应用。2010 年工业燃料燃烧二氧化硫排放达标率达到 93. 1%[8]。获得 1999 年国家科技进步二等奖的"难选高硫煤脱硫降灰技术"是相关技术成熟的标志。实践证明,采用物理分选方法脱除黄铁矿方法经济有效,但如何脱除煤中有机硫,已成为当前选煤研究的重要方向之一。

炼钢炉粉煤喷吹发展需求,带动了无烟煤分选技术与产业的快速发展。早期的无烟煤分选主要是块煤排矸,末煤多数不经分选直接销售民用。上世纪 90 年代开发并得到迅速推广的粉煤喷吹技术,为无烟煤煤带来了巨大市场需求,从无烟末煤到易粉碎的贫瘦煤都逐渐开始进行分选。粉煤喷吹带来炼钢能耗的降低,结合钢铁工业"抓大压小","十一五"期间,我国吨钢综合能耗由 694 千克标准煤降到 605 千克标准煤,下降 12. 8%[9]。

动力煤排矸降低运输成本。随着东部煤炭资源的逐步减少,能源中心西移,煤炭的平均运输半径越来越大。煤炭运输占铁路货运的 45% ,运输成本在煤价中所占份额越来越大。在节约运力以及节能减排的双重压力之下,动力煤分选得到了快速增长。2010 年全国动力煤入选量接近

8 亿吨，部分燃煤发电企业已经开始采用经过分选的优质动力煤产品。

褐煤脱水，提高能源转化效率。随着高品质煤炭资源的逐渐减少，近年来，低品质煤的开发利用得到全社会越来越多的重视。低品质煤泛指矿物、硫、水等杂质含量高的煤炭或煤炭分选产品，无论它是什么样的煤阶与煤种，都由于高含杂而导致利用效率极低甚至无法利用。除高硫煤外，褐煤是主要的低品质煤，约占我国煤炭总储量的 13%。第一产煤省区内蒙 2010 年产量超过八亿吨，为全国产量的四分之一，但高含水褐煤资源占一半以上。褐煤提质已成为我国选煤行业的重要发展方向。

入选煤种的多样化。伴随着选煤目的多元化的是入选煤种的多元化。从过去的炼焦用气煤、1/3 焦煤、主焦煤、肥煤，逐渐拓宽到喷吹用无烟煤、贫瘦煤，以及最近业内普遍关注的褐煤。国内几乎所有煤种都有进行分选的实例。

由于不同煤种用途的差异，在分选技术研究方面也各有侧重。无烟块煤是传统的固定床气化的主要原料，限下率是影响气化效果的重要因素之一，所以，分选过程的粒度保护和分选产品的精确分级是无烟煤分选技术的重要内容；我国贫煤和贫瘦煤多数具有极易碎的特点，长焰煤具有易泥化的特点，煤泥水问题在此类煤种分选技术中占有重要地位；气煤在我国主要用作动力煤和炼焦配煤，降低分选成本是提高气煤入选比例的关键；焦煤和肥煤是炼焦煤的主要煤种，也是我国的稀缺资源，努力提高精煤回收率是焦煤和肥煤分选研究的重中之重；褐煤的特点是微孔发达吸水性强，褐煤的低成本脱水和防止脱水产品复吸有时比脱灰更能提高产品的发热量。

动力煤分选的简约化。制约动力煤入选比例进一步提高的因素很多，其中，价格杠杆是重要因素之一。尽管人们很早就认识到，排除煤中矸石可以减少运输，提高能源利用率，但粗放型经济模式与短缺性供需关系，一度曾使动力煤分选的发展缓慢。在当前价格体系下，动力煤分选的经济效益远不及其社会效益显著。部分动力煤选煤厂经常在盈亏平衡点附近运行。

分选过程的简约化是提高动力煤分选经济效益的有效途径。为避免煤泥水系统的巨大投资和运行费用,早期的动力煤选煤厂基本上以块煤排矸为主,包括块煤跳汰排矸、块煤重介排矸和动筛跳汰排矸等。随着大直径三产品重介旋流器的开发,在动力煤分选领域重介质选煤技术的异军突起,以“模块化选煤”形式出现的钢结构选煤系统对传统选煤厂设计形成了巨大的冲击。“一厂一系统、一环节一设备”成为不少业者追求的目标。

同样出于节约煤泥水处理成本的目的,动力煤分选的简约化也为选前干法脱粉及干法节水选煤带来机遇与挑战。弛张筛、梯流筛、琴弦筛等都试图解决潮湿煤炭深度干法筛分问题。风力摇床也得到了一定程度的推广应用。

稀缺煤分选的精细化。稀缺煤资源是指具有十分重要的工业用途,其利用途径具有一定的产业规模,需求量大但资源又相对较少的优质煤炭资源[3]。我国大部分焦煤和肥煤,以及灰分小于10%的无烟煤属于稀缺煤炭资源。煤炭分选的精细化包括炼焦煤选煤厂努力提高回收率以及优质无烟煤的超纯制备。

炼焦煤选煤厂提高分选效率与回收率。2009年我国已查明煤炭资源保有储量13097亿吨,其中,焦煤与肥煤等稀缺炼焦煤种占煤炭资源量不足10%。伴随着我国近十年钢铁产量的迅速攀升并成为世界第一钢铁大国,炼焦煤产量从2001年的5.5亿吨增加到2010年的10亿吨,增幅81.8%。煤炭产品中,焦煤、肥煤产量比重较资源比重高出一倍多,因此,我国焦煤和肥煤资源比例正迅速减少。2009年进口炼焦煤3440万吨,同比增长402%;2010年进口炼焦煤4727万吨,同比增长37%。与炼焦煤大量依赖进口不相称的是,我国每年约有6000万吨焦肥煤用于燃烧发电。其中包括高硫煤和高灰分洗选中煤。炼焦精煤和动力燃料中煤之间的巨大价差促使各炼焦煤选煤厂在提高炼焦精煤回收率方面不断创新。

炼焦煤分选的精细化,首先体现为将跳汰选改为重介选,进一步提高分选效率与精度。粗煤泥重力脱泥分选、细煤泥浮选及煤泥回收工艺方面也取得显著进展。煤泥水两段分选、两段回收工艺:一次浮选精煤用离心机脱水,离心液进入二次浮选,细粒精煤用压滤机脱水在选煤厂得到应用。在实际生产中,为解决大直径重介旋流器分选粒度下限提高的问题,螺旋分选、干扰床分选的二次脱灰取得了较好效果。

优质无烟煤的超纯制备。优质无烟煤是制备碳素材料的重要原料。受原料煤灰分影响,常规分选所形成的无烟精煤煅烧后固定碳含量只有90%,只能生产普通增碳剂。进一步降低精煤产品灰分所面临的问题是:煤粒中没有像晶体一样纯净的单体,只有不同含灰量的煤岩组分。因此,煤炭的超纯制备实际上是煤岩组分的分离与富集。技术难度是被选物料的物性差异很小,90%以上物料密度差异在 $\pm 0.1g/cm^3$ 以内。中国矿业大学与神华宁煤集团合作,采用按物性差异梯级强化的工艺理念,对极易选的原料煤采用跳汰排矸并选出中煤;再对 ±0.1 含量 90% 以上的粗精煤进行两段等密度重介分选出超纯煤。该项技术在太西洗煤厂实现了规模化生产,荣获国家科学进步二等奖。

选煤设备的现代化。以大直径三产品重介旋流器为代表的重介质选煤技术得到了广泛应用,选煤效率达到 90% ~95%;以旋流 ~ 静态微泡浮选柱为代表的柱式分选下限可达 10 微米,与常规浮选相比,细粒精煤回收率平均提高 1% ~3%;以加压过滤机和快速精煤压滤机为代表的细粒煤的脱水技术获得广泛应用,全国精煤平均水分降至 10% 以内。以动筛跳汰机为代表的节水选煤技术在动力煤排矸,以及劣质煤和低阶煤提质方面得到了广泛应用。

选煤装备水平也取得了长足进步。筛分、破碎、分选、脱水等作业的所有选煤设备都能自行生产,不同系列产品竞相发展。特别是以大直径重介旋流器为代表的大型选煤装备研制取得了可喜进展,国产选煤装备已能满足建设处理能力 4.0Mt/a 选煤厂的需求[7]。

选煤系统的规模化。建立群矿型特大选煤厂,有利于对洗矸、煤泥等固体废弃物进行就地集中处置、开展资源综合利用、促进煤矿清洁生产和循环经济的发展。近年来,我国选煤厂规模、建设速度逐步达到世界领先水平。到“十一五”末,我国已经建成投产20余座入选能力达到或超过1 000万吨/年的选煤厂。亚洲最大的炼焦煤选煤厂——安徽淮北临涣选煤厂,年处理原煤达到1 250万吨;我国自行设计的亚洲规模最大的动力煤选煤厂——神东煤炭集团公司布尔台选煤厂,年处理原煤能力达到3 100万吨。

选煤过程的自动化。选煤厂自动化起源于生产系统的自动起停车,即所谓的起停车集中控制,简称集控。最早的集中控制采用继电器——接触器控制系统,属于有触点控制方式。兴隆庄选煤厂最早将可编程序逻辑控制系统(简称PLC控制系统)引入中国选煤厂,其后在其他一些引进设计与设备选煤厂的成功应用,使中国的选煤厂控制迅速进入PLC时代。选煤厂计算机应用最初是从处理烦琐的数据计算开始的,进一步发展到计算机寻优,以及报表型计算机管理系统——通常所说的选煤软件包。将选煤厂以PLC为基础的计算机集散式控制系统、模拟量测控系统、图像采集监视系统结合在一起就构成计算机集成制造系统(CIMS)。

近年来,选煤厂自动化的发展主要围绕建设和完善煤质信息系统、质量反馈系统、经营管理系统、决策支持系统、过程模拟系统进行。在选煤厂集中起停车控制(传统意义上的集控)的基础上,主要生产参数的自动检测和控制、产品的自动装车、管理系统网络化等技术已逐渐成熟。以管控一体化网络为标志的选煤厂自动化取得了长足的进步。

科技投入稳步增长,科研成果显著。在国家及相关部门一系列方针政策的引导下,一些选煤基础研究和应用研究项目获得资助,其中,“低品质煤大规模提质利用的基础研究”被列入国家“973计划”项目(项目编号2012CB214900);“高灰难选煤泥的高效分选设备与工艺研究”和“新型高效浓相高密度流化床干法选煤技术”列入“863计划”课题(编号2007AA05Z339,及2007AA05Z318)。“大型模块选煤关键技术及配套装备”、“难选煤高效分选关键技术”(编号2006BAA01B05及2006BAB16B07)列入国家科技支撑项目课题。2009年中国矿业大学“煤炭资源高效洁净加工理论与应用研究”创新研究群体获国家自然科学基金委员会创新研究群体科学基金资助。2011 年，“煤加工与洁净化国家工程技术研究中心”获准建设。“十一五”期间，获得国家级奖励三项：“难沉降煤泥水的矿物——硬度法绿色澄清技术及高效循环利用”荣获 2008 年国家发明二等奖；“煤炭超纯制备工艺与装备研究”荣获 2008 年国家科技进步二等奖；“一种新型双流态微泡浮选机的研究开发与应用”荣获 2009 年国家科技进步二等奖。

三、“十二五”选煤重点发展方向

经过几十年发展，国际上几乎所有工业化选煤技术在中国都有使用，中国的选煤技术总体上居于世界先进水平。中外选煤技术的差距主要表现在选煤装备上。近年来，在中国选煤市场的巨大潜力刺激下，国内外选煤装备发展很快。有些设备国内技术已逐渐占优势，如三产品重介旋流器、浮选柱、风力分选设备等；有些设备国内外各有千秋，如跳汰机、粗煤泥分选机、浮选机、加压过滤机、板框压滤机等；还有一些设备国外技术仍占优势，如大型筛分机等。

“十二五”期间，我国选煤技术的发展将在现有技术基础上，在常规选煤方法的装备大型化和国产化方面进行研究的技术开发，改变特大型选煤装备主要依赖进口或进口组装的局面。同时，重点针对我国煤炭内在灰分高、难分选的资源条件，构建以分选过程强化为特色的高效分选环境与条件，从工程化和大型化层面上去寻求解决适合我国煤质特点的煤炭高效净化途径，提高分选效率和煤炭洁净化度，形成具有我国自主知识产权的、国际领先的煤炭洁净化技术体系。预期将在提高炼焦煤、高炉喷吹用煤产品质量和利用效率，进一步提高动力煤入选比例，加强褐煤提质技术的研发和示范，探索煤加工与转化协同机制四个方面取得显著进展。

（一）煤炭高效分选技术与装备

工业化的选煤技术以湿法选煤为主，包括跳汰、重介、浮选，以及适合粗煤泥分选的螺旋、摇床、干扰床分选等。以跳汰为主的极易选煤分选技术，作为传统的选煤技术，在应用研究方面公认是一种成熟技术；以大直径旋流器为标志的现代重介分选技术已发展成为一种成熟的选煤技术，国内的相关研究已经步入国际先进行列。

"十二五"期间，湿法选煤技术的研究的目标将围绕"采用先进适用技术装备和信息化技术推动选煤厂的现代化升级改造，提高大型关键选煤设备可靠性和国产化水平"的需要，在积极引进消化吸收国内外先进选煤技术的基础上，开展关键技术攻关和自主创新。重点研发集约化生产条件下选煤装备大型化技术、多种工艺配套的煤炭精细化分选与超纯煤制备技术、难处理煤泥的分选与煤泥脱水及洗水净化技术、选煤与煤转化过程协同化技术、满足采煤 - 选煤 - 充填一体化的井下选煤（排矸）技术、选煤过程自动化与信息化技术。进一步完善重介精选、煤泥高效分级、粗煤泥重选、难选煤泥的调浆处理、细煤泥柱式浮选等煤炭分选各单元过程。围绕分选过程精细化，加工转化过程协同化、分选作业自动化和信息化的目标进行相关研发工作和工程示范。

1. 选煤工艺完善与装备大型化

选煤工艺完善。经过几十年的发展，一些主要的选煤技术已经日臻完善，成为常规的选煤技术。包括跳汰分选技术，大块煤湿法机械排矸技术，旋流器重介分选技术，煤泥浮选技术等。

跳汰选煤方法因其系统简单，投资省，运行费用低，曾经是我国主要的选煤技术。在极易选煤方面至今仍具有明显的优势，特别是通过大型化，在动力煤集约化生产中还将有一定的发展空间。目前跳汰选煤技术首先要解决一个适应性范围的界定问题，在重介质选煤迅速普及的大环境下，跳汰选煤技术的完善更要凸显其简约化的特征。

重介选煤技术是目前工业化的分选精度最高的选煤技术，我国重介旋流器分选技术已处于国际领先地位。在实际工业化生产过程中，对适应原料煤煤质变化等方面仍有较大的技术需求。重介与浮选衔接问题至今还没有完全解决，细粒级的水力分级和水介分选效率低与高效重介浮选不匹配，还需进一步完善。6mm（3mm）以下物料的处理在未来五年还将是相关研究的热点和难点之一。伴随着重介旋流器的大型化，旋流器重介的处理粒度也逐渐变粗，同块煤重力场分选技术（块煤重介、动筛跳汰等）分级重选工艺之间的优化将成为动力煤排矸工艺研究的重要内容之一。

煤泥水处理是选煤生产中成本相对较高的环节，在未来相当长的一段时间内，传统煤泥分选技术的完善将继续围绕提高分选效率降低分选成本进行。全粒级分选回收技术和分粒级分选回收技术将成为适应不同煤泥水物性的两个发展方向。

主要分选设备的大型化。增加设备的单机处理能力，相应减少设备台套数，在一定程度上是减少故障发生几率的有效途径。大型设备国产化是选煤机械行业追求的重要目标之一。目前国产选煤装备已能满足建设处理能力 4.0Mt/a 的需求，特大型选煤装备仍依赖进口。

动筛跳汰机用于 300 ~ 25mm 原煤排矸已显示出独特的优势：排矸量大，用水量小，系统简单，故障少，发展势头迅猛。国产动筛跳汰机有液压传动式和机械传动式两种类型。一般认为，液压传动式使用效果较好，但故障率高，液压系统尚需进口；机械传动式机构简单、可靠，适合目前我国的操作水平和管理水平，比较受欢迎，但存在噪音较大、不便在线调节的缺点。国产动筛跳汰机在价格上较进口设备有较大的优势，随着单机处理能力的进一步加大，在大型动力煤选煤厂的应用还将进一步扩大。

20 世纪 90 年代末，平朔安太堡选煤厂首次从美国引进了浅槽重介质分选机，用于分选 150 ~ 13mm 级块煤。由于该设备具有易操作、易维护、低投资和高效率等特点，在我国很快得到认可。国内目前进口较多的是美国彼德斯公司生产的重介分选槽，国产化浅槽重介分选机主要技术参数与国外设备差别不大，在未来 5 年中，还将研制出特大型浅槽重介分选机以适应千万吨级动力煤选煤厂的排矸作业需要。

经过几十年的研究和实践，重介质旋流器选煤取得了重大进展，重介选煤技术日趋成熟。我国拥有自主知识产权的三产品重介质旋流器选煤技术取得成功并广泛应用，选煤效率达到95%。努力提高细粒级分选精度将成为重介旋流器进一步大型化的关键。

在浮选装备方面大型化方面，国产浮选机和浮选柱都处于国际先进水平。单槽容积20m^3的机械搅拌浮选机和直径4.5m旋流微泡浮选机已经在国内得到一定程度的推广。但与集约化选煤的实际需求相比，在处理能力方面仍有较大的差距。未来5年，新型更大处理能力浮选机和浮选柱（浮选床）的研制在市场需求的推动下，将取得新的进展。

主要配套设备的大型化。与分选设备大型化相匹配的是配套装备的大型化。“十二五”期间要重点研发与集约化选煤过程相适应的大型配套装备包括：大型振动筛分机、大型高效磁选机、选煤厂用大型渣浆泵；卧式振动离心机、煤泥离心脱水机、卧式沉降离心机、大型智能加压过滤机、大型全自动快开式压滤机；以及煤炭定量快速装车系统，褐煤火力干燥脱水提质一体化技术与装备。

2. 煤炭精细化分选与超纯制备

精细化选煤是针对我国主要稀缺煤种（焦煤、肥煤和优质无烟煤）可选性差而资源又特别稀缺提出来的，旨在进一步提高精煤回收率。煤炭高效精细化分选与超纯煤制备技术，主要包括末煤重介旋流器精细分选技术、粗煤泥分选工艺与技术开发、细煤泥精细浮选技术；以及综合运用多种方法的煤基洁净产品精细加工技术。

重介旋流器精细分选技术。破碎解离后的一次分选中煤具有粒度细、中间密度物含量大的特点，对重介分选技术提出了新的需求。为此，要完善重介质分选技术与装备，探索降低重选下限新途径。通过对高速离心分离技术的深入研究，探索进一步提高细粒级分选精度和充分利用重介旋流器分选下限的途径，开发细粒煤高效重介选分选工艺、适合于细粒煤高精度分选的重介旋流器、细粒级高效脱介关键技术、基于被选物料性质快速检测和专家知识库的重介分选过程高精度测控技术。最终通过降低重选与浮选的分界粒度，综合分选成本。

粗煤泥分选工艺与设备开发。粗煤泥分选设备包括摇床、螺旋、煤泥重介旋流器、干扰床分选机等。其中摇床近几年主要用于煤炭脱硫和煤系硫铁矿回收。螺旋分选机因不需要动力,一度随模块化选煤厂得到较快推广,用于弥补重介旋流器直径加大后对细粒级(1 ~0.25mm,即所谓粗煤泥)分选精度的不足。螺旋分选机机构相对简单,目前国内外水平基本相当。煤泥重介旋流器作为大直径重介旋流器的配套装备是中国的发明也在国内一些选煤厂得到推广应用。干扰床分选机(Teeter Bed Separator 国外简称 TBS)近年来在国内得到了较快的推广和发展。

"十二五"期间主要针对我国目前存在粗煤泥灰分高、重介和浮选背粗煤泥灰分的共性和关键技术问题,通过研究开发新的液固流化床(直径3m 大型液固流化床、三产品液固流化床)、螺旋溜槽、离心分选机和煤泥重介等粗煤泥分选技术、工艺与设备,解决长期困扰煤炭企业细粒煤分选效率差、回收率低、精煤产品灰分高的技术瓶颈问题。研究开发按粒级三段式煤炭分选工艺,实现煤炭全粒级高精度分选。形成具有自主知识产权的粗煤泥分选技术体系。

煤泥精细浮选技术及装备。浮选机是传统的 <0.5mm 级粉煤分选的主要设备,主要包括机械搅拌式和喷射式两种,目前大量使用的是机械搅拌式浮选机。国内选煤厂现使用的大多是"八五"期间或"八五"以前研制的浮选机,如 XJM、XJX、XJZ、XJQ、NJN、XIM—S 和 XPM 系列。在柱式浮选技术方面,近年来,国内尝试过多种形式的浮选柱,其中旋流微泡浮选柱得到了快速的工业化推广,近五年中就有数百台旋流微泡浮选柱投入选煤运行。就目前投入使用情况看,无论是总处理能力还是相关技术指标均达到国际领先水平。

"十二五"期间将继续针对提高难浮煤泥浮选效果和易浮煤泥浮选效率两个方面问题进行研究,完善高效调浆、表面改性预处理技术,进一步加深对多流态梯级强化匹配物料可浮性变化的浮选过程研究,研制直径 5m 特大型旋流微泡浮选柱,完善和推广浮选床。

煤基洁净产品制备。以太西无烟煤超纯制备技术为代表的煤基洁净产品制备技术及其工业化,标志着中国在煤基洁净制品生产方面处于世界的前列。但与碳素材料对原料的巨大需求相比，煤基洁净产品制备技术还有巨大的发展空间。

“十二五”期间要对重介方法进行煤炭超纯制备技术的进一步完善，降低生产成本。开展超细粉碎与物理化学深加工方法制备特低灰煤技术研究，研制、开发具有我国自主知识产权的细粒煤高效的深度降灰工艺和设备。扩大适宜于超纯制备的煤源范围，储备精煤灰分小于0.5%的生产技术。为工业化精细水煤浆、油煤浆和乙醇煤浆的制备提供优质原料和技术支撑。

稀缺煤种的适度破碎解离与二次分选。以不足世界总储量1%的焦煤和肥煤资源支撑超过世界50%的钢铁产量的现状导致我国主焦煤和肥煤资源迅速枯竭，对外依存度逐年增高。因此，需要针对我国焦煤和肥煤资源短缺的现状，重点对重选中煤适度解离后各粒级煤炭的分选过程进行研究。针对稀缺中煤资源特点，开发破碎与磨碎等解离及其深度净化途径和方法，实现重选中煤和浮选中煤的二次解离高效分选，研发选后的微细粒产品高效低耗脱水工艺与装备，以提高稀缺炼焦煤资源的利用率。包括重选中煤的适度破碎解离技术、浮选中煤强制搅拌磨碎技术，在实现中煤连生体煤岩解离的同时防止中煤过粉碎。

通过稀缺煤种中煤高效碎磨解离技术研究与装备开发、细粒末煤重介质精细化分选技术研究与装备开发、多流态梯级强化浮选技术研究与装备开发、细粒煤的深度脱水脱介与煤泥水处理关键技术研究与装备开发，形成一套完整的中间产品碎磨、分选、脱水及洗水净化工艺和装备，在选煤厂建立重选中煤和浮选中间产品破碎解离及二次分选示范工程。

3. 煤泥高效净化与煤泥水处理

煤泥水问题一直是影响湿法选煤系统正常运行和选煤经济效益的重要因素。我国现有选煤厂煤泥水系统面临的实际问题可以归纳为煤泥可浮性差、微细颗粒导致沉降慢药耗高、细煤泥脱水成本高几个方面。为此，要开发煤泥高效分级装备，高灰难选煤泥分选工艺，研制基于多种矿化方式集成的调浆与分选联合设备；研究多相分散体系构建与过程控制技术，建设高灰难选煤泥高效分选系统及示范工程。

难处理煤泥的高效净化技术。针对我国原煤，特别是冶炼用煤所具有的微细煤含量大、中煤含量高、可浮性差、难分选的资源特征，通过研究开发新的高效调浆与高效分选工艺与设备，解决长期困扰煤炭企业微细粒煤分选效率差、回收率低、精煤产品灰分高的技术瓶颈问题。争取实现高灰难选煤泥高效调浆与分选技术的突破。在过程设计理念、高效调浆与高效矿化技术研究上取得突破性进展。研制开发出具有我国特色的高灰难选煤泥高效分选关键技术及装置，形成具有自主知识产权的包括调浆、分选设备、分选工艺及系统控制在内的技术体系，建成有代表性的高灰难选煤泥高效分选示范工程，总体技术达到国际先进水平。

煤泥高效水力分级技术。针对制约液固流化床（TBS）和煤泥重介等粗煤泥重选效果的细粒级物料高效分级脱除技术难题，通过水力分级与浸入筛分复合、离心力场与筛分原理复合、二次渗流等技术路径，力争在提高分级效率方面取得突破，为粗煤泥分选工艺、煤泥分级浮选工艺提供关键技术支撑。

煤泥水高效浓缩绿色净化及循环利用技术与装备。进行煤泥水溶液与胶体体系研究、煤泥水绿色澄清技术开发、煤泥水高效分散体系构建、澄清和分散状态平衡与过程控制等相关技术开发工作，在降低煤泥水处理成本的同时，减少化学药剂对水体的二次污染，完善和推广煤泥水高效绿色澄清技术及相关测控装备。

细粒煤高效脱水技术。煤用脱水脱水技术包括筛分脱水技术、离心脱水技术、过滤脱水技术和干燥脱水技术等。其中适合细粒烟煤和无烟煤脱水的主要是离心脱水技术和过滤脱水技术。主要装备有离心机、真空过滤机、加压过滤机、板框压滤机等。

煤用离心脱水机包括立式离心机和卧式离心机两种形式，近年来的发展主要在加大筛篮直径、增加单机处理量和降低产品水分两个方面。国际上著名的离心机有：CMI 公司生产的 VM 系列卧式振动离心机、Ludowiei 公司的 FC 系列煤泥离心机，TEMA 公司 HSG 系列卧式离心机、H

系列煤泥离心机等。国产离心机有 WZT1400 型卧式振动离心机、LL 系列立式刮刀离心机等。一般认为进口离心机可靠性高一些，但成本（主要表现为单机价格及筛篮等易损件）较高。自 20 世纪 90 年代末，引进奥地利 Andritz 公司的加压过滤机以来，加压过滤机以其处理能力大、产品水分低且呈散状易掺混的特点，在我国得到较快推广。国产加压过滤机研制成功并投入使用后，经过不断改进，各项性能已接近或超过国际先进水平。我国已成为世界上使用加压过滤机数量最多的国家。快速隔膜压滤机也是近年来发展较快的煤泥脱水设备，以其循环周期短、单位处理能力较大、产品水分低的优势逐渐得到认可。目前国产压滤机滤板尺寸已经发展到 2.5m×2.5m。国内外总体水平相当。

“十二五”期间主要针对细煤泥脱水困难和浮选精煤降低水分的现实需要，进行煤泥离心机、煤泥脱水板框隔膜压滤、管式过滤、带式挤压等方面的技术开发，针对不同的煤质特性，开展相应的细粒煤泥脱水设备与工艺的优化配套脱水技术研究，通过脱水系统及过程优化，使煤泥脱水技术在脱水效率、动力消耗、使用成本等方面取得新的突破。

（二）干法分选和节水型选煤工艺与装备

随着我国东部煤炭资源的逐步枯竭，西北缺水地区将成为我国煤炭的主产地。水资源对煤炭开发的制约作用逐渐下显现出来。开发干法节水型选煤技术是破解煤炭资源分布与水资源分布矛盾的有效途径之一。

“十二五”期间，针对我国水资源缺乏以及环境脆弱地区大量消耗水带来严重生态危害的现状，围绕煤炭气固流化床干法分选、潮湿细煤炭深度筛分、双组超静定大型振动筛的可靠性理论与技术以及燃煤电厂燃前煤粉在线干法脱硫降灰等问题，寻求煤炭高效干法分选的新途径，形成 300～0mm 的全粒级干法选煤和节水选煤技术体系。

1. 煤炭干法分选工艺技术与装备。

围绕我国 2/3 干旱缺水地区及遇水易泥化煤炭的高效干法分选问题，完善空气重介流化床干法分选技术，进一步探索摩擦电选技术，在中小型动力煤选煤厂积极推广复合干法分选技术。

流化床干法选煤技术。流化床干法选煤技术是中国矿业大学教授陈清如院士主持开发的先进高效干法选煤技术，总体技术处于国际领先水平。作为一种全新的完全自主知识产权技术，在大型化和工业化方面还需要以自主探索为主。“十二五”期间，主要研究大型高效空气重介质流化床干法选煤技术；深床型大块煤流化床干法选煤技术；外加力场流化床细粒煤分选理论与技术；振动逆流流化床干法分选技术；开发大型振动逆流流化床干法选煤技术以应对宽粒级分选需求。着重要实现空气重介流化床干法选煤技术的设备大型化、高效稳定生产。

摩擦电选技术。前期研究表明，摩擦电选技术可分选小于 300 目微粉煤，与电厂粉煤锅炉炉前制粉系统联合设置，可省略投资与运行费用较高的微粉煤脱水及干燥系统，其脱硫降灰效果具有明显优势。目前，制约摩擦电选技术发展的瓶颈问题是大型化。为此，要在现有研究的基础上，通过高效摩擦带电等关键过程研究，加大规模的半工业性试验和规模化的工业性试验，实现大处理能力方面的突破。

煤炭复合干法分选技术。复合干法分选技术是在风力跳汰和风力摇床的基础上研发的具有我国自主知识产权的简易选煤技术。因其具有节能、节水、投资少，见效快的特点。“十二五”期间，要在现有基础上，进一步做好推广应用工作。同时，积极探索在褐煤提质中的可能存在的关键技术问题。

2. 大处理能力潮湿煤炭干法筛分与风力分级技术与装备开发

近年来，筛分机的发展主要有三个方面：①增加筛分面积，提高筛分机的单机处理能力；②提高筛分机的工作可靠性；③提高筛分效率，特别是细粒级的筛分效率。国产筛宽 3m（$18m^2$）及以下筛分机的各项性能与国外设备差异不大，目前已很少引进。筛宽 3.6m 的脱水（脱介）筛国内已能批量生产，更大面积筛分机还主要依赖进口，显示了我国在大型筛分机设计制造方面离国际先进水平还有一段距离。在提高筛分效率方面，国内外主要针对细粒潮湿煤炭的筛分进行了大量的研究，先后涌现了香蕉筛、琴弦筛、弛张筛、棒条筛、多自由度弹性振动筛、德瑞克筛分机等。

多数形式的筛分机国外优于国内。

大规模动力煤入选为细粒级干法分级带来机遇和挑战。理论和实践都充分证明,原煤干法脱粉入选是降低动力煤分选成本的有效途径。鉴于当前大型筛分机主要依赖进口的现状"十二五"期间要在大型筛分机国产化方面取得新的进展,解决国产大型振动筛结构强度不足,可靠性差的技术难题。风力分级脱粉是降低干法分级粒度下限的有效途径,风力脱粉技术用作煤炭细粒级干法分级在国内应用较少,在降低动力煤湿法分选成本方面有着潜在的作用,有望在"十二五"期间取得较大进展。

(三)低品质煤及矿区脏杂煤的煤加工技术

低低品质煤是指矿物、硫、水等杂质含量高的煤炭或煤炭分选产品,无论它是什么样的煤阶与煤种,都由于高含杂而导致利用效率极低甚至无法利用。我国煤炭资源禀赋条件差,低品质煤资源约占煤炭保有储量的40%。最常见的低品质煤包括高含水的低阶煤、高硫煤,以及采煤过程中形成的脏杂煤等。

低阶煤高效干燥脱水提质技术。"十一五"开始的褐煤大规模开发为我国煤加工技术提出了新的需求。要根据褐煤脱水的本征能量,筛选典型气氛、热载体、机械作用等条件,研究典型脱水方法的热力学特征,研发褐煤干燥工艺和新型卧式干燥炉装备;探明褐煤脱水后的组成、孔结构、界面特性,以及提质褐煤的复吸、氧化机制和动力学特性,得到褐煤脱水的技术原型,开发调控脱水褐煤表面稳定性的有效途径。

基于高硫煤脱硫的资源利用技术。随着低硫煤资源的不断消耗,我国原煤中高硫煤的比例也在增加,尤其是东部老煤炭基地尤其明显。在环境要求日益严苛的情况下,高硫煤资源的利用还将继续成为未来五年研究的重要方向之一。探索高硫动力煤洗选选煤调质脱硫技术是解决动力煤硫分超标的途径之一。包括:硫铁矿高效脱除技术的完善;高硫煤矿物置换技术;煤系黄铁矿纯化技术等。煤化工也是高硫煤应用的重要途径之一,与煤化工过程相协同的高硫煤加工处置技术目前在国内外尚属空白。高硫煤微波脱硫技术。我国高硫煤中有许多以有机硫为主,现有通过重选和浮选脱硫技术无法脱除。针对含硫有机分子不对称性，进行微波选择性解热分解达到脱硫目的是当前国内外煤系有机硫脱除研究的最新途径。为此，研究连续式微波脱硫的辐照方式与过程调控，采用微波频率和脉冲微波的调控技术，提高微波辐照强度和物料的能量密度，开发建设半工业规模连续式微波脱硫的核心装备和工业试验系统，对典型高含有机硫炼焦煤开展脱硫工业试验，研究煤脱硫后与煤预热炼焦技术的系统集成，考察脱硫后煤质及变化对炼焦过程和焦炭质量的影响，并通过集成煤预热炼焦技术，实现炼焦煤脱硫与炼焦过程的系统优化。

高灰煤及矿区脏杂煤加工利用技术。矿区脏杂煤具有粒度分布宽、杂质含量多且变化大等特点，有些煤风化程度高，进入常规生产系统后，往往会导致生产效率显著降低，特别是煤泥水系统严重恶化。开发低成本分选技术是优化利用高灰煤和矿区脏杂煤的关键。低成本的风力摇床分选技术、水介旋流器分选技术等仍然有较大的发展空间。

（四）煤加工与转化过程协同技术

我国总体富煤少油的资源特征，使煤化工工业在我国得到并将继续得到快速发展。“十一五”的研究和工业化实践已经证实，原料煤的性质对煤的转化有着直接的影响。为此，“十二五”期间要针对不同煤岩组分及煤中矿物质对煤炭转化过程的影响，开发大规模工业化煤岩富集技术；探索煤中矿物质调控技术，以灰熔点调控为突破口，通过改变原料煤性质达到改进煤转化效果的目的。研究开发选煤厂的煤泥水与煤化工污水协同处理技术，研究矿山废水处理及循环利用共性关键技术，建设煤泥水净化及循环利用示范工程。

（五）煤炭分选自动化与信息化

我国选煤厂控制和管理已全面进入自动化和网络化时代，“十二五”期间要在现有基础上，跟随自动化与信息化的最新发展步伐，对已有选煤自动化和信息化技术进行不断完善和提高。针对选煤生产过程的特点，开发基于物联网技术的选煤厂实时感知技术，建立和完善关键选煤过程数学模型，实现选煤生产过程高精度参数智能化控制；建立标准化选煤信息集成平台,为生产过程优化管理与决策提供技术支持。

基于物联网技术的选煤厂实时感知技术。随着物联网技术的发展,以选煤厂参数感知系统为核心的数字化选煤将逐步成为选煤厂自动化发展的新增长点。选煤厂实时感知的信息内容包括装备的工作状态和生产工艺状态。以被选物料粒度组成和密度组成为代表的工艺状态快速检测是目前制约选煤过程自动化调节的技术瓶颈,有望在“十一五”期间取得新的突破。

选煤生产过程的高精度参数智能化控制技术。重点研究重介分选过程的在线预测与优化控制、浮选单元的在线预测与优化控制、煤泥水处理过程的数据分析与智能控制,实现生产单元过程的智能控制的突破,提高过程参数控制精度,实现控制指标智能化设置。

选煤信息的标准化集成、生产过程优化管理与决策支持。全面集成煤炭企业的煤质和选煤多类型、多层次、多系统的在线和离线信息,建设和推广标准化信息集成平台,消灭信息孤岛。利用选煤厂局域网和工控网之间的信息交换,将选煤生产过程和选煤厂管理结合起来,引入无线传感技术,进行系统和设备的实时感知和分析研究。利用物联网技术使选煤厂管理,特别是设备维修和备品备件管理,有一个较大的提高。建立标准化选煤信息集成平台,实现选煤过程参数的实时优化,在此基础上实现选煤过程的实时分析、优化管理与决策支持。

四、结束语

发展煤炭分选技术是提高煤炭资源利用效率,降低燃煤污染,提升煤基材料质量,促进煤化工发展的有效途径,在煤炭工业可持续发展战略中处于重要的基础地位。“十一五”期间,我国选煤事业取得了跨越式的大发展。选煤技术日臻成熟,选煤厂规模不断扩大;原煤入选比例,特别是动力煤入选比例有了显著提高;世界上各种已工业化的先进选煤技术在国内都有应用,总体选煤技术处于国际先进水平;选煤装备得到长足的发展，部分装备已处于国际领先水平。

中国选煤已经基本上走过了"赶超"世界先进技术的过程。"十二五"期间，在继续实现大型选煤装备国产化的同时，重点要解决与我国煤炭资源特征及国民经济发展对煤炭产品质量需求密切相关的特色化选煤技术。在动力煤分选规模化、稀缺煤和化工用煤分选精细化，低品质煤提质工业化，以及节水选煤，煤泥水处理与矿区水资源利用协同化等方面取得新的进展。

参考文献：

〔1〕《2010 年环境统计年报》. 国家环保部.

〔2〕《中国统计年鉴》2011. 国家统计局.

〔3〕《2010 中国国土资源公报》. 国土资源部.

〔4〕《稀缺、特殊煤炭资源的划分与利用》. 中华人民共和国国家标准，GB/T 26128—2010.

〔5〕王志轩，潘荔，张晶杰，杨帆，我国燃煤电厂"十二五"大气污染物控制规划的思考，《环境工程技术学报》，2010，(1)

〔6〕《中华人民共和国国民经济和社会发展第十一个五年规划纲要》. 全国人大.

〔7〕《关于推进煤炭工业洗选加工"十二五"发展的指导意见》全国煤炭加工利用协会.

〔8〕《煤炭工业"十二五"规划》. 国家发展改革委员会.

〔9〕《中国应对气候变化的政策与行动(2011)白皮书》中华人民共和国国务院新闻办公室.

〔10〕《2010 中国煤炭工业发展研究报告》中国煤炭工业协会.

〔11〕朱晓苏、中国煤炭直接液化优选煤种的油收率极限，煤炭转化，2004(4)

〔12〕谢克昌，李文英，朱素渝。用差热分析技术研究煤岩显微组分

的加压气化动力学[J].《燃料化学学报》,1994(3)

〔13〕《现有燃煤电厂二氧化硫治理“十一五”规划》国家发改委.

〔14〕《全国环境统计公报》(2010 年)国家环保部.

〔15〕《电力监管年度报告 2011》国家电力监管委员会.

科学发展　再造神华　五年经济总量再翻番 建设具有国际竞争力的世界一流煤炭综合能源企业

神华集团董事长　张喜武

神华集团有限责任公司是于1995年10月经国务院批准设立的国有独资公司，是中央直管的国有重要骨干企业，是煤为基础，电力、铁路、港口、航运、煤制油与煤化工为一体，产运销一条龙经营的特大型能源企业，是我国规模最大、现代化程度最高的煤炭企业和世界上最大的煤炭经销商，2011年度《财富》全球500强排名第293位。

截至2011年底，神华集团共有全资和控股公司20家，生产煤矿62个，投运电厂总装机容量4 283万千瓦，拥有1 467公里的自营铁路、1亿吨吞吐能力的黄骅港、4 500万吨吞吐能力的天津煤码头和现有船舶12艘的航运公司，总资产6 269亿元，在册员工17.65万。

一、三年来的发展变化情况

在深入学习实践科学发展观活动中，神华集团于2009年年初，提出了“科学发展，再造神华，五年实现经济总量翻番”的“十八字”发展战略。三年来，神华集团在党中央、国务院的正确领导下，在“十八字”发展战略的指引下，积极应对国际金融危机的冲击和挑战，提振信心、实施战略、推进变革、落实责任，在各级班子和全体员工的努力下，提前两年实现了经济总量翻番的目标，神华事业在运营能力、规模效益、可持续发展能力、安全发展、和谐发展等方面都取得了可喜的变化，与“十八字”发展战略实施之前的2008年相比，变化主要体现在以下几个方面。

运营能力：煤炭产量从2008年的2.8亿吨增长到2011年的4亿吨，年均增长12.6%；商品煤销量从3.2亿吨增加到5.1亿吨，年均增长16%；发电量从1 130亿千瓦时增加到2 080亿千瓦时，年均增长22.8%；煤制油品产量达到75万吨，煤化工品总量达到990万吨。

规模效益：总资产从4 250亿元增长到6 351亿元，年均增长14.3%；营业收入从1 440亿元增长到2 820亿元，年均增长25.1%；利润从383亿元增长到750亿元，年均增长25.1%；缴纳税费从270亿元增长到520亿元，年均增长24.4%；EVA价值创造从189亿元增长到395亿元。

可持续发展能力：三年固定资产投资超过2 000亿元。其中，煤炭板块增加资源储备205亿吨，开工建设了17个现代化矿井，核准产能9 065万吨；电力板块装机增加1 900万千瓦；运输板块，铁路增加里程826公里，环神东矿区闭环路网即将形成。

安全绿色发展：三年共生产原煤10.84亿吨，百万吨死亡率0.02，煤矿安全生产保持世界先进水平。煤炭采区资源回收率提高到83.5%，超过美国、澳大利亚等发达国家（60～80%）的平均水平，相当于每年多采出煤炭5 000多万吨。万元产值综合能耗、二氧化硫排放量、化学需氧量排放总量持续下降。主要矿区矿井水复用率达到60%以上，神东矿区的植被覆盖率已由开发之初的3～11%提高到65%以上。集团下属的国华电力公司成为我国首个全部机组安装、运行脱硫装置的火力发电企业，去年的供电煤耗为317克标煤，比全国60万千瓦及以上发电厂的平均水平少12克。

和谐发展：全面开展灾害捐助、帮扶救助、援青援藏等公益活动，累计捐赠25亿元，位居中央企业对外捐赠排名第一位；对沉陷区治理、棚户区改造等安居工程累计投入近76亿元，解决7.4万个困难家庭的住房问题，惠及职工群众27万人；实施"双六工程"，选聘6 000名大学生村官到神华工作、投入6 000万元援助西部地区大学生村官创业。全集团员工人均收入从6.48万元提高到10万元，增长54%；三年累计投资近10亿元，改善了员工的班中餐、宿舍等生产生活条件。2010年成立神华公益基金会，实现了公益事业的系统化、规范化运作，投入5 000万元开展"神华爱心行动"，专项用于帮助贫困家庭患有先天性心脏病和白血病儿童完成医疗康复，一年来已累计救助1 249名患病儿童；向江西革命老区捐赠3 000万元建设了五所"神华爱心学校"；向新疆、宁夏的中小学捐赠价值1亿元的图书并在多所学校建立了"神华爱心书屋"。

二、改革发展主要经验

过去三年的改革发展实践中，神华集团体会到以下十个方面的经验，是实现逆势飞扬、跨越式发展的重要推动力量。

（一）加强政治领导，自觉落实党中央、国务院的决策部署

2009年以来，组织开展了深入学习实践科学发展观活动和创先争优活动，使集团党员干部的思想认识得到了洗礼，理论素养得到了提升，精神面貌焕然一新，增强了贯彻落实党的路线方针政策的自觉性，在思想认识上和行动上与中央保持高度一致。

（二）明晰发展战略，加强战略管控

2009年初确立了"科学发展，再造神华，五年实现经济总量翻番"发展战略，并逐步推进了安全、人才、科技、大销售等子战略，以及子战略之

下的“十大重点工程”，初步构建了“十百千”战略管理体系；以战略为引领，全集团干部员工“同举一面旗帜，同干一项事业，同奔一个目标”，形成了强大的发展合力。

（三）积极转变发展方式，推动产业转型升级和结构调整

使神华产业从煤炭一枝独大，向煤电油运并举、协调发展转变。加大电力企业并购重组，加快运输网络建设，积极推进煤直接液化、煤制烯烃示范项目，掌握核心技术，积累运行经验。推进高碳产业低碳发展，大力开展循环经济项目建设，推进节能减排和环境保护。推动企业“走出去”全球配置资源，成立海外投资开发公司，加快企业国际化步伐。

（四）完善“神华模式”

建立航运船队完善运输产业链，延伸销售网络，建设储备煤基地，构建大煤炭、大电力、大运输、大销售、大服务格局，优化集团产业布局和市场布局，增强集团资源共享、深度合作、协同效应和低成本运营的竞争优势。

（五）积极稳妥推进变革创新

加强规范董事会建设，建立以集团公司与股份公司高管双向进入、交叉任职和业务托管为主要特点的公司治理神华模式。实施了集团和股份公司两总部、神东煤炭集团、物资集团、工程咨询公司的整合，组建了销售集团，成立神华管理学院，加快信息化 SH217 工程建设等，全面提升集团化、专业化、协同化管理水平。

（六）推动安全发展

进一步推进政治、经济、生产三大本质安全管理体系建设，建立了防范政治、经济、安全生产风险的大监督格局，为企业可持续健康发展奠定基础。

（七）推动人才优先发展战略

实施了“十百千”人才工程，广泛推行了竞争上岗，逐步打通管理、技术、技能三条成长成才通道，每年招录 100 名博士、500 名硕士和数千名大学生，提升员工整体素质，优化人才结构。

（八）推动科技领先发展战略

理顺科研管理体系，组建北京低碳清洁能源研究所，打造清洁能源领域的“贝尔实验室”，成立科技发展公司、战略研究院等机构，引进30多位“千人计划”层次的世界级的科学家和专家，激发创新活力，创出科研成果，增强神华科技竞争实力。

（九）强化政治工作

积极将党的政治优势转化为企业核心竞争优势，为企业改革发展提供强大的精神动力。企业党建，深入实践科学发展观活动、创先争优活动彰显神华特色；探索基层党内民主建设有效途径，开展“公推直选”和党代会常任制试点工作；提高党建科学化水平的研究与实践取得积极进展。新闻宣传工作打开新局面，建立大宣传体系，初步形成“一报三刊一网一台”的全媒体格局，扩大神华的美誉度和影响力。反腐倡廉工作形成新格局，设立区域纪检监察中心、实行纪委书记直派体制、开展纪检巡视工作，建立上下联动、内外结合、标本兼治的监督机制。工会工作迈上新台阶，企业民主管理进一步加强，职工技能大赛、群众性文体活动蓬勃开展。共青团、青年工作拓展新内涵，充分发挥团员青年生力军和突击队作用。信访维稳工作探索构建了新机制，在信访积案化解、解决职工合理诉求等方面做了大量工作，维护职工群众合法权益。

（十）营造和谐发展环境

先后与14个省市自治区和21家大型企业开展了战略合作，加快了在华东、华南和西南等地区的产业布局，业务拓展到了全国的29个省市自治区。同时，切实履行政治责任、经济责任、社会责任和行业责任，连续三年以重点合同价给国有重点电力企业供煤，2011年让利约200亿元，对平抑煤价起到了积极作用；在南方冰冻雨雪灾害、出现电荒、发生重大自然灾害等危难时刻，尽最大努力做到了保电煤、保发电、保运输。

三、“十二五”发展战略

面向“十二五”，神华提出了“科学发展，再造神华，五年经济总量再翻番，建设具有国际竞争力的世界一流煤炭综合能源企业”的“十二五”发展战略，也就是到2015年，全集团营业收入超过4 400亿元，利润过千亿，进入世界500强前100名，努力成为世界煤炭综合能源领域品牌最好、影响力最大的国际化公司。

（一）神华世界一流企业的主要特质

神华集团要创建的世界一流企业，应该具备一个标志、三大特质和十个基本特征。

“一个标志”是指企业员工的综合素质与企业发展水平相协调，企业员工具备世界一流的成就感、自豪感、幸福感。

“三大特质”包括：煤炭综合能源发展世界领先；一体化运营具有国际竞争力；成为受人尊重的国际化公司。

煤炭综合能源世界领先，就是要坚持“高碳产业，低碳发展”，打造世界煤炭综合能源第一品牌；煤炭、煤制油煤化工产业的主要技术经济指标保持世界领先，电力、运输产业达到世界先进水平。

一体化运营具有国际竞争力，就是追求一流的运营效率，突出规模效益，保持低成本运营，盈利能力行业领先、全球争先；实现矿、电、路、港、航、煤制油煤化工的全产业链安全运营，技术与管理世界领先，建成“五型企业”。

成为受人尊重的国际化公司，就是培育一流的自主创新能力，拥有一流的人才队伍，达到一流的资本运营水平，树立一流的形象，实业经营与资本市场并重，忠实履行中央企业的责任和使命，持续为股东、员工和利益相关者创造最大价值，实现与自然、社会的和谐发展。

世界一流是个综合的评价和反映，在“三个特质”之下，神华创建的世界一流企业，还应具备一流的发展理念、一流的经济规模、一流的资源优势、一流的运营效率、一流的安全水平、一流的科技创新、一流的人才队伍、一流的企业管理、一流的资本运营和一流的企业形象等十个基本特征。

（二）神华世界一流企业建设的基本路径

立足“一个显著标志、三大特质、十个基本特征”，神华集团正在积极构建和完全具有自身特色的战略管理和创建体系，初步形成了以“二三四五六”为主要内容的世界一流建设的基本路径。

这条基本路径包含以下主要内容：

丰富发展“两大模式”，矿电路港航化一体化运营的“神华模式”和现代国有企业公司治理的“神华模式”。

夯实稳固“三大基石”，实施好具有神华特色的政治本质安全、经济本质安全和生产本质安全的三大本安体系。

做强做优“四大主业”，专注于煤、电、油、运，实现规模、质量、效益和结构协同发展的强和优。

精心打造“五型企业”，坚持走中国特色新型工业化道路，建设本质安全型、质量效益型、科技创新型、资源节约型与和谐发展型企业。

持续提升“六项能力”，一体化协同运营能力，资源配置能力，风险管控能力，国际化经营能力，自主创新能力，企业党建科学化与优秀的企业文化塑造能力。

（三）神华世界一流企业建设的产业布局

“十二五”期间，神华产业布局的总体发展思路是，对标世界一流水平，坚持以价值创造（EVA）、低碳发展为核心理念，以大基地、大集团、专业化建设为方向，立足国际国内“两种资源，两个市场”，丰富和发展神华一体化模式，优化产业结构，促进产业升级，建设先进的、现代化产业体系。

建设先进的、现代化的煤炭生产体系：树立先进理念，坚持“五高四化”模式，优化煤炭产业布局，推进煤炭产品结构调整和优化升级。以神东、新街为试点，着力建设数字化矿井和数字化矿区，真正走出中国特色新型工业化道路。建成一个 2 亿吨级（神东）、三个 1 亿吨级（神宁、准格尔、新街）、五个 5 千万吨级（宝日希勒、北电胜利、乌海能源、陕北、神新公司）、若干个千万吨级（上海庙、杭锦能源、包头矿业、山西、澳洲、俄罗斯、蒙古等）的煤炭生产基地、若干个国家级商品煤储备基地（主要在东部沿海区域）。力争“十二五”末原煤产量达到6.3亿吨，商品煤销量超过8亿吨。

建设先进的、现代化的电力生产体系：优化电力布局，发展超临界和超超临界煤电项目，提高综合利用电厂发展水平，不断提高以风电为主的清洁电力比重，打造国内金牌机组（全国前十名），主要技术指标赶超日本。2015年，电力产业总规模力争达到9 800万千瓦以上。

建设先进的、现代化的煤制油煤化工生产体系：发挥好煤直接液化、间接液化和煤制烯烃等项目的示范作用，提高对装置运行的掌控能力，占领行业技术制高点。在内蒙建设煤制油煤化工产业发展示范基地，在新疆建设千万吨级煤制油大基地，在宁夏、陕西建设能源化工大基地，在内蒙、山西建设煤焦化大基地，在新疆、内蒙建设分级炼制大基地。到2015年，力争实现煤制油品产量250万吨、化学品产量470万吨、兰炭焦炭产量1 100万吨、天然气产量17亿标准立方米。

建设先进的、现代化的路港航运输体系：优化运输结构，开展双向物流，服务、辐射内陆沿岸沿线，形成绿色高效的运输网络。建成巴准、准池、甘泉铁路，完成黄骅港三期工程。到2015年，铁路运营里程超过3 100公里，自有港口吞吐能力达到2.7亿吨，航运规模达到300万载重吨。

总之，“十二五”期间，神华集团将坚定贯彻执行党中央、国务院的决策部署，扎实推进企业发展战略实施，早日建成具有国际竞争力的世界一流煤炭综合能源企业，为国家经济社会发展做出新的更大的贡献！

神华低碳清洁能源战略的探索与实践

神华集团总经理
中国工程院院士
张玉卓

进入21世纪以来，我国加入了WTO，加快了进入经济全球化的进程，能源需求出现超高速增长。2000—2008年，我国能源消费增长速度平均达到8.9%，远远高于同期不到2%的世界平均增长速度①。若以此速度增长，则2020年我国将需要79亿吨标准煤，占目前全世界能源消费总量的一半，2030年将达到186亿吨标准煤，是目前全球能源消费总量的117%②。可见，可靠地能源保障对我国经济社会的发展至关重要。

煤炭是我国的基础能源，大量的能源需求以及我国"富煤少油"的资

① 中国能源中长期(2030、2050)发展战略研究综合卷[C]. 北京:科学出版社. 2011. P5
② 中国能源中长期(2030、2050)发展战略研究综合卷[C]. 北京:科学出版社. 2011. P7

源禀赋造，使得多年来煤炭在我国一次能源生产和消费结构中占有高达70%的份额，对构筑稳定、经济、清洁的能源供应体系[①]发挥着重要作用，预计在2050年前煤炭作为我国主体能源的地位不会发生改变。据测算，2010—2020年我国煤炭需求年均将保持约1.8%的增速，2020年煤炭需求将达34.3亿吨；2020—2030年年均增速预计约1%，2030年需求量将达38亿吨；预计2030年以后煤炭需求将保持基本稳定[②]。

煤炭作为一种化石能源，具有天然的高排放特性，在开采和利用过程中若控制不当，易给环境带来污染，并产生大量温室气体。在发展低碳经济成为国际社会共识的今天，要实现煤炭行业的可持续健康发展，不但需要通过推进大型煤炭基地建设、加快企业兼并重组、加大煤矿瓦斯防治和煤层气抽采利用和稳妥发展煤制燃料产业等举措转变发展方式[③]，更要随着节能减排和生态环保工作力度的加大，积极采取措施应对全球气候变化、保护环境、节约能源资源，开发应用煤的低碳洁净转化技术，实现煤炭资源的高效利用，走一条高碳能源低碳发展的道路。

作为全球最大的煤炭经销商、国内最大的煤炭生产企业和煤电油运一体化经营的综合性能源企业，如何面对即将到来的低碳经济时代及其带来的机遇与挑战，承担起自己作为特大型能源企业的历史使命，已成为神华集团当前需要研究和解决的重大课题。

一、神华发展低碳清洁能源的战略规划与评价体系

在“十一五”的收官之年，神华集团制定了“十二五”乃至中长期（2010—2020年）低碳能源发展规划，确立了神华发展低碳清洁能源的远景规划，即在建设具有国际竞争力的世界一流煤炭综合能源企业的发展

---

① 曲剑午. 中国煤炭市场发展报告2011[M]. 北京:社会科学文献出版社. 2011. P17

② 张玉卓. 中国煤炭工业可持续发展战略研究[M]. 北京:中国科学技术出版社. 2011. P5

③ 张国宝. 中国能源发展报告2010[M]. 北京:经济科学出版社. 2010. P14

战略指引下，积极研发掌握一批国际领先的清洁低碳技术，积聚一些国际知名研发人才，初步形成清洁能源产业雏形；在5～10年内，逐步实现向清洁低碳发展型企业的战略转型，成长为全球领先的清洁低碳技术先驱者、清洁低碳理念倡导者；10～30年内，奠定神华在全球清洁低碳发展领域的领先地位，使神华具备建设百年老店的扎实基础，从“创新型企业”成长为“创造型企业”。

为实现该战略规划，神华已积极着手建立基于神华产业和产品特点的低碳经济评价体系，并希望以此带动相关行业低碳技术的进步和低碳标准的确立，引领国家低碳能源产业和低碳经济社会的快速发展。

（一）建立煤炭产业低碳经济评价体系

在对神华煤炭产业建设、生产、经营过程中碳排放情况进行全面监测和评估的基础上，建立单位煤炭产品碳排放量指标。在集团层面，该指标反映出每吨标准煤的煤炭产品从采掘、加工、洗选、运输及生产辅助配套全过程耗能折算为二氧化碳排放总量，并加权考虑煤层气（CH_4）释放、煤火燃烧的碳排放量。在下属各煤炭企业层面，该指标反映与该单位相关的每吨标准煤的煤炭产品从采掘、加工、洗选及生产辅助配套等过程耗能折算为二氧化碳排放量。以该指标作为神华煤炭产业板块和下属各煤炭企业低碳生产水平、碳排放强度的衡量和评判标准，并逐步细化和加强对该指标的测算、监测和考核，同时根据煤炭赋存条件、开采工艺、技术装备水平的不同进行分级管理，推动神华煤炭产业低碳发展，并率先达到国内领先水平。

（二）建立电力产业低碳经济评价体系

燃煤火力发电厂是我国二氧化碳的主要排放源，约占排放总量的41%，要实现低碳发展、控制碳排放的关键在于降低燃煤火力发电厂的二氧化碳排放量。神华在对集团现有电力产业（主要是燃煤火力发电厂）二氧化碳排放量进行全面监测和评估的基础上，建立了单位供电量碳排放量指标。该指标可反映燃煤火力发电厂每供电1千瓦时实际排放的二氧化碳量，直接表征其机组生产效率和碳排放水平。神华将该指标作为旗下燃煤火电厂除供电煤耗、二氧化硫、氮氧化物排放总量之外的重要考核指标之一，从而推动燃煤火力发电厂在完成脱硫、脱硝改造后，加快对脱碳技术和装备的应用。

（三）建立煤制油（煤化工）产业低碳经济评价体系

煤制油（煤化工）产业是一个战略性产业，但同样面临着环境保护和碳减排政策的压力和挑战。由于生产产品、工艺和技术路线都存在差异，煤制油（煤化工）产业低碳经济评价体系需要研究建立不同工艺和技术路线建设的示范工程所生产的煤制油（煤化工）单位产品能耗、碳排放量等指标。例如：针对煤直接液化示范工程，建立生产单位油品能耗指标和碳排放量指标，反映煤转化全过程的能源消耗水平和碳排放强度，若同步实现部分二氧化碳的捕获与封存（CCS），则将封存的二氧化碳总量从碳排放总量中核减。随着神华煤制油（煤化工）产业的发展和壮大，未来逐步建立起针对不同工艺和技术路线的煤制油（煤化工）产品单位能耗、碳排放量等指标的监测、考核体系，从而实现煤制油（煤化工）产业的低碳发展。

（四）建立神华集团低碳经济评价体系

在建立煤炭、电力、煤制油（煤化工）产业和产品低碳经济评价体系的基础上逐步建立全集团低碳经济评价体系，用以测度神华集团产业整体低碳发展水平和碳减排水平。目前，先以万元产值（增加值）二氧化碳排放量指标同国家提出的“单位国内生产总值二氧化碳排放”指标相对应，该指标可反映出公司每万元产值（增加值）的取得所对应排放的二氧化碳量（总量指标应包括煤炭、电力、运输、煤制油及煤化工和其他产业二氧化碳排放以及其他碳排放折算为二氧化碳排放量的总和）。同时进一步研究、制订包括煤炭、电力、煤制油（煤化工）等产业的各类能源产品碳排放标准体系，并努力使其成为行业标准、国家标准乃至国际标准。

二、神华发展低碳清洁能源的实践

神华集团积极探索高碳产业低碳发展的新技术、新方法、新路子，坚持产业与环境和谐发展的思路，并取得了一些成绩。

（一）建设绿色矿区，将“黑色能源”变为“绿色能源”

神华始终坚持规模化、科技化、整体化矿区的开发，在实现了安全、高效、快速、环保建设与生产的基础上，兼顾了资源与环境、人类与自然的和谐发展。按照节能减排的要求，依靠自主创新，不断延伸煤炭的生产、加工、应用链条，让“黑色能源”转变为“绿色能源”，在生产技术指标、安全生产水平达到国际先进的同时，建设起神华绿色生态矿区。

1. 实施矿区资源与环境协调开发战略

建立绿色和谐矿区是煤炭企业可持续发展的基础。神华坚持以科技攻关为手段，以资金投入为保证，以生态恢复为目标的主动型矿区环保生态建设新概念，做到“开发一块，治理一片，造福一方”，逐步实现煤炭、水、土地等自然资源的最优化利用和生态环境质量的进一步改善。神华神东矿区已累计完成生态建设投资5亿元，在矿区开发建设50平方公里的基础上成功治理并恢复生态环境140平方公里，使矿区部分地表植被覆盖率由开发初期的3～11%提高到63%。

2. 不断提高煤炭资源的回采率是对能源资源的最大节约

神华始终立足于依靠自主创新和技术进步提高煤炭资源的回采率，例如：“长工作面、大采高、高强度开采工艺研究”成果的应用和推广，实现了将工作面由240米增加到300米至400米，直接提高煤炭资源回采率3.8%，三年来仅神东矿区就累计多生产煤炭2 000万吨，获得经济效益80亿元。

3. 解决水资源匮乏这个制约西北地区矿区可持续发展的重大难题

神华矿区多处于我国西北水资源严重匮乏、生态环境脆弱的区域，必须依靠技术进步来实现节水环保，减少对矿区自然环境，尤其是水资源的影响和破坏。例如，在神东矿区研究开发矿区水资源综合利用技术，通过应用节水开采和水复用技术，对水源地进行涵养保护，通过对矿井水进行沉淀、过滤和储存，继而分类复用，大大节约了矿区水资源，矿井水复用率超过60%。

4. 走清洁低碳生产之路,实现矿区资源的综合利用,经济效益与节能减排"双丰收"

神华准格尔矿区采用国际最先进的抛掷爆破—吊斗铲倒堆露天采矿工艺,减少了剥离物的运输环节,比原单斗—卡车采矿工艺节约能耗成本10.7元/立方米,每年可节油14 592吨,相当于减排二氧化碳45 520吨。同时对准格尔矿区粉煤灰中三氧化二铝的提取和开发进行了持续的研究,实现工业化生产后,每年可减少矿区矸石电厂粉煤灰排放量近150万吨,并生产氧化铝30万吨,带来直接经济效益12亿元。

(二)发展清洁低碳电力产业,还社会碧水蓝天

神华依靠自身煤炭资源产运销优势,建设坑口、港口高容量、大参数、节能环保型电站,实现煤电联营。同时,积极开发利用风能、太阳能发电等清洁能源,成为我国清洁电力产业的重要力量。

1. 苦练内功,煤耗指标不断下降

2011年,神华国华电力分公司供电煤耗达到317克/千瓦时的全国领先水平。若以同期全国平均供电煤耗330克/千瓦时计算,神华国华电力分公司当年节约标准煤234万吨,相当于减排二氧化碳532.8万吨。

2. 践行环保,不断提高环保标准

神华国华电力分公司奉行"烟囱不冒烟、厂房不漏气、污水不外排、噪声不扰民、灰渣再利用"的四不一再企业环保政策。从成立至今,节能和环保资金投入已达50多亿元。脱硫机组配置率已达到95%,远远高于全国平均50%的水平,居全国首位。截至2011年底,神华国华电力分公司装机容量达到3511万千瓦,脱硫机组配置率基本达到100%。

3. 节水发电,实现淡水资源负消耗

神华通过低温多效海水淡化技术,实现电厂淡水负消耗,3台总计3.2万吨/天生产能力的海水淡化装置满负荷运转每年可向电厂及周边地区供应淡水超过1 000万吨;直接空冷技术的应用,使4台600MW机组

节水2 000万吨;活性焦干法烟气脱硫节水技术在神华北电胜利公司2台60万千瓦机组上应用后,每年可节约脱硫用淡水225万吨。

4. 利用风能和煤层气发电,开发清洁绿色新能源

在大力发展常规火电的同时,神华积极开发以风能、煤层气发电为主的绿色清洁新能源。2011年,全集团已投入营运的风电装机容量达到299万千瓦,发电量39亿千瓦时,相当于火电机组燃烧128.7万吨标准煤的发电量,减排二氧化碳293.5万吨。神华宁煤集团汝箕沟矿区瓦斯发电项目已并网发电,设计容量为16MW(一期工程装机12MW),年可利用瓦斯3 960万立方米,发电1.08亿千瓦时,可减排二氧化碳45万吨。神华在河北省尚义建设了2.5MW风光互补并网发电项目,项目竣工后,光伏部分预期年均上网电量约155.43万千瓦时,25年寿命期内可累计发电3 885.79万度,减排二氧化碳35 360吨。

(三)建设更高效、更节能的清洁能源大通道

神华长期致力于建设"更高效率、更加节能、更少污染、更为安全"的运输大动脉和绿色煤港,为集团和社会发展提供绿色高效流通链。

1. 构建绿色能源通道

神朔—朔黄铁路是神华最重要的煤炭运输专用线,也是我国西煤东运第二大通道。其中,朔黄铁路在建设、营运和管理过程中采用了环境保护和节约资源的一系列技术和手段,打造了"能源运输与环境和谐发展"的清洁绿色能源通道。工程采用生土筑路、熟土回填、以桥代路的方式共节约土地资源6 229亩,占总征地面积的14.5%;铁路沿线种植树木1 430万株,绿化面积114.6万平方米,绿化率达50%;沿线站点采用地源热泵、太阳能等绿色能源代替燃煤小锅炉供暖、供热,年节约5 400吨标准煤,减排二氧化硫100吨,减排二氧化碳12 296吨;通过应用煤炭运输防扬尘、防漏洒、防冻等技术,每年减少40万吨煤炭运输损失,并使粉煤扬尘、漏洒对沿途自然环境的污染减少90%以上。

2. 构建绿色煤港

黄骅港属于淤泥粉沙质高盐渍土海滩港,回淤量较大,可挖性较差。

神华通过应用“淤泥粉沙质海滩建港技术”，成功解决了具有世界级难度的淤泥砂质港——黄骅港航道的淤积问题，使航道水深达到 -14 米。该技术应用后，提高了疏浚河运输效率，年可减少挖泥量 600 万方，减少消耗 10 258 吨标准煤，相当于减排二氧化碳 23 419 吨。神华天津煤码头公司为从根源上解决煤炭码头的煤尘污染，计划在二期工程中应用封存堆存工艺，此举将开创专业化煤炭码头煤炭封闭堆存的先河，每年可减少煤炭扬尘 11 000 吨。

（四）实施煤炭转化工程开辟煤炭清洁低碳转化利用之路

神华通过近十年的技术储备和攻关，在对世界各国先进煤炭清洁转化技术进行引进、消化、吸收和再创新的基础上，建成并投运了煤直接液化、煤制烯烃、煤制油化工 CCS 等三个具有里程碑意义的示范工程，对国家乃至世界发展现代煤炭清洁转化产业都具有示范意义和引领作用。

1. 实现资源综合利用，推进煤直接液化清洁生产

神华年产百万吨级油品煤直接液化示范工程于 2004 年 8 月开始建设，历时 4 年建成，于 2008 年 12 月 30 日第一次投煤试车成功，使我国成为世界上唯一掌握百万吨级煤直接液化关键技术的国家[①]。该示范工程第一条生产线年产油品为 100 万吨，约伴生 67 万吨液化残渣，同期建设的燃用残渣自备电厂，有效解决了残渣可能带来的环境问题，并且每年可节约 50 万吨标准煤，实现经济效益 1 亿元；生产用水实现全部循环复用而无废水外排；粉煤灰作为水泥厂的填料；煤炭中的硫在转换过程中全部成为硫磺产品，仅此一项就可年减排二氧化硫 2.4 万吨；同时，煤基油品几乎不含硫分，将为城市环保提供超洁净交通运输燃料。

---

① 张玉卓．煤洁净转化工程—神华煤制燃料和合成材料技术探索与工程实践[M]．北京：煤炭工业出版社．2011. P19

2. 同步推进煤间接液化和现代煤化工工程，保障国家能源供应安全

神华在积极进行煤直接液化示范工程建设的同时，还积极推进采用不同技术路线的煤炭间接液化工程、煤制天然气工程以及包头、宁东等煤制烯烃工程的建设，进一步延伸煤炭产业和产品链条，成为保障我国能源供应安全的重要力量。神华于 2007 年正式启动位于内蒙古包头市的煤基甲醇制烯烃工业示范项目，该项目于 2010 年 8 月 8 日投料一次成功，8 月15 日生产出合格聚丙烯，8 月 21 日生产出合格聚乙烯①。

3. 积极推进二氧化碳捕获与封存技术研发，推动示范工程建设

神华开展了二氧化碳捕获与封存技术研发项目，率先启动与煤直接液化项目配套的 10 万吨/年二氧化碳捕获与封存技术示范工程的建设与运行，封存井位于煤直接液化示范工程以西 11km 处②。同时，神华还正在跟踪研究“微藻吸碳”等二氧化碳吸收转化技术的应用前景，并为后续开展的适合中国国情和神华现状的二氧化碳减排技术研究和方案设计奠定基础。

三、神华发展低碳清洁能源技术的未来展望

低碳社会的构建、低碳经济的推动、低碳产业的发展从根本上取决于技术进步和科技创新，取决于低碳技术的突破。神华各产业板块的低碳发展也首先取决于低碳技术的研发和应用。为此，神华将在各产业板块积极寻求低碳技术的革新和突破，并有望在未来一段时间里取得显著成效。

（一）煤炭产业方面

第一，推动煤炭生产节能技术应用。大力推广应用煤矿生产高效节

---

① 张玉卓．煤洁净转化工程—神华煤制燃料和合成材料技术探索与工程实践［M］．北京：煤炭工业出版社．2011．P19

② 张玉卓．煤洁净转化工程—神华煤制燃料和合成材料技术探索与工程实践［M］．北京：煤炭工业出版社．2011．P285

能电动机,高效风机、水泵等技术装备,搞好矿井重点耗能设备变频技术改造,应用无功补偿等成熟节电技术;在露天煤矿充分发挥吊斗铲能力,减少剥离物的卡车运输量,降低油耗。第二,加快煤质提升技术研发,减少碳排放。加快褐煤热压提质加工、配煤炼焦和煤制水煤浆等技术的研发及成果转化,尽快建设示范工程,通过提供更高热量和更清洁的煤炭产品,降低能耗和碳排放量。第三,进一步提高回采率。通过提高回采率,提升煤炭生产效率和效益,间接降低能耗和碳排放。第四,加快对煤层气的利用和对煤火的治理。加快建设可资源化利用的煤层气发电工程,对自燃煤火加大治理力度,减少其自燃后污染物(主要是二氧化硫)和二氧化碳的排放量。第五,加大对矿区燃煤小锅炉的治理力度,优先采用建设大型热电联产机组集中供暖、供热的方式,在具备条件的地区积极开发利用太阳能、地热能等清洁能源。

(二)电力产业方面

第一,坚持建设大容量、高参数超(超)临界机组的发展方针。联合电厂设计、设备制造等实力雄厚的科研单位和大专院校协同攻关,研究并采用更高指标参数的超(超)临界机组,进一步提高电厂锅炉效率,降低供电煤耗。第二,积极研发应用节水发电技术。通过应用直接空冷、海水淡化、干法脱硫、海水冷却塔、中水复用等节水发电技术,降低发电水耗,为在缺水地区建设更高效的煤电一体化基地奠定坚实基础。第三,加快燃煤火电厂二氧化碳捕获与封存(CCS)技术研究与工程应用。在具备条件的新建燃煤火电厂同步采用与之相适应的 CCS 技术和装备实现同步脱碳,不具备条件的预留 CCS 装备位置,逐步实施脱碳工程,对目前运行的老电厂依据具体情况和机组条件分步进行 CCS 改造。第四,为火电厂碳减排的未来做好应对。通过建设、生产、运营和管理等方面的创新,以及新技术、新装备的应用,不断提高机组效率,降低单位供电量碳排放指标,为未来可能针对碳减排开展的节能减排调度和碳税、碳交易政策做好准备。第五,加快研发、掌握整体煤气化联合循环发电(IGCC)核心技术,推进 IGCC 发电项目的尽快实施。

（三）运输产业方面

第一，加快清洁能源和新技术在铁路中的开发应用。推广地源热泵及太阳能技术的应用，改造沿线分散的供热方式；加快应用变频调速节电和低压变电系统功率因数补偿技术，优化机车运输组织，提高机车运行效率。第二，优化港口运行组织，进一步提高运行效率。进一步优化装卸工艺流程，合理匹配装卸机械，做好船舶加装节油器和封闭式储煤筒仓等项目的建设。

（四）煤制油（煤化工）产业方面

第一，从建设源头抓好碳减排。在各项目建设中采用新工艺、新技术和新设备，为投入运营后的节能、节水和碳减排等创造条件。第二，积极实施 CCS 工程示范。煤制油（煤化工）产业集中产生二氧化碳量较大，神华通过加快对地质封存、微藻固碳及二氧化碳驱油、驱气等 CCS 技术的研发和应用，并加快煤直接液化 10 万吨/年 CCS 项目的建设，努力率先成为国内煤制油、煤化工领域第一家实现大规模二氧化碳收集及处理的工业化示范企业。第三，做好废弃物资源化利用和污染物治理工作。加大煤液化和煤化工残渣利用技术的研究与应用，通过新技术、新装备的应用实现液态物料的闭路循环、污水零排放、废气和副产品资源化。

大力发展低碳清洁能源，推广应用煤炭清洁转化技术，不仅是实现节能减排目标的战略选择，也是保持经济持续健康增长的良方。神华集团作为负责任的中央大型能源企业，将充分发挥 20 万神华人的力量和智慧，实施自主创新和产业升级，继续坚持发展风能、太阳能等清洁能源，坚持发展洁净煤技术研发与应用，努力推进煤基能源清洁低碳化，在转变企业经济发展方式的同时，积极履行社会责任，为社会提供绿色洁净能源，为保障国家能源供应安全和经济社会可持续发展做出积极贡献。

参考文献：

[1] 张玉卓．中国煤炭工业可持续发展战略研究[M]．北京：中国科

学技术出版社 . 2011

[2] 张玉卓 . 煤洁净转化工程—神华煤制燃料和合成材料技术探索与工程实践[M]. 北京:煤炭工业出版社 . 2011

[3] 张国宝 . 中国能源发展报告 2010[M]. 北京:经济科学出版社 . 2010

[4] 曲剑午 . 中国煤炭市场发展报告 2011[M]. 北京:社会科学文献出版社 . 2011

[5] 中国能源中长期(2030、2050)发展战略研究综合卷[C]. 北京:科学出版社 . 2011

全面推进安全保障型企业建设

中煤集团总经理
中国工程院院士 王 安

中国中煤能源集团有限公司(简称中煤集团)是国务院国资委管理的国有重点骨干企业,前身是1982年7月成立的中国煤炭进出口总公司。近年来,中煤集团坚持以安全质量标准化为抓手,围绕"环境、素质、责任"建设,狠抓基层、基础、基本功"三基"工作,努力推进安保型企业建设,提升安全保障能力。在煤炭产量年均递增千万吨的同时,煤炭生产百万吨死亡率逐年下降到2011年的0.006,达到国际先进水平。

一、中煤集团"十一五"以来的改革发展成就

中煤集团的主业包括煤炭生产与贸易、煤化工、坑口发电、煤机制造、煤矿建设、煤层气开发及相关工程技术服务,各产业均具有较强竞争优势,是中国最大的煤机制造企业、最大的煤焦化企业、最大的煤矿建设企业。"十一五"以来,中煤集团抓住宏观经济向好和行业快速发展的机遇,快速发展主营业务,强化企业管理,致力于提高核心竞争力,实现主要

煤炭大集团为标志，企业综合实力显著增强，步入了世界煤炭公司的前列。

做强煤炭主业，建成亿吨煤炭集团。抓住国家发展煤炭大基地、大集团的机遇，充分发挥现有矿井产能，加快新建和改扩建项目建设，做强做大煤炭主业，2007 年建我国第二个亿吨级煤炭大集团，2011 年煤炭产量达到 1.64 亿吨；资产总额连续 7 年平均增长 21.1%，达到 2 124 亿元；2011 年，公司营业收入 1 153.9 亿元；利润总额 166.3 亿元，在中央企业的排名居于前列，为国民经济和社会发展做出了重要贡献。

优化产业布局，五大基地初现雏形。根据我国煤炭资源赋存规律和国家能源战略西移趋势，着力构建山西、蒙陕、江苏、黑龙江、新疆五大基地，重点打造山西平朔循环经济示范区、蒙陕能源化工基地两大引擎，优化产业布局。平朔矿区打造以煤为主的黑色产业链和以土地复垦为主的绿色产业链，已建成国内首个亿吨级露井联采现代化矿区。蒙陕基地一批煤矿、煤化工、煤机装备项目加快建设，世界级能源化工基地建设快速推进。

调整产业结构，五大产业协同发展。中煤集团坚持“立足煤，延伸煤，超越煤”的理念，加强与石化、发电等央企的合资合作，通过相互参股等多种形式向煤化工、电力产业延伸，提高价值创造能力，增强抵御产业周期波动风险的能力。煤化工产业逐步发展壮大，不仅助力集团公司获取煤炭资源，而且将成为新的经济增长极。积极发展电力产业，在平朔矿区建设大型坑口电厂，消化煤矸石和劣质煤，经济和社会效益显著。煤矿装备产业立足集团公司新基地布局，煤矿建设产业服务于集团公司新项目建设，发挥了协同效应，形成了发展合力。

开展并购整合，增强资源配置能力。针对中煤集团前几年资源不足、特别是优质资源少的问题，将资源储备作为企业发展的生命线。一是开展并购重组。为增强对平朔及周边矿区资源控制力、巩固集团公司在晋北的区域优势，成功控股山西金海洋公司；为解决集团公司缺乏优质煤炭产品的重大结构性矛盾，在地方政府的支持下与内蒙古博源集团达成合作,控股其“两矿三化”。二是整合地方煤矿。争取山西省政府支持,成为山西地方煤矿整合主体企业,在大同、朔州、临汾等地整合煤矿53座,通过优化系统设计,提高装备水平,成为山西省整合煤矿技改的样板。三是加快“走出去”步伐,筛选多个海外项目,将择机开展合作或并购。目前,中煤集团可控煤炭资源量比“十一五”初期增加了2倍,企业发展后劲明显增强。

坚持安全发展,夯实安全管理基础。中煤集团深入贯彻落实党中央、国务院、国家安监总局、国资委关于加强安全生产工作的重大决策部署,大力实施安全发展战略。在管理上,深化安全质量标准化工作,开展“落实安全主体责任、创建安保型企业”三年行动,有9座煤矿成为国家级安全质量标准化煤矿。在技术上,通过提高建设标准,从系统上提升矿井安全保障能力。立足于引领行业安全技术发展方向,颁布实施高于行业和国家标准的《安全高效现代化矿井技术标准》,编制完成我国首部《煤矿冻结法开凿立井工程技术规范》行业标准,以最新、最优、最先进的技术标准和管理模式,保证项目的安全运行和高效生产。针对矿建施工高风险特点,实施“一限二提三转”的战略调整,退出地质水文情况不清的项目,推行矿建施工模式化管理,提升施工装备水平,加强职工转岗培训,初步实现了由施工向煤炭生产运营转型、由被动依赖甲方管理向自主安全管理转变、管理模式由多级管理向扁平化和专业化转变。

推进科技创新,创新能力不断增强。中煤集团成功进入国家第三批创新型试点企业行列,为全面提升自主创新能力搭建了平台。成立集团技术研究总院、煤化工研究院,与中煤科工建立紧密型科技创新战略联盟,初步形成自主开放集成的技术研发体系。加强核心关键技术研究和新产品开发,突破一批核心关键技术,煤炭深部开采关键技术、浅埋深硬顶板厚煤层综采放顶煤、年产千万吨级综采成套装备、深立井快速机械化施工技术居国际国内领先地位。以支撑主业发展和基地建设为重点,积极推进重大科技项目实施,薄煤层自动化无人工作面成套设备井下试运行,煤矿采空区与地质构造探测、超深超大立井安全高效施工、国家煤矿采掘机械装备研发中心等项目取得阶段性成果。

建设“绿色中煤”，节能减排成效显著。制定《绿色发展纲要》和绿色产业标准体系，确立了绿色发展的理念方针和战略地位。积极应用新技术、新装备、新工艺，对落后装置实施节能改造，加强节能管理和环境保护工作，中煤集团被国务院国资委评为“十一五”中央企业节能减排优秀企业。以循环经济模式构建煤炭综合利用体系。平朔矿区建设以煤为基础的煤—电—铝—建材工业产业链和以土地复垦为主线的农—林—牧—药—生态旅游生态产业；大屯矿区以煤电铝运产业链为核心，形成了“一纵五横”循环经济框架；中煤金海洋公司形成了集煤炭生产、皮带输送、洗选加工、发运销售、冶金化工、新型建材及现代服务业于一体的大型低碳循环经济能源基地，实现了资源效益最大化和社会环境效益最优化。

坚持和谐发展，积极履行社会责任。一是保证能源供应。中煤集团发挥中央企业骨干作用，特别是在国家煤炭供应紧张时期，努力提高煤炭产量和外运量，严格履行重点电煤合同，全力配合国家调控措施，稳定市场价格。近年来保障了抗击雨雪冰冻灾害、奥运会、世博会、亚运会等重点时段的煤炭供应。二是支持地方经济发展。中煤集团“十一五”期间累计在地方投资超过1 000亿元，缴纳税费近700亿元，定点帮扶河北省张家口市蔚县和赵家蓬区，促进了地方经济社会发展。三是参与社会公益事业。近三年累计捐款1亿多元，积极支援地震、干旱、泥石流灾害地区，援建中煤希望小学、中煤博爱中学7所，被中国红十字会授予“中国红十字勋章”。

二、中煤集团积极推进安全质量标准化工作

“十一五”以来，我们始终坚持以人为本、安全发展，把安全生产作为改革发展和生产经营的头等大事来抓。坚持以安全质量标准化为抓手，围绕“环境、素质、责任”建设，狠抓基层、基础、基本功“三基”工作，努力推进安保型企业建设，提升安全保障能力。

（一）以先进的理念引领安全质量标准化

中煤集团原为单一贸易型企业，向生产型企业转型后，煤炭生产、煤矿建设、煤化工、发电、煤机制造五大板块并存，安全基础薄弱。虽然煤矿企业普遍开展了标准化工作，但进展不平衡，一些企业标准化意识不强，力度不大，安全保障能力不高。面对现状，中煤集团高度重视，把安全质量标准化工作纳入安全工作规划，列入年度工作纲要和目标考核。广泛宣传"无人则安"、"良好的作业环境加上规范的操作行为就等于安全"、"只要管理到位就可以实现安全生产"等先进理念，并融入到安全质量标准化工作中，形成浓厚的文化氛围。坚持"把实践中有效的成果转变成标准、把当前存在的管理缺陷环节纳入治理规划、把先进设备工艺材料技术的推广应用作为安全质量标准化工作的重点、把规范人的行为作为管理工作的抓手、把改善工作环境作为管理者的努力方向、把安全零死亡目标作为永远追求、把安全质量标准化作为一种文化提升"的安全质量标准化工作脉络，提升安全质量标准化水平。围绕"四化五高"标准（生产规模化、技术装备现代化、队伍专业化、管理手段信息化，高起点、高目标、高质量、高效率、高效益），结合"落实安全主体责任，创建安保型企业"三年行动，不断提升安全质量标准化标准，努力向安保型煤矿、安保型企业迈进。

（二）以完善的体系保障安全质量标准化

1. 齐抓共管，健全工作体系

建立了"技术定标准、生产抓落实、安全抓考核"的安全质量标准化工作体系，形成党、政、工、团齐抓共管格局。健全了各级领导、各部门、各岗位安全质量标准化责任制，主要负责人是标准化工作的第一责任人，区队班组长是现场标准化工作的第一责任人，各级安监部门负责标准化综合管理工作，形成一级抓一级，一级对一级负责的责任体系。制定具体的标准化管理办法，明确管理机构，落实部门和人员职责。

2. 全面覆盖，完善标准细则

围绕建设行业一流标准的要求，制定了中煤集团煤炭生产、矿建施工、煤化工、建筑施工、煤炭洗选、坑口发电、煤机装备、煤层气行业企业安全质量标准化标准及考核细则，实现了标准化全行业覆盖。同时制定了各岗位安全操作规程、工作流程和工作标准，把标准化贯穿到矿井设计、建设、施工管理的各个环节，覆盖到工程质量、工作质量和管理质量的各个方面。目前，有9家企业达到了特级标准，17个煤矿、20个工程处、11个工厂达到一级标准，11处煤矿被评为“国家级安全质量标准化煤矿”，42个矿建、土建项目部达到了模式化标准。

3. 动态达标，实现稳步提升

编制了中煤集团安全质量标准化三年滚动发展规划，明确了工作目标：到2012年，集团公司一级安全质量标准化煤矿、一级安全质量标准化工程处、一级安全质量标准化工厂达到80%以上，其中国家级安全质量标准化煤矿达到50%以上；建设项目在设计、施工时必须符合安全质量标准化要求，竣工验收时必须达到安全质量标准化标准；新建煤矿投产一年后必须达到一级安全质量标准化煤矿标准。制定年度安全质量标准化实施计划，细化任务和责任，层层分解到各煤矿、工程处、工厂、项目部，落实到各区队、班组和岗位。制定各专业系统的达标时间表，对不同类型、不同条件的煤矿、工程处、工厂、项目部实施分类管理、分类指导，逐步达标，稳步提升。

（三）以扎实的管理推动安全质量标准化

1. 加大安全投入

中煤集团“十一五”期间累计投入64.7亿元，全面提升矿井技术与装备现代化水平。煤矿综采机械化程度由“十一五”初的87%提高到现在的96%、综掘程度由39%提高到76%。中煤集团2011年安全投入29.2亿元，淘汰、改造老旧设备3 045台套、落后工艺87项，完成“一通三防”、机电运输、供电线路等系统改造工程515项，修复失修巷道31359米，装备机械化作业线49条。矿建施工企业实施“一限、二提、三转”的战略调整转型，累计投入31.1亿元，作业环境明显改善，连续21个月实现零死亡。

2. 加强安全培训

按照"干什么、学什么,缺什么、补什么"的原则,突出抓好员工素质的提升,确保三项岗位人员持证率、班组长持证率、职工年度再教育培训率、新员工培训率"四个100%",确保培训师资、教材、阵地、资金"四个到位"。坚持一日一题、一周一案、一月一考"三个一"教育活动。设定岗位安全红线,严格岗位操作,有效防范"三违"。简化行为要求,把作业规程、操作规程、岗位标准中最核心、最关键的部分提炼出来,编制成岗位操作"安全提示语",形成朗朗上口的安全"谚语",提高了培训效果。

3. 强化现场管理

严格过程控制,推进精细化管理,把精、细、严、实的标准贯穿到生产和管理的全过程。全面推行操作程序化、施工作业流程化、工程质量标准化、管线吊挂线性化、电缆移动机械化、设备管理责任化、材料码放定置化的"七化"管理;编制了42个煤矿标准化实施标准,从矿灯的佩戴到井下的衣服挂钩,从井下管线吊挂到各类牌板都有了统一标准;制定了煤矿318个工种、184个岗位的程序化作业标准,实现了处处有标准、时时有标准、事事有标准,确保职工上标准岗、干标准活。

4. 加强班组建设

把班组建设作为安全质量标准化建设的立足点、切入点,围绕班组管理制度化、操作标准化、行为规范化、考核精细化"四化"建设,努力打造学习创新型、自主管理型、专业技能型、安全和谐型、生产文明型"五型"班组。严格班组工作"三步骤",坚持班前安全教育"六必讲",开展危险预知和风险评估,安全不确认不生产;坚持班中严格执行岗位操作规程,确保生产安全;坚持班后复查、评估和考核。

(四)以严格的考核促进安全质量标准化

1. 严格检查考核

把标准化工作作为企业和领导干部安全生产考核的重要内容。坚持班组每班、区队（车间）每周、煤矿（工程处、工厂）每月、二级企业每季度（建筑施工企业每半年）开展一次安全质量标准化检查评比活动。集团公司每半年组织一次抽查考评，每年组织一次检查考核，对企业申报的安全质量标准化一级煤矿、一级工程处、一级工厂的抽查比例不低于60%。建立煤矿、矿建、煤化工等专业的安全质量标准化专家库，制定管理办法，提高标准化检查考核质量。成立了以分管安全的副总经理为组长的安全质量标准化考评领导小组，下设专业检查考核组，严格对照标准检查评比，并对所考评的煤矿、工程处、工厂按考评得分高低排序并在全集团通报。

2. 建立激励机制

2011年中煤集团修订了安全质量标准化管理办法，把安全质量标准化企业奖励标准提高了1倍，对特级安全质量标准化企业奖励200万，对安全质量标准化企业奖励120万，对获得国家级安全质量标准化的煤矿另行奖励30万元。充分发挥经济杠杆的作用，推行安全质量结构工资制，把标准化与职工收入分配挂钩，重奖重罚，提高了全员参与安全质量标准化工作的积极性和主动性。

三、中煤集团“十二五”发展战略

“十二五”时期，中煤集团将深入贯彻落实科学发展观，以发展规划为统领，坚持生产规模化、技术装备现代化、队伍专业化、管理手段信息化的“四化”发展方向，树立高起点、高目标、高质量、高效率、高效益的“五高”标准，坚持规模化、集约化、现代化发展模式，大力实施转型升级、科技创新、人才强企、安全发展四大战略，到2015年，实现比2009年经济总量翻番，再造一个新中煤的战略目标，形成五大基地并进、五大产业协同发展的格局，加快建设具有国际竞争力的世界一流能源企业。

中煤集团将遵循安全发展和“安全第一、预防为主、综合治理”的方针，秉承“安全为天、生命至尊”核心理念，围绕中煤集团“22255”发展目标和“1458”工作思路，推进“环境、素质、责任”建设，以建成世界一流能源企业为战略方向，以“零死亡”为目标追求，力争杜绝较大及以上事故，有效控制零星伤亡事故，加强安全文化建设，创建安保型企业，全面提升煤炭生产、建设、煤化工、煤机制造、电力五大产业安全生产保障能力，安全生产接近或到达世界先进国家水平，促进中煤集团科学发展、安全发展。

兖矿集团实施“走出去”战略的实践探索

兖矿集团有限公司董事长、党委书记　王　信

随着国内煤炭生产、运输和需求矛盾的日益突出,中国煤炭企业正面临利用国际国内两个市场、两种资源推动“走出去”发展的机遇,走国际化道路已成为新时期我国煤炭企业战略发展的重要主题。兖矿集团自上世纪九十年代起,已从战略上认识到海外扩张对公司实现长期发展战略的重要性,积极开展海外投资的研究和准备工作。兖矿集团制定了独具特色国际化发展,战略坚持以技术创新为先导,以资本运营为手段,着力推进国际化建设步伐。先以核心技术为依托收购澳思达,而后创新资本运营方式收购菲利克斯,乘势收购新泰克、普力马、格罗斯特拓展澳大利亚基地,积极推动反向上市。为国内煤企开拓出一条跨国经营的可行之路,为自身国际化战略创造了良好开端,在世界煤炭行业树立了良好的企业形象。

一、兖矿集团发展历程及概况

兖矿集团位于山东省邹城市，是省属国有重点企业。矿区开发始于20世纪60年代，1976年成立兖州矿务局，1996年整体改制为国有独资公司，1998年控股子公司—兖州煤业股份有限公司在香港、纽约和上海上市，1999年成立兖矿集团。

经过近40年开发建设，兖矿集团形成了以煤炭、煤化工、煤电铝及机电成套装备制造为主业，建筑安装、房地产、物流、物业等为辅业的多产业发展格局，初步形成了本部鲁南、邹城、兖州"三个园区"，外部贵州、陕西榆林、内蒙古鄂尔多斯、新疆、澳大利亚、加拿大"六大基地"布局。集团现有煤业、东华、煤化、物业、电铝五个专业公司和贵州、新疆两个能化公司。

近年来兖矿集团积极适应宏观经济形势和市场变化，依托科技创新，加快转方式调结构、外部资源开发和国际化建设，经济规模和实力不断壮大。2011年末资产总额1 397.22亿元，营业收入814.13亿元，利润总额100.04亿元，原煤产量7 079万吨，在册职工9.73万人。

企业先后荣获全国优秀企业金马奖、中国质量效益型先进企业特别奖、第二届中国工业大奖、国家级创新型企业等荣誉，被大公国际评估公司评为"AAA"级信用企业。列2011中国企业500强第139位、中国企业效益200佳第31位、中国煤炭企业利润总额第4位。20万吨醋酸和千吨气化炉项目获国家优质工程金奖，是化工行业、煤炭行业和山东省首次获得我国工程建设的最高荣誉，被评为"新中国成立60周年百项重大经典暨精品工程"。控股子公司—兖州煤业股份有限公司1998年在香港、纽约和上海上市，是我国煤炭行业第一家同时境内外发行股票并实现三地上市的企业，被美国标准普尔指数推为全球最具投资价值的30只股票之一，是煤炭系统唯一获得亚太国际质量大奖的企业，获得我国上市公司治理领域最高荣誉"中国公司治理专项奖—董事会奖"。

二、以技术创新提升核心竞争力

兖矿集团高度重视科技创新，围绕煤炭安全高效开采、煤炭清洁高效利用等重点领域，加大技术研发攻关，企业核心竞争力不断提升。

（一）搭建技术创新平台

坚持以企业为主体、以市场为导向、产学研相结合，建立决策咨询、技术研发、科技管理、成果转化为一体的技术创新管理体系。成立技术委员会、专家委员会，实行研发项目和资金合同管理制、首席专家负责制。在全国煤炭系统率先建成煤液化及煤化工国家重点实验室、企业博士后科研工作站、国家级企业技术中心、水煤浆气化及煤化工国家工程研究中心，形成以本部煤炭技术研发为主体，以上海煤液化及煤化工技术研发和以西安新材料、电子信息、机械装备技术研发为重点的创新平台。被科技部列为"十二五"国家科技计划预备项目推荐主体。

（二）加大核心技术研发

坚持装备现代化、系统自动化、技术高新化，加大煤炭安全高效开采、清洁高效利用技术研发力度，开发出厚煤层综放开采、水煤浆气化、低压羰基醋酸合成、煤炭间接液化等多项具有自主知识产权的核心技术。先后荣获国家科技进步奖 15 项，其中国家科技进步特等奖 1 项，一等奖 3 项。拥有有效专利 348 项，其中发明专利 84 项，国外发明专利 8 项。"十一五"以来，承担实施国家级重大课题 19 项，其中"863"计划 8 项，973 计划 2 项，国家科技支撑计划等课题 9 项；获省部级以上科技进步奖 286 项。在每年中国煤炭工业科学技术奖评审中，兖矿获奖数量均占到总数的 1/10 以上，数量和等级居行业前列。

1. 煤炭安全高效开采技术

针对兖州矿区进入深部开采、地质条件日趋复杂，迫切需要提高装备自动化水平和生产系统可靠性等实际，加大煤炭安全高效开采技术、装备及工艺研发，形成多项具有自主知识产权和国际领先的安全高效开采技术,推动了煤炭开采技术整体升级。

为实现厚煤层高效集约化开采,兖矿集团承担实施煤炭行业"九五"科技攻关计划"缓倾斜特厚煤层高产高效综放开采成套技术与装备研究"项目,形成了领先于世界水平的综采放顶煤技术。以综采放顶煤为关键技术的"兖州矿区煤炭综合生产技术研究与开发"项目获1998年国家科技进步一等奖。

为进一步提高综采放顶煤效率和自动化水平,实施"两柱掩护式综采放顶煤液压支架研究"项目,成功研制出结构简单、支护效率高、稳定性好、可靠性强、便于电液程序控制的两柱掩护式综采放顶煤液压支架,以此为关键设备的"自动化放顶煤关键技术与装备研发及其在国内外的应用"项目,获2009年度国家科技进步二等奖。在此基础上,完成了"年产600万吨自动化综放工作面高可靠性装备及系统技术研究"项目,在东滩煤矿建成国内第一个自动化综放工作面,2007年实现产煤638.5万吨,达到国际领先水平。

为达到澳大利亚技术标准和法规要求,实施"综采放顶煤技术在澳大利亚的创新研究与实践"项目,研发出符合技术准入条件的自动化综放开采成套技术和装备,建成世界上第一个全自动化综放工作面,该项目获2008年度中国煤炭工业科学技术一等奖。

为适应兖州矿区下组煤薄煤层赋存特点,研制出矮机身大功率薄煤层采煤机和大伸缩比高支撑效率薄煤层液压支架,首次实现1m以下含坚硬夹矸与硫化铁硬结核薄煤层的安全高效综合机械化开采,该成果获2010年度中国煤炭工业科学技术一等奖。

2. 煤炭清洁高效利用技术

随着全球更加关注碳减排,煤炭直接作为燃料受到限制越来越多,大力发展煤炭清洁高效利用技术成为必然,针对现代煤化工气化、液化等关键技术,不断加大科技攻关和技术研发。

(1)完成了国家"863"计划"新型水煤浆气化技术"课题,开发了国际首创、具有我国自主知识产权的大型化多喷嘴对置式水煤浆气化技术,该成果获2007年度国家科技进步二等奖。

(2)完成了国家“863”计划“高效洁净煤基甲醇联产电系统的开发和示范”项目,创新性提出串并联系统的联产设计理念,首次在工程上实现了运行特性差异大、结构复杂的子系统的动态融合,主要技术经济指标超过同类工业系统,打破了国外垄断,填补了国内空白,获2009年度国家科技进步二等奖。

(3)实施“兖州矿区高硫煤洁净利用创新技术集成及工业示范”项目,提出新型煤气化、煤基多联产及系统集成思路,解决了生产高附加值能源化工产品过程中伴生的资源浪费和环境污染问题,该成果获2009年度山东省科技进步一等奖。

(4)在国内首次建成万吨级煤间接液化低温、高温费托合成中试装置。该项目共申请专利42项,其中28项已获得授权。2011年,一期100万吨/年煤间接液化制油工业示范装置在陕西榆林开工建设。

(三)开展技术转让输出

坚持技术资本化,完善推广应用机制,推动科技成果向生产力转化。目前,煤炭、煤化工累计对外转让技术36项次,实现收益5.41亿元。

综放开采技术已在澳大利亚申请专利10项,获授权6项。自主研发的两柱式放顶煤支架,先后向德国DBT公司和美国比塞洛斯国际公司实施技术转让。与世界最大矿业公司之一美国博地能源公司达成共识,双方约定用兖矿综采放顶煤技术在澳大利亚北贡尼拉矿进行煤炭开采,兖矿获50%收益。目前,澳大利亚已有10多个矿井表达合作意向。

多喷嘴对置式水煤浆气化技术已成功推广应用到28家国内外企业,运转和在建气化炉82台套;“多喷嘴对置式水煤浆气化炉气化烧嘴在线投料方法”获得美国和南非发明专利。与美国最大的炼油企业—瓦莱罗能源公司签订许可合同,实现了我国大型成套技术向发达国家输出。

三、以创新为先导实施探索“走出去”发展战略

兖矿集团经过近40年的建设发展,已初步具备了“走出去”资源开

发所需要的技术、管理、人才、品牌等优势。并早在2000年既编制“兖矿集团发展战略”，明确提出参与国际竞争、实施国际化战略。在国家“走出去”战略的指导下，依据相关政策，超前编制了《兖矿集团“十二五”发展规划及2020年远景目标》，提出了海外开发的战略思路和发展目标。

（一）战略思路与发展目标

兖矿集团发挥自身优势，选择资源优越、经济发达、法制健全、社会稳定的国家和地区作为“走出去”的重点区域，重点在澳大利亚、加拿大等国进行资源开发，主要涉及煤炭、铝土、钾盐等领域。

（1）战略思路：抓住全球经济一体化发展机遇，着眼保障国家能源安全和企业可持续发展，兼顾相关者利益，以核心技术为先导，以资本运营为手段，以人才队伍为支撑，以风险防控为重点，以煤炭资源为目标，充分利用国际国内两个市场、两种资源，选择资源优越、经济发达、法制健全、社会稳定的澳大利亚为基地，建立具有兖矿特色的澳洲煤炭产业体系。

（2）发展目标：努力建成主业突出、核心竞争力强、国际化企业集团，打造中国煤炭行业国际化发展规模最大企业。依托兖矿集团的技术、人才、资金、品牌优势，发挥区域之间、产业之间协同效应，在全球范围内实现资源最佳配置，稳步推进国际化战略的实施。

兖矿集团要借助兖煤澳洲平台，进一步获取海外优质煤炭等矿产资源。“十二五”末，兖煤澳洲煤炭产量4 000万吨，其中现有生产矿井3 000万吨，收购兼并煤矿1 000万吨/年，力争2 000万吨。2020年产量达到10 100万吨。

四、兖矿集团海外开发经验

兖矿集团海外开发能够取得当前的成功，得益于海外开发过程中的各项有效保障措施。兖矿集团一贯坚持以海外运作平台为依托，以核心技术优势为先导，以创新资本运营为手段，有效规避各类风险。

(一)以海外运作平台为依托

建立海外运作平台是“走出去”的基础工作。兖矿集团通过组建上市公司——兖州煤业,并实现了在上海、香港和纽约三地上市。兖州煤业按照海内外资本市场的严格要求,通过引入国际规范运营理念,建立了较为规范和科学的公司法人治理结构和运行机制,形成了覆盖资金、销售、采购、投融资、生产、研发、人事等全方位的内部控制架构和风险管理体系。凭借规范的管理、优良的业绩和良好的品牌,兖州煤业在海内外资本市场上得到了充分认可,为其海外收购工作打造了可靠的运作平台。而兖煤澳洲是兖州煤业于2004年11月18日在澳大利亚设立的全资子公司。以此为平台整合了兖矿在澳洲的生产矿井、在建项目、勘探资产、港口、综采放顶煤技术及超洁净煤技术等资产组合,为兖州煤业在澳大利亚做强做大奠定了基础。目前,兖矿集团加快推动兖煤澳洲公司上市,构筑澳洲资本运营新平台。良好的上市平台不仅可以减少国际化进程中的障碍,能够更容易地从资本市场上融得企业发展所需要的资金,降低企业发展的成本。

(二)以核心技术优势为先导

凭借先进的核心技术优势,兖矿集团成为收购进驻澳洲煤炭资源领域的首个企业。兖州煤业采矿技术处于国内外领先水平。拥有自主知识产权和国际领先的综采放顶煤技术,在中国和澳大利亚获得专利。井下防灭火、防治水、瓦斯综合治理、矿震地质灾害监控与防治、高温矿井热害防治、冲击地压防治等技术水平处于国内和世界领先水平。矿井安全生产保持国内行业领先地位,安全生产环境被国际劳工组织认定为国际先进水平。先进技术的成功应用,使兖州煤业生产工效快速提高,单产水平保持全行业立井领先水平,煤炭生产效率、资源回收率和利用率达到国际先进水平。并成为海外开发的核心优势。

(三)以创新资本运营为手段

兖矿集团将资本运营作为“走出去”的重要手段,主动出击资本市场,依靠资本运作去解决企业发展的资金问题,使企业发展逐步走上产业运作和资本运作相结合的路子。正是依靠资本运营战略迅速发展壮大,开拓了兖矿集团未来的国际化发展的道路。

兖矿集团从实施兼并重组与战略扩张的角度,通过资本运营,着力推动并购重组。依据企业既定发展战略和规划,实施煤炭企业和相关产业的收购、兼并和重组方略,采用现金收购、股权置换和承债方式等,充分利用国际煤炭市场的多元化融资结构,通过股票、债券等直接融资方式和与其他国际公司合作参股的间接融资方式,增强企业抵御和分散市场风险的能力。开展合资经营,拓展对外直接投资业务,以技术、设备入股,以此为突破口开展合作。

(四) 有效规避各类风险

我国煤炭企业海外投资会经常遇到国别、法律、财务、政策、外汇等各种风险。对此兖矿集团加强控制风险的能力建设。

1. 国别风险

为了防范可能发生的国别风险,兖矿集团密切关注澳大利亚政治、经济发展动态,并与中国驻澳大利亚领使馆等机构保持密切的沟通并对相关问题及时汇报。同时,兖矿集团还将实行严格的内部控制和报告制度,保证澳大利亚与兖矿集团之间及时的沟通,在发现潜在的国别风险时迅速做出分析和反应,以把损失降到最低。

2. 法律、财务及政策风险

为防范法律、财务与政策风险,兖矿集团聘请了专业法律顾问和会计顾问提供专业法律、财务与政策咨询和意见。

3. 外汇风险

由于收购和日常运营中涉及人民币、美元、澳元三种货币,汇率的波动将会带来汇率风险。为此兖矿集团对于相关货币的汇率进行了分析和研究以做好防范。兖矿集团通过使用远期合约、外汇期货、外汇期权等方式合理管理并有效规避汇率波动带来的风险。

五、兖矿集团实施"走出去"战略的成效与意义

兖矿集团走出国门,进行海外煤炭资源开发,取得了显著成效,为在

"走出去"道路上探索中的煤炭行业带来了重大意义。

（一）取得成效

兖矿集团利用国际资源、资本、自有技术等有利条件，在经济效益、资源开发、技术创新、资本运营、品牌形象等方面成效显著。

1. 经济规模和效益快速增长

自海外投资以来，兖矿集团经济规模和经济效益增长迅速，原煤产量从2000年的3 040万吨，上升到2011年的7 079万吨，其中兖煤澳洲2 207.93万吨，占到兖矿集团总产量的近1/3。销售收入从2 000年的87.89亿元，上升到2011年的814.13亿元，其中兖煤澳洲93.81亿元，占总收入的11.73%。净利润从2000年3.52亿元，上升到2011年的100.04亿元，其中兖煤澳洲28.26亿元，占总利润的28.26%。企业产业规模优势和竞争力明显增强。

2. 资源开发成效显著

加快煤炭资源开发，扩大外部资源储备，是关系到煤炭企业可持续发展的重大战略问题。目前兖矿集团已占有和控制的煤炭地质储量为400亿吨，其中在省外、国外获得煤炭资源量为377亿吨，兖煤澳洲的煤炭资源量为63亿吨。澳思达新增资源量1.41亿吨；菲利克斯新增资源量13.75亿吨，使兖州煤业的可采储量增加25%，产量规模可提升三分之一；新泰克新增资源量17.32亿吨；普力马新增资源储量5.35亿吨，产能500万吨，将公司的澳洲煤炭储量和总储量分别提高15%和5.5%；格罗斯特新增煤炭资源量18.03亿吨，煤炭储量2.76亿吨。煤炭资源量和储量进一步增加，资产组合得到优化，对现有生产经营项目形成有益补充，为未来可持续发展和提升盈利能力提供保障。基本解决了产业发展的资源供求问题，实现了企业的健康可持续发展。

由于澳思达、菲利克斯、新泰克和格罗斯特的煤矿都主要位于新州和昆州，利用兖煤澳洲现有的管理经验与技术，可实现它们在生产技术、勘探开发、煤炭产品组合、铁路港口运力、销售渠道、管理等方面的整合，进一步发挥协同效应。此外，菲利克斯和格罗斯特拥有从产地到港口的铁路运力长期合同，铁路港口设施的话语权提升将进一步增强兖州煤业在澳洲煤炭销售的可控性，保障未来煤矿产能的顺利释放。同时，由于普力马煤矿是西澳洲目前仅有的两座运营煤矿之一，有利于扩展兖煤澳洲公司的业务范围，为公司在西澳洲的拓展奠定基础。

3. 技术创新成果显著

兖矿集团的技术创新硕果累累。目前，综采放顶煤技术在澳大利亚申请专利 10 项，取得专利授权 6 项；煤炭、煤化工累计对外转让技术 36 项次。自主研发的两柱式放顶煤支架，先后向德国 DBT 公司和美国比塞洛斯国际公司实施技术转让。与美国博地能源公司达成共识，双方约定用兖矿集团综采放顶煤技术在澳大利亚北贡尼拉矿进行煤炭开采，兖矿集团获 50% 收益。澳大利亚已有 10 多个矿井表达合作意向。多喷嘴对置式水煤浆气化技术已成功推广应用到 28 家国内外企业，运转和在建气化炉 82 台套；"多喷嘴对置式水煤浆气化炉气化烧嘴在线投料方法"获得美国和南非发明专利。与美国最大的炼油企业—瓦莱罗能源公司签订许可合同，实现了我国大型成套技术向发达国家输出。33 项技术达到国际先进水平，取得专利授权 55 项，2011 年，实现技术转让收入 1. 14 亿元，累计获技术转让收益 5. 41 亿元。

4. 资本运营成效显著

兖矿集团积极运用资本运作平台——兖州煤业，进行资本运作，取得显著成效。兖州煤业先后完成 5 次股票发行，共募集资金 58. 06 亿元。不断开辟新的融资渠道，截止到 2011 年年底，兖矿集团已经获得多家银行的综合授信 2 120 亿元。发行 10 亿元企业长期债券、39. 8 亿元短期融资券、99 亿元中期票据，基本解决了产业发展的资金来源问题。在海外开发煤炭资源过程中，澳思达煤矿、普力马以全现金方式实施收购；菲利克斯采用"内保外贷"方式融资实施收购；新泰克以"内存外贷"方式收购；格罗斯特以"现金加股票"方式收购，成为第一家通过"换股加现金方式”成功实现对澳洲煤炭资源收购的国内煤炭类上市公司。

5. 品牌形象持续提升

兖矿集团高度重视企业形象建设，系统实施品牌建设工程，使企业资信和品牌价值持续提升。兖州煤业获得我国上市公司治理领域最高荣誉“中国公司治理专项奖—董事会奖”；进入英国《金融时报》2011 全球500强；入选“2011 普氏全球能源企业 250 强”，位列亚洲区煤炭及消耗性燃油行业第 4 位；居“2011 全球成长最快能源企业 50 强”第 22 位；入选 2011 财富中国 500 强，净利润居煤炭行业上市公司第 2 位。

6. 有利于兖煤澳洲上市与持续融资

现有煤矿纳入兖煤澳洲公司，勘探资产建成投产后注入上市公司，必将提高兖煤澳洲对投资者的吸引力，实现兖煤澳洲最佳上市效果与持续融资。兖矿集团通过换股合并澳交所上市公司格罗斯特，主要是为了便于在澳洲借壳上市，最终实现上市目的。可以以当地公众公司的身份来进行经营，使兖煤澳洲的业务变为市场化的运作方式。兖煤澳洲上市之后，将接受澳洲资本市场的监管，按国际市场的煤炭价格来进行定价。这能够解除澳洲当地对于煤矿资源被控制、外资企业进行歧视化经营定价等方面的顾虑，有利于兖煤澳洲未来业务的开展。

(二)意义

兖矿集团“走出去”进行海外煤炭资源开发，具有双重意义。从国家层面讲，增加煤炭战略储备，保障煤炭稳定供应，有利于煤炭产业的可持续发展，实现国家能源安全；有利于带动我国煤炭技术输出和开采成套设备出口；有利于带动相关行业走出去。从企业层面讲，获得煤炭资源，增加占有储量，实现企业可持续发展；参与国际竞争，增强企业国际化竞争力；进行跨国管理，有利于提升管理水平；严格遵守国际规则，持续提升品牌形象；充分利用国外资源和市场，有利于实现企业国际化、大集团战略。

实施绿色开采　建设煤矿生态矿山

冀中能源集团有限责任公司副董事长、副总经理　刘建功

冀中能源集团是一个以煤炭为主业，医药、航空、化工、电力、装备制造、现代物流等多产业综合发展的大型现代企业集团。在深、沪两市拥有冀中能源、华北制药和金牛化工 3 家上市公司。到 2011 年底，企业资产总额 1 374 亿元，原煤产量突破亿吨，销售收入 2 000 亿元以上，利税 134. 1 亿元，位列中国企业百强第 60 位、世界 500 强第 458 位。

冀中能源集团组建以来，坚持以科技创新为先导，围绕主业的科学发展，不断加大科技研发力度，在大量生产实践的基础上，创造性地提出了煤矿生态矿山建设理念，创新了我国煤炭产业的科学发展方式，并取得了较好的实践效果。

一、煤矿生态矿山建设的背景和意义

中国是世界上最大的煤炭生产、消费大国,但是煤炭生产消费所带来的生态环保问题同大国的地位极不相称,还存在诸多问题,如:大量矸石外排,占用土地;矿井瓦斯当作废气排空,没有很好地加以利用;矿井水大量抽采,造成了地下水环境的破坏和污染;煤炭开采引起土地塌陷,严重破坏地表生态等等。在当前高度关注环境保护问题的社会背景下,摆脱传统、粗放的发展模式,实现现代煤炭工业的科学转型,成为决定煤炭工业今后发展方向的一个重要问题。

近年来,冀中能源集团通过多年的研究和探索,明确了一条走建设煤矿生态矿山的新思路,实现了以最小的资源和环境成本,取得最大的经济和社会效益,为煤炭行业发展闯出了一条新路。煤炭企业多以单一煤炭资源开发为主要经营目的,建设煤矿生态矿山则是在煤炭开采的过程中,不只把煤炭看作是资源,更要把空气、土地、地下水等与煤炭相关,构成环境生态的各种因素,都当作是一种重要的资源,认真保护,科学开发,综合利用。其核心理念是:根据煤层赋存条件和地表环境,统一规划矿区生产和生态布局,创新煤炭科学开采技术,在煤炭开发过程中,保护土地、水和空气资源,把固、液、气废弃物作为资源加以利用,不造成污染性外排,以最小的生态扰动获取煤炭资源,并具备环境恢复和生态再造能力。

二、煤矿生态矿山建设的实践

建设煤矿生态矿山,关键在科技创新,我们针对当前煤矿生产普遍存在的高能耗、“三废”排放等问题,开展了一系列科技攻关,加大了对自然资源的开发利用,并成功将这些技术在所属矿井进行集成应用,取得了很好的成效。

(一)实施充填开采,改变煤炭形象

矸石山是煤矿环境不友好的重要标志。大量矸石在地面堆存,不仅占用土地,还对周边空气和水体造成严重影响,另外矸石在运输、提升和外排过程中,还需要消耗大量电力、运力,造成能源浪费。为从根本上解决这些问题,我们从研究煤矿开采的矿压显现规律入手,提出了将矸石"资源化"高效利用,置换煤炭资源,进而消灭矸石山的新思路,研究出一种全新的综合机械化固体充填采煤方法,实现了对煤矿矸石山问题的彻底解决。

主要技术研究方向和内容有:

1. 充填开采条件下矿压理论的研究

矿山压力和矿压显现都是上覆岩层运动的结果,矿山压力是采动后促使围岩运动的力,它的存在是绝对的,有采动就会有矿压存在;但是矿山压力的显现则和工作面支护状况等因素有着密切联系,是相对的,也是可以控制的。通过几年的理论研究、现场监测和综合分析,我们初步掌握了充填采煤的矿压显现规律。

充填采煤条件下,影响工作面矿压显现的岩层范围只有直接顶和基本顶,它们仅是上覆岩层中很小的一部分。其弯曲、沉降和断裂是矿压显现的表现形式,而岩层从弯曲沉降、发展到断裂有两个条件:一是岩层中的最大弯曲拉应力达到其抗拉强度;二是岩层下部所形成的允许空间高度大于岩层允许沉降值。

满足这两个条件,岩层则逐渐弯曲、沉降发展至破坏。如果达不到这两个条件,顶板岩层就不会破坏,矿压显现会比较缓和。

在充填采煤条件下,充填体经推压密实后,在支架前移时便起到支撑基本顶的作用,工作面煤壁、支架和充填体共同支撑着顶板,直接顶在充填采煤过程中不垮落。充填体的高度和强度,决定了基本顶最终位态,也决定了工作面矿压显现特征。

在充填采煤实践中,我们利用液压支架和充填体的作用,限制上覆岩层的纵向运动,使顶板弯曲拉应力和允许沉降空间达不到破坏条件,同

时，采取相应技术，使充填体充分密实，实现直接顶和基本顶不离层，并通过支架强有力的支撑和充填体对顶板支护的接力，促使直接顶转化为基本顶，增强了矿压显现的控制能力，达到充填采煤控制地表沉降的目的。这是充填采煤对矿压显现控制的关键。

2. 充填开采装备的研究

为全面实践综合机械化充填采煤技术，研究了采煤和充填推压联合作业工艺，成功开发了成套充填装备。

研制了推压式充填液压支架，支架后部带有矸石输送机，运输机每隔一个中部槽有一液压控制的卸料孔，矸石自卸料孔放至采空区；支架后底部装有强有力的推压装置，能把输送到采空区的矸石密实推压，起到快速支撑顶板效果。

该支架的成功研制，实现了采煤和充填，空间上分开，时间上平行，提高了充填速度和效率，达到了规模化生产。

另外，我们还研发了大垂深充填投料系统，解决了矸石回填井下运输问题，创新了一种地面废弃物高效、快捷输送到井下的方法。

2008 年在冀中能源邢台矿，全国第一个真正意义上的综合机械化充填开采工作面成功生产，工作面最高月产达到 5. 3 万吨，证明综合机械化充填采煤技术获得成功。目前，我们又对充填装备进行了升级改造，综合机械化充填工作面生产能力已超过百万吨。

此外，我们还开展了充填材料的研究，已成功开发出固体矸石充填技术、矸石膏体充填技术、矸石似膏体充填技术和超高水材料充填技术等一系列适应不同地质条件、适应不同材料需求的成套充填开采关键技术，整个集团公司实现了充填采煤规模化。

截止到 2011 年，我们在邢台矿、小屯矿、陶一矿、通顺公司、邢东矿、东庞矿、郭二庄矿、井陉三矿、新三矿、羊东矿、大利公司等矿井已经安全回采优质建下煤炭资源 469. 6 万吨，充填固体废弃物 481. 6 万吨，取得了较好的经济效益。

实施充填开采后，工作面后方没有了采空区，取而代之的是充填体，正是因为这个变化,使充填采煤技术给煤矿的安全生产带来了诸多积极作用:没有了采空区,有效防止了采空区自然发火;没有了采空区,消除了采后出水的空间和通道,对防止采后出水作用显著,通过观测,我们还发现采用充填方式采煤同采用垮落法采煤相比,顶、底板的扰动破坏程度减小了70% ~80%以上,相当于增加了煤层的隔水层厚度,安全生产系数得到大大提高,可以说充填采煤为煤矿水体下、承压水上开采提供了一种安全有效的技术手段;没有了采空区,还消灭了形成瓦斯聚集的空间,对高瓦斯矿井瓦斯治理具有重要指导意义;采用充填开采后,采空区被充填料全部密实充填,由于充填支架和充填体对顶板的主动支护作用,有效减弱了煤层顶板的矿压显现强度,可以有效的防止冲击地压产生等等。

2010年5月7日,国家煤矿安监局副局长彭建勋在调研冀中能源集团综合机械化固体充填采煤技术时,指出:"综合机械化充填开采是一项科学、系统、先进的开采技术,是煤炭开采方式的一个创举。同时实现了防火、防水、防瓦斯、防矿压,保护了环境,延长了矿井寿命…"。

另外充填采煤技术的应用,使得矿区地面沉陷实现可控,实现在设计井下开采的同时,根据水文地质条件、地面实际状况,统一设计矿区地面生态面貌,建设生态矿山。这也使得综合机械化充填采煤技术,成为建设煤矿生态矿山的重要支撑技术之一。

（二）利用煤矿地热源,减少碳排放

煤矿不仅拥有煤炭资源,由于煤矿井下开采的特殊工作环境,井下温度常年恒温,同地表冬、夏两季巨大温差形成鲜明对比,构建了一个巨大的地热能源库,并且地热库的能源取之不尽,用之不竭,这不但是煤矿的一大资源,也是煤矿实现低碳运行的一个其他行业无法比拟的得天独厚的有利条件,把这个天然能源提取利用,将是煤炭行业低碳运行的一个鲜明特色和亮点。

几年来,我们利用矿井常年恒温特点,成功应用了高效矿井热交换器,利用矿井回风和矿井水同地面空气温差作为能源,提取热量,做功,实现了矿井冬季采暖、夏季制冷的目的。这一技术的应用,使生产煤炭的矿井不消耗煤炭，不建锅炉房，有效改善了地面环境，取得了非常好的效果。

目前，这项技术已在东庞矿北井、梧桐庄、云驾岭、章村、薛村和葛泉等矿井得到成功推广应用。通过该技术的应用，我们已拆除矿井锅炉房12座，东庞矿北井在矿井设计中就没有设计锅炉房。经测算，这些锅炉房的取消，每年可节约标煤20 172吨，实现减排二氧化碳50 289吨，另外锅炉房的取消，还可以节省大量运行费和人工费，我们还将该技术进行社会化利用，实现给矿区周围22万平方米的居民区提供冬季供热，该技术如推广到全国，年可实现节约标准煤2 000万吨以上，经济效益和社会效益显著。

（三）保护水资源，维护环境生态

水是构成生态环境的基本要素，也是维护生态环境的最重要资源之一，要建设生态矿山，必须要做好水资源的保护。

冀中能源目前已掌握了先进的保水开采技术，在开采煤炭资源的同时，利用技术手段实现对水资源的保护：首先利用先进探测手段，查清地下水系，科学安排生产，减少采矿活动对地下水系的影响；利用注浆技术，控制地下水的径流，减少地下水涌出；对特殊地区，我们利用充填技术，控制含水层下沉，保护地下水系；对涌出的地下水，我们积极开展循环利用，用于井上、下的生产和绿化，多余部分，用回灌系统注回地下含水层，实现对水资源的保护和循环利用。

梧桐庄就是一个典型的矿井，井下水文地质条件复杂，水压高、突水量大，对煤矿的安全生产构成巨大威胁。通过保水开采技术应用，矿井涌水量由建井初期的每分钟17.5立方米减少至5立方米，有力保证了矿井安全生产。目前这每分钟5立方的水经过过滤、净化处理后，用于矿井防尘、注浆、绿化等各个方面，剩余水量通过回灌系统注回井下含水层，矿井水达到“零排放”，真正实现了保水采煤。

由于排水量的大大减少，仅排水一项，每年矿井就可以节省排水电量约2 187.81万千瓦·时，节省排水电费约1 700万元，实现减排二氧化碳21 812.5吨。在煤矿开采过程中，由于保水开采技术的采用，矿井地下水位几乎没有受到影响，矿井生态环境得到了有效保护，这对于缺水矿区的煤炭开发，意义更为重大。

此外，我们还积极实施碧水蓝天工程，开展对生产、生活废水的处理利用，“十一五”以来，冀中能源集团公司共计建设污水处理厂 34 座，污水日处理能力达到 16 万立方米以上，水资源综合利用率达到 79.3% 以上。通过对水资源的科学利用，真正实现了对水资源的保护。

（四）优化产业链，构建循环经济

煤炭生产过程中会产生一些副产品，造成资源浪费和环境污染，为解决这一问题，冀中能源运用绿色生态循环经济模式优化产业链，将传统的单向直线式经济发展模式变为反馈式循环经济发展模式。积极打造消耗废品的下游产业，利用循环产业链消解内部工业废弃品，使上一级的废物变为下一级的原料，形成了矿井只有煤炭产品输出，无废水、无废渣、无废气外排。

通过近几年的尝试，章村这一百年老矿井基本形成了自己独特的绿色生态循环经济圈，做到了无废物产出，走出了一条“煤 - 电 - 建材”的新型工业化道路。

章村矿矿井生产的原煤首先进入选煤厂洗选，优质的洗精煤作为工业用煤，用于炼钢和化工；劣质煤以及煤矸石作为坑口电厂的燃料；采矿产生的矿井水经过净化处理后，一部分作为电厂的冷却循环水，一部分作为选煤厂的生产用水，还有一部分作为厂区内生产及生活用水；坑口电厂发的电作为矿井生产和水泥厂生产所需；电厂的粉煤灰和炉渣作为水泥生产的配料；电厂产生的余热为办公区、家属区供暖；水泥厂生产的水泥供矿井生产、维护使用；水泥生产过程中利用回转窑产生的余热发电，供水泥生产使用。目前，章村的生产模式正在向冀中能源其他条件相似的矿井推广，并且初显成效。

近年来，冀中能源集团以“建设煤矿生态矿山”为目标，不断加大科技投入，提高科技创新能力，从 2008 年以来，有 90 多项科技成果达到国际领先或国际先进水平。通过将这些科技成果在我们的矿井进行有机集成，大大促进了煤矿生态矿山的建设步伐。

三、煤矿生态矿山建设效果

冀中能源集团通过推进煤矿生态矿山建设，使企业在规划、部署、安排生产时，主动摒弃原来粗放的思维模式和行为方式，实现了企业在发展造福地方经济的同时，与周围环境的和谐共生，为社会可持续发展做出了突出贡献。

通过强化生态矿山建设，冀中能源取得了良好的效果，据统计生态矿山综合技术的应用，冀中能源每年可实现减排二氧化碳 144 万吨，消灭矸石 180 万吨，日处理污水 16 万立方米以上，年节电 1 865 万千瓦时。事实证明煤矿不污染或低污染，照样能高效生产。

目前，冀中能源集团已经按照科学发展观的要求，大力开展了煤矿生态矿山的建设步伐，在已建成的 6 对煤矿生态矿山的基础上，计划在“十二五”末，全面改造现有矿山，将具备条件的矿井全部建成煤矿生态矿山。我们将瞄准绿色开采、生态保护、科学发展的方向，进一步加大煤矿生态矿山建设力度，实现转方式、提质量、增效益，为早日把冀中能源集团建成国际化、现代化一流强企而努力奋斗。

参考文献

[1]“十二五”资源综合利用指导意见. 发改环资〔2011〕2919 号.

[2]大宗固体废物综合利用实施方案. 发改环资〔2011〕2919 号.

[3]大宗工业固废综合利用“十二五”规划. 工信部规〔2011〕600 号.

[4]国家环境保护“十二五”规划. 国发〔2011〕42 号.

[5]国家能源科技“十二五”规划. 国能科技〔2011〕395 号.

[6]洁净煤“十二五”战略. 国科发计〔2012〕196 号.

[7]太阳能发电科技发展“十二五”专项规划. 国科发计〔2012〕198 号.

[8]“十二五”节能减排全民行动实施方案. 发改环资〔2012〕194 号.

[9]“十二五”节能减排综合性工作方案的通知. 国发〔2011〕26 号

[10]国家环境保护“十二五”科技发展规划. 环发〔2011〕63 号.

[11]国家环境保护“十二五”规划. 国发〔2011〕42 号.

[12]国家中长期科学和技术发展规划纲要(2006—2020 年)国发〔2005〕第 044 号.

[13]国家“十二五”科学和技术发展规划. 国科发计〔2011〕270 号.

[14]西部大开发“十二五”规划. 发改西部〔2012〕189 号.

[15]环保装备“十二五”发展规划. 工信部联规〔2011〕622 号.

[16]工业清洁生产推行“十二五”规划. 工信部联规〔2011〕29 号.

[17]矿产资源节约与综合利用“十二五”规划. 国土资发〔2011〕

184 号.

[18]全国矿产资源规划(2008—2015 年). 国土资发〔2008〕309 号.

[19]煤矿安全生产"十二五"规划. 安监总煤装〔2011〕187 号.

[20]关于印发国家职业病防治规划(2009—2015 年的通知). 国办发(2009)43 号.

[21]人力资源和社会保障事业发展"十二五"规划纲要. 人社部发〔2011〕71 号.

[22]工业转型升级规划(2011—2015 年). 国发〔2011〕47 号.

[23]"十二五"资源综合利用指导意见. 发改环资〔2011〕2919 号.

[24]煤层气(煤矿瓦斯)开发利用"十二五"规划. 发改能源〔2011〕3041 号.

[25]信息化"十二五"规划. 安监总规划〔2011〕189 号.

[26]关于促进我国现代物流业发展的意见. 发改运行〔2004〕1617 号.

[27]"十二五"国家战略性新兴产业发展规划. 国发〔2012〕28 号.

[28]"十二五"控制温室气体排放工作方案. 国发〔2011〕41 号.

[29]页岩气发展规划(2011—2015). 发改能源〔2012〕612 号.

[30]国家能源科技"十二五"规划. 国能科技〔2011〕395 号.

[31]节能与新能源汽车产业发展规划(2012—2020). 国发〔2012〕22 号.

[32]《关于"十二五"期间进一步推进煤炭行业淘汰落后产能工作的通知》发改能源〔2011〕2091 号.

[33]核电中长期发展规划. 国家发展和改革委员会.

[34]风力发电科技发展"十二五"专项规划. 国科发计〔2012〕197 号.

[35]太阳能光伏产业"十二五"发展规划

[36]太阳能发电科技发展"十二五"专项规划. 国科发计〔2012〕198 号.

[37]洁净煤技术科技发展"十二五"专项规划. 国科发计〔2012〕196 号.

[38]钢铁工业“十二五”发展规划．中华人民共和国工业和信息化部印发.

[39]建材工业“十二五”发展规划．中华人民共和国工业和信息化部印发.

[40]烯烃工业“十二五”发展规划．中华人民共和国工业和信息化部印发.

[41]水泥工业“十二五”发展规划．中华人民共和国工业和信息化部印发.

[42]平板玻璃工业“十二五”发展规划．中华人民共和国工业和信息化部印发.

[43]建筑卫生陶瓷工业“十二五”发展规划．中华人民共和国工业和信息化部印发.

[44]新型建筑材料工业“十二五”发展规划．中华人民共和国工业和信息化部印发.

[45]洁净煤技术科技发展“十二五”专项规划．国科发计〔2012〕196 号.

[46]煤炭深加工实施方案.

[47]核电“十二五”规划.

[48]石油和化学工业“十二五”发展规划.

[49]可再生能源发展“十二五”规划.

[50]信息产业“十二五”发展规划.

[51]电子信息制造业“十二五”发展规划.

[52]光伏产业“十二五”规划．【太阳能光伏产业“十二五”发展规划】.

[53]水电“十二五”规划.

[54]中国新能源产业“十二五”发展规划.

[55]水泥工业“十二五”发展规划.

[56]“十二五”能源和碳排放预测与展望.

[57]物联网“十二五”规划.

[58]高端装备制造业“十二五”发展规划.

[59]工业节能“十二五”规划.

[60]国民经济和社会发展第十二个五年规划纲要.

[61]废物资源化科技工程“十二五”专项规划

[62]毕吉耀,张一,张哲人.“十二五”时期,世界经济主要发展趋势[J].中国投资,2009(11).

[63]裴长洪.后危机时代经济全球化趋势及其新特点、新态势[J].国际经济评论,2010(07).

[64]曾铮.未来十年我国经济发展的阶段特征、基础条件和战略对策[J].中国市场,2012(05).

[65]国家发改委投资研究所课题组.“十二五”国内外发展环境的变化和经济可实现的增长水平[J].中国投资,2010(02).

[66]曾铮.世界主要经济体的新发展规划[J].金融博览,2011(01).

[67]江泽民.中国能源问题研究[M].上海:上海交通大学出版社,2008.

[68]陈佳贵.中国工业化进程报告—1995~2005中国省域工业化评价与研究[M].北京:社会科学文献出版社,2007.

[69]刘振亚.中国电力与能源[M].北京:中国电力出版社,2012.

[70]中国能源中长期发展战略研究项目组.中国能源中长期(2030、2050)发展战略研究[M].北京:科学出版社,2011.

[71]史丹.中国能源市场化改革研究报告[M].北京:经济管理出版社,2006.

[72]张平.“十二五”规划战略研究.北京:人民出版社,2010.

[73]中华人民共和国国家统计局.中国统计年鉴[M].北京:中国统计出版社,2011.

[74]煤炭科学研究总院经济研究所.2012煤炭行业上市公司发展研究报告[M].北京:中国经济出版社,2012.